2024 | 한국가스공사 | NCS

고시넷
공기업

한국가스공사 NCS 기출예상모의고사

6회

정오표 및 학습 질의 안내

정오표 확인 방법

고시넷은 오류 없는 책을 만들기 위해 최선을 다합니다. 그러나 편집 과정에서 미처 잡지 못한 실수가 뒤늦게 나오는 경우가 있습니다. 고시넷은 이런 잘못을 바로잡기 위해 정오표를 실시간으로 제공합니다. 감사하는 마음으로 끝까지 책임을 다하겠습니다.

고시넷 홈페이지 접속 > 고시넷 출판-커뮤니티 > 정오표

www.gosinet.co.kr

모바일폰에서 QR코드로 실시간 정오표를 확인할 수 있습니다.

학습 질의 안내

학습과 교재선택 관련 문의를 받습니다. 적절한 교재선택에 관한 조언이나 고시넷 교재 학습 중 의문 사항은 아래 주소로 메일을 주시면 성실히 답변드리겠습니다.

이메일주소 **qna@gosinet.co.kr**

contents 차례

한국가스공사 필기시험 정복

파트 1 한국가스공사 기출예상모의고사

파트 2 인성검사

파트 3 면접가이드

책 속의 책 정답과 해설

파트 1 한국가스공사 기출예상모의고사 정답과 해설

구성과 활용

1

한국가스공사 소개 & 채용 절차

한국가스공사의 비전, 핵심가치, 전략방향, 인재상 등을 수록하였으며 최근 모집공고의 내용 및 채용 절차 등을 쉽고 빠르게 확인할 수 있도록 구성하였습니다.

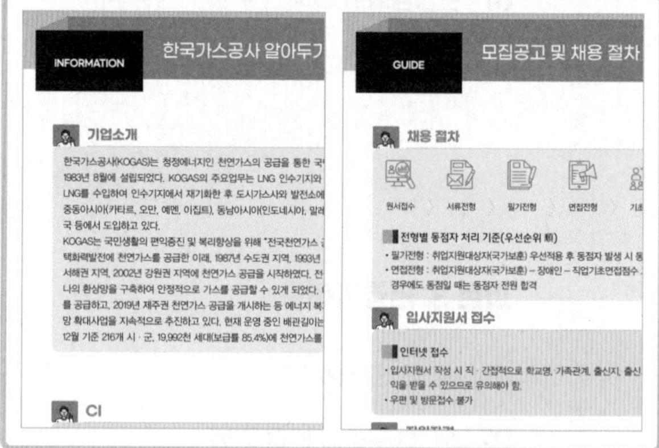

2

한국가스공사 기출문제 분석

2022~2023년 최신 기출문제를 분석하여 최근 출제 경향을 한눈에 파악할 수 있도록 하였습니다.

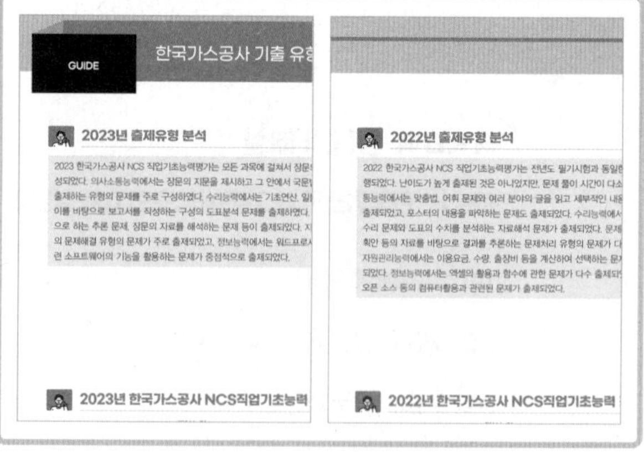

3

기출예상문제로 실전 연습 & 실력 UP!!

총 6회의 기출예상문제로 자신의 실력을 점검하고 완벽한 실전 준비가 가능하도록 구성하였습니다.

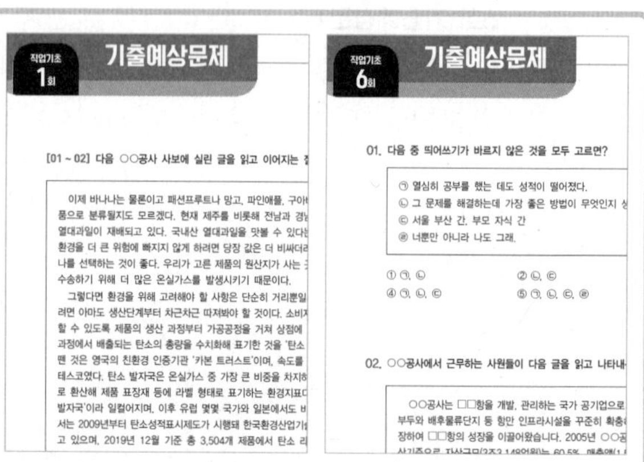

인성검사 01 인성검사의 이ㅎ

1 인성검사, 왜 필요한가?

채용기업은 지원자가 '직무적합성'을 지닌 사람인지를 인성검
성검사에서 말하는 인성(人性)이란 그 사람의 성품, 즉 각 개인
다. 인성은 사람의 생김새처럼 사람마다 다르기 때문에 몇 가
것 자체가 억지스럽고 어불성설일지 모른다. 그럼에도 불구하고
어떤 성품을 가졌는지 정보가 필요하다. 그래야 해당 기업의 인
채용할 수 있기 때문이다.

지원자의 성격이 외향적인지 아니면 내향적인지, 어떤 직무와
생활할 수 있는지, 업무 수행 중 문제가 생겼을 때 어떻게 대처
자기소개서를 통해서나 면접을 통해서도 어느 정도 파악할 수
할 수 없기 때문에 객관화되고 정형화된 인성검사로 지원자의

채용기업은 필기시험을 높은 점수로 통과한 지원자라 하더라
탈락시키게 된다. 일반적으로 필기시험 통과자 중 인성검사로
있다. 물론 인성검사를 탈락하였다 하더라도 특별히 인성에 문
자신을 되돌아보고 다음 기회를 대비하면 되기 때문이다. 탈락
기업을 찾으면 되고, 경쟁자가 많았기 때문이라면 자신을 다

면접가이드 03 면접 최신 기출

1 직무PT면접 최신 실제 기출 주제

– 개별 발표로 진행(실무진으로 구성된 면접관 3 ~ 4

1. 한국가스공사의 마케팅 방안을 고안해 보시오.
2. 유량계 종류별 하나를 선택하여 자료를 정리한 후
3. 안전과 관련한 주제를 한 가지 정하여 발표해 보
4. 한국가스공사의 사업과 ICT기술의 융합 방안을 보
5. 뉴튼, 비뉴튼 유체에 대해 설명해 보시오.
6. 반응기의 종류와 각각의 특징에 대해 설명해 보시
7. Friction Factor 관련 길이에 대한 ΔP를 도출해
8. 유량계에서 고점도 유체를 사용하지 못하는 이유
9. 열기관과 냉동기관이 카르노기관과 같음을 티에스
10. 드론 관로 순찰에 대해 설명해 보시오.

4

인성검사 & 면접으로 마무리까지 OK!!!

최근 채용 시험에서 점점 중시되고 있는 인성검사와 면접 질문들을 수록하여 마무리까지 완벽하게 대비할 수 있도록 하였습니다.

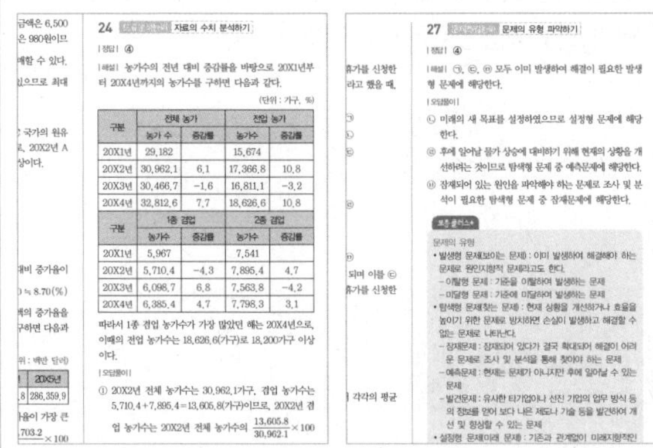

24 자료의 수치 분석하기

| 정답 | ④

| 해설 | 농가수의 전년 대비 증감률을 바탕으로 20X1년부터 20X4년까지의 농가수를 구하면 다음과 같다.

(단위 : 가구, %)

구분	전체 농가		전업 농가	
	농가 수	증감률	농가수	증감률
20X1년	29,182		15,674	
20X2년	30,962.1	6.1	17,366.8	10.8
20X3년	30,466.7	−1.6	16,811.1	−3.2
20X4년	32,812.6	7.7	18,626.6	10.8
구분	1종 겸업		2종 겸업	
	농가수	증감률	농가수	증감률
20X1년	5,967		7,541	
20X2년	5,710.4	−4.3	7,895.4	4.7
20X3년	6,098.7	6.8	7,563.8	−4.2
20X4년	6,385.4	4.7	7,798.3	3.1

따라서 1종 겸업 농가수가 가장 많았던 해는 20X4년으로, 이때의 전업 농가수는 18,626.6(가구)로 18,200가구 이상이다.

| 오답풀이 |

① 20X2년 전체 농가수는 30,962.1가구, 겸업 농가수는 5,710.4+7,895.4=13,605.8(가구)이므로, 20X2년 겸업 농가수는 20X2년 전체 농가수의 $\frac{13,605.8}{30,962.1}\times 100$

27 문제의 유형 파악하기

| 정답 | ④

| 해설 | ㉠, ㉢, ㉣ 모두 이미 발생하여 해결이 필요한 발생형 문제에 해당한다.

| 오답풀이 |

㉡ 미래의 새 목표를 설정하였으므로 설정형 문제에 해당한다.

㉣ 후에 일어날 물가 상승에 대비하기 위해 현재의 상황을 개선하려는 것이므로 탐색형 문제 중 예측문제에 해당한다.

㉤ 잠재되어 있는 원인을 파악해야 하는 문제로 조사 및 분석이 필요한 탐색형 문제 중 잠재문제에 해당한다.

보충 플러스+

문제의 유형

- 발생형 문제(보이는 문제) : 이미 발생하여 해결해야 하는 문제로 원인지향적 문제라고도 한다.
  - 이탈형 문제 : 기준을 이탈하여 발생하는 문제
  - 미달형 문제 : 기준에 미달하여 발생하는 문제
- 탐색형 문제(찾는 문제) : 현재 상황을 개선하거나 효율을 높이기 위한 문제로 방치하면 손실이 발생하고 해결할 수 없는 문제로 나타난다.
  - 잠재문제 : 잠재되어 있다가 결국 확대되어 해결이 어려운 문제로 조사 및 분석을 통해 찾아야 하는 문제
  - 예측문제 : 현재는 문제가 아니지만 후에 일어날 수 있는 문제
  - 발견문제 : 유사한 타기업이나 선진 기업의 업무 방식 등의 정보를 얻어 보다 나은 제도나 기술 등을 발견하여 개선 및 향상할 수 있는 문제
- 설정형 문제(미래 문제) : 기존과 관계없이 미래지향적인

5

상세한 해설과 오답풀이가 수록된 정답과 해설

기출예상문제의 상세한 해설을 수록하였고 오답풀이 및 보충사항들을 수록하여 문제풀이 과정에서의 학습 효과가 극대화될 수 있도록 구성하였습니다.

INFORMATION

한국가스공사 알아두기

기업소개

한국가스공사(KOGAS)는 청정에너지인 천연가스의 공급을 통한 국민생활의 편익 증진 및 복리 향상을 위하여 1983년 8월에 설립되었다. KOGAS의 주요업무는 LNG 인수기지와 천연가스 공급배관망을 건설하고 해외에서 LNG를 수입하여 인수기지에서 재기화한 후 도시가스사와 발전소에 안정적으로 공급하는 것이다. LNG는 주로 중동아시아(카타르, 오만, 예멘, 이집트), 동남아시아(인도네시아, 말레이시아, 브루나이), 러시아(사할린), 호주, 미국 등에서 도입하고 있다.

KOGAS는 국민생활의 편익증진 및 복리향상을 위해 "전국천연가스 공급사업"을 지속적으로 추진하여 1986년 평택화력발전에 천연가스를 공급한 이래, 1987년 수도권 지역, 1993년 중부권 지역, 1995년 영 · 호남 지역, 1999년 서해권 지역, 2002년 강원권 지역에 천연가스 공급을 시작하였다. 전국적인 주배관 건설공사가 완료됨에 따라 하나의 환상망을 구축하여 안정적으로 가스를 공급할 수 있게 되었다. 더 나아가 2009년부터는 미공급지역에 가스를 공급하고, 2019년 제주권 천연가스 공급을 개시하는 등 에너지 복지구현 및 지역균형 발전에 기여하고자 공급망 확대사업을 지속적으로 추진하고 있다. 현재 운영 중인 배관길이는 2023년 12월 기준 총 5,178km이며, 2022년 12월 기준 216개 시 · 군, 19,992천 세대(보급률 85.4%)에 천연가스를 공급 · 운영하고 있다.

CI

한국가스공사의 심볼마크는 글로벌한 거대 기업의 이미지로서 좋은 에너지로 좋은 세상을 만드는 세계 일류의 종합 에너지기업임을 상징적으로 표현하였다. 중심축의 백색 조형은 에너지의 핵을 의미하고, 청색 그라데이션과 백색대비는 청정한 에너지를 의미하며 외곽의 둥근 형태는 온누리, 온세상을 의미한다.

ESG 경영전략

지속 가능한 미래를 위한 KOGAS 청정에너지

Environment	Social	Governance
2018년 대비 2030년까지 온실가스 40% 감축	안전관리 1등급	종합청렴도 1등급

비전 2030

KOGAS, The Leader of Energy Innovation

에너지 혁신 리더, 한국가스공사

핵심가치

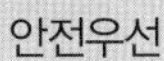

안전우선	미래주도	열린사고	소통협력

전략방향

Secure 공공성 강화	Sustainable 신성장동력 확충	Smart 글로벌 역량 확보	Social ESG 경영 선도

인재상

- 가치창조인
  혁신적인 아이디어로 신사업을 발굴하고, 사업성과를 통해 미래 가치를 창출해 내는 인재
- 책임실천인
  주인의식을 가지고 자신의 일을 완수하며, 조직 지향적인 사고를 바탕으로 안전사회 구현을 책임감 있게 실천하는 인재
- 융합전문인
  전문성을 통해 조직 내 시너지를 일으키며, 학습을 통해 사무와 기술을 관통하는 융합형 인재
- 협력소통인
  청렴과 윤리의식을 바탕으로 협력 소통하며 ESG를 실천하기 위해 더 넓은 세계로의 사회적 가치를 창출해 내는 인재

GUIDE

모집공고 및 채용 절차

채용 절차

원서접수

서류전형

필기전형

면접전형

기초연수

임용(수습채용)

전형별 동점자 처리 기준(우선순위 順)

- 필기전형 : 취업지원대상자(국가보훈) 우선적용 후 동점자 발생 시 동점자 전원 합격
- 면접전형 : 취업지원대상자(국가보훈) – 장애인 – 직업기초면접점수 고득점자 – 필기총점(가점합산) 고득점자 – 이 경우에도 동점일 때는 동점자 전원 합격

입사지원서 접수

인터넷 접수

- 입사지원서 작성 시 직 · 간접적으로 학교명, 가족관계, 출신지, 출신지역 등의 개인 인적사항이 입력될 경우 불이익을 받을 수 있으므로 유의해야 함.
- 우편 및 방문접수 불가

지원자격

공통지원자격

구분	내용
연령	• 제한 없음(단, 공사 임금피크제도에 따라 만 58세 미만인 자)
병역	• 「병역법」 제76조에서 정한 병역의무 불이행 사실이 없는 자에 한함.
학력/전공	• 제한 없음.
결격사항	• 한국가스공사 인사규정 제5조의 결격사유 • 공공기관에 부정한 방법으로 채용된 사실이 적발되어 합격취소, 직권면직 또는 파면 · 해임된 후 5년이 경과하지 않은 자
기타	• 기술직군의 경우는 성별무관 교대근무 가능한 자 • 입사지원서 작성 시 개인인적사항(성명, 생월일 등) 또는 어학정보 등 입력 오기재에 따른 정보 불일치 시 불합격처리

일반직[신입]

외국어(영어)

- 토익 750점 이상 수준의 유효 영어성적 보유자
- 유효 영어성적 점수표

토익	텝스	토플	오픽	토익스피킹
750점 이상	285점 이상	85점 이상	IM2 이상	IM2 이상

※ 청각장애인 중 장애의 정도가 심한 장애인(기존 청각장애 2 · 3급)이거나, 두 귀의 청력 손실이 60dB 이상이면서 두 귀에 들리는 보통 말소리의 최대의 명료도가 50% 이하인 응시자의 경우 듣기평가를 제외한 점수가 토익 375점 이상, 텝스 171점 이상

필기전형 안내

- 인성검사 : 공사 인재상 부합여부 및 가치관 등을 평가하여 필기전형 시 적격자를 선발하며, 적격자의 인성검사 결과를 직업기초면접 자료로 활용
- NCS직업기초능력(100점, 50%) : 업무수행에 필요한 의사소통, 수리, 문제해결, 자원관리, 정보 등의 능력을 평가하며, 특정 유형의 단일한 형태의 검사 문항이 아닌 단문형/장문형, 연산형/자료분석형, 추론형/분석형 등 다양한 유형의 검사 문항 제시
- 직무수행능력(100점, 50%) : 직무수행 시 필요한 전공 관련 지식 평가
  * 일반직(경력) 및 별정직(전문직)은 해당 없음.

※ 필기전형 과락기준(배수무관 불합격 처리)
[일반직(신입)]
– NCS직업기초능력 4할 미만 또는 직무수행능력 4할 미만 시
– NCS직업기초능력 + 직무수행능력 합산 평균 6할 미만 시
(단, 사회형평적 채용 우대 대상자는 가점합산 후 6할 미만 시)

면접전형

- 직무PT면접(100점) : 직무관련 제시된 주제 또는 상황에 대해 응시자 개인별 일정 시간(약 20~30분)동안 워드프로세서 등을 활용하여 자료작성 후 주제 발표
- 직업기초면접(100점) : 공사 핵심가치, 인성검사 결과 및 입사지원서 기반으로 개인별 직무를 수행하는 데 필요한 기초적인 역량을 평가

※ 면접전형 과락기준(배수무관 불합격 처리)
– 직업기초면접 4할 미만 또는 직무(PT)면접 4할 미만 시
– 직업기초면접 + 직무(PT)면접 합산 평균 6할 미만 시
(단, 사회형평적 채용 우대 대상자는 가점합산 후 6할 미만 시)

기초연수

- 연수태도 및 기초연수평가 : 연수원 입소 시 사전 공지되는 기준에 따라 종합평점 60점 미만 시 미수료 처리

GUIDE

한국가스공사 기출 유형분석

2023년 출제유형 분석

2023 한국가스공사 NCS 직업기초능력평가는 모든 과목에 걸쳐서 장문의 자료를 해석하는 능력을 요구하는 문제로 구성되었다. 의사소통능력에서는 장문의 지문을 제시하고 그 안에서 국문법과 내용 이해, 내용 추가 및 수정 등의 문제를 출제하는 유형의 문제를 주로 구성하였다. 수리능력에서는 기초연산, 일률 등의 응용수리 문제와 함께 도표를 제시하고 이를 바탕으로 보고서를 작성하는 구성의 도표분석 문제를 출제하였다. 문제해결능력에서는 길게 제시된 조건을 바탕으로 하는 추론 문제, 장문의 자료를 해석하는 문제 등이 출제되었다. 자원관리능력에서는 자원관리에 관한 사례 형식의 문제해결 유형의 문제가 주로 출제되었고, 정보능력에서는 워드프로세서, 프레젠테이션, 스프레드시트 등의 사무 관련 소프트웨어의 기능을 활용하는 문제가 중점적으로 출제되었다.

2023년 한국가스공사 NCS직업기초능력 키워드 체크

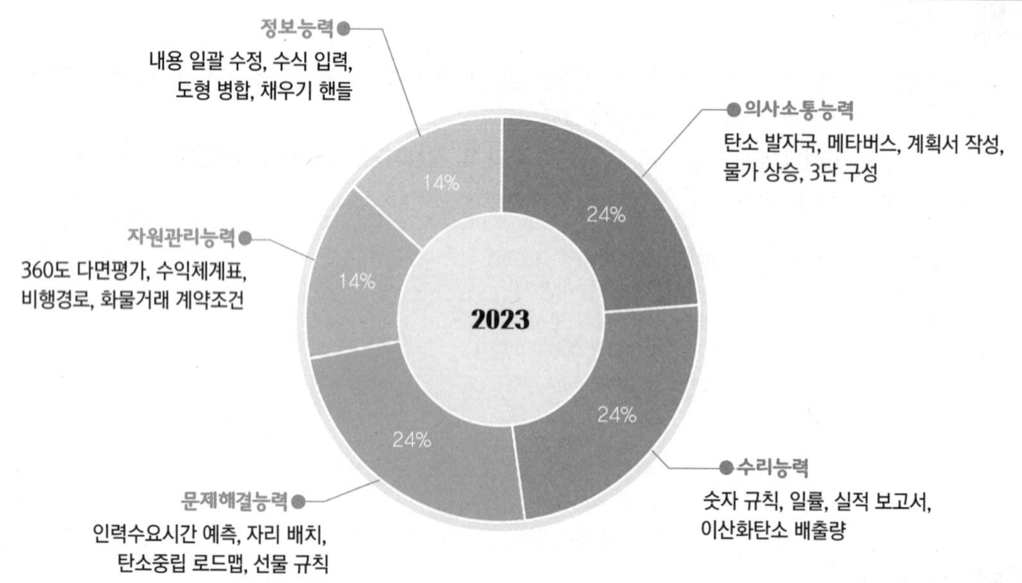

2022년 출제유형 분석

2022 한국가스공사 NCS 직업기초능력평가는 전년도 필기시험과 동일한 출제 영역, 문항 수 그리고 시험시간으로 시행되었다. 난이도가 높게 출제된 것은 아니었지만, 문제 풀이 시간이 다소 소요될 수 있는 문제들로 구성되었다. 의사소통능력에서는 맞춤법, 어휘 문제와 여러 분야의 글을 읽고 세부적인 내용을 이해하거나 글의 구조를 파악하는 문제가 출제되었고, 포스터의 내용을 파악하는 문제도 출제되었다. 수리능력에서는 증가율, 제품 수 차이, 수식 대입 등의 응용수리 문제와 도표의 수치를 분석하는 자료해석 문제가 출제되었다. 문제해결능력에서는 사내 간행물, 이용요금 표, 계획안 등의 자료를 바탕으로 결과를 추론하는 문제처리 유형의 문제가 다수 출제되었고, 조건 추론 문제도 출제되었다. 자원관리능력에서는 이용요금, 수량, 출장비 등을 계산하여 선택하는 문제와 인적자원관리의 개념을 묻는 문제가 출제되었다. 정보능력에서는 엑셀의 활용과 함수에 관한 문제가 다수 출제되었고, 운영체제 업데이트, 개인정보제공동의서, 오픈 소스 등의 컴퓨터활용과 관련된 문제가 출제되었다.

2022년 한국가스공사 NCS직업기초능력 키워드 체크

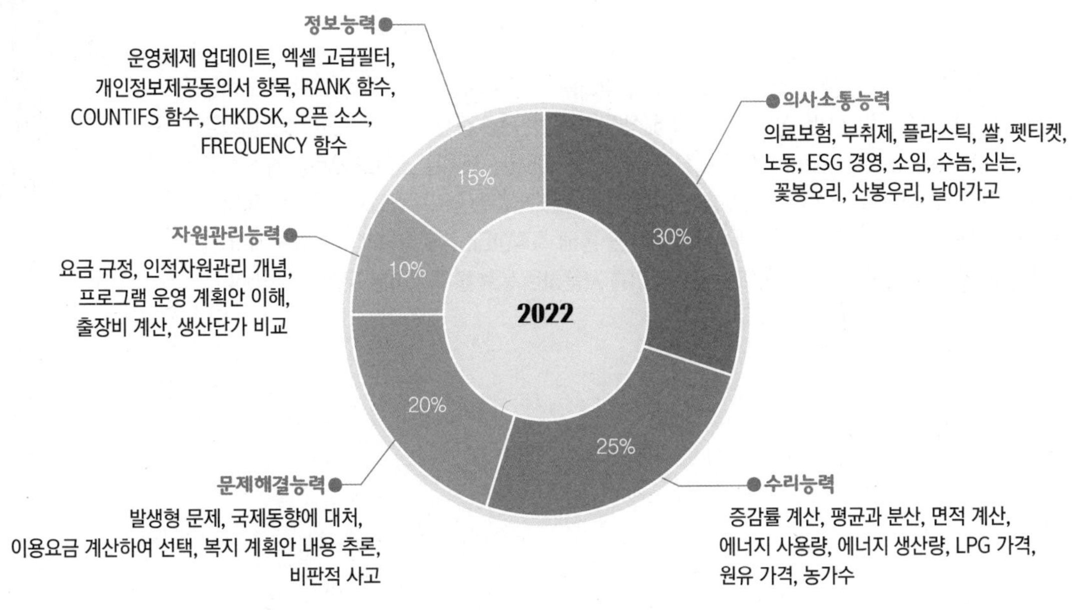

고시넷 한국가스공사 NCS

영역별 출제비중

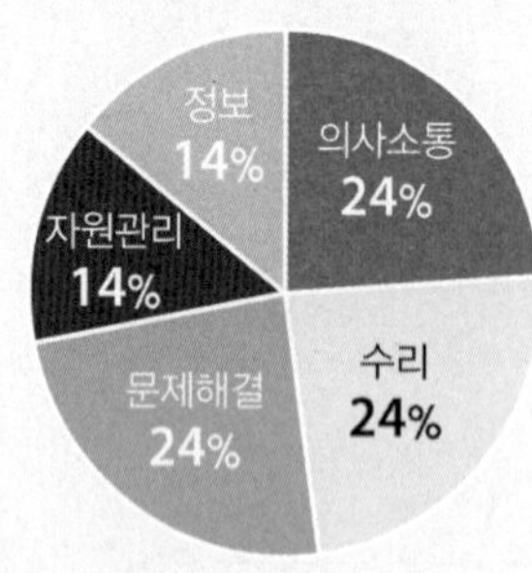

- ▶ 글과 관련된 예시 자료를 찾는 문제
- ▶ 수요예측을 근거로 생산전략을 설정하는 문제
- ▶ 자료를 그래프로 변환하는 문제
- ▶ 360도 다면평가를 이해하는 문제
- ▶ 파워포인트의 기능을 활용하는 문제
- ▶ 엑셀 함수를 작성하는 문제

한국가스공사의 직업기초능력평가에서는 의사소통능력, 수리능력, 문제해결능력, 자원관리능력과 정보능력이 출제된다. 의사소통능력에서는 장문의 지문을 해석하는 묶음문제를 중심으로 구성되고, 수리능력은 크게 응용수리와 도표해석으로 구분되어 출제된다. 문제해결능력에서는 제시된 조건과 자료를 해석하고 이를 통해 진위판단, 배치 등을 추론하는 문제를 중심으로 구성된다. 자원관리능력에서는 인적 · 물적자원을 효율적으로 배치하는 능력을 이론과 예시사례 해결을 통해 측정한다. 정보능력에서는 실무에서 사용하게 될 워드프로세서, 스프레드시트 등의 소프트웨어를 사용하는 능력을 측정하는 문제로 구성된다.

한국가스공사

파트 1 기출예상모의고사

1회 기출예상문제

2회 기출예상문제

3회 기출예상문제

4회 기출예상문제

5회 기출예상문제

6회 기출예상문제

직업기초 1회

기출예상문제

시험시간 | 60분
문항수 | 50문항

▸ 정답과 해설 2쪽

[01 ~ 02] 다음 ○○공사 사보에 실린 글을 읽고 이어지는 질문에 답하시오.

이제 바나나는 물론이고 패션프루트나 망고, 파인애플, 구아바, 아보카도, 파파야도 신토불이 식품으로 분류될지도 모르겠다. 현재 제주를 비롯해 전남과 경남, 경북 지역에서는 다양한 종류의 열대과일이 재배되고 있다. 국내산 열대과일을 맛볼 수 있다는 사실이 마냥 기쁘지만은 않지만, 환경을 더 큰 위험에 빠지지 않게 하려면 당장 값은 더 비싸더라도 미국산 바나나보다 제주산 바나나를 선택하는 것이 좋다. 우리가 고른 제품의 원산지가 사는 곳에서 멀어지면 멀어질수록 제품을 수송하기 위해 더 많은 온실가스를 발생시키기 때문이다.

그렇다면 환경을 위해 고려해야 할 사항은 단순히 거리뿐일까? 발생하는 온실가스량을 계산하려면 아마도 생산단계부터 차근차근 따져봐야 할 것이다. 소비자가 환경을 위해 좀 더 나은 판단을 할 수 있도록 제품의 생산 과정부터 가공공정을 거쳐 상점에 이동한 후 소비되어 버려지는 모든 과정에서 배출되는 탄소의 총량을 수치화해 표기한 것을 '탄소 발자국'이라 일컫는다. 그 첫걸음을 뗀 것은 영국의 친환경 인증기관 '카본 트러스트'이며, 속도를 더한 것은 환경을 염려한 유통업체 테스코였다. 탄소 발자국은 온실가스 중 가장 큰 비중을 차지하는 이산화탄소 배출량을 그램(g)으로 환산해 제품 표장재 등에 라벨 형태로 표기하는 환경지표다. 탄소의 흔적이라는 뜻으로 '탄소 발자국'이라 일컬어지며, 이후 유럽 몇몇 국가와 일본에서도 비슷한 제도가 시행됐다. 우리나라에서는 2009년부터 탄소성적표시제도가 시행돼 한국환경산업기술원에서 제품에 인증마크를 부여하고 있으며, 2019년 12월 기준 총 3,504개 제품에서 탄소 라벨을 확인할 수 있다.

01. 제시된 글을 읽고 파악한 내용으로 가장 적절한 것은?

① 국내산 바나나보다 미국산 바나나의 맛과 품질이 더 뛰어나다.

② 온실가스 중 가장 큰 비중을 차지하는 것은 프레온가스이다.

③ 우리나라에서는 탄소성적표시제도가 시행되고 있으나 인증마크 제도는 시행되지 않고 있다.

④ 제품의 유통 과정에서 배출되는 탄소의 총량을 수치화해 표기한 것을 탄소 발자국이라고 한다.

⑤ 가까운 곳에서 재배된 과일보다 먼 곳에서 재배된 과일을 구매하는 것이 더 많은 온실가스를 발생시킨다.

02. 제시된 글에 따라 온실가스 배출을 줄이기 위해 실천할 수 있는 방안을 모두 고르면?

> ㄱ. 수입산이 아닌 한국의 신토불이 식품 알아보기
> ㄴ. 물건 구입 시 제품에 부착된 탄소 라벨 확인하기
> ㄷ. 가격 비교를 통해 알뜰한 소비하기
> ㄹ. 열대과일 대신 온대과일 소비하기

① ㄱ, ㄴ　② ㄱ, ㄷ　③ ㄴ, ㄷ

④ ㄴ, ㄹ　⑤ ㄷ, ㄹ

[03 ~ 04] 다음 ○○공사 웹진에 실린 글을 읽고 이어지는 질문에 답하시오.

메타버스라는 단어가 처음 등장한 시기는 1992년이다. 닐 스티븐슨은 SF 장편소설 〈스노 크래시(Snow Crash)〉에서 가상세계인 메타버스를 등장시켰다. 현실세계에서 초고속 피자 배달기사인 주인공은 메타버스에서는 신종 마약 스노 크래시의 실체를 추적하는 해커이자 검객으로 활약한다. 아바타라는 단어도 이 소설에서 처음 등장했다. 세계 최초의 영상 지도 서비스 '구글 어스'와 가상세계에서 직업을 가지고 사람들과 소통하는 '세컨드 라이프'도 〈스노 크래시〉에 영감을 받아 만들어졌다. 페이스북이 인수한 오큘러스의 창업자 팔머 럭키는 가상현실을 연구하는 데 가장 큰 영향을 준 책과 영화로, 〈스노 크래시〉와 영화 '매트릭스'를 꼽기도 했다.

비영리 기술단체 가속연구재단(ASF, Acceleration Studies Foundation)은 메타버스를 가상세계(Virtual Worlds), 거울세계(Mirror Worlds), 증강현실(AR), 라이프로깅(Lifelogging)으로 구분했다. 가상세계란 디지털 속 세계로, 이용자들은 아바타 또는 캐릭터로 현실을 반영한 세계 혹은 전에 없는 새로운 세계에서 활동한다. 거울세계는 구글 어스나 네이버 지도를 생각하면 쉽다. 사물을 비추는 거울처럼 현실을 반영하되 정보 측면에서 확장시킨 개념이다. 증강현실이란 게임 '포켓몬고'처럼 현실의 이미지에 3차원 가상 이미지를 겹쳐 보여주는 기술이다. 라이프로깅은 브이로그, 페이스북처럼 자신의 일상을 디지털 데이터로 구축하는 기술이다. 스마트워치도 여기에 포함된다.

□□증권의 한 연구원은 2021년 10월 발간한 '메타버스 첫걸음'이라는 리서치 보고서에서 현재 시장에서 통용되는 메타버스의 정의를 "현실세계의 사회 · 경제 · 문화적 활동이 유사하게 실현되거나, 현실에서 제공하지 못하는 경험을 제공하는 3차원 디지털 가상공간"이라고 요약해 소개했다. 2021년 7월 국회입법조사처가 발행한 '이슈와 논점' 1858호 중 정○○ 입법조사관이 작성한 '메타버스의 현황과 향후 과제'에선 메타버스와 게임의 차이를 다음과 같이 이야기한다. "앞으로의 상황과 해야 할 일이 사전에 프로그래밍된 것이 아니라 본인과 다른 사람의 결정에 따라 달라질 수 있는 개방형 구조라는 점, 본인이 참여하지 않더라도 가상세계는 종료되지 않고 지속된다는 점, 구성원의 합의나 서비스 제공자의 불가피한 사정이 존재하지 않는 한 가상세계는 처음으로 리셋되지 않는다는 점 등이 게임과 메타버스의 차이점이다."

닐 스티븐슨이 1992년 처음 등장시켰던 메타버스가 2020년대에 이르러 급부상하는 이유는 무엇일까? 이는 메타버스가 몰입감과 실재감 있는 경험을 제공할 수 있는 확장현실(XR, eXtended Reality) 기술로 인해 진화하고 있기 때문이다. 확장현실(XR)이란 가상현실(VR), 증강현실(AR)을 아우르는 혼합현실(MR) 기술을 망라하는 초실감형 기술과 서비스를 의미하는데, 그래서 메타버스를 '확장가상세계'라고 부르기도 한다.

올 6월 말, 뉴욕증권거래소에 '라운드힐 볼 메타버스 ETF(META)'가 상장됐다. 메타버스 산업에 투자하는 세계 최초의 상장지수펀드로, 운용 규모가 1억 달러를 넘어섰다. 국내에서도 올 10월, 메타버스 ETF 4종이 상장됐다. 이와 함께 우리나라 정부도 메타버스 육성에 나섰다. 지난 7월 정부는 메타버스, 블록체인, 디지털 트윈, 지능형 로봇, 클라우드, 사물인터넷 등 초연결 신산업 육성 분야를 새롭게 추가한 '디지털 뉴딜 2.0'을 발표했다. 정부는 메타버스, 블록체인 같은 핵심 유망

분야에 2025년까지 약 2.6조 원 규모의 예산을 투자할 계획이다. 메타버스 분야 수요를 창출하기 위해 확장현실(XR) 융합 프로젝트를 추진하고, 개방형 메타버스 플랫폼 개발을 지원하며 가상현실(VR), 증강현실(AR) 핵심 원천기술 개발을 추진할 계획이다.

03. 다음 중 윗글을 읽고 직원들의 나눈 대화의 내용으로 적절하지 않은 것은?

① 메타버스라는 단어가 처음 등장한 것은 코로나 팬데믹으로 인해 비대면 생활이 일상화되면서부터구나.

② 현실의 이미지와 3차원 가상 이미지를 겹쳐 보여주는 기술도 메타버스 중 하나이군.

③ 자신의 일상을 디지털 데이터로 구축하는 기술도 메타버스 중 하나로 볼 수 있군.

④ 몰입감과 실재감 있는 경험을 제공할 수 있는 확장현실 기술로 인해 메타버스가 진화하는구나.

⑤ 정부는 초연결 신산업 분야에 예산을 투자하여 육성할 계획이구나.

04. 윗글의 내용과 관련된 예시 자료로 가장 거리가 먼 것은?

① 부동산 중개 앱을 운영하는 J사는 가상 업무공간이자 협업도구인 메타폴리스를 개발하여 30층짜리 가상 건물을 디자인하였다. 4층은 J사가 사용 중이며 나머지 층은 다른 기업들을 위해 공간을 내줄 계획이다.

② 애플리케이션을 활용하여 코로나 확진 환자들도 비대면으로 원격진료를 받을 수 있게 되면서 의료사각지대에 놓은 도서 · 벽지 주민들도 진료를 받을 수 있게 되었다. 아픈 증상을 앱에서 순서대로 클릭하면 의사와 직접 통화를 할 수 있다.

③ 청와대는 어린이날을 맞아 게임 마인크래프트(Minecraft)에 청와대의 모습을 재현한 맵을 제작하고, 청와대를 관람하는 콘텐츠를 청와대 홈페이지와 SNS에 올렸다.

④ VR 헤드셋을 사용해 참여하는 가상 회의공간 '호라이즌 워크룸'에서는 아바타로 회의에 참여하거나 가상의 화이트보드를 이용하며 다른 참여자들과 자유롭게 의견을 나눌 수 있다.

⑤ BTS는 신곡 다이너마이트(Dynamite)의 뮤직비디오 안무 버전을 게임 포트나이트(Fortnite)에서 세계 최초로 공개했으며, 특별한 아이템을 구매한 게임 사용자들은 게임 내에서 음악에 맞춰 춤을 추며 함께 파티를 즐겼다.

[05 ~ 06] 다음 글을 읽고 이어지는 질문에 답하시오.

도쿄대에서 이동이 불편한 고령자들을 위해 가상현실 기반의 여행 서비스를 개발 중인 연구원을 만났습니다. 고글이 달린 헤드셋을 착용하고 실제가 아닌 풍광을 보는 것은 기술에 익숙한 사람들에게도 아직은 낯선 일입니다. 물론 혁신적인 서비스를 연구하는 사람은 많이 있습니다. 하지만 기술에 대한 이해가 충분하고 소비의 여력이 큰 젊은 분들을 목표로 하기보다, 성공해도 금전적 성과가 작은 분야에 집중하는 경우는 드문 일이라 그분에게 연구를 시작한 동기를 여쭤보았습니다. 놀랍게도 대답은 의외의 경험에서 시작합니다.

연구원은 10년 전 요양보호사로 간병시설에서 물리치료를 담당하는 일로 커리어를 시작했습니다. 당시 그는 재활 운동을 버거워하는 노인들을 보고 안타까운 마음이 들었습니다. 노화 현상은 근육 감소로 이어지기 마련이라 거동의 어려움을 느끼지 않도록 운동은 꼭 필요한 일과입니다. 하지만 이미 기력이 쇠해 요양원 밖을 나서기 어려운 분들에게 운동할 동기를 만들어 주기가 어려웠습니다.

여행은 누구나 원하지만 한 장소에 계속 있어야만 하는 분들에게는 더욱 절실하다고 합니다. 이분들에게 희망의 꿈을 꾸도록 해 주기 위해 자유롭게 갈 수 있다면 어느 곳을 방문하고 싶은지 물어보았다 합니다. 뉴욕이나 파리처럼 가본 적 없는 멋진 해외의 관광 명소가 나올 줄 알았지만 노인들의 답은 의외였습니다.

어릴 적 자란 마을이나 예전 살던 집, 그리고 한창 젊었던 시절 사랑하는 사람과 가 보았던 장소에 다시 가 보길 원했다는 말에 듣는 저는 눈시울이 뜨거워졌습니다. 가장 평범한 것이 허락되지 않는 삶이란 어떤 것인지 절실히 느낄 수 있었기 때문입니다. 비행기를 타고 먼 나라에 가서 한적한 학교의 연구소까지 힘차게 걸어갈 수 있는 제가 매우 행복한 사람임을 확인할 수 있었습니다.

매우 소박하고 사적인 소원을 들은 그분의 행동은 더욱 감동이었습니다. 휴일마다 노인들이 살았던 동네에 직접 찾아가 사진을 찍어온 것이죠. 그 사진을 받아든 분들이 그리움의 한을 푸는 모습에 그 역시 함께 기뻐했을 장면이 눈에 보일 듯합니다. 그런데 기뻐하던 노인들이 곧 "사진 속 집 옆의 숲을 보고 싶다.", "집 뒤편에 있던 건물은 지금도 그대로인지 궁금하다."라는 질문을 던졌다고 합니다. 사진은 평면 풍광만 보여주기에 공간의 기억을 가진 분들에게는 아쉬움이 남아 있었던 것입니다.

연구원은 그다음부터 360도를 담을 수 있는 카메라를 들고 노인들이 원하는 장소까지 가는 과정까지 동영상에 담아 보여주었습니다. 헤드셋으로 보는 동영상을 통해 세월의 흔적을 돌아보며, 움직이기 힘들어하던 분들도 몸을 일으켜 앞뒤로 바라보는 장면이 저장된 화면 속 고스란히 남아 있습니다. 본인의 가장 아름다운 시절의 추억을 상기시키는 장소를 다시 보며 그때를 추억하는 노인들의 얼굴에는 행복과 아스라한 그리움이 함께 담겨 있었습니다.

그 후 연구는 지속하여, 이제는 더 발전된 기술로 실감 나는 경험과 가보지 못한 곳으로의 여행도 기획되고 있다 합니다. 메타버스와 인공지능의 현란한 기술이 우리의 미래를 통째로 바꿔준다 유혹할지라도 그 끝에 사람이 없다면 감동을 얻기는 어렵습니다. 종이로 만든 투박한 헤드셋에 핸드폰을 넣고 단순한 카메라로 찍어온 예전 내 집을 보는 것만으로도 눈물을 흘릴 수 있다면 이미 충분합니다. 화려한 기술이 아닐지라도 우리의 마음을 움직일 수 있다면 기술은 역할을 다한 것입니다.

기술의 깊이보다 중요한 것은 대상을 향한 따뜻한 마음입니다. 그 마음보다 큰 것은 ㉠ 그것을 묵묵히 실행하는 사람의 바르고 우직한 성정입니다. 이 멋진 일을 시작한 이유를 묻자 그는 그저 매일 만나는 노인들을 위해 무엇인가 해주고 싶었다 이야기합니다.

누군가를 향한 마음이 소복이 쌓여 더 큰 배려의 모둠을 만들어냅니다. 장수가 저주가 아닌 축복이 되기 위해, 우리가 풀어야 할 숙제는 한두 개가 아닙니다. 그가 뿌린 씨앗이 곳곳에 뿌려져, 우리의 삶 속 마주할 필연적 그리움에 또 하나의 해법을 제시해 주길 바랍니다.

05. 윗글의 밑줄 친 ㉠과 관련이 깊은 사자성어로 가장 적절한 것은?

① 화룡점정(畵龍點睛)
② 반포지효(反哺之孝)
③ 우공이산(愚公移山)
④ 상전벽해(桑田碧海)
⑤ 맥수지탄(麥秀之歎)

06. 윗글을 바탕으로 알 수 있는 사실을 모두 고른 것은?

ㄱ. 실화를 바탕으로 내용을 전개하고 있다.
ㄴ. 일본에서 나타나고 있는 고령화 사회의 폐해들을 강조하고 있다.
ㄷ. 새로운 산업기술을 통해 사람들의 공간기억을 되살려 주고 있다.
ㄹ. 기술이 갖는 깊이보다 대상을 향한 따뜻한 마음이 중요함을 이야기하고 있다.

① ㄱ, ㄷ
② ㄴ, ㄹ
③ ㄱ, ㄴ, ㄹ
④ ㄱ, ㄷ, ㄹ
⑤ ㄴ, ㄷ, ㄹ

[07 ~ 08] 다음 글을 읽고 이어지는 질문에 답하시오.

어떤 업무나 역무를 시작하기 전에는 미리 해당 업무 프로그램에 대한 계획을 세우는데 그러한 내용을 기재한 문서를 우리는 흔히 계획서라고 말한다. 계획서를 작성함으로써 업무 프로그램의 체계적 진행이 가능하며, 업무 능률도 향상시킬 수 있다. 계획서는 대부분 업무 의뢰자나 사용자에게 보고하기 위한 목적으로 작성되는 경우가 많으며, 원자력 산업계에서도 계획서는 객관적인 승인 및 인증의 목적으로 활용되고 있다. 특히 한국원자력안전재단이 주관하고 있는 성능검증기관인증제도에서도 성능검증 계획서를 요구하고 있다. 원자력발전소의 안전에 중요한 기기들에 대한 내환경 및 내진 검증 프로그램 계획서의 작성을 강조하는 것이다. 참고로, 내환경 검증의 기본적인 목적은 '원자력발전소의 안전에 중요한 기기가 설치 수명 기간 중 모든 사용 조건하에서 부여된 고유의 안전 기능을 충분히 수행할 수 있도록 설계 및 제작되어 있는가'를 입증하고 보증하기 위함이다.

일반적으로 내환경 검증에서 요구되는 성능검증 계획서는 기기에 대한 구매 및 검증 사양서를 기준으로 대부분 성능검증 기관에서 작성하고 있다. 구매 사양서는 기기를 구매하여 사용하는 발전운영자가 작성하여 제공하는 문서이며, 검증 사양서는 구매 사양서에 따라 기기를 제작하여 공급하는 제작자가 검증 요구사항을 제공하기 위한 문서로 알려져 있다. 이에 반해 성능검증 계획서는 검증을 수행하기 위해 성능검증 기관이 작성하는 문서로 정확하고 충분한 정보를 바탕으로 운전 조건과 규제 및 산업 표준에 맞는 검증 프로그램의 요소와 검증 방법 및 절차 등을 자세하게 정의하여 기기 성능을 입증할 수 있도록 제공되어야 한다.

(가)

07. 윗글의 중심 내용으로 가장 적절한 것은?

① 계획서 작성 절차
② 구매 사양서 작성의 필요성
③ 성능검증 계획서가 필요한 이유
④ 검증 수행을 위한 절차와 방법
⑤ 원자력 산업에서 검증 사양서가 갖는 의미

08. 윗글의 흐름을 고려할 때, 빈칸 (가)에 이어질 내용으로 가장 적절한 것은?

① 원자력 산업의 미래 전망
② 원자력 발전소의 안전 기준
③ 성능검증 계획서에 필요한 내용
④ 성능검증 계획서 작성제도의 문제점
⑤ 새로운 기술 표준을 적용할 때 발생하는 문제

[09 ~ 10] 다음 글을 읽고 이어지는 질문에 답하시오.

물가상승은 국가의 거시경제 운영뿐만 아니라 개인의 소득과 소비생활에도 영향을 준다. 급격한 물가상승은 화폐의 구매력을 ㉠ 떨어트리고 불확실성을 높여 경제활동을 ㉡ 위촉시킨다. 여러 국가들의 경험에서 볼 때 안정적인 물가상승은 국가의 지속적인 발전과 개인의 경제활동 유지에 반드시 필요하다. 소비자물가지수는 소비자가 일정한 생활수준을 유지하는 데 필요한 소득 내지 소비 금액의 변동을 나타낸다. 이러한 이유로 소비자의 구매력과 생계비 등의 측정에 사용되고, 매년 근로자들의 임금인상 기초자료로도 활용된다.

한국의 물가는 1998년 외환위기 시기에 7.5% 급상승하였고 국제 원유가격 급등이 있었던 2008년에도 4.7%로 비교적 크게 상승하였다. 이후 2015년 0.7%, 2016년 1.0%, 2017년 1.9%, 2018년 1.5%, 2019년 0.4%, 2020년 0.5%, 2021년 2.5% 상승해 과거에 비해 물가가 ㉢ 안전적으로 유지되고 있다가 2022년 5.1%로 크게 상승하였다. 소비품목별로 ㉣ 나뉘어 살펴보면, 2022년 기준 12개 대분류 품목 중 12개 모두 전년에 비해 상승하였고, 이 중 3% 이상의 상승을 보인 것은 식료품 및 비주류 음료, 의류 및 신발, 주택, 수도, 전기 및 연료, 가정용품 및 가사 서비스, 교통, 음식 및 숙박, 기타 상품 및 서비스로 7개 품목이다.

OECD 자료에 따르면, 2022년 한국의 ㉤ 물가상승율(5.1%)은 영국(7.9%), 미국(8.0%) 등에 비해 낮고 프랑스(5.2%)와 비슷한 수준이다. 한국의 물가수준(한국=100, 2021년)을 기준으로 다른 나라들의 상대적 물가수준을 살펴보면, 한국에 비해 프랑스가 12%, 미국이 23%, 영국이 26%, 호주가 35% 높다. 한국의 물가수준이 다른 선진국들에 비해 낮은 편임을 알 수 있다.

09. 윗글을 읽고 이해한 내용으로 옳지 않은 것은?

① 물가상승은 국가의 거시경제 운영과 더불어 개인의 소득과 소비생활에 부정적인 영향뿐 아니라 긍정적인 영향도 준다.

② 1998년 외환위기 시기와 2008년 국제 원유가격 급등 시기에는 한국의 물가가 비교적 급격하게 상승하여 경제활동을 위축시켰을 것이다.

③ 2015년 ~ 2021년 한국의 물가는 비교적 큰 변동없이 유지되었고 급격한 상승은 없었다.

④ OECD 자료에 따른 2020년의 물가수준은 일본, 이탈리아, 한국, 미국, 폴란드 순으로 높다.

⑤ 2022년에는 특히 식료품 및 비주류 음료 등 7개 품목에서 화폐 구매력이 떨어졌을 것이다.

10. 윗글의 밑줄 친 ㉠ ~ ㉤ 중 맞춤법이 옳은 것은?

① ㉠ ② ㉡ ③ ㉢
④ ㉣ ⑤ ㉤

[11 ~ 12] 다음 글을 읽고 이어지는 질문에 답하시오.

〈㉠ 소나무재선충병 방제, 자치단체간 협력이 관건〉

(가) 소나무재선충병 방제 방안을 보다 충실하게 수립할 일이다. 나날이 심각해지는 양상임에도 방역 체계의 한계가 여실한 탓이다. 특히 사유림의 경우는 막막하다고 한다. 산림 소유주들의 협조가 제대로 이뤄지지 않고 있어서이다. 강원도에 따르면 2021년 5월에서 올 4월까지 1년간 피해 규모는 7,792그루로, 2020년 5월에서 2021년 4월까지 5,969그루에 비해 약 20% 증가했다. 도내 소나무재선충 발생은 2019년 1만 1,079그루에서 지난해 감소하는 경향을 보였으나 다시 급증하면서 산림 피해도 늘어나고 있다.

(나) 지역별 피해 규모는 춘천이 6,644그루로, 전체 피해 나무의 약 85%를 차지했다. 다음으로 홍천이 467그루, 원주가 376그루를 기록해 영서지방 중심의 소나무재선충 발생이 두드러졌다. 소나무재선충은 번식 · 확산하는 해충으로 이에 감염된 나무는 베어 내는 게 최선인 실정이다. '소나무 에이즈'라고 하듯 치료가 불가능하기 때문이다. ㉡ <u>대표적인 증상은 나뭇잎이 붉게 변색되는 것이다.</u> 더욱이 엘니뇨 현상 등으로 인해 해를 거듭할수록 평균기온이 높아지는 추세여서 재선충이 더 기승할 게 뻔한 이치이고 보면 보통 불안하지 않다. 확산 방지가 급선무임은 당연하다. 소나무가 국민의 생활과 정서에 미치는 영향을 감안하면 적당히 넘어갈 문제가 아니다.

(다) 그렇기에 중장기적으로 근본적인 방제책을 펴는 일 또한 미룰 수 없다. 그 방안은 익히 알고 있고 주지하고 있는 바다. 소나무류 집중화를 막는 것이다. 소나무류 밀집지대에 활엽수를 곁들이는 일이다. 정부, 산림청, 자치단체 공히 해당 예산을 확보해 우선순위에 따라 순차적인 현장 작업에 나서야 한다. 피해 확산 방지를 위해서는 지속적인 예산 지원은 물론 방제 전담 인력 배치, 피해 고사목의 불법 이동 단속을 위한 협조, 주요 지역에 대한 공동 예찰 방제 및 주요 소나무에 대한 대국민 홍보 등이 완전 방제를 위한 성공의 열쇠다. ㉢ <u>자연을 대상으로, 특히 병해충을 두고 완전 방제라는 말을 꺼내는 것은 매우 어렵다.</u>

(라) 하지만 소나무재선충병은 예외다. 한번 감염되면 반드시 죽는 메커니즘을 갖고 있다. 다른 병해충과 같이 생각해선 안 된다. 완전 방제를 한다는 각오로 임해야 성과를 얻을 수 있다. 현재까지 소나무재선충병의 완전 방제에 성공한 나라는 없다. 이러한 때에 소나무재선충병 방제 선진국으로 우뚝 서는 새로운 이정표를 만들어야 할 때다. ㉣ <u>산과 나무를 사랑하고 소나무를 아끼는 국민 모두가 힘을 합칠 때 우리는 산림 보호의 기적을 다시 한번 이룰 수 있을 것이다.</u>

11. 제시된 글을 3단 구성으로 정리한 내용으로 가장 적절한 것은?

①	Ⅰ. 서론 : 소나무재선충병에 대한 방제의 한계와 사유림 소유주의 비협조 Ⅱ. 본론 : 1. 소나무재선충병의 치료 방법 2. 방제를 위한 방안 (1) 엘니뇨 현상 방지 (2) 지속적이고 다양한 방제 활동 Ⅲ. 결론 : 소나무재선충병 완전 방제의 각오를 다지자
②	Ⅰ. 서론 : 소나무재선충병에 대한 산림 피해 증가 Ⅱ. 본론 : 1. 소나무재선충병 피해 상황과 확산 예상 2. 방제를 위한 방안 (1) 중장기 대응 - 소나무류 집중화 막기 (2) 지속적이고 다양한 방제 활동 Ⅲ. 결론 : 소나무재선충 방제 선진국으로 설 수 있도록 방제 방안을 충실히 마련하자
③	Ⅰ. 서론 : 소나무재선충병으로 인한 산림 피해 증가 Ⅱ. 본론 : 1. 영서지방에 집중된 피해 상황과 확산 예상 2. 방제를 위한 방안 (1) 중장기 대응 - 소나무류 집중화 막기 (2) 지속적이고 다양한 방제 활동 Ⅲ. 결론 : 소나무재선충 완전 방제에 성공한 나라는 없다
④	Ⅰ. 서론 : 소나무재선충병으로 인한 산림 피해 증가 Ⅱ. 본론 : 1. 영서지방에 집중된 피해 상황과 엘니뇨 현상 2. 방제를 위한 방안 (1) 소나무류 집중화 막기 (2) 예산 확보를 통한 지속적인 방제 활동 Ⅲ. 결론 : 소나무재선충 방제 선진국으로 우뚝 서자
⑤	Ⅰ. 서론 : 소나무재선충병에 대한 방제의 한계와 사유림 소유주의 비협조 Ⅱ. 본론 : 1. 소나무재선충병 지역별 피해 상황과 전망 2. 방제를 위한 방안 (1) 중장기 대응 - 소나무류 집중화 막기 (2) 지속적이고 다양한 방제 활동 Ⅲ. 결론 : 산림 보호의 기적을 이루자

12. **제시된 글에 대한 수정 방안으로 적절하지 않은 것은?**

① ㉠의 경우 전체 내용을 반영하는 제목으로 보기 어려우므로 '소나무재선충병 피해 현황과 근본적인 방제책 필요성 강구'로 수정한다.

② (가)에서는 막막하다고 표현한 사유림의 소나무재선충병 방제 상황에 대해 간단하게 수치를 제시하여 이해를 돕는다.

③ (나)는 소나무재선충으로 인한 피해상황과 전망에 대해 제시하고 있는데, ㉡ 부분은 논증되지 않은 불필요한 내용이므로 삭제하는 편이 더 적절하다.

④ ㉢은 다양한 방제 방법을 제시하는 (다)와 문맥상 맞지 않아 (라)의 앞부분으로 옮겨서 서술하는 것이 바로 뒤에 이어지는 문장과 호응을 이룰 것으로 보인다.

⑤ ㉣은 이 글의 주제를 나타내는 문장으로 산림 보호의 기적이 가지는 의미를 구체적으로 서술하는 것이 적절하다.

13. **○○공사의 사원 A ~ F는 출근한 순서대로 먼저 출근한 3명은 아메리카노, 나중에 출근한 3명은 라떼를 마셨다. 다음 〈조건〉을 만족할 때, 항상 거짓인 것은?**

조건

- C는 가장 마지막에 출근했다.
- F는 바로 앞에 출근한 직원이 마신 음료와 다른 종류의 음료를 마셨다.
- A와 B는 연이어 출근했다.
- B는 E보다 나중에 출근했다.

① E는 아메리카노를 마셨다.

② D는 다섯 번째로 출근했다.

③ F는 라떼를 마셨다.

④ E와 D는 서로 다른 종류의 음료를 마셨다.

⑤ B가 A보다 먼저 출근했다면 A는 두 번째로 출근했다.

14. 다음 글에서 설명하고 있는 사고방식을 개발하기 위해 필요한 태도가 아닌 것은?

- 어떤 논증, 추론, 증거, 가치를 표현한 사례를 타당한 것으로 수용할 것인가 아니면 불합리한 것으로 거절할 것인가에 대한 결정을 내릴 때 요구되는 사고능력
- 어떤 주제나 주장 등에 대해서 적극적으로 분석하고 종합하여 평가하는 능동적인 사고이다.
- 시시콜콜한 문제가 아닌 문제의 핵심을 중요한 대상으로 한다.

① 타인에 대한 이해　② 융통성　③ 객관성
④ 지적 정직성　⑤ 결단성

15. 다음 조건이 모두 참일 때 옳은 것은?

- A, B, C, D, E, F는 각각 1개 분야의 전공자이다.
- 전공 분야는 전기, 전자, 기계 총 3개가 있으며, 전공 분야당 전공자는 2명이다.
- 6명은 2명씩 조를 이뤄서 각각 전기팀, 전자팀, 기계팀 업무를 수행해야 한다.
- 2명이 모두 담당업무가 전공 분야인 경우 함께 일하는 데 4시간, 2명 모두 담당 업무가 비전공 분야일 경우 함께 일하는 데 9시간, 담당업무가 1명은 전공, 1명은 비전공 분야일 경우 함께 일하는 데 7시간이 걸린다.
- B와 C가 전자팀 업무를 수행하는 데 9시간이 걸린다.
- D와 E가 전기팀 업무를 수행하는 데 7시간이 걸린다.
- A와 C가 기계팀 업무를 수행하는 데 4시간이 걸린다.
- C와 E가 전기팀 업무를 수행하는 데 9시간이 걸린다.

① B는 기계 전공이다.
② F는 전기 전공이다.
③ A와 F가 전기팀 업무를 수행하는 데 9시간이 걸린다.
④ B와 E가 전자팀 업무를 수행하는 데 9시간이 걸린다.
⑤ C와 D가 전자팀 업무를 수행하는 데 7시간이 걸린다.

[16 ~ 17] 입사 동기인 A ~ G 7명은 이번 성과급이 나오면 서로 선물을 주고받기로 하였다. 성과급 수준에 따른 선물 교환 〈규칙〉과 〈상황〉을 참고하여 이어지는 질문에 답하시오(단, 각자 받은 성과급은 서로에게 모두 공개하였으며, B는 D보다 한 등급 높은 성과급을 받았다).

규칙

- 한 등급 낮게 받은 동기생에게서 선물을 받았을 때는 한 등급 높게 받은 동기생 1명에게 다시 선물한다.
- 한 등급 높게 받은 동기생에게서 선물을 받았을 때는 같은 등급을 받은 다른 동기생 모두에게 다시 선물한다.
- 같은 등급을 받은 동기생에게서 선물을 받았을 때는 같은 등급을 받은 다른 동기생 1명에게 다시 선물한다.

상황

- G는 C에게 선물했고, C는 다시 B에게 선물했다.
- B는 D로부터 선물을 받았고, A에게 다시 선물했다.
- C는 F에게 선물했고, F는 다시 D와 E에게 선물했다.

16. G와 C의 성과급이 동급이고 G가 A로부터 선물을 받았을 때, 다음 중 G가 선물할 수 없는 동기생을 모두 고른 것은?

① B, E　　② B, F　　③ D, F
④ E, F　　⑤ D, E, F

17. 다음 중 반드시 같은 등급의 성과급을 받지 않은 동기생끼리 바르게 연결한 것은?

① A－B　　② B－C　　③ C－G
④ D－E　　⑤ E－F

[18 ~ 19] 다음 표는 A 공사의 20X3년도 분기별 인력수요시간을 예측한 자료이다. 이를 바탕으로 A 공사는 〈정보〉를 이용하여 최적의 추종전략을 선택한다. 이어지는 질문에 답하시오.

〈A 공사의 20X3년도 분기별 인력수요시간 예측〉

(단위 : 시간)

분기	1/4	2/4	3/4	4/4
수요 예측	15,000	26,000	34,500	18,000

정보

- A 공사의 각 근로자는 분기당 500시간의 정규근로시간을 가지며, 각 근로자는 분기당 추가적으로 100시간의 잔업을 할 수 있다.
- 근로자 한 명의 임금은 분기당 550만 원이며, 잔업임금은 시간당 2만 원이다. 새로운 근로자 한 명을 고용하고 훈련시키는 비용(추가 고용비용)은 700만 원이고, 해고비용은 근로자당 200만 원이다. 생산부분의 능력유지를 위하여 A 공사는 20X2년 말 현재 45명의 근로자를 고용하고 있다.
- '추종전략'은 생산을 위한 총괄계획 수립 시 계획대상 기간동안 수요변동을 만족시키기 위해 생산율을 조정하는 전략으로 아래와 같이 두 가지 방법이 있다.
  - 추종전략 Ⓐ : 20X2년 말의 고용수준을 유지하면서 잔업을 이용하는 방법
  - 추종전략 Ⓑ : 고용수준을 수요에 맞게 변경하는 방법(단, 정규근로시간만 고려한다)

18. 추종전략 Ⓐ를 선택하는 경우, 20X3년 2분기에 A 공사 근로자들은 총 몇 시간의 잔업을 해야 하는가?

① 3,200시간 ② 3,300시간 ③ 3,400시간
④ 3,500시간 ⑤ 3,600시간

19. 20X3년 3분기까지 추종전략 Ⓐ를 유지하다가 4분기에 추종전략 Ⓑ를 선택하는 경우, 근로자 몇 명을 해고하겠는가?

① 9명 ② 18명 ③ 22명
④ 28명 ⑤ 33명

20. 팀별 부서 자리 배치를 담당하게 된 인사팀 A 대리가 〈조건〉을 고려하여 6개 팀의 자리를 배치했을 때, 다음 중 가장 적절한 것은? (단, 관계가 나쁜 팀장끼리는 이웃하여 배치하지 않고, 팀장들의 관계 이외의 다른 요소는 고려하지 않는다.)

조건

A 대리는 팀장들의 관계를 고려하여 불화가 생기지 않도록 자리를 배치하는 방법을 찾기 위해 팀장들의 관계를 파악하고자 각 팀장들과 면담을 하였다. 다음은 그 면담 결과를 정리한 내용이다.

- 기획팀장은 홍보팀장과 관계가 나쁘고, 재무팀장과는 관계가 좋다.
- 교육팀장은 홍보팀장과 관계가 좋고, 인사팀장과는 관계가 좋지도 나쁘지도 않다. 그 외의 팀장들과는 관계가 나쁘다.
- 재무팀장은 경영팀장, 기획팀장과는 관계가 좋고, 다른 팀장들과는 전부 관계가 나쁘다.
- 경영팀장은 홍보팀장, 교육팀장과는 관계가 나쁘다.
- 홍보팀장은 교육팀장과 관계가 좋고 그 외의 팀장들과는 관계가 나쁘다.

〈자리배치도〉

(A)	(B)	(C)	(D)	(E)	(F)

	(A)	(B)	(C)	(D)	(E)	(F)
①	홍보팀	재무팀	인사팀	교육팀	경영팀	기획팀
②	교육팀	경영팀	홍보팀	재무팀	인사팀	기획팀
③	기획팀	재무팀	경영팀	인사팀	교육팀	홍보팀
④	인사팀	홍보팀	교육팀	경영팀	재무팀	기획팀
⑤	경영팀	재무팀	기획팀	홍보팀	교육팀	인사팀

21. ○○공사 인사팀에 근무하는 김 과장은 지원자 정량평가 점수를 매겨 5배수를 선발하라는 상사의 지시를 받았다. 다음 내용을 바탕으로 김 과장이 선발한 지원자는 모두 몇 명인가?

- ○○공사는 1명의 신입사원 채용을 진행하고 있다.
- 지원자들을 대상으로 정량평가 점수를 매길 항목은 필기성적, 외국어 성적, 학점, 컴퓨터 자격증으로 총 4가지이다.
- 아래의 가중치를 기준으로 지원자 10명 중 5배수를 선발해야 한다.

항목	필기성적	외국어 성적	학점	컴퓨터 자격증
가중치	0.4	0.2	0.2	0.2

- 필기성적은 원점수 그대로 계산한다.
- 외국어 성적은 800점 이상인 경우 50점, 800점 미만 ~ 700점 이상일 경우 30점으로 환산하고 가중치를 적용하여 계산한다. 학점의 경우 4.0점 이상일 경우 50점, 4.0점 미만 ~ 3.5점 이상일 경우 30점으로 환산하고 가중치를 적용하여 계산한다
- 컴퓨터 자격증의 경우 3개 이상일 경우 50점, 3개 이하 1개 이상일 경우 30점으로 환산하고 가중치를 적용하여 계산한다.
- 환산되지 않은 항목에 대해서는 0점 처리한다.
- 5배수를 선발하되, 동점자가 있는 경우 5배수가 넘더라도 모두 합격으로 처리한다.

〈지원자 현황〉

지원자	필기성적	외국어 성적	학점	컴퓨터 자격증
갑	80점	750점	3.3점	3개
을	90점	680점	3.5점	2개
병	70점	850점	3.9점	5개
정	75점	790점	4.3점	1개
무	80점	650점	4.2점	3개
기	65점	900점	3.7점	–
경	70점	950점	3.8점	3개
신	85점	750점	4.0점	2개
임	100점	730점	3.3점	2개
계	80점	820점	3.6점	1개

① 6명 ② 7명 ③ 8명
④ 9명 ⑤ 10명

22. 다음 자료를 이해한 내용으로 적절하지 않은 것은?

2050 탄소중립을 위하여 전 세계는 다양한 정책을 마련하여 추진하고 있다. 최근에는 지역에 따라 태풍과 홍수, 폭염 등으로 인하여 많은 생명들을 잃고 있다. 그 주요 원인을 우리가 편리한 생활을 추구하기 위하여 사용하는 에너지에 의한 온실가스배출라고 판단하여야 할 것이다. 특히 인간의 삶 속에서 가장 중요한 것은 주거이며, 이를 위하여 에너지는 필수품으로서 아주 중요한 항목이다. 우리나라의 2020년도 온실가스배출량은 총 6억 5,600만 톤인데, 거기서 에너지소비에 따른 것이 5억 7,000만 톤으로 87%를 차지하고 있으며, 이 중 건물부문이 약 18 ~ 20%에 해당될 것으로 예측되고 있다. 향후 건축물 부문의 에너지는 점차 전기화가 가속화될 것이며, 전기소비량 역시 증가될 것으로 예상된다. 따라서 건물 부문의 탄소중립을 위해서는 다양한 전기제품의 에너지효율화와 신축건물의 제로에너지빌딩 정책이 중요할 것이다. 이에 따라 정부에서는 건물부문 온실가스 감축과 에너지 절약을 도모하기 위하여 2030년까지 모든 신축건물의 제로에너지화를 목표로 로드맵을 수립하고 단계적으로 추진하고 있다.

〈제로에너지빌딩 의무화 로드맵〉

구분	2020년	2023년	2024년	2025년	2030년
공공	1천 m^2 이상(5등급)	5백 m^2 이상 (5등급), 공동주택 30세대 이상(5등급)		4등급 수준	3등급 수준
민간			공공주택 30세대 이상(5등급)	1천 m^2 이상(5등급 수준)	5백 m^2 이상 (5등급 수준)

2014년부터 제로에너지빌딩 시범사업을 실시하여 다양한 기술개발과 지원제도를 마련하여 추진하고 있으며, 특히 2017년부터 제로에너지빌딩 인증제도를 실시하여 도시에서의 제로에너지빌딩 실현가능성을 점검해 오고 있다. 제로에너지빌딩은 단열재와 기밀성 창호 등을 활용해 단열성능을 극대화하여 에너지 사용량을 최소화하는 패시브적인 요소와 고효율보일러, LED조명기기, 태양광 · 지열 등 신재생에너지 등을 설치하는 액티브적인 요소로 구분할 수 있다. 제로에너지빌딩 인증제도란 이러한 고효율설비들의 설치로 에너지를 자급자족하는 건축물에 대해 정부가 인증해 주는 제도로, 2022년까지 약 2,466건의 건축물이 제로에너지빌딩 인증을 받은 것으로 파악된다.

〈제로에너지빌딩 인증실적〉

(단위 : 건)

구분	2017년	2018년	2019년	2020년	2021년	2022년	계
예비 · 본인증	10	30	41	506	1,100	779	2,466

제로에너지빌딩으로 인증받은 건물은 용적률과 층수제한 완화 등 건축기준의 완화와 신재생에너지설비 설치보조금 우선 지원, 소득세 감면 등 다양한 정부의 지원혜택을 받을 수 있다.

우리나라는 ICT 강국으로서 건축물에 다양한 기술을 융합하게 되면 더 큰 시너지를 창출할 수 있을 것이다. 건물의 구석구석과 가전기기에 센서를 부착하여 조명, 냉난방기, 가전제품 등 각종 기기의 에너지 사용량이나 소비패턴을 실시간 수집하고, 이를 분석하여 건물에너지 이용효율을 개선할 수 있다. 특히, 공동주택을 대상으로 다양한 에너지데이터를 활용하게 되면 전력수요관리와 통합모니터링, 에너지비용의 통합과금 등 새로운 에너지신산업을 창출할 수 있다.

① 탄소중립을 위해서는 건물 부문에 대한 에너지 효율화가 필요하다.

② 정부에서는 2030년까지 제로에너지빌딩 의무화 로드맵을 실시하고 있다.

③ 제로에너지빌딩 인증제도는 에너지를 자급자족한 건물에 대하여 정부가 인증해 주는 제도이다.

④ 우리나라는 ICT 강국으로 건축물에 대하여 다양한 기술을 융합하게 되면 새로운 에너지산업을 창출할 수 있다.

⑤ 많은 기업들이 건물에 대한 용적률 등 건축기준의 완화와 소득세 감면과 같은 다양한 정부의 지원을 받기 위해 경쟁적으로 제로에너지빌딩을 건설하고 있다.

[23 ~ 24] 다음 글을 읽고 이어지는 질문에 답하시오.

과불화화합물(PFAS)은 탄화수소의 기본 골격 중 수소가 불소로 치환된 형태의 물질로, 탄소가 6개 이상인 과불화술폰산류와 탄소가 7개 이상인 과불화지방산류 및 그 염류 등 여러 가지 화합물이 있으며, 대표적으로는 과불화옥탄산(PFOA), 과불화옥탄술폰산(PFOS), 과불화헥산술폰산(PFHxS) 등이 있다. 이 가운데 과불화옥탄산(PFOA)은 국제암연구소(IARC)의 발암물질(Group 2B)로 분류돼 있다.

과불화화합물은 강력한 C(탄소)-F(불소) 화학결합으로 인해 열에 강하고, 물이나 기름 등이 쉽게 스며들거나 오염되는 것을 방지하는 특성이 있다. 이에 1950년대부터 생산이 시작돼 현재까지 산업계 전반에 걸쳐 다양하게 활용되고 있다. 예컨대 아웃도어 제품, 일회용 종이컵, 프라이팬 코팅제, 살충제, 가죽과 자동차의 표면처리제 등에 사용된다. 또 표면에 보호막을 형성하는 성질이 있어 피부 흡수율과 투과성을 높이는 기능으로 로션과 크림 등 기초 화장품에도 사용된다.

그러나 과불화화합물은 안정적인 화학구조로 환경 및 생체 내에서 쉽게 분해되지 않고 오랫동안 축적될 수 있는 난분해성 화합물로, 환경 측면에서는 공기와 물을 통해 이동하며 환경을 오염시킨다. 인체에서는 지속해서 체내에 축적될 경우 암과 면역계질환 유발 가능성을 높이고, 태반을 통해 태아에게 영향을 미칠 수 있다. 동물실험에 따르면 과불화화합물이 간독성 및 암을 유발할 수 있고, 인체역학연구에서는 갑상선 질병 발생과의 관련성이 보고된 바 있다.

23. 다음 중 윗글을 읽고 답할 수 있는 질문을 모두 고른 것은?

ㄱ. 과불화화합물이란 무엇인가요?
ㄴ. 과불화화합물은 어디에 사용되나요?
ㄷ. 과불화화합물은 어떤 위험성이 있나요?
ㄹ. 불소수지(PTFE)를 섭취했을 때 문제는 없나요?
ㅁ. 과불화화합물이 사용된 제품 이용 시 주의사항은 무엇이 있나요?
ㅂ. 프라이팬 외에 과불화화합물로 문제가 되었던 제품은 무엇이 있나요?

① ㄱ, ㄴ, ㄷ　② ㄱ, ㄷ, ㄹ　③ ㄴ, ㄷ, ㅁ
④ ㄱ, ㄹ, ㅁ, ㅂ　⑤ ㄴ, ㄷ, ㄹ, ㅁ

24. 제시된 글을 읽고 보일 수 있는 과불화화합물에 대한 반응이 나머지와 다른 것은?

① 정부는 과불화화합물이 우리 산업 전반에 두루 이용된다는 점에서 이와 관련된 법적 규제를 마련해야 한다.

② 산업계가 과불화화합물의 위험성을 인지하고 대체품 개발에 나서야 한다.

③ 과불화화합물이 높게 검출되는 지하수에 대해 지속적인 모니터링이 실시되어야 한다.

④ 과불화화합물은 활용성이 좋기 때문에 유해성에 대해 막연한 공포심을 갖기보다는 체내 과불화화합물을 배출하는 방법을 익혀 실천하도록 해야 한다.

⑤ 개인적인 차원에서 화장품의 성분표시를 확인하여 과불화화합물이 들어있는 것으로 의심되는 제품은 조심하는 것이 좋다.

25. 천연가스는 도시가스용과 발전용으로 구분되며 도시가스용은 주택/업무난방용, 일반용, 산업용, 냉방용, 수송용, 기타의 6가지로 구분된다. 총 판매량이 15,400kt인 천연가스 중 도시가스용은 55%, 발전용은 45%이며, 도시가스용 판매량 중 60%가 주택/업무난방용일 때, 주택/업무난방용 도시가스의 총 판매량은 몇 kt인가?

① 4,544kt　② 5,082kt　③ 6,260kt
④ 7,320kt　⑤ 8,744kt

26. 자동차 부품 생산업체 H사는 주문받은 물량을 공급하기 위하여 해당 업무에 A 과장과 B 대리를 투입하였다. A 과장이 혼자 일하면 10일이 소요되고, B 대리가 혼자 일하면 20일이 소요된다. A 과장이 혼자 4일 동안 업무를 수행하고 남은 업무는 A 과장과 B 대리가 함께 처리한다면, 업무를 완료하는 데 소요되는 총 기간은 얼마인가?

① 8일　② 9일　③ 10일
④ 12일　⑤ 14일

[27 ~ 28] 다음은 ○○교육원의 교육 실적 자료와 그에 대한 보고서이다. 이어지는 질문에 답하시오.

〈○○교육원 교육 실적〉

구분		과정 수 (개)	횟수 (회)	수료인원 (명)				
					기관내부	기관외부	남성	여성
20X2년	합계	232	159	160,500	69,641	90,859	66,877	93,623
	집합교육	100	159	8,025	1,963	Ⓐ	1,565	6,460
	이러닝	132	–	152,475	67,678	84,797	65,312	87,163
20X1년	합계	239	137	170,000	70,364	99,636	72,007	97,993
	집합교육	99	137	8,500	1,626	6,874	1,134	7,186
	이러닝	140	–	Ⓑ	68,738	92,762	70,693	90,807

〈교육 결과 보고서〉

○○교육원에서는 전문 역량을 강화하기 위해 ㉠ 20X2년에 총 232개의 과정을 운영하였고 총 160,500명이 수료하였다. 집합교육의 경우 코로나19 상황이 지속됨에 따라 온라인(재택)교육으로도 운영하였으며, 수료 인원 기준 그 비중은 5%로 이러닝 교육의 비중에 비해 낮았다.

㉡ 20X2년 이러닝 교육의 전체 수료 인원은 20X1년 대비 약 6% 감소하였다. 이러닝 교육 수료 인원이 감소한 주요 요인으로는 코로나19 상황이 5월 이후 호전되면서 일부 교육과정을 대면 교육으로 전환했기 때문이다. ㉢ 교육 성적 상위 10%가 대면 교육 수료생인 것으로 볼 때, 교육 효과 측면에서 집합교육이 이러닝보다 우수한 것으로 평가할 수 있다.

20X2년 ㉣ 전체 수료 인원 160,500명 중 기관 내부 인원은 69,641명, 기관 외부 인원은 90,859명이었으며, ㉤ 성별 수료 인원은 남성이 66,877명이고, 여성은 93,623명으로 여성 비율이 더 높게 나타났다.

27. 위 보고서의 밑줄 친 ㉠ ~ ㉤ 중 교육 실적 자료를 통해 확인할 수 없는 내용은?

① ㉠ ② ㉡ ③ ㉢
④ ㉣ ⑤ ㉤

28. 다음 중 제시된 표의 Ⓐ, Ⓑ에 들어갈 값을 바르게 연결한 것은?

	Ⓐ	Ⓑ		Ⓐ	Ⓑ
①	6,062	161,500	②	6,460	90,807
③	6,874	178,500	④	7,250	98,797
⑤	7,658	139,431			

29. ㉠ ~ ㉣ 중 다음 자료에 대한 설명으로 옳은 것은 모두 몇 개인가? (단, 전출 지역과 전입 지역이 동일한 경우는 해당 지역 내에서 이사한 것이다)

〈202X년 ○○시 7개 지역 주민들의 이사 현황〉

(단위 : 건)

전출 지역 \ 전입 지역	A	B	C	D	E	F	G	합계
A	34	28	15	12	31	25	40	185
B	61	76	24	31	56	44	76	368
C	27	30	15	15	27	19	42	175
D	26	28	11	19	24	21	37	166
E	86	86	31	41	94	60	114	512
F	99	82	31	40	75	94	104	525
G	113	107	43	57	101	75	180	676
합계	446	437	170	215	408	338	593	2,607

㉠ 전출 건수보다 전입 건수가 많은 지역은 2개이다.
㉡ 지역 내 이사 건수가 가장 적은 지역은 전입 건수도 가장 적다.
㉢ 전입 건수 중 지역 내 이사 건수의 비중이 가장 작은 지역은 A이다.
㉣ 지역 내 이사를 제외하고 전입 건수와 전출 건수의 합이 가장 큰 지역은 G이다.

① 0개　② 1개　③ 2개
④ 3개　⑤ 4개

[30 ~ 31] 다음 자료와 이를 바탕으로 작성한 보고서를 보고 이어지는 질문에 답하시오.

〈자료 1〉 2024년 연령대별 스트레스 인지율

(단위 : %)

구분	20세 미만	20~29세	30~39세	40~49세	50~59세	60세 이상	전체
인지율	33.5	39.6	51.5	54.9	49.2	38.1	44.9
증감률	(11.7)	(−11.2)	(−10.4)	(−7.7)	(−12)	(−16.1)	(−11.1)

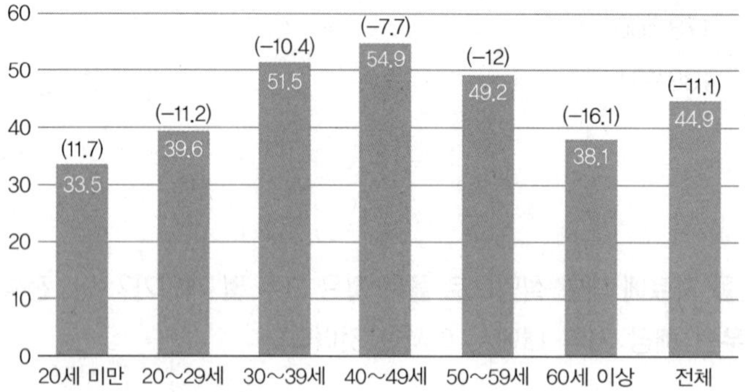

※ (   ) 안의 숫자는 2022년 대비 증감률(%)을 의미한다.

〈자료 2〉 성별 스트레스 인지율

(단위 : %)

구분	2010년	2012년	2014년	2016년	2018년	2020년	2022년	2024년
남자	60.9	72.1	68.8	66.4	52.1	53.1	47.7	42.3
여자	60.1	68.1	70.3	66.8	57.3	55.6	53.4	47.6

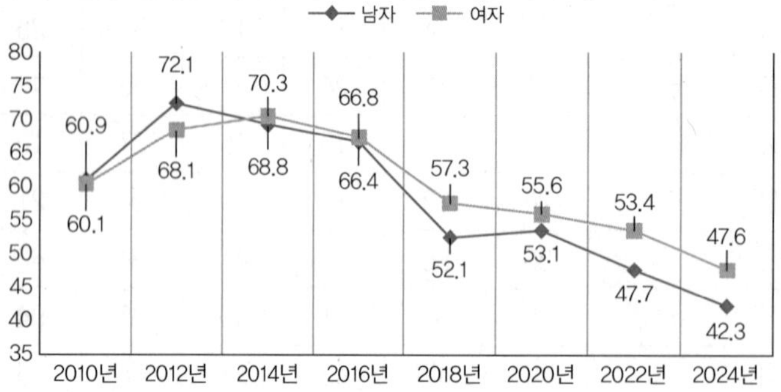

〈보고서〉

개인의 건강은 신체건강과 정신건강으로 측정되며, 최근에는 정신건강의 중요성이 점점 더 부각되고 있다. 스트레스는 일상적으로 발생하는 것으로, 개인의 정신건강 상태를 측정할 수 있는 가장 대표적인 지표이다. 스트레스 인지율은 지난 2주 동안 스트레스를 받은 적이 있는 비율을 2년 단위로 조사한 것으로, 일상생활 전반에 스트레스를 어느 정도 느꼈는지에 대해 '매우 많이 느꼈다' 또는 '느낀 편이다'라고 응답한 사람의 비율을 기준으로 한다.

㉠ 2022년 스트레스 인지율은 50.5%로, ㉡ 2020년의 54.4%보다 3.9%p 감소하였다. 2010년 60.5%에서 2012년 70.0%로 증가한 이후 2012년부터는 감소하는 추세를 보였다. 2022년에 ㉢ 성별로는 남자는 47.7%, 여자는 53.4%로 여자가 스트레스를 더 많이 느끼는 것으로 확인되었으며, ㉣ 연령대별로는 30 ~ 40대의 스트레스가 가장 높고, 이후 ㉤ 연령이 낮아지거나 증가할수록 점차 감소하는 경향을 보인다.

30. 〈보고서〉의 밑줄 친 ㉠ ~ ㉤ 중 〈자료 1〉과 〈자료 2〉을 통해 확인할 수 없는 내용은?

① ㉠　② ㉡　③ ㉢
④ ㉣　⑤ ㉤

31. 다음 중 2022년 60세 이상의 스트레스 인지율로 옳은 것은? (단, 소수점 둘째 자리에서 반올림한다)

① 38.1%　② 45.4%　③ 46.4%
④ 47.7%　⑤ 50.5%

[32 ~ 33] 다음은 A 지역의 산업분야별 CO_2 배출량을 나타낸 자료이다. 이어지는 질문에 답하시오.

〈A 지역 산업분야별 CO_2 배출량〉

(단위 : 백만 tCO_2eq)

구분	에너지 산업	제조업 및 건설업	수송	기타	합계
20X1년	253	160	102	36	551
20X2년	258	154	94	47	553
20X3년	268	125	85	20	498
20X4년	281	142	66	19	508
20X5년	288	120	86	26	520

32. 20X5년 B 지역의 산업분야별 CO_2 배출량 비중이 A 지역의 20X3년 산업분야별 CO_2 배출량 비중과 동일하고, B 지역의 20X5년 전체 CO_2 배출량이 1,230백만 tCO_2eq라면, B 지역의 20X5년 제조업 및 건설업 분야의 CO_2 배출량은 얼마인가? (단, 모든 계산은 소수점 아래 첫째 자리에서 반올림한다)

① 약 242백만 tCO_2eq
② 약 262백만 tCO_2eq
③ 약 282백만 tCO_2eq
④ 약 308백만 tCO_2eq
⑤ 약 322백만 tCO_2eq

33. 다음중 20X1년 대비 20X5년 산업분야별 CO_2 배출량의 증감률을 나타낸 그래프로 옳은 것은? (단, 증감률은 소수점 아래 둘째 자리에서 반올림한다)

①
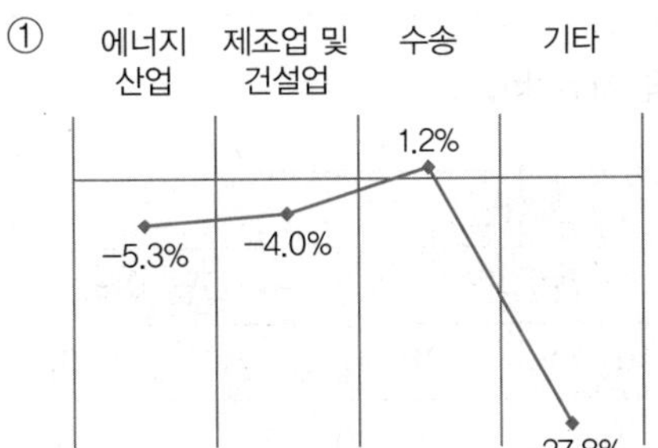

②
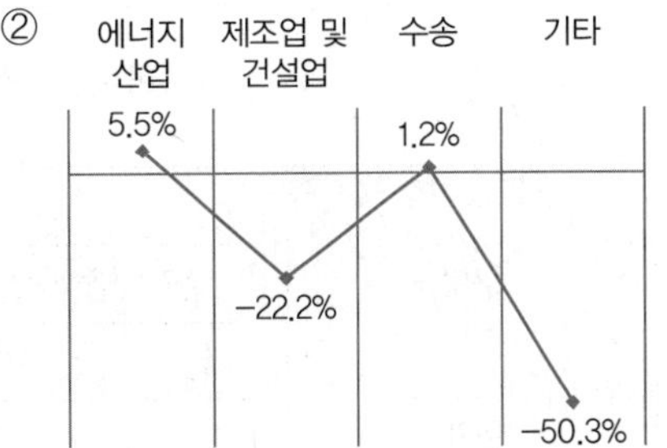

③
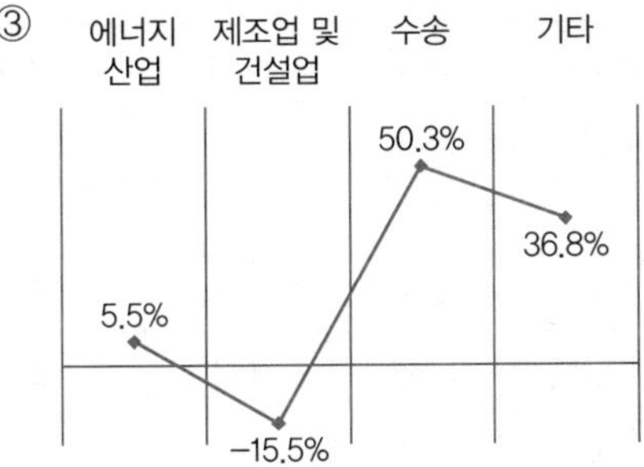

④
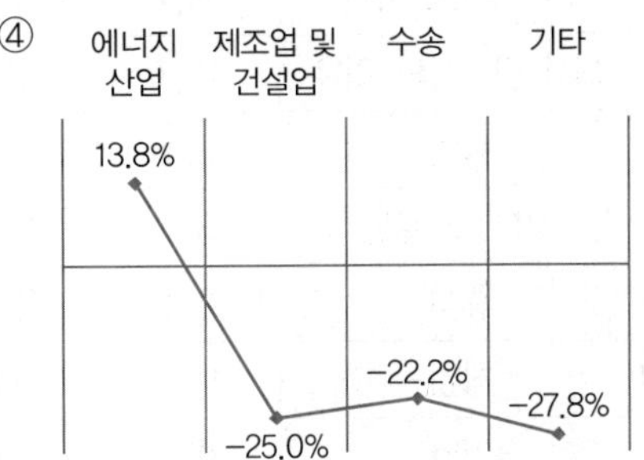

⑤
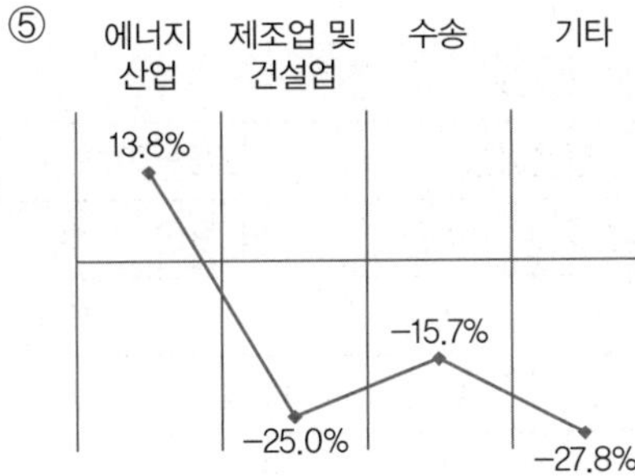

34. 다음은 ○○공사의 학력별, 성별 퇴직에 대해 조사한 결과 자료이다. 이에 대한 설명으로 옳은 것은?

〈학력별 · 성별 퇴직 사유 비중〉

(단위 : %)

구분	20X1년					
	4년 대졸 이상		전문대졸		고졸 이하	
	남	여	남	여	남	여
합계	100	100	100	100	100	100
타 회사로 이직	54.1	32.8	36.3	36.7	49.8	26.6
회사 경영상의 이유	18.7	24.2	26.8	16.2	32.1	22.0
육아	3.5	27.3	3.8	31.0	6.5	38.2
직장 내 갈등	8.4	10.2	11.1	6.2	6.4	7.5
휴식	3.3	3.1	6.4	5.7	2.0	2.8
창업	11.5	0.8	10.0	1.8	1.8	1.5
기타	0.5	1.6	5.6	2.4	1.4	1.4

(단위 : %)

구분	20X2년					
	4년 대졸 이상		전문대졸		고졸 이하	
	남	여	남	여	남	여
합계	100	100	100	100	100	100
타 회사로 이직	52.0	31.4	58.5	41.8	62.4	37.4
회사 경영상의 이유	19.0	17.9	16.5	17.0	9.5	13.4
육아	6.1	36.8	4.5	32.6	4.7	40.7
직장 내 갈등	9.4	7.5	5.9	5.7	7.0	4.3
휴식	2.8	3.3	2.9	1.2	3.2	0.9
창업	8.8	1.7	10.4	0.9	9.6	2.0
기타	1.9	1.4	1.3	0.8	3.6	1.3

(단위 : %)

구분	20X3년					
	4년 대졸 이상		전문대졸		고졸 이하	
	남	여	남	여	남	여
합계	100	100	100	100	100	100
타 회사로 이직	47.7	29.6	52.2	33.5	54.9	31.3
회사 경영상의 이유	19.8	15.0	14.6	18.5	10.8	7.7
육아	8.2	36.4	9.5	29.8	7.7	47.7
직장 내 갈등	8.5	8.8	7.1	15.5	7.4	5.6
휴식	2.7	6.0	3.5	1.3	4.5	5.1
창업	8.0	3.0	9.8	0.7	11.2	2.1
기타	5.1	1.2	3.3	0.7	3.5	0.5

※ 비중은 소수점 둘째 자리에서 반올림하여 나타냄.

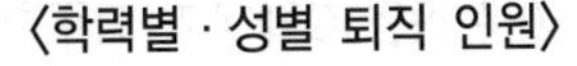

(단위 : 명)

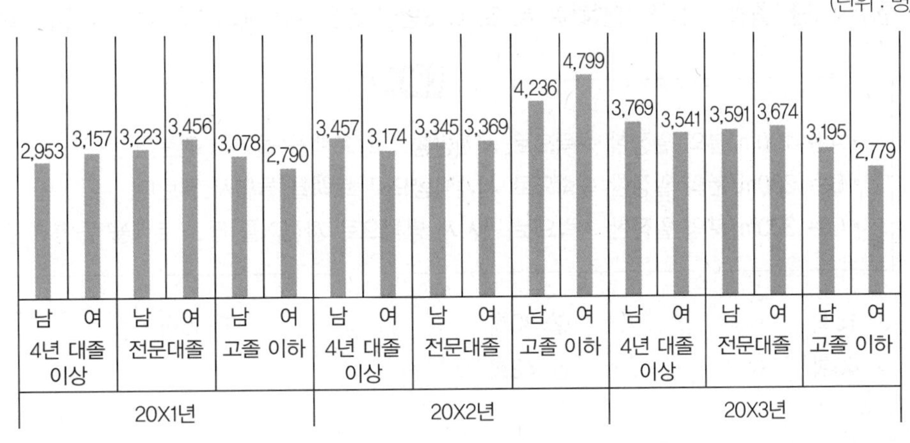

① 20X1 ~ 20X3년의 3년 동안 직장 내 갈등 문제로 퇴직한 남성은 총 2,500명 이상이다.

② 20X3년 창업을 이유로 한 퇴직자 중 고졸 이하 학력을 가진 남성은 27% 이상이다.

③ 20X1년과 20X2년 육아를 위해 퇴직한 전문대졸 학력 여성의 인원 차이는 88명 이상이다.

④ 20X1년에 타 회사로 이직하기 위해 퇴사한 4년 대졸 이상 학력을 가진 여성은 20X1년 전체 퇴직자의 10% 이상이다.

⑤ 20X2년에 회사 경영상의 이유로 퇴직한 전문대졸 학력 남성은 20X2년 전문대졸 학력을 가진 퇴직자의 5% 이상이다.

35. 다음 (가)～(다) 규칙을 찾아 A, B, C를 구할 때, (A+B−C)×2의 결괏값은?

(가) 규칙	1	2	5	14	41	122	365	(A)
(나) 규칙	38	41	45	50	(B)	63	71	80
(다) 규칙	150	130	20	110	−90	200	(C)	490

① 1,720　② 1,926　③ 2,580
④ 2,880　⑤ 3,052

36. 둘레의 길이가 600m인 원형 트랙이 있다. 이 트랙의 동일한 한 지점에서 A, B, C가 출발하여 〈보기〉와 같이 이동할 경우, 30분 동안 C와 A가 마주친 횟수 그리고 C와 B가 마주친 횟수의 합은? (단, 출발 지점을 포함하여 A, B, C 3명이 같은 위치에서 마주치는 경우는 제외한다)

보기

- A는 100m/분의 일정한 속력으로 시계방향으로 트랙을 돌면서 걷는다.
- B는 200m/분의 일정한 속력으로 시계방향으로 트랙을 돌면서 달린다.
- C는 300m/분의 일정한 속력으로 반시계 방향으로 자전거를 타고 트랙을 돌면서 달린다.

① 15회　② 30회　③ 35회
④ 40회　⑤ 42회

37. ○○기업은 최근 신규 사업을 추진하고 있는 A 사업장에 대한 대책을 수립하고자 한다. 다음 중 A 사업장 현황에 맞는 자원관리 대책방안으로 가장 적절하지 않은 것은?

〈○○기업 A 사업장 현황〉

- ○○기업 A 사업장은 최근의 AI, 로봇 사업을 중심으로 급격한 성장을 이루고 있습니다. 따라서 기존에 배정된 예산으로는 사업을 충실하게 진행하기 어려운 일이 발생하고 있습니다.
- 물적자원에 대해서는 물품, 비품, 사무기기 등은 현재의 물적자원으로 충분히 활용 가능하여 지금 당장 추가적인 지원은 필요하지 않은 것으로 파악되고 있습니다. 다만, 내년도 3분기에는 추가적인 공장 건설에 대한 계획이 필요할 것으로 보입니다.
- 인력 부문에서는 지금 당장 AI, 로봇 분야에 일정 경력을 갖춘 신규 인력이 최소 3명이 더 필요하며, 사업의 성장성을 고려할 때 장기적으로는 매년 5명 수준의 인력 수요가 지속적으로 발생할 것으로 예상하고 있습니다. 하지만 지금 당장 필요한 경력 인력은 회사 내부에서는 찾기 어렵고 재교육을 통한 인력 재배치는 시간이 최소 6개월 이상 소요되는 것으로 확인되어 있어 당장 시급한 대책이 필요합니다.
- 현재 A 사업장에서 근무하는 직원들은 예상하지 못하는 초과근무가 많아지고 초과근무에 대한 추가적인 보상에 대한 명확한 대책이 필요하다고 주장하고 있습니다.

① 전사적으로 예산을 재점검하고 A 사업장에 추가적으로 예산 배정을 할 수 있는 방안을 고려한다.

② 사업 성장으로 인한 물품, 비품 등의 물적자원 부족 문제가 발생하고 있으므로 이에 관한 추가적인 지원을 실시해야 한다.

③ 지금 당장 필요한 인력에 대해서는 회사 내 재교육을 통한 재배치보다는 경력직 채용을 우선 고려한다.

④ AI, 로봇 사업에 대해서는 매년 필요한 인력 규모를 정확히 예측하고 신규채용 또는 재교육을 통한 인력 재배치를 실시한다.

⑤ A 사업장에서 근무하는 직원들의 초과근무에 대한 실태를 정확히 파악하여 초과근무에 관한 보상과 이를 해소하기 위한 대책을 세운다.

38. 다음 기사를 읽고 K사의 인사평가에 대한 내용으로 가장 적절하지 않은 것은?

〈K사 '360도 다면평가' 논란 확산〉

K사는 수평적이고 투명한 조직 관리를 추구하는 것으로 알려져 왔다. 대표를 포함한 전 임직원이 연차와 관계없이 편안하게 영어 이름을 부르는 등 수평적인 문화를 도입했다. 다수의 기업들이 K사처럼 수평적인 시스템을 도입하려 시도하고 있다. 하지만 수평적인 조직 문화도 이런저런 한계는 있을 수밖에 없다. 직원들이 자신에 대한 평가를 구체적으로 받을 수 있도록 하는 방식은 일정 부분 스트레스와 후유증을 동반하게 마련이다.

최근 논란이 되는 부분은 360도 다면평가다. K사에서 시행하는 인사평가는 본인이 작성하는 개인평가, 동료들이 작성하는 360도 다면평가, 리더 평가 등이 있다. K사가 도입한 360도 다면평가는 동료들에게 나를 평가받는 시스템으로, 평가 당사자가 평가받을 동료를 선택할 수 있다. 지목받은 동료들 또는 동료들이 당사자를 지목해 익명으로 평가하는 시스템이다. 동료들은 평가와 함께 관련 피드백을 전달할 수도 있다. 추후 평가 결과는 피드백과 함께 당사자에게 공개된다. 별로 피드백이 없을 때는 어떤 동료가 나에게 어떤 평가를 했는지는 알 수 없다. 이렇게 평가한 360도 다면평가는 인사관리에 참고하는 용도로 사용된다.

K사 측은 "조직장이 평가책임자로 주도적 역할을 담당하지만, 평가는 동료 리뷰와 상향 리뷰를 모두 진행하는 다면평가로 진행한다"며 "직원이 상사도 자체적으로 평가할 수 있으며, 업무 애로사항을 어필할 수 있다"고 설명했다. 또한 '당신과 함께 일하고 싶지 않다'는 문항에 대해서 K사 측은 "'리뷰대상자와 다시 함께 일하시겠습니까?' 라는 항목이 있다. 2016년 크루들의 의견을 받아 도입한 문항이다"라며 "해당 문항은 조직장이 평가를 더 잘하고, 협업 차원에서 본인의 개선점과 성장 방향성을 논의하기 위한 참고자료로 활용된다"고 덧붙였다. 이어 "도입 초기 반응이 좋아서 지속되었던 문항이다"며 "평가가 끝난 후 평가 설문을 진행할 때 동료나 조직장 대상 피드백 효용성이 가장 높다고 크루들이 응답하는 문항이기도 하다"고 말했다.

최근 논란을 보면 K사 인사평가를 합리적이고 투명한 시스템으로 긍정적으로 보는 직원들도 있지만, 이에 맞지 않는 직원들도 상당수인 것으로 보인다. 객관적 수치로 나타난 나에 대한 평가를 볼 수 있는 투명한 시스템 속에서 사기가 떨어지고 자괴감이 드는 성향의 직원들도 있을 수밖에 없다.

K사에 다니다가 다른 기업으로 이직한 C 씨는 "K사가 타 기업보다 수평적이고 자유로운 분위기로 유명한 만큼 이번 논란이 크게 확장된 것 같다"며 "타 기업들과 비교해 특별하게 다른 인사평가라고 느낀 적이 없지만, 어떤 부서에 속해있고 함께하는 동료들이 누구냐에 따라 다가오는 체감이 다를 것 같다"고 말했다.

인사평가 논란에 K사 측은 "인사 결과에 대해서 소명이나 이의를 제기할 수도 있다"라며 "평가 제도와 관련해 개선이 필요한 부분은 사내 의견을 수렴해 반영해나갈 예정이다"고 밝혔다.

① K사는 공정하고 객관적인 평가를 촉진하고, 평가(결과)의 수용성을 높이고자 360도 다면평가를 도입하였다.

② K사의 인사평가는 상사, 동료 · 부하직원, 피평가자 본인 등 다양한 평가자로 구성된다.

③ K사에서 360도 다면평가 결과는 피평가자의 인사관리에 영향력을 끼치는 만큼 평가결과에 민감하다.

④ 평가자마다 다른 평가 기준과 방식 등을 어떻게 조화시킬 것인가가 360도 다면평가제도 정착의 관건이다.

⑤ 평가결과에 납득하지 못할 경우 소명이나 이의를 제기할 수 있고, 평가 설문을 통해 평가제도 자체에 대한 솔직한 평가와 피드백이 가능하다는 점에서 합리적이다.

39. 다음은 경쟁관계에 있는 두 자동차 회사인 M사와 B사의 수익체계표이다. 이를 참고할 때, B사가 9월에 중형차를 판매할 경우, 양사의 수익액 합이 최대가 되는 M사의 9월 판매 차종과 이때의 수익액 합으로 올바른 것은?

		B사		
		소형차	중형차	대형사
M사	소형차	(2, 2)	(4, −2)	(−3, 8)
	중형차	(1, −4)	(−3, 7)	(6, −1)
	대형차	(3, −3)	(3, −2)	(1, 7)

• 괄호 안의 숫자는 M사와 B사의 차종 판매로 얻는 수익(억 원)을 뜻한다.
(M사 월 수익액, B사 월 수익액)
예) M사가 소형차를 판매하고 동시에 B사가 대형차를 판매하였을 때, M사의 월 수익액은 −3억 원이고 B사의 월 수익액은 8억 원이다.

• 양사는 특정 월에 각각 한 가지씩의 차종만 판매한다.

① 소형차, 4억 원　② 소형차, 5억 원　③ 중형차, 2억 원
④ 중형차, 4억 원　⑤ 대형차, 1억 원

40. 다음에서 시장조사단 4개국 방문일정과 국가 간 비행시간을 감안할 때, 최단 비행시간이 소요되는 방문국 순서로 옳은 것은? (단, 일정은 하루에 한 번만 설정할 수 있다)

○○기업은 마그레브 지역 3개국(모로코, 알제리, 튀니지)의 건설시장 동향 조사와 현지 사업파트너와의 미팅을 위해 시장조사단을 현지에 파견할 계획이다. 시장조사단은 마그레브 지역 3개국 일정을 마치고 프랑스 파리를 방문해 현지 지사와 사업 전략회의를 가진 후 한국으로 귀국할 예정이다.

〈시장조사단 4개국 방문일정(9월 11일 ~ 9월 16일)〉

출장일자 / 방문국	09. 11. (월)	09. 12. (화)	09. 13. (수)	09. 14. (목)	09. 15. (금)	09. 16. (토)
모로코						
알제리						
튀니지	현지 사업파트너 미팅(확정)					
프랑스						사업 전략회의 (확정)

※ 모로코와 알제리 현지 사업파트너 미팅 일자는 미정이나 해당국 방문 당일에 갖자고 합의하였다.

〈국가 간 비행시간〉

(단위 : 시간)

구분	한국	모로코	알제리	튀니지	프랑스
한국	–	9	12	13	10
모로코	9	–	5	2	6
알제리	12	5	–	2	2
튀니지	13	2	2	–	3
프랑스	10	6	2	3	–

① 한국 → 모로코 → 알제리 → 튀니지 → 프랑스
② 한국 → 튀니지 → 알제리 → 모로코 → 프랑스
③ 한국 → 알제리 → 모로코 → 프랑스 → 튀니지
④ 한국 → 프랑스 → 튀니지 → 알제리 → 모로코
⑤ 한국 → 튀니지 → 모로코 → 알제리 → 프랑스

41. ○○공단 직원 P는 출장지 A ~ E를 방문하는 출장 일정을 계획하고 있다. 다음을 참고하여 직원 P가 숙소에서 출발하여 출장지 A ~ E를 모두 방문하고 다시 숙소로 돌아오기 위해 필요한 최단 이동시간은? (단, 한 번 간 길은 다시 이용하지 않는다)

〈숙소와 출장지 간 이동거리와 이동수단〉

구분	숙소		출장지 A		출장지 B		출장지 C		출장지 D	
	거리(km)	이동수단	거리(km)	이동수단	거리(km)	이동수단	거리(km)	이동수단	거리(km)	이동수단
출장지 A	30	자가용								
출장지 B			20	자가용						
출장지 C	60	버스			30	자전거				
출장지 D	40	전동킥보드					45	버스		
출장지 E	90	버스	100	자가용					120	자가용

〈이동수단별 속력〉

이동수단	속력
버스	45km/h
자전거	15km/h
전동킥보드	20km/h
자가용	60km/h

① 7시간 50분 ② 8시간 ③ 8시간 40분
④ 9시간 ⑤ 9시간 20분

42. ○○기업은 해외 거래처와 계약하여 자사 제품을 수출하려고 한다. 다음 대화를 참고하여 A 사원이 가입할 보험 가입 기간으로 옳은 것은? (단, 해당 계약은 Incoterms 2020을 따르고 있으며, CIF 거래조건은 목적지까지 도착하는 기간 중 도착지의 항구까지 운임, 보험료를 판매자가 부담하는 조건이다.)

A 사원 : B 과장님, 독일 거래처와의 수출 계약과 관련해서 화물보험을 가입하려고 합니다. 보험 기간을 어떻게 해야 할까요?

B 과장 : 그 계약은 Incoterms 2020의 CIF 거래조건으로 하기로 했죠. 출고일이 언제입니까?

A 사원 : 9월 4일에 창고에서 출고하여 9월 6일에 인천항에서 선적하기로 했습니다.

9월 일정표						
일	월	화	수	목	금	토
					1	2
3	4	5	6	7	8	9
	인천항 배송 출발일		인천항 선적일			
10	11	12	13	14	15	16
17	18	19	20	21	22	23
		독일 함부르크항 도착 및 하역			베를린 물류 창고 물품 도착	
24	25	26	27	28	29	30
	베를린 물류 창고 출고일					

① 9월 4일 ~ 9월 6일
② 9월 4일 ~ 9월 19일
③ 9월 4일 ~ 9월 22일
④ 9월 6일 ~ 9월 22일
⑤ 9월 6일 ~ 9월 25일

43. 다음은 ○○기업이 이번 달 집행한 비용의 내역이다. 내역에 대한 설명으로 옳지 않은 것은?

• 원재료 구입비 2,000만 원	• 직원급여 1,000만 원	• 통신비 50만 원
• 사무실 관리비 70만 원	• 상여금 250만 원	• 광고비 300만 원
• 출장여비 350만 원	• 소모품비 30만 원	• 보험료 60만 원

① 이번 달 집행 내역 중 광고비는 간접비에 속한다.
② 간접비는 직접비의 30%에 못 미친다.
③ 직접비 항목 중 가장 금액이 작은 항목은 상여금이다.
④ 직접비에 해당하는 항목은 모두 5가지이다.
⑤ 상여금이 지급되지 않는다면 직접비는 간접비의 7배를 넘지 않는다.

44. ○○기업 홍보팀에 근무하는 김 과장은 파워포인트를 이용하여 다음 그림과 같이 글자와 사진을 합쳐 홍보물의 일부를 디자인 하려고 한다. 이에 따른 작업 순서로 옳은 것은?

KOREA
Welcome to Seoul

ㄱ. 배경으로 사용할 사진을 삽입한다.
ㄴ. [그리기 도구 서식]-[도형 병합]에서 '교차'를 적용한다.
ㄷ. 'Shift' 키를 누른 채 사진과 텍스트 상자를 차례대로 선택한다.
ㄹ. 텍스트 상자를 추가한 뒤 글자를 입력하고 크기와 글꼴을 적용한다.

① ㄱ-ㄴ-ㄷ-ㄹ　② ㄱ-ㄹ-ㄴ-ㄷ　③ ㄱ-ㄹ-ㄷ-ㄴ
④ ㄴ-ㄱ-ㄷ-ㄹ　⑤ ㄹ-ㄴ-ㄱ-ㄷ

45. A 씨는 워드프로세서(한글)를 이용하여 문서를 작성하고 있다. 자료 검색을 통해 필요한 내용을 문서에 복사했는데 〈그림 1〉과 같이 부분적으로 줄바꿈이 적용되어 있다. 이를 〈그림 2〉와 같이 띄어쓰기로 일괄 변경하는 방법으로 적절한 것은?

〈그림 1〉

회선 제어의 개념 : 회선 제어란 다양하게 구성된 통신 회선이 서로↵
연결된 단말 장치를 가진 네트워크 환경에서 효율적 관리를↵
위해 통신 회선의 관리에 대한 일정한 규칙을 세워야 하는데↵
이것을 회선 제어라고 한다. 회선 제어는 소프트웨어 및↵
특수 하드웨어 또는 회선 제어용 컴퓨터에 의해 수행되어 진다.↵

〈그림 2〉

회선 제어의 개념 : 회선 제어란 다양하게 구성된 통신 회선이 서로 연결된 단말 장치를 가진 네트워크 환경에서 효율적 관리를 위해 통신 회선의 관리에 대한 일정한 규칙을 세워야 하는데 이것을 회선 제어라고 한다. 회선 제어는 소프트웨어 및 특수 하드웨어 또는 회선 제어용 컴퓨터에 의해 수행되어 진다.↵

① 문서의 첫 글자에 마우스를 위치하고 서식 탭에서 '한글' 언어를 '기호' 언어로 바꾼다.

② '찾아 바꾸기'를 선택한 다음 '찾을 내용'에는 '^t'를, '바꿀 내용'에는 '^l'을 입력하고 '모두 바꾸기'를 클릭한다.

③ 문서 내용을 전체 선택한 다음 '바탕글' 스타일을 '본문' 스타일로 바꾼다.

④ '찾아 바꾸기'를 선택한 다음 '찾을 내용'에는 '^n'을, '바꿀 내용'에는 띄어쓰기 한 칸을 입력하고 '모두 바꾸기'를 클릭한다.

⑤ '편집' 메뉴에서 '조판 부호 지우기'를 클릭한다.

46. A 씨는 워드프로세서(한글)에서 다음의 수식을 스크립트 수식 입력 방식으로 입력하려고 한다. 이를 입력하는 방법으로 가장 적절한 것은?

- $ax^2+bx+c=0 \ (a \neq 0)$
- $x^2+\frac{b}{a}x+\frac{c}{a}=0$
- $x^2+\frac{b}{a}x+(\frac{b}{2a})^2=-\frac{c}{a}+(\frac{b}{2a})^2$
- $(x+\frac{b}{2a})^2=\frac{b^2-4ac}{4a^2}$
- $x+\frac{b}{2a}=\frac{\pm\sqrt{b^2-4ac}}{2a}$
- $x=\frac{-b\pm\sqrt{b^2-4ac}}{2a}$

① 분수는 파워포인트와 개체 연결로 입력한다.
② '입력' 메뉴의 수식에서 '수식 편집기'를 이용하여 입력한다.
③ '입력' 메뉴의 도형에서 그리기 개체를 이용하여 입력한다.
④ '입력 메뉴'의 문자표에 있는 수학 연산자를 이용하여 입력한다.
⑤ 2차 함수식을 입력할 때에는 문자표의 위 첨자를 이용하여 입력한다.

47. 응용 소프트웨어는 사용자가 컴퓨터를 사용하여 어떤 일을 하려고 할 때 사용되는 모든 프로그램을 말한다. 그중 업무를 처리할 수 있도록 개발된 OA(Office Automation)와 그 소프트웨어가 잘못 연결된 것을 모두 고르면?

㉠ 워드프로세서 : 파워포인트
㉡ 스프레드시트 : MySQL
㉢ 데이터베이스 관리 시스템 : 리눅스
㉣ 프레젠테이션 : 메모장, 한글, MS워드

① ㉠　　② ㉠, ㉢　　③ ㉡, ㉣
④ ㉠, ㉡, ㉣　　⑤ ㉠, ㉡, ㉢, ㉣

48. 다음의 상황에서 O 사원이 해야 할 일로 적절하지 않은 것은?

> 업무용 컴퓨터에 프로그램을 설치하고 다운로드한 자료를 보관하는 용도로 하드디스크의 일부를 D 드라이브에 할당하여 사용하고 있는 O 사원은 어느 날 다운로드한 자료를 D 드라이브에 저장하는 것이 평소에 비해 많이 느려졌다는 생각이 들었다.

① 디스크 관리 프로그램에서 D 드라이브의 볼륨을 확장해 본다.
② D 드라이브에 오류가 발생했는지 CHKDSK를 실행해 점검해 본다.
③ 실행 프로세스 중 우선순위가 높은 프로세스를 제거한 후 재시도해 본다.
④ 제어판의 프로그램 삭제에서 불필요한 프로그램을 삭제한 후 재시도해 본다.
⑤ D 드라이브의 속성에서 보안 탭을 클릭한 후 디스크 조각 모음을 시도해 본다.

49. 엑셀에서 다음 〈표 1〉을 〈표 2〉와 같이 바꾸기 위한 작업으로 옳은 것은?

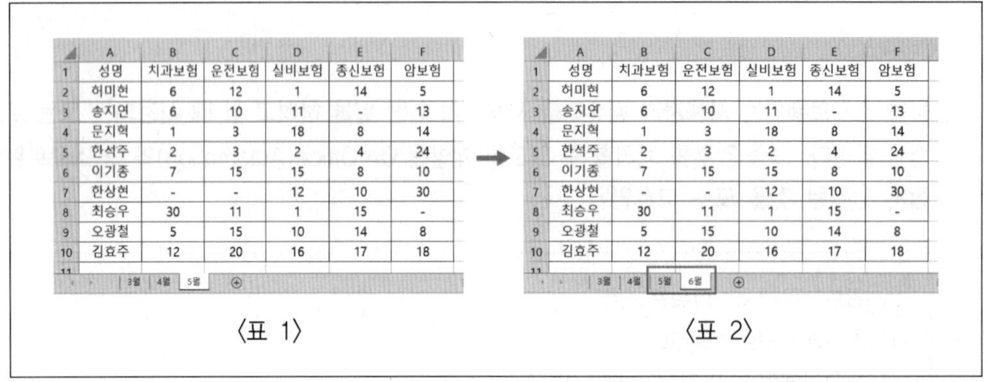

	A	B	C	D	E	F
1	성명	치과보험	운전보험	실비보험	종신보험	암보험
2	허미현	6	12	1	14	5
3	송지연	6	10	11	-	13
4	문지혁	1	3	18	8	14
5	한석주	2	3	2	4	24
6	이기종	7	15	15	8	10
7	한상현	-	-	12	10	30
8	최승우	30	11	1	15	-
9	오광철	5	15	10	14	8
10	김효주	12	20	16	17	18

3월 | 4월 | 5월

〈표 1〉

	A	B	C	D	E	F
1	성명	치과보험	운전보험	실비보험	종신보험	암보험
2	허미현	6	12	1	14	5
3	송지연	6	10	11	-	13
4	문지혁	1	3	18	8	14
5	한석주	2	3	2	4	24
6	이기종	7	15	15	8	10
7	한상현	-	-	12	10	30
8	최승우	30	11	1	15	-
9	오광철	5	15	10	14	8
10	김효주	12	20	16	17	18

3월 | 4월 | 5월 | 6월

〈표 2〉

① [5월] 시트 탭을 더블 클릭하여 시트 이름을 [6월]로 바꾼다.
② [5월] 시트 탭을 마우스 오른쪽 클릭 후, [삽입]을 선택한다.
③ [5월] 시트 탭을 마우스 오른쪽 클릭 후, [이동/복사]를 선택하고 위치는 임의로 지정한다.
④ [5월] 시트 탭을 클릭한 후, 'Ctrl' 키를 누른 상태에서 오른쪽으로 드래그하고 시트 이름을 [6월]로 바꾼다.
⑤ [5월] 시트 탭을 클릭한 상태에서 오른쪽으로 드래그 한 후, 시트 이름을 [6월]로 바꾼다.

50. 다음은 스프레드시트(엑셀)에서 작성한 자료이다. [C3 : C15] 영역을 참조하여 대리점별 인원수를 [G3 : G7] 영역에 계산을 하고자 한다. [G3]셀에 수식을 작성하고 채우기 핸들을 사용하여 [G7]셀까지의 값을 입력하기 위해 [G3]셀에 수식을 입력하는 방법으로 옳은 것은?

	A	B	C	D	E	F	G
1							
2		성명	대리점	실적			인원
3		이승룡	서울	41		서울 지역	3
4		김효주	호남	43		경기 지역	2
5		최인성	경기	44		호남 지역	3
6		박태현	영남	45		영남 지역	3
7		문성균	제주	48		제주 지역	2
8		신희원	호남	49			
9		길선영	영남	50			
10		안승범	영남	51			
11		한윤정	서울	53			
12		장도훈	호남	54			
13		곽현아	경기	55			
14		장신영	서울	56			
15		서동근	제주	58			

① =SUM(IF(C3 : C15=LEFT(F3,2),1,0)) 값을 입력 후 'Enter' 키를 입력한다.

② =SUM(IF($C$3 : $C$15=LEFT(F3,2),1,0)) 값을 입력 후 'Enter' 키를 입력한다.

③ =SUM(IF(C3 : C15=LEFT(F3,2),1,0)) 값을 입력 후 'Ctrl+Shift+Enter' 키를 입력한다.

④ =SUM(IF($C$3 : $C$15=LEFT(F3,2),1,0)) 값을 입력 후 'Ctrl+Shift+Enter' 키를 입력한다.

⑤ =SUM(IF($C$3 : $C$15=LEFT(F3,2),0,1)) 값을 입력 후 'Ctrl+Shift+Enter' 키를 입력한다.

기출예상문제

시험시간 | 60분
문항수 | 50문항

▶ 정답과 해설 15쪽

01. 다음 글에서 밑줄 친 ㉠ ~ ㉤을 글의 흐름에 맞게 수정한 내용으로 적절한 것은?

> 우리나라에서 의료에 사회보험을 처음으로 도입하려 시도한 해는 1963년 의료보험법이 제정되었을 때였다. 그러나 당시에는 시범사업에 머물러 있었고, 의료보험 제도가 본격적으로 시행되어 국민들이 가입하게 된 때는 1977년에 500인 이상 사업장의 피고용자를 대상으로 직장의료보험이 시행되면서부터였다. 이후 정부는 ㉠ 직장의료보험의 해당 범위를 순차적으로 확대해 나갔다.
>
> 1979년에는 공무원과 사립학교 교직원을 대상으로 하는 의료보험법이 시행되어 이들이 의료보험에 편입되었다. 1988년부터는 기존 500인 이상 사업장에서 5인 이상의 사업장으로 확대되었으며, 농어촌지역주민 또한 적용 대상이 되었다. ㉡ 1989년에는 도시 자영업자로 적용 범위가 축소되면서 실제적으로 거의 전 국민을 대상으로 한 의료보험이 시작되었다. 이후 지속적으로 관리체계를 개편해, 1998년에 직장의료보험과 지역의료보험 그리고 공무원 교원 의료보험을 통합하여 국민의료보험관리공단이 되었다. 그리고 2000년대에 다시 국민건강보험공단으로 명칭이 변경되면서 현재와 같은 형태를 유지하게 되었다.
>
> ㉢ 공적 보험으로 도입된 이후 꾸준히 가입자 수와 보장 내용을 지속적으로 확대해 온 국민건강보험은 2017년부터 보장성 강화정책을 진행해 원래 62.7% 수준이었던 건강보험 보장률을 2022년까지 70% 수준으로 끌어올리는 것을 목표로 하고 있다. ㉣ 그리고 일부 비급여 항목을 급여로 적용하고 기존에 병원급 의료기관에만 적용되던 비급여 진료비 신고 의무를 의원급 의료기관에도 확대 적용하는 정책을 시행 중이다. 이러한 조치는 건강보험의 보장성 강화정책 이후로 비급여 진료비가 급증하면서 생긴 조치이다. 국민건강보험의 보장성 강화 이후로 ㉤ 비급여 항목이 줄어들고 수익성이 악화되자 일선 의원급 병원에서 줄어든 수입을 만회하기 위하여 비급여 진료비 항목을 크게 늘린 것이다. 이러한 비급여 진료비의 급증은 국민건강보험의 재정에 악영향을 미치고 있으며, 동시에 국민의료건강의 급여분에 해당하지 않는 의료비를 보상하는 실손의료보험의 부담 역시 커지는 결과를 초래했다.

① ㉠ '직장의료보험의 적용 범위를 지속적으로 확대해 나갔다'로 수정한다.

② ㉡ '1989년에는 도시 자영업자까지 적용 범위가 확대되면서'로 수정한다.

③ ㉢ '공적 보험으로써 실시하면서 가입자 수와 보장 내용을 지속적으로 확장해 온'으로 수정한다.

④ ㉣ '그로 인해 급여항목이 축소되고'로 수정한다.

⑤ ㉤ '비급여 항목이 늘어나고 수익성이 증가되자 일선 의원급 병원에서 수입을 만회하기 위하여 비급여 진료를 크게 줄인 것이다'로 수정한다.

02. 다음 밑줄 친 부분의 맞춤법이 옳지 않은 것을 모두 고르면?

> ㉠ 빨랫줄에 걸어 놓은 빨래가 그만 바람에 날라가고 말았다.
> ㉡ 꽃봉우리가 맺혔으니 꽃들이 터져 나오듯 피는 것도 이젠 시간 문제다.
> ㉢ 담배를 피우면서 무슨 건강보조제를 먹는다고 그래요?
> ㉣ 산봉오리는커녕 중턱까지도 올라가지 못하고 지쳐서 내려왔다.
> ㉤ 뒷심이 부족해서 늘 경기에서 지곤 한다.
> ㉥ 동물원의 호랑이는 암놈, 숫놈이 각각 한 마리씩이다.
> ㉦ 짐을 실는 동안 저는 서류 정리를 하겠습니다.

① ㉠, ㉡, ㉥　② ㉠, ㉥, ㉦　③ ㉡, ㉢, ㉣, ㉥
④ ㉡, ㉣, ㉤, ㉦　⑤ ㉠, ㉡, ㉣, ㉥, ㉦

03. 다음 글을 읽고 알 수 있는 내용으로 적절하지 않은 것은?

> 취사 및 난방, 차량연료, 산업용으로 사용하는 LNG(액화천연가스)와 LPG(액화석유가스)는 무색무취의 물질로, 누출 시 기계적인 방법을 동원하지 않고 인간의 오감만으로 감지할 수 있는 방법은 없다. 가스 누출로 인한 사고를 방지하고 누출 사고 시 조기에 인지할 수 있도록 「도시가스사업법 시행규칙」과 「액화석유가스의 안전관리 및 사업법 시행규칙」에서는 연료가스(액화천연가스 혹은 액화석유가스)에 '공기 중의 혼합비율(부피비)의 용량이 1,000분의 1의 상태에서 감지할 수 있는 물질을 혼합하며 이를 위한 장치를 할 것'으로 명문화하였다. 사람의 후각을 통해 연료가스 누출 여부를 인지해 가스중독 및 가스폭발을 예방할 수 있도록 혼합하는 것을 부취제(腐臭劑)라고 하는데, 사람마다 냄새를 인지하는 정도의 차이가 있기 때문에 가스 사업자는 가스 관련 법규에 맞추어 부취제 종류별로 적정 유지 농도를 정하여 연료가스에 첨가하여야 한다. 그리고 연료가스에 부취제가 적절히 첨가되었는지를 가스분석기 등의 시험 장비로 농도를 확인할 수 있다. 부취제는 ppm(Parts Per Million) 단위의 미량의 농도로 주입하기 때문에 배관 및 용기 등에 흡착이 될 수 있어 적정농도 관리가 중요하다.

① 부취제의 종류별 적정 농도는 법규로 정해져 있다.
② 부취제는 냄새를 내기 위해 첨가하는 물질이다.
③ 가스는 무색무취이므로 가스누출 사고를 예방할 수 없다.
④ 부취제는 미량의 농도로 주입하기 때문에 배관 및 용기에 흡착될 수 있다.
⑤ 연료가스에 부취제가 적절히 첨가되었는지를 기기를 통해 확인할 수 있다.

[04 ~ 05] 다음 글을 읽고 이어지는 질문에 답하시오.

코로나19로 비대면 거래가 일상화되면서 배달앱으로 음식을 주문하는 배달음식서비스 시장이 크게 성장했고 이에 따라 플라스틱 용기의 사용량도 급증하는 추세를 보이고 있다. 한국소비자원의 일주일에 1인당 평균 2.8회 정도 배달음식을 주문한다는 조사 결과를 기준으로 봤을 때, 배달음식을 주문하는 사람 1인당 연간 약 10.8kg의 플라스틱을 사용하는 것으로 볼 수 있다. 이는 국민 1인이 사용하는 연간 플라스틱(88kg)의 약 12%에 해당하는 양으로 탈 플라스틱 사회로 전환하기 위해서는 배달용기의 플라스틱 사용을 줄이는 방안을 마련해야 한다는 경각심을 일깨워 주는 사례이다.

최근 서울시 · 경기도 등의 지자체는 배달앱 사업자와 함께 다회용기 제공 또는 본인 그릇 사용 캠페인 등 플라스틱을 줄이기 위한 시범사업을 추진 중이다. 그러나 사업 기간, 예산 등이 한정되어 있어 실질적으로 해당 사업을 정착시키기 위해서는 배달앱 · 외식 사업자의 적극적인 참여와 지원이 필요하다.

조사대상인 플라스틱 배달용기 중 재활용이 불가능한 재질이나 실링용기 등을 제외하면 전체 중량의 45.5%만 재활용이 가능한 것으로 조사됐다. 그러나 플라스틱 배달용기를 재활용이 가능한 재질로 전환(19.3%)하고, 실링 용기는 PP 재질의 뚜껑 형태(6.8%)로, 소형 반찬 용기는 일체형 또는 대형(6.9%)으로 표준화하는 등 현재 사용되고 있는 플라스틱 용기를 개선한다면 실질적인 재활용률을 약 78.5%까지 높일 수 있는 것으로 확인했다.

각 지자체에서는 이번 조사 결과를 바탕으로 배달앱 사업자에게 플라스틱 줄이기를 실천하는 소비자와 외식사업자를 적극적으로 지원할 것을 권장했다. 이에 해당 사업자들은 친환경 소비문화 확산을 위한 사회적 책임을 다할 것임을 밝혔다. 한편 환경부에서는 플라스틱 배달용기 중 재활용되지 않는 재질을 제한하고 용기 표준화 방안을 마련하기 위해 노력하고 있다.

아울러 소비자에게는 배달음식 주문 시 일회용 수저 안 받기, 불필요한 반찬 제외하기 등의 배달앱 옵션을 적극적으로 활용하고, 다회용기 또는 본인 그릇 사용 등을 통해 친환경 소비에 적극적으로 동참할 것을 당부했다.

04. 제시된 글을 읽고 알 수 있는 정보를 모두 고르면?

> ㉠ 배달음식 주간 평균 주문 횟수
> ㉡ 국민 1인이 사용하는 연간 플라스틱의 중량
> ㉢ 배달앱으로 주문할 수 있는 배달음식 서비스의 개수
> ㉣ 전체 외식사업자 중 플라스틱 줄이기를 실천하는 사업자의 비율

① ㉠, ㉡ ② ㉠, ㉢ ③ ㉠, ㉣
④ ㉡, ㉣ ⑤ ㉢, ㉣

05. 제시된 글에서 탈 플라스틱 사회로 전환하기 위해 제시된 방안으로 적절하지 않은 것은?

① 현재 사용하고 있는 플라스틱 배달용기의 재질을 제한해야 한다.
② 소비자들이 친환경 소비에 적극 동참해야 한다.
③ 배달음식 주문 횟수를 제한하는 방안을 고려해야 한다.
④ 플라스틱 줄이기를 실천하는 외식사업자들에게 많은 지원을 해야 한다.
⑤ 배달용기의 재활용률을 높이기 위해 플라스틱 용기를 표준화해야 한다.

[06 ~ 07] 다음은 ○○공사 워크숍에 초빙된 강사 K가 교육에 활용한 자료이다. 이어지는 질문에 답하시오.

나이가 들면 점점 누군가와 뭔가를 기념하는 것에 시간과 마음을 많이 쏟게 된다. 친구를 초대하는 자신의 생일파티에서도 겸연쩍어했던 소년기와 청년기를 지나 누군가와 약속을 잡고, 선물을 사고, 방문하고, 결혼식장과 ㉠ 상갓집에 가고, 장례식 후엔 다시 안부를 물으며 찾아뵙고, 답례하는 의식이 이제는 일상적인 일이 되어버렸다.

얼마 전에 이사를 마친 나는 지인들을 초대해 식사하는 시간을 몇 번 가졌다. 요즘은 속을 훤히 아는 가족조차 시간을 들이지 않고 편리하게 선물 대신 돈을 주는 시대라지만, 나는 돈이 마치 쌀과 연탄처럼 몇 번 먹고 때면 기억 속에서 제거된다고 생각한다. 화폐엔 등가성만 있고 고유성은 없어 거기서 뭔가 상징적인 것을 찾으려는 시도는 실패하기 마련이다.

그러나 물건은 다르다. 그것은 시간이고 마음이다. 받는 이의 필요와 취향을 고심하느라 애쓴 ㉡ 증여자의 흔적을 되새기는 것은 자못 기쁘다. 최근 받은 선물 중 가장 기억에 남는 것은 양식기 세트다. 새집에서 사람들과 함께 음식을 만들어 먹으라고 줬겠지만, 내가 본 것은 선물에 담긴 '시간'이다. 그는 내 취향을 가늠하기 위해 간접 정보를 취합했고, 그렇게 고른 물건 중 가장 나은 것을 알고자 어떤 셰프에게 조언까지 구했다. 그 물건을 사려면 그의 집에서 왕복 두세 시간은 이동해야 했는데, 그는 비 오는 날 퇴근 후 그곳에 다녀왔다. 거기엔 자기 시간을 절약하려는 마음 같은 건 찾아 볼 수 없었고 대신 그 자리에 타인이 있었다. 덕분에 그 타인은 온전히 '주체'가 될 수 있었다. 이는 예(禮)를 중시하는 마음가짐이 담긴 행위이며, 그 행위의 매개로서 물건이 필요하다는 것을 알 수 있다.

이러한 시간을 계산하지 않는 헤픈 행동이 매사 근면하게 살아가는 현대인의 ㉢ 전형성에서 벗어나 있어, 받는 이를 생각하는 마음이 느껴진다. 서로를 생각하는 행위 속에서 여유 있는 틈들이 생겨나고 우리는 그 틈을 거닐다가 천천히 상대에게 스며들어간다.

이런 감정을 몇 번 겪으면서 내게 떠오른 것은 예기치 않게도 예전에 봤던 그림들이었다. 선물하는 이의 마음을 들여다보는 일은 카스파르 프리드리히의 '안개바다 위의 방랑자' 속 ㉣ 방랑자가 된 기분을 느끼게 한다. 즉 상대의 커다란 산맥 같은 마음을 풍경처럼 감상하게 되는 것이다. 혹은 조영석의 '설중방우도' 속 손님처럼 눈으로 진창이 된 길을 헤쳐온 이의 발을 상상하며 감상하게 된다.

선물은 물건을 통해 상대에게 경의를 표하는 것이기도 하고, 받는 사람은 물건을 통해 그 마음을 온전히 받아들이는 것이기도 하다. 선물은 어떤 면에서 보면 부드러운 어루만짐이다. ㉤ 망설임과 신중함 그리고 애틋함의 모퉁이를 돌아, 시간이 걸려서 날아오는 곡선과 같다. 그 소박하고 귀한 물건은 집의 한 공간을 차지해 주인과 같이 살면서 숨을 쉰다. 울타리를 넘어 들어올 때 그것은 과시하지 않으면서 감정과 함께 섞여와 물건이 아닌 어떤 '존재'가 되기도 한다.

무언가를 기념하면서 서로의 삶을 매듭짓고 넘어가는 행위는 안정감을 준다. 내일을 위해 오늘을 아끼기보다 오늘을 내어주다 보면 나를 위해 마음의 여유를 부리며 숨 쉴 공간이 생겨난다. 반면 매듭짓지 않은 축적은 양으로서만 기억될 뿐 어떤 이미지로도 깊이 새겨지지는 않는다.

06. 제시된 글에 대한 특징으로 적절하지 않은 것은?

① 자신의 경험을 바탕으로 진솔하게 작성한 글이다.
② 비유적인 표현을 사용하여 말하고자 하는 바를 드러낸다.
③ 선물을 주고받는 행위에 대한 의미를 완곡한 표현을 통해 전달한다.
④ 필자의 의견과 주제를 구체적인 사례와 예술 작품을 통해 나타낸다.
⑤ 주제에 대해 필자가 가지고 있는 전문적인 지식을 논리적으로 서술한다.

07. 제시된 글의 밑줄 친 ㉠ ~ ㉤의 단어를 활용한 사례로 적절하지 않은 것은?

① 내일 저녁 거래처 김 부장님이 모친상을 당해 ㉠ 상갓집에 다녀와야 해서 모임 참석이 어려울 것 같아.
② 성탄절을 맞이하여 어려운 이웃을 돕는 자선사업에 가장 많은 성금 ㉡ 증여자가 우리 회사 사장님이시네요.
③ 주말드라마 △△△에서 주인공 역할을 맡은 A는 탐욕적인 인간의 ㉢ 전형성을 보여 주는 것 같더군.
④ 조선시대 후기 김삿갓이라는 사람은 항상 ㉣ 방랑자의 삶을 살면서 아주 많은 작품을 남겼다고 하더군.
⑤ 인사팀 김 부장은 직원들의 애로사항을 경청하여 이번 인사에 반영하는 데 한 치의 ㉤ 망설임도 없었다.

08. 다음 반려동물 정책 포스터를 보고 나눈 대화 내용으로 잘못된 것은?

사람과 동물 모두 안전하고 행복하게,
반려동물 펫티켓
지켜주세요!

반려견과 외출할 때에는 목줄 · 인식표를 착용해 주세요!
- 타인에게 위해를 주지 않도록 목줄을 채워주세요.
- 안전조치 위반 시 과태료 : 1차 위반 20만 원 / 2차 30만 원 / 3차 50만 원
- 인식표 미부착 적발 시 과태료 : 1차 위반 5만 원 / 2차 10만 원 / 3차 20만 원

※ 맹견의 경우 입마개도 필수입니다! (맹견의 안전조치 위반 시 과태료 100 ~ 300만 원)

엘리베이터와 같은 공동주택 건물 내부의 공용공간에서는 반려견을 안거나 목줄의 목덜미 부분을 잡아주세요!

※ 2022년 2월 11일 시행

반려견이 머물다 간 자리, 배변처리도 잊지 마세요!

※ 위반 시 과태료 : 1차 위반 5만 원 / 2차 7만 원 / 3차 10만 원

반려견 동물등록은 필수사항입니다!
- 2개월령 이상의 반려견은 동물등록 해주세요!
- 등록방법 : 시 · 군 · 구청 방문 또는 동물등록대행기관(동물병원 등) 방문
- 미등록 적발 시 과태료 : 1차 위반 20만 원 / 2차 40만 원 / 3차 60만 원

동물을 학대하거나 유기하면 안 돼요!
- 동물 학대와 유기는 범법 행위입니다.
- 동물학대 : 최대 3년 이하의 징역 또는 3천만 원 이하의 벌금
- 동물유기 : 300만 원 이하 벌금

① A : 다음 달에 강아지 한 마리를 입양할 생각인데, 꼭 동물등록을 해야 할까?
B : 당연히 해야지. 시 · 군 · 구청이나 동물병원 등의 등록대행기관에 방문해서 등록하면 돼. 동물등록을 하지 않고 있다 적발될 경우, 위반 횟수에 따라 최대 60만 원의 과태료가 있으니까 꼭 하는 게 좋을 거야.

② A : 옆집이 맹견을 키우는데 산책할 때 목줄과 인식표는 잘 착용하고 있으니 불안해도 내가 조심하는 수밖에 없겠지?
B : 맹견은 입마개까지 착용해야 해. 맹견의 안전 조치 위반 시에는 과태료가 최소 100만 원 이상이니까 옆집 사람한테 입마개 착용할 것을 요구해 봐.

③ A : 왜 키우던 개를 버리는 사람들이 있을까? 이해가 안 돼.
B : 동물을 유기하는 것은 범법 행위야. 300만 원 이하의 벌금이 부과될 수 있어.

④ A : 얼마 전에 우리 아파트에서 어린 아이가 엘리베이터를 기다리다가 이웃집 개한테 물려서 다친 일이 있었어.
B : 공동주택 내부의 공용공간에서는 반려견을 안거나 목줄을 잡아야 하는데, 엘리베이터를 기다리다 사고가 발생한 것이니 안타깝지만 개 주인의 잘못은 아닌 것 같아.

⑤ A : 반려견을 데리고 공원을 산책하려고 하는데 주의해야 할 점이 뭐가 있을까?
B : 배변 봉투를 챙겨서 산책을 하는 게 좋을 거야. 배변처리를 하지 않으면 최소 5만 원 이상의 과태료가 있어.

09. 다음 글의 서술방식에 대한 설명으로 옳지 않은 것은?

> 지구화가 진전됨에 따라 자본은 국민국가의 규제력을 넘어 전 세계로 이동하게 되었다. 자본은 자신의 이윤을 극대화할 수 있는 좋은 환경을 찾아 국경을 넘어 이동할 수 있지만, 노동은 여전히 국경의 장벽에 막혀 있다. 실업과 실업에 대한 공포는 노동의 현재와 미래를 가장 잘 보여준다. 노동의 미래에 대한 우울한 전망은 제러미 리프킨(Jeremy Rifkin), 울리히 백(Ulrich Beck), 앤서니 기든스(Anthony Giddens)의 저작물에서 공통적으로 지적하는 문제이다.
>
> 리프킨은 「노동의 종말」을 통해 기술의 발전이 대량 실업사태를 초래한다고 경고한 바 있다. 첨단기술과 정보화 사회, 경영혁신이 인간의 삶을 풍족하게 만드는 것이 아니라 일자리를 사라지게 만들며, 새로운 일자리가 생겨나도 대부분은 임금이 낮은 임시직 일자리에 불과하다고 주장했다. 그에 따르면, 이를 극복할 대안은 비영리적인 제3부문이다. 이 제3부문은 공동체 유지와 재건에 필요한 서비스를 제공하고 봉사정신, 연대를 통해 새로운 사회를 향한 대전환을 가능하게 한다는 것이다.
>
> 백 역시 완전고용이 붕괴하면서 희망을 잃어버린 노동사회를 대체할 새로운 사회 모델을 모색하고 있었고 기술 진보로 필요 노동시간이 단축된 상황에서 능동적으로 자신을 투신할 수 있는 '시민노동 모델'을 대안으로 제시했다. 시민노동 모델은 공적인 부문에서 효과적인 노동을 제공하는 시민들에게 '시민수당'을 주고 이를 사회적으로 인정하는 것이다. 이러한 새로운 시민노동은 생태 등 공공의 목표를 위해 일하고 대가를 받는 취업노동의 대체물이다.
>
> 기든스는 지식경제사회에서 노동의 미래를 전망하며 이에 대한 적극적 대응이 필요하다고 주장했다. 기든스에 따르면, 지식경제란 생각, 정보, 지식이 혁신과 경제성장을 뒷받침하는 경제로, 대다수의 노동력이 물질적 재화의 생산과 유통이 아닌 디자인, 개발, 기술, 마케팅, 판매와 서비스에 종사하는 경제를 의미한다. 이러한 지식경제에서 기든스의 대안은 '새로운 사회민주주의'로, 시장 실패와 사회주의의 경직성을 극복하기 위해 사회적 약자가 노동 시장에서 계속 활동할 수 있도록 교육과 훈련, 기술 투자 등에 더 중점을 두는 '노동을 통한 복지'를 실천해야 한다고 말했다.

① 노동의 미래에 대한 부정적 전망을 하는 사회경제학자들을 소개한다.

② 리프킨의 주장을 인용하여 비영리적인 제3부문의 필요성을 소개한다.

③ 기든스의 주장을 인용해 지식경제 대신 사회민주주의로 넘어가야 함을 역설한다.

④ 백의 저작물을 인용해 시민노동 모델을 취업노동의 대체물이라고 언급한다.

⑤ 리프킨, 백, 기든스의 저작물을 통해 현대사회 노동의 대안을 제시한다.

10. 다음은 ESG 협의체 소속 경영위원인 A ~ E가 재생에너지 확보를 주제로 진행한 회의의 일부이다. 대화를 읽고 이해한 내용으로 적절하지 않은 것은?

> A : 지난해 위원회 출범 이후 우리 기업들은 어려운 글로벌 경쟁 상황에서도 신뢰받는 기업 문화를 만들기 위해 심혈을 기울여 왔습니다. ESG 경영을 고도화하여 창출된 성과를 국민들에게 적극적으로 홍보해 기업 가치를 높여야 한다고 생각합니다.
>
> B : 좋습니다. 다만 국내 산업 현실과 에너지 상황을 균형 있게 살펴 연관 산업과 국민경제에 부담이 되지 않도록 해야 합니다.
>
> C : ESG 경영위원회에 참여하고 있는 회사들은 현재 ESG 가치를 기반으로 한 새로운 기업 비전과 목표를 수립 중입니다. 각 기업별로 ESG 위원회와 전담 부서를 설치하고 평가 시스템을 정비하는 등 조직운영 기반 구축을 완료한 데 이어 본격적인 전략 이행에 나서고 있습니다. 국가가 아니라 기업이 주도하는 ESG 자율경영이 자리 잡아야 합니다.
>
> A : 다음 회의 때에는 기획재정부 국장님을 모시고 ESG 정책 방향과 기업 현장의 다양한 애로사항을 전하려고 합니다. 혹시 정부에 건의하고 싶은 사항이 있으실까요?
>
> D : 재생에너지 전력 공급 확대는 탄소중립을 실천하기 위한 관건으로 꼽히지만 개별기업 차원에서는 해결하기 어려운 문제입니다. 그러므로 국가 차원의 인프라 확충과 관련 기술 확보를 요청하고 싶습니다.
>
> E : 2030 국가 온실가스 감축목표 달성이라는 정책의 경우 현재와 좀 맞지 않는 부분이 있습니다. 특히 조선 업종의 경우 불황으로 2018년에 건조량이 매우 적었는데, 2018년을 기준점으로 삼을 경우 현재 수주가 증가하는 업종 상황과 맞지 않습니다. 기준점을 현재로 바꾸어 변동된 사항을 반영할 수 있어야 합니다.

① A는 ESG 경영 계획을 구체적으로 공시하는 것을 제안하고 있군.

② B는 국내 여건에 맞는 탄소중립 속도 조절을 주문하고 있군.

③ C는 참여그룹의 ESG 경영 추진 현황을 공유하며 기업 주도의 ESG 자율경영 확립을 강조하고 있군.

④ D가 정부에 건의한 내용은 주로 인프라와 기술 확보에 집중되어 있군.

⑤ E는 업종별 유연한 정책 추진을 건의하고 있군.

11. 신입사원 A는 출장신청서를 작성하려고 한다. 출장신청서의 전결권자가 차장일 경우 다음 결재 규정에 따라 결재 양식을 바르게 작성한 것은?

- 결재를 받기 위해서는 최고 결재권자를 포함한 이하 직책자의 결재가 필요하다.
- 전결 : 최고 결재권자의 결재를 생략하고, 자신의 책임하에 최종적인 의사결정 또는 판단하는 행위를 말한다.
- 대결 : 결재권자가 출장, 휴가, 기타 사유로 부재 시 그 직무를 대리하는 자가 결재하는 행위로, 결재권자가 결재한 것과 동일한 효력을 갖는다.

〈사내 결재 규정〉

제4절 결재

제3조(문서의 결재) ① 문서는 결재권자의 결재를 받아야 효력이 발생한다.

② 결재권자는 내용에 따라 이를 위임하여 전결하게 할 수 있으며, 이에 대한 세부사항은 따로 규정으로 정한다.

③ 결재권자가 출장, 휴가, 기타의 사유로 부재 시 그 직무를 대행하는 자가 대결할 수 있으며, 내용이 중요한 문서는 결재권자에게 사후에 보고하여야 한다.

④ 결재에는 완결, 전결, 대결이 있으며 용어에 대한 정의와 결재방법은 다음과 같다.

1. 완결은 문서 작성자로부터 최종 결재권자에 이르기까지 관계자가 결재하는 것을 말한다.
2. 전결은 최고 결재권자(본부장)가 업무 내용에 따라 결재권을 위임하여 결재하는 것을 말한다. 위임 전결하는 경우에는 전결하는 사람의 서명란에 '전결' 표시를 하고 서명하여야 한다. 단, 결재가 불필요한 직책자의 결재란에는 상향대각선으로 표시한다.
3. 대결은 결재권자가 부재중일 때 그 직무를 대행하는 자가 결재하는 것을 말한다. 대결하는 경우에 대결하는 사람의 서명란에 '대결' 표시를 하고 서명하여야 한다.

①

신청자	대리	과장	차장
신청자 서명	대리 서명	과장 서명	차장 서명

②

신청자	대리	과장	차장	본부장
신청자 서명	대리 서명	과장 서명	본부장 서명	/

③

신청자	대리	과장	차장	본부장
신청자 서명	대리 서명	과장 서명	차장 서명	/

④

신청자	대리	과장	차장	본부장
신청자 서명	대리 서명	과장 서명	전결 차장 서명	/

⑤

신청자	대리	과장	차장	본부장
신청자 서명	대리 서명	/	전결 차장 서명	/

12. 다음 글을 읽고 추론한 내용으로 적절하지 않은 것은?

코로나19 예방을 위해 마스크 생산량이 폭발적으로 증가하며 생산량의 규모가 페트병과 비슷해졌다. 그리고 재활용 지침에 따라 25%가 재활용되는 플라스틱 병과 달리 마스크는 고체 폐기물로 처리될 가능성이 더 높아 플라스틱 오염을 더 악화시키고 있다. 마스크뿐만 아니라 일회용 의료 장비, 일회용 검사 키트 등 전염병 감염에 대한 안전 도구들 또한 플라스틱 사용률을 크게 늘리고 있다. 남덴마크대의 연구에서는 이러한 코로나19 쓰레기가 비닐봉지보다 더 큰 위협을 줄 수 있다고 경고하고 있다. 안전의 역습인 것이다.

일회용 마스크의 주성분은 부직포로, 겉감 · 안감 · 중간재 · 필터 등이 부직포로 돼 있다. 특히 필터 부분은 플라스틱 빨대 소재와 같은 폴리프로필렌 부직포로 구성돼 있고, 끈과 코편 등에도 폴리프로필렌 성분이 들어간다. 이렇게 일회용 마스크의 주성분이 되는 폴리프로필렌을 PP라고도 부른다. PP는 환경 호르몬을 배출하지 않아 플라스틱 중 가장 안전하다고 여겨져 음식물을 담는 포장 용기부터 마스크처럼 우리 몸에 직접 닿는 제품에 많이 쓰인다. 하지만 PP 역시 플라스틱이다. 분해되는 데 수천 년의 시간이 걸리며 미세 플라스틱을 발생시킨다.

미세 플라스틱은 우리가 일상에서 많이 사용하는 플라스틱이 마모와 풍화 과정을 거쳐 작은 입자로 바뀐 것을 말한다. 일반적으로 크기가 5mm보다 작은 것을 지칭한다. 물고기의 아가미도 걸러내지 못할 뿐만 아니라 바다 생물들이 무심코 삼킬 수 있을 정도의 작은 크기로, 플라스틱의 특성은 유지되기 때문에 썩지도 녹지도 않는다.

미세 플라스틱은 환경을 파괴하는 것은 물론 인간의 건강을 위협한다는 점에서도 문제가 된다. 강과 바다 생물들이 미세 플라스틱을 먹이로 오인해 섭취하고 결국 미세 플라스틱을 먹은 생물을 인간이 다시 섭취하는 먹이 사슬 구조 때문이다. 한 연구에 따르면 총 2,144종의 종들이 서식지에서 플라스틱 오염의 위협을 받고 있다. 전체 바닷새의 90%, 전체 바다거북의 52%가 플라스틱을 섭취하는 것으로 추산되는데, 바다에 유입된 플라스틱 쓰레기는 회수가 어렵기 때문에 그 위협을 줄이는 것이 쉽지 않다.

상황은 앞으로 더욱 심각하다. 세계자연기금(WWF)의 2022년 2월 보고서에는 21세기 말까지 그린란드 면적의 2.5배가 넘는 해양 지역에서 미세 플라스틱의 양이 50배 증가할 것이라는 예측이 나왔다. 또한, 미세 플라스틱 농도가 어느 정도를 넘어서면 생태적으로 생명이나 자연환경을 유지하는 데 상당한 위협을 받는 '생태적 위험 한계선'을 넘게 될 것이라는 경고도 덧붙였다.

① 코로나19 사태 이후 많은 수의 마스크가 버려지고 이는 결국 미세 플라스틱이 될 우려가 크다.

② 환경보호를 위해서라도 마스크를 쓰지 않는 마스크 반대운동을 해야 한다.

③ 미세 플라스틱 오염 농도가 한계치를 넘으면 최악의 경우 개체 수 감소 등 생물종 멸종은 물론 생태계에 악영향을 미칠 수 있다.

④ 바다에 흘러 들어간 플라스틱 쓰레기는 회수하기 매우 어렵고 작은 조각으로 분해되므로 미세 플라스틱의 농도는 계속해서 증가할 것이다.

⑤ 플라스틱병은 일부 재활용되지만, 마스크는 재활용에 대한 지침이 없어 폐기물로 처리되면서 엄청난 쓰레기를 만들고 있다.

[13 ~ 14] 다음 글을 읽고 이어지는 질문에 답하시오.

(가) 우리 민족은 ㉠ 주식인 쌀을 활용하여 우리나라의 지리적, 기후적 특성을 담아 밥 중심의 한식문화를 완성하였다. 다양한 반찬들과 어우러진 전통적인 한식문화는 이상적이고 균형 잡힌 영양소 공급을 통해 건강한 식문화를 제공하고 있으며, K-POP 등 한류문화의 유행과 함께 전 세계에 널리 알려져 높은 관심을 받고 있다.

(나) 하지만 국내에서는 핵가족과 1인 가구화 등 사회적 변화에 따라 즉석조리식품 소비가 증가하면서 밀과 육류를 더욱 ㉡ 선호하게 되었다. 특히 2020년 이후 코로나19의 확산으로 외식비중이 감소하면서 한식문화에 변화가 오고 그와 함께 쌀의 소비량이 크게 감소했다.

(다) 통계청 발표에 따르면 1인당 연간 쌀 소비량은 1991년 116.3㎏에서 2021년 56.9㎏으로 약 51% 감소하였다. 이러한 쌀의 소비 감소 추세와 2021년산 쌀의 생산량 증가는 산지의 쌀 재고량 급증과 쌀값의 하락을 초래하여 농촌경제와 농업인들의 위기를 ㉢ 고조시키고 있다.

(라) 쌀은 단순히 우리 농산물 중 한 품목으로 생각하긴 어렵다. 우선 국내 전체농가의 절반 이상이 쌀농사에 종사하고 있다. 그리고 쌀은 전체 농업생산액의 약 17%를 차지하며 가구당 농업총수입의 약 19%에 해당하는 등 우리나라 농업인의 주 소득원이자 농촌경제의 기반이다. 또한 논을 통해 생태계 파수꾼 역할을 하여 지하수 함양과 수질 및 대기 정화 등 우리의 환경을 지켜주는 중요한 ㉣ 소임을 수행하고 있다. 또한 쌀은 단백질과 섬유질, 필수아미노산이 풍부해 소화 흡수율이 뛰어나다. 그리고 항산화 효과 등 면역력 향상과 성인병 예방에 도움이 되는 식품으로 국민의 비만 예방과 어린이들의 건강과 균형 잡힌 식습관을 위해 꼭 필요한 식량자원이다.

(마) 농협은 우리의 소중한 식량자원인 쌀을 지키고, 쌀값 하락으로 어려움에 처한 농업인들의 생계를 지키기 위해 모든 사업장에서 임직원과 소비자단체, 기업 등이 함께하는 쌀 소비촉진 캠페인을 ㉤ 전개하여 쌀 소비가 증가하는 시너지효과를 창출하고 있다. 아울러 우리 쌀의 우수한 품질과 영양성분을 소비자들에게 알리고 판매를 확대하기 위해 전국의 농협 판매장을 통해 홍보 및 특판 행사도 지속적으로 실시하고 있다.

(바) 우리 사회의 건강한 미래를 위해 안정적인 쌀 소비기반은 반드시 마련되어야 한다. 이제 정부와 가정에서도 함께 나서야 할 때다. 정부는 쌀에 대한 긍정적인 인식을 확산하고 쌀 중심의 식습관 형성을 위한 교육과 홍보사업을 지속해서 추진하고 쌀을 활용한 간편식 가공산업과 국내 고품질 쌀의 수출 등을 적극적으로 지원하여야 한다. 한편 가정에서는 쌀의 우수한 성분을 섭취하기 위해 밥과 반찬이 조화로운 건강 식단을 꾸리는 것에 관심을 가지고 실천해야 한다. 이러한 방식으로 정부와 국민, 도시와 농촌이 함께 나선다면 우리의 소중한 쌀을 지키고 농촌경제와 농업인의 어려움을 해결할 수 있을 것이다.

13. 제시된 글의 (가) ~ (바)에 대한 설명으로 적절하지 않은 것은?

① (가) : 주제가 되는 문장을 글의 말머리에 제시하고 있다.
② (나) : 환경의 변화로 인해 쌀에 대한 소비가 감소되었다고 언급한다.
③ (다) : 쌀 소비 감소 실태에 따른 문제를 제기하고 있다.
④ (마) : 실제 쌀 소비 확대를 위한 노력을 사례로 들어 나타내고 있다.
⑤ (바) : 정부와 국민이 쌀을 지키고 농촌의 어려움을 해결할 수 있는 방안이 제시되어 있다.

14. 다음 중 밑줄 친 ㉠ ~ ㉤의 한자 표기로 옳은 것은?

① ㉠ 주식(住食)　② ㉡ 선호(先好)　③ ㉢ 고조(高造)
④ ㉣ 소임(所任)　⑤ ㉤ 전개(前開)

15. 어느 국가의 20X1년 신재생 에너지 발전량은 20X1년 전체 에너지 발전량의 35%에 해당한다. 20X2년 신재생 에너지 발전량은 전년 대비 35% 증가하였고, 이는 20X2년 전체 에너지 발전량의 37.8%에 해당하는 수치이다. 20X1년과 20X2년의 전체 에너지 발전량의 차이가 133,500GWh라고 할 때, 20X1년 전체 에너지 발전량(GWh)과 20X2년 전체 에너지 발전량의 전년 대비 증가율(%)의 합으로 옳은 것은?

① 534,025 ② 598,725 ③ 639,425
④ 667,525 ⑤ 705,925

16. 현재 A 업체와 B 업체에서 생산하는 제품들의 평균 원가는 20,000원으로 같다. 다음 달 A 업체는 원가가 각각 28,000원, 26,000원인 두 제품을 출시할 예정이며, 이로 인해 제품들의 평균 원가가 2,000원 더 높아진다. 그리고 B 업체는 다음 달 원가가 각각 32,000원, 28,000원, 24,000원인 세 제품을 출시할 예정이며, 이로 인해 제품들의 평균 원가가 4,000원 더 높아진다. 이때 현재 A 업체와 B 업체의 제품 가짓수 차이는?

① 0개 ② 1개 ③ 2개
④ 3개 ⑤ 4개

17. 다음은 지역별 에너지 사용량을 나타낸 자료이다. 이에 대한 설명으로 옳은 것은?

구분	A 지역	B 지역	C 지역	D 지역
전기	36,723	39,302	42,722	38,864
도시가스	32,507	35,636	36,248	33,765
지역난방	4,214	4,300	4,593	4,312
총 에너지 사용량	73,444	79,238	83,563	76,941

① B 지역의 전기 사용량은 A ~ D 지역 전체 전기 사용량의 30% 이하이다.
② 총 에너지 사용량이 두 번째로 많은 지역과 지역난방 사용량이 두 번째로 많은 지역은 같다.
③ 전기, 도시가스, 지역난방에서 지역별 순위는 모두 동일하다.
④ A ~ D 지역 모두 총 에너지 사용량 중 도시가스 사용량 비중은 50% 이상이다.
⑤ A ~ D 지역 전체의 지역난방 사용량은 A ~ D 지역 전체의 총 에너지 사용량의 10% 이상이다.

18. 다음은 연도별 신재생에너지 생산량에 대한 자료이다. 이를 참고하여 (가) ~ (마)에 들어갈 에너지원을 바르게 짝지은 것은?

〈연도별 신재생에너지 생산량〉

(단위 : TOE)

에너지원		20X1년	20X2년	20X3년	20X4년	20X5년
재생에너지	태양광	1,183,308	1,672,437	2,193,980	3,055,183	4,155,969
	(가)	355,340	462,162	525,188	570,816	671,072
	(나)	603,244	600,690	718,787	594,539	826,344
	(다)	2,765,453	3,598,782	4,442,376	4,162,427	3,899,174
	(라)	8,742,727	9,358,998	9,084,212	7,049,477	1,165,993
신에너지	(마)	241,616	313,303	376,304	487,184	750,848
	IGCC*	76,104	273,861	362,527	219,661	506,381

* IGCC(Integrated Gasification Combined Cycle) : 석탄가스화복합발전

- 수력을 이용한 에너지 생산량의 증감패턴은 '감소 - 증가 - 감소 - 증가'의 형태를 나타낸다.
- 재생에너지인 풍력의 전년 대비 생산량 증감패턴은 태양광과 동일한 형태를 나타낸다.
- 연료전지의 전년 대비 에너지 생산량 증감패턴도 태양광과 동일한 형태를 나타낸다.
- 폐기물을 이용한 에너지 생산량은 20X4년까지 가장 높은 비중을 차지하다가 20X5년에 급감하였다.
- 바이오에너지는 20X3년까지 증가하다가 20X3년 이후에 감소하였다.

	(가)	(나)	(다)	(라)	(마)
①	풍력	수력	폐기물	바이오	연료전지
②	풍력	수력	바이오	폐기물	연료전지
③	풍력	연료전지	폐기물	바이오	수력
④	수력	폐기물	바이오	풍력	연료전지
⑤	수력	바이오	폐기물	연료전지	풍력

19. 다음은 20X1년부터 20X3년까지의 지역별 에너지 사용량 신고업체 수 현황에 대한 자료이다. 이에 대한 설명으로 옳은 것은?

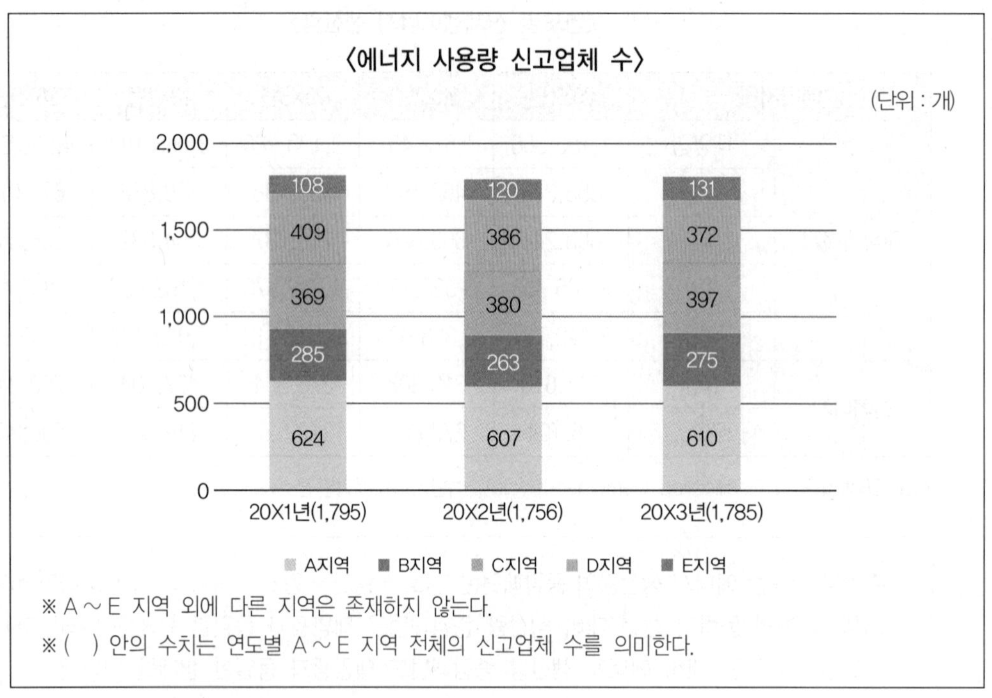

※ A ~ E 지역 외에 다른 지역은 존재하지 않는다.

※ ( ) 안의 수치는 연도별 A ~ E 지역 전체의 신고업체 수를 의미한다.

① 3개년 모두 A 지역이 차지하는 비중은 40% 이상이다.

② 20X1 ~ 20X3년 중 A 지역의 신고업체 수 대비 C 지역의 신고업체 수가 가장 많은 해는 20X3년이다.

③ 20X1 ~ 20X3년 중 D 지역의 비중이 가장 낮은 해와 B 지역 비중이 가장 높은 해는 같다.

④ E 지역이 차지하는 비중은 매년 감소하고 있다.

⑤ 3개년 모두 신고업체 수의 지역별 비중은 A>D>C>B>E 지역순이다.

20. 다음은 202X년 상반기 LPG 가격변동 추이를 나타낸 자료이다. 이에 대한 설명으로 옳지 않은 것은?

〈202X년 상반기 LPG 가격변동 추이〉

(단위 : 원/L)

구분	1월	2월	3월	4월	5월	6월
세전가격	723.5	719.4	729.3	(　)	768.9	796.0
개별소비세	120.5	120.5	120.5	114.3	114.3	114.3
교육세	17.2	17.2	19.4	19.4	16.3	16.3
석유 판매금	33.1	33.1	33.1	26.7	26.7	26.7
부가가치세	89.4	89.0	90.2	90.6	(　)	95.3
공장도가격	983.7	979.2	992.5	996.2	1,018.8	1,048.6
충전소 수수료	70.5	72.6	75.4	71.9	74.8	76.5
판매가격	1,054.2	1,051.8	1,067.9	1,068.1	1,093.6	1,125.1
유가보조금	172.6	189.6	195.8	175.8	185.7	203.1
구입가격	881.6	862.2	(　)	892.3	907.9	922.0

※ 공장도가격=세전가격+개별소비세+교육세+석유 판매금+부가가치세

※ 판매가격=공장도가격+충전소 수수료

※ 구입가격=판매가격−유가보조금

※ 부가가치세는 소수점 이하 둘째 자리에서 반올림한다.

① 2월 이후 판매가격은 계속 상승하였다.

② 2 ~ 6월 중 전월 대비 유가보조금의 증감액이 가장 컸던 달은 4월이다.

③ 4월의 세전가격은 740원 이상이다.

④ 5월의 부가가치세는 94원 이상이다.

⑤ 구입가격이 가장 낮은 달은 공장도가격과 판매가격도 가장 낮다.

21. 갑은 본인이 소유한 9,900m^2의 대지에 용적률은 900%, 건폐율은 60%의 건물을 짓기로 하였다. 다음의 〈조건〉에 따라 대지 9,900m^2에 건축할 수 있는 상업시설의 최대 건축면적과 건물층수를 구하여 바르게 짝지은 것은? (단, 상업시설은 1층부터 건축하며 모든 층의 바닥면적은 1층과 동일하다)

조건

▶ 용적률 : 건축물 총 면적(=연면적)의 대지면적에 대한 백분율

$$\text{용적률}(\%) = \frac{\text{건축물의 총 면적}(=\text{연면적})}{\text{대지면적}} \times 100$$

▶ 건폐율 : 건축면적의 대지면적에 대한 백분율

$$\text{건폐율}(\%) = \frac{\text{건축면적}}{\text{대지면적}} \times 100$$

- 대지면적 : 땅의 면적, 해당 상업시설을 지을 수 있도록 허가된 땅의 크기
- 건축면적 : 지어질 건물의 크기(1층 바닥면적)
- 연면적 : 건물 내부의 모든 면적(각 층의 바닥면적의 합계)

	건축면적	건물층수
①	5,445m^2	14층
②	5,568m^2	15층
③	5,568m^2	16층
④	5,940m^2	14층
⑤	5,940m^2	15층

22. 다음은 A, B, C 국가의 원유 가격을 나타낸 그래프이다. 자료에 대한 설명으로 옳은 것을 모두 고르면? (단, 원유는 리터 단위로만 구매 가능하다)

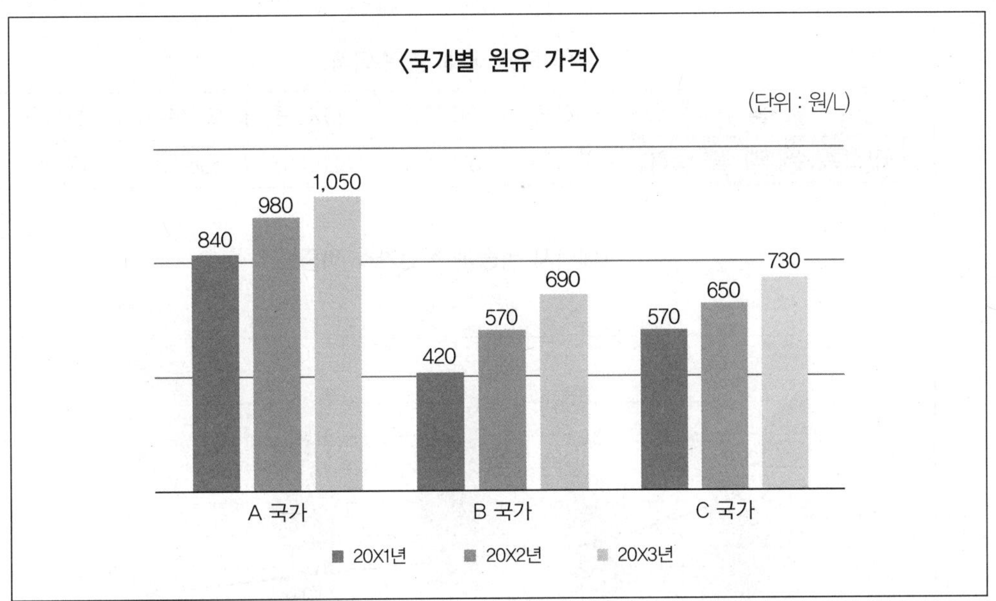

ㄱ. 3개년 모두 A 국가의 원유 가격은 C 국가 원유 가격의 1.5배 이하이다.
ㄴ. 20X1년 대비 20X3년의 원유 가격 증가율이 가장 큰 국가는 B 국가이다.
ㄷ. B 국가와 C 국가의 리터당 원유 가격 차이는 20X1년이 가장 크다.
ㄹ. 20X2년에 C 국가에서 원유 10L를 구매할 수 있는 금액으로 A 국가에서 원유를 구매한다면 최대 6L까지 구매 가능하다.

① ㄱ, ㄴ　② ㄱ, ㄷ　③ ㄴ, ㄷ
④ ㄱ, ㄴ, ㄹ　⑤ ㄴ, ㄷ, ㄹ

23. 다음은 A 국가의 에너지와 천연가스 수입을 포함한 수입액을 연도별로 조사한 자료이다. 이를 바탕으로 아래와 같이 〈보고서〉를 작성했을 때, ㉠ ~ ㉣ 중 옳지 않은 것은 모두 몇 개인가?

〈연도별 국내 총 수입액〉

구분	20X1년	20X2년	20X3년	20X4년	20X5년
국내 총 수입액(백만 달러)	468,124	503,657	523,687	556,980	605,412

〈에너지 비중과 천연가스 비중〉

(단위 : %)

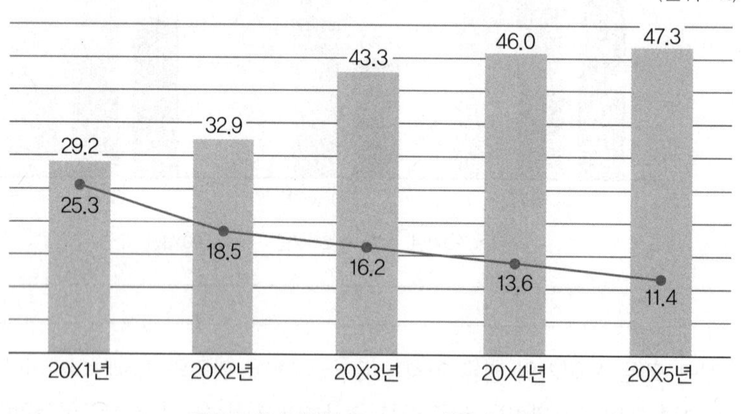

※ 에너지 비중은 국내 총 수입액에서 에너지 총 수입액이 차지하는 비중을, 천연가스 비중은 에너지 총 수입액에서 천연가스 수입액이 차지하는 비중을 의미한다.

※ 비중은 소수점 이하 둘째 자리에서 반올림한다.

보고서

㉠ A 국가의 국내 총 수입액과 에너지 총 수입액은 해마다 증가하고 있다. ㉡ 20X1 ~ 20X5년 중 국내 총 수입액의 전년 대비 증가율이 가장 컸던 해는 20X5년으로, 이 해의 에너지 총 수입액의 전년 대비 증가율은 조사 기간 중 가장 높게 나타났다. ㉢ 또한 20X5년의 에너지 총 수입액은 20X1년 대비 1.5배 이상을 기록하였다. ㉣ 한편 천연가스 수입액이 국내 총 수입액에서 차지하는 비중은 해마다 낮아지고 있다.

① 0개
② 1개
③ 2개
④ 3개
⑤ 4개

24. 다음은 A 국의 농가수를 조사한 자료이다. 이에 대한 설명으로 옳지 않은 것은?

〈20X1년의 농가수 현황〉

구분	전체	전업	겸업	
			1종 겸업	2종 겸업
농가수(가구)	29,182	15,674	5,967	7,541

※ 전체 농가수=전업 농가수+겸업 농가수

※ 겸업 농가 중 1종 겸업은 농가 소득이 다른 소득보다 높은 가구, 2종 겸업은 농가 소득보다 다른 소득이 높은 가구를 의미한다.

〈현황별 농가수의 전년 대비 증감률〉

(단위 : %)

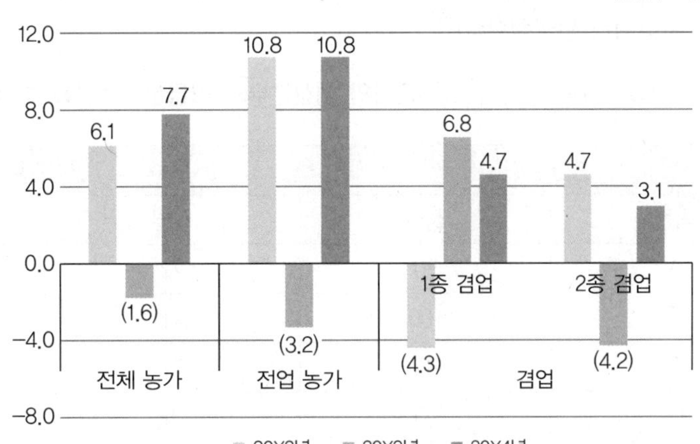

※ 증감률(%)은 소수점 이하 둘째 자리에서 반올림한다.

※ ( ) 안의 수치는 감소를 의미한다.

① 20X2년 전체 농가수 중 겸업 농가수의 비중은 47% 이하이다.

② 20X2년과 20X3년의 2종 겸업 농가수 차이는 310가구 이상이다.

③ 20X3년의 1종 겸업 농가수 대비 2종 겸업 농가수 비중은 120% 이상이다.

④ 1종 겸업 농가수가 가장 많았던 해의 전업 농가수는 18,200가구 이하이다.

⑤ 20X1 ~ 20X4년 중 전체 농가수에서 전업 농가수 비중이 가장 높았던 해는 20X4년이다.

25. ○○공사 직원들의 여름 휴가 신청 현황을 조사한 결과, 휴가를 신청한 직원은 모두 48명이며, 조사 기간동안 휴가를 2번 이상 신청한 직원은 없다. 직원들은 휴가 사용기간을 1일, 2일, 3일 중 하나를 선택했으며 휴가를 신청한 직원 전체의 휴가 사용 일수의 합은 88일이다. 2일 휴가를 신청한 직원 수가 3일 휴가를 신청한 직원 수의 2배보다 4명이 더 많다면, 1일 휴가를 신청한 직원은 모두 몇 명인가?

① 15명　② 16명　③ 17명　④ 18명　⑤ 19명

26. 다음은 20X1년 상반기 ○○공사의 생산본부와 공급본부 전체 직원들의 인사고과 점수이다. 생산본부와 공급본부 각각의 인사고과 점수의 평균과 분산으로 옳은 것은? (단, 분산은 소수점 이하 둘째 자리에서 반올림한다)

〈20X1년 상반기 ○○공사의 생산본부와 공급본부 인사고과 점수〉

(단위 : 점)

생산본부		공급본부	
직원	점수	직원	점수
A	80	가	95
B	100	나	70
C	85	다	80
D	90	라	65
E	70	마	90
F	85	바	80

	생산본부		공급본부	
	평균	분산	평균	분산
①	85점	83.3	80점	104.3
②	85점	83.3	80점	108.3
③	85점	85.3	85점	108.3
④	80점	83.3	80점	104.3
⑤	80점	85.3	85점	104.3

27. 다음 중 발생형 문제에 해당하는 예시로 적절한 것을 모두 고르면?

> ㉠ 최 대리는 부서의 금고 열쇠를 잃어버렸다.
> ㉡ 우리 지점은 전국 매출 1위를 한 해 목표로 설정하였다.
> ㉢ 이번 달 제품 생산효율이 15% 감소하였다.
> ㉣ 물가 상승에 대비하여 부품수급을 다변화해야 한다.
> ㉤ 김 사원은 실수로 자신의 키보드에 커피를 쏟았다.
> ㉥ 박 과장은 매출 하락의 원인을 파악해야 한다.

① ㉠, ㉥　　② ㉠, ㉢　　③ ㉡, ㉥
④ ㉠, ㉢, ㉤　　⑤ ㉢, ㉥, ㉣

28. ○○공사의 신입사원 A ~ G 7명은 역량검사를 치렀다. 검사 점수의 결과가 〈보기〉와 같을 때 3등이 될 수 없는 사원끼리 짝지은 것은? (단, 사원들의 점수는 서로 다르다)

보기

- B와 C의 점수는 A의 점수보다 낮다.
- B의 점수는 E의 점수보다 높다.
- F와 G의 점수는 C의 점수보다 낮다.
- D와 F의 점수는 E의 점수보다 낮다.

① A, F　　② A, G　　③ B, D
④ C, D　　⑤ F, G

[29 ~ 30] 다음은 ○○공사의 사내 간행물에 실린 글이다. 이어지는 질문에 답하시오.

코로나19가 끝나면 그 이전의 세상이 되돌아올 것이라고 믿었지만, 이제는 우크라이나 전쟁, 금리 인상 등의 국제 위기에 따른 물가 상승의 사태가 펼쳐졌다. 무력감이 느껴지는 이때 '이것이 해결책이다'라는 말과 '모두 다 망했다'라는 비관론에 속지 않기 위해서는 벌어지는 일을 찬찬히 지켜보면서 정리할 수 있는 생각의 틀을 갖추어야 한다.

이를 위해서는 먼저 코로나19 사태와 지금의 물가 상승을 하나의 연속된 사건으로 볼 수 있어야 한다. 지금의 물가 상승은 코로나19로 시작된 지구적 시스템 전체의 혼돈 사태 초입이라고 보아야 한다. 그래서 '코비드플레이션'으로 부르는 것이 옳다.

경제학자 피터 포가니는 세계 전체의 정치경제 시스템을 '지구적 시스템'이라는 단일의 틀로 이해하자고 제안하였다. 여기서 '시스템'이란 엄밀한 의미의 열역학 법칙들이 관철되는 의미로, 지구 전체의 인간과 그들의 경제 활동과 그 배경이 되는 자연환경은 이미 19세기부터 분명한 하나의 시스템이 되었다는 관점이다. 그리고 이 시스템은 열역학 법칙의 작동에 따라 '평형의 정상 상태－혼돈의 이행기－평형의 정상 상태'라는 주기를 반복한다. 1830년대 이후 자유방임 이념에 따라 첫 번째 지구적 시스템이 형성되었지만, 1890년대 제국주의에 이르러 그 생산과 소비의 양이 폭증하고 자연적 한계가 팽창함에 따라 시스템의 평형 상태가 깨어지게 되고, 1차 세계대전(1914 ~ 1918년)에서 2차 세계대전(1939 ~ 1945년) 종식까지 혼돈의 이행기가 나타났다는 주장이다. 그 뒤 현재의 지구적 시스템이 새로운 평형의 정상 상태로 나타났다. 그리고 포가니는 현재의 지구적 시스템은 무한한 경제성장과 자본 축적을 조직 원리로 하고 있으므로, 이것이 자원 고갈, 오염, 인구 등의 문제를 낳으며 2013년과 2030년 사이 어느 시점에서 다시 혼돈의 이행기로 들어갈 것이라고 보았다.

아직 평형의 정상 상태인 현재, 지구적 시스템의 지나친 팽창으로 인해 벌어진 코로나19 사태로 생태위기 가속화, 미 · 중 관계의 악화로 인한 질서의 혼돈, 생산의 지구화 교란, 경제의 금융화 위기 등이 발생했다. 이렇게 현재의 지구적 시스템을 받치고 있는 핵심적인 제도들이 크게 흔들렸고, 이것이 지금의 물가상승 사태로 나타나고 있다. 더 좋지 않은 것은, 이 여러 차원에서 야기된 문제들이 서로 연결되고 뒤섞이면서 복합적인 문제들로 터지고 있다는 것이다. 여기에서 '되먹임(Feedback)'의 개념을 생각해 보자. 결과가 다시 원인이 되고 그렇게 해서 더 커진 원인이 더 커진 결과를 낳는 순환고리를 만들면서 원인과 결과가 서로를 증폭시키는 현상을 일컫는 말이다. 시스템 이론에서는 갈수록 더 커지면서 시스템 전체를 와해시키는 원심력이 되는 '되먹임' 현상에 주목한다.

이제 최근 지구적 시스템에서 벌어졌던 일을 돌이켜보자. 코로나19 사태로 우선 첫째, 지구적 가치 사슬망이 교란되고 재조정되고 있으며 둘째, 미국과 중국을 축으로 하는 국제 정치 질서가 근본적으로 흔들리게 되었다. 그러자 그 결과로 가장 둔하면서 또 위기 시에는 가장 민감한 에너지, 식량, 원자재 시장의 불안정이 나타났다. 그런데 이러한 근본 질서의 교란은 다시 올해 초 러시아 푸틴의 도발에 의한 우크라이나 전쟁으로 나타났다. 이 사건의 파장으로 애초의 원인이었던 가치 사슬망의 교란과 국제 정치 질서의 혼란은 더욱 강화되어 첫 순환고리를 이루었다.

29. 제시된 글을 읽고 추론한 내용으로 적절하지 않은 것은?

① 코비드플레이션은 현재의 물가 상승 사태가 코로나19로 시작된 인플레이션임을 뜻한다.

② 일련의 사건으로 인한 에너지, 식량, 원자재 시장의 불안정과 우크라이나 전쟁은 첫 번째 되먹임 고리라 볼 수 있다.

③ 현재 발생 중인 물가 상승 사태는 두 번째 되먹임 고리의 중간 단계이다.

④ 열역학 법칙을 경제활동과 자연환경의 관계에 적용하면, 1900년대 초에 평형의 정상 상태가 나타났다.

⑤ 피터 포가니의 지구적 시스템 관점에 따르면, 현재는 새로운 평형의 정상 상태이지만 곧 혼돈의 이행기가 시작될 것이다.

30. 제시된 글을 참고하여 다음 〈보기〉의 글을 이해한 내용으로 적절한 것은?

> **보기**
>
> 참으로 두려운 세 번째 고리가 있다. 기후위기를 막기 위해 2050년의 '넷제로', 즉 순탄소 배출량의 소멸을 이루기 위해서는 에너지 전환을 필두로 다양한 분야에서 일사불란한 국제적인 협조가 반드시 필요하다. 그래서 기후위기를 막고자 하는 이들에게 최악의 악몽은 그 일사불란한 에너지 전환 과정이 강대국 사이의 지정학적 경쟁의 논리와 뒤섞이는 것인데, 지금 우크라이나 전쟁을 계기로 그 상황이 현실이 되어가고 있다. 벌써 미국, 영국, 프랑스 국내에서는 뛰어오르는 에너지 가격과 그로 인한 생활 물가의 상승으로 심상치 않은 사회적 · 정치적 불안이 생겨나고 있으며, 이를 무마하기 위해 석유 등 화석연료의 생산 및 소비가 급증할 조짐이 나타나고 있다. 이로 인해 가뜩이나 악화되고 있는 기후위기가 가속화된다면, 이는 또 다른 극심한 사회적 · 정치적 혼란을 가져올 것이다. 그리고 이는 다시 두 번째 순환고리를 매개로 전체적인 되먹임 고리를 강화할 것이다.

① 에너지 전환을 통한 순탄소 배출량 소멸의 꿈은 우크라이나 전쟁으로 인하여 물거품이 되어 가고 있으며, 이는 세 번째 되먹임 고리를 만들어낼 것이다.

② 우크라이나 전쟁으로 인한 에너지 가격 인상은 생활 물가의 하락으로 이어지며 두 번째 되먹임을 강화하고 있다.

③ 기후 위기와 사회적 · 정치적 혼란은 비록 현재로서는 서로 관련이 없지만 미래 되먹임 고리로 번지지 않도록 경계해야 한다.

④ 넷제로를 통해 석유 등 화석연료의 사용을 줄이고자 하는 정책이 점점 실효성을 발휘하고 있다.

⑤ 우크라이나 전쟁은 넷제로 정책을 지원함으로써 되먹임 현상을 해소하는 계기가 될 것이다.

[31 ~ 32] 다음은 국제 금융 및 석유 회사의 ESG 추진 국제동향에 관한 글의 일부이다. 이어지는 질문에 답하시오.

Ⅰ. 서론

기업의 지속 가능경영을 나타내는 척도인 ESG(Environmental, Social and Governance)는 개별 기업을 넘어 한 국가의 성패를 가를 키워드로 부상하고 있다. 탄소 가격과 각종 규제가 전 세계적으로 확산될 때를 대비해 탄소 배출량 감축에 선제적으로 대처하여 경쟁사에 비해 더 낮은 배출량을 가진 연료 및 제품을 공급할 수 있는 것은 경쟁 우위가 될 수 있기 때문이다. 화석연료는 온실가스를 배출하여 지구 온난화를 유발할 뿐만 아니라, 유전 개발 과정 및 석유 유출 사고로 생물 다양성을 훼손하는 주요 분야로 인식되고 있다.

세계 최대의 자산운용사인 블랙록(Black Rock)을 비롯한 투자자들은 위와 같은 국제사회 분위기를 감안해 ESG에 주목하여 석유 회사들의 지속적인 성장 가능성을 판단하며, ESG를 투자의 판단 기준으로 삼고 있다. 다만, 이러한 ESG 강화가 신규 탐사 투자의 축소를 유발해 향후 석유 공급의 차질을 야기할 수 있다. 특히, ㉠ 코로나19 대유행 이후 석유 회사들의 경제 및 석유 수요 회복에 대한 우려는 줄어든 반면, ESG에 대한 관심과 우려가 증폭되고 있다.

Ⅱ. 금융 회사들의 ESG 추진 동향

세계 금융 회사들은 자금 지원, 회수 및 수익률 확보를 위해 기업들로 하여금 ESG를 적극 추진하도록 유도하고 있다. HSBC 분석가들은 최근 국제 석유 회사(IOC)의 주가에 대한 실질적인 위험이 탄소 배출량 감축에 대한 투자자들의 기대감 상승으로 인한 것이라고 강조한 바 있다. 또한, 투자은행인 제퍼리스(Jefferies)가 최근 투자자 2,000여 명을 대상으로 조사한 결과, 응답자 중 78% 이상이 ESG를 기반으로 하는 투자가 수익을 창출할 전략이라고 생각하는 것으로 나타났다.

Ⅲ. 석유 회사들의 ESG 추진 동향

셸(Shell) 등 유럽의 석유 메이저 기업들은 환경 단체 및 활동가로부터 성과에 대한 비판을 계속 받고 있지만, 신재생 에너지와 새로운 저탄소 솔루션의 성장을 도모하기 위해 막대한 노력을 기울이고 있다. 셸은 종합 에너지 회사로서 특히 태양광, 풍력 등을 통한 전력사업에 집중하여 전주기 전력 밸류체인 통합을 추구하고 있다. 석유와 석탄의 비중을 줄이면서 풍력, 태양광, 수소 등 신재생 에너지와 저탄소 기술에 연간 U$20억 ~ 30억을 투자하고, 2025년까지 신재생 에너지 투자액을 최대 U$55억까지 확대할 예정이다. 노르웨이의 에퀴노르(Equinor)는 에너지 전환으로 새로운 사업 분야와 지역에 진출하면서 생물 다양성을 보호하고 강화할 계획이다.

31. **한 석유 기업의 경영전략팀에 입사한 이 사원은 국제시장 공략을 위해 국제 금융 및 석유 회사의 ESG 추진 동향을 파악하는 것이 중요함을 알게 되었다. 이와 관련하여 국제적인 업무에 능동적으로 대처하기 위한 노력으로 적절하지 않은 것은?**

① 매주 국내외 자산운용사의 ESG 관련 기업에 대한 애널리스트의 보고서를 읽고 분석한다.

② ESG 경영에 대한 이해도를 높이기 위해 국내 노동시장 및 직무요건의 변화에 관한 연구논문을 찾아본다.

③ ESG 경영과 관련된 국제동향을 공부하고 업무에 적용하기 위해 경제적, 정치적, 사회적, 문화적 이슈와 국제적인 법규나 규정 관련 자료를 검색하여 정리해 본다.

④ 국제 감각은 단기간에 생성되는 것이 아니기 때문에 업무와 관련된 국제잡지를 구독하거나, 산업통상자원부, 중소벤처기업부, 상공회의소, 산업별인적자원개발협의체 등의 사이트를 방문해 국제동향을 살핀다.

⑤ 국제금융센터 주요 뉴스를 보면서 관심 국가 통화정책 및 환율을 확인한다.

32. **밑줄 친 ㉠의 상황에서 국제 석유 회사와 관련된 ESG 추진 동향을 이해하고 업무에 적용한 예로 가장 적절하지 않은 것은?**

① 세계적으로 투자자 및 고객의 ESG 요구가 증대하고 기업 평가에 ESG 요소가 검토 및 반영되고 있는 점을 고려하여 ESG 경영을 기업 조직문화에 적용하고 지속적인 인프라 구축, 추진과제의 수행, 모니터링 사업을 강화해야 한다.

② 우리나라 정부의 ESG 규제 강화에 발맞추어 ESG의 구체화 및 내실화를 통해 사내외 고객, 지역사회 및 이해 관계자들과의 협력 및 상생을 적극적으로 모색할 방안을 마련해야 한다.

③ 은행들이 탄소 배출을 억제하기 위해 파리 기후 협정과 자신들의 대출 프로그램을 연계할 것이므로, 우리 회사도 자금조달의 어려움에 대비해 자체 수익을 확대하거나 신재생 에너지 사업의 규모 또는 투자를 확대해 관련 분야 포트폴리오를 구체화해야 한다.

④ 투자자들에게 석유 회사들의 ESG 실행이 중요해지고 있고, 이에 국제 석유 업계도 단기간의 성과보다 장기적인 프로젝트에 더 중점을 두고 있다. 그러므로 당사도 ESG 경영을 위한 장기적 관점의 사업 포트폴리오를 구상해야 한다.

⑤ 석유 기업들이 저탄소 사업 등 ESG 경영을 소홀히 할 경우 시간이 지남에 따라 기업의 리스크와 자금 조달 비용이 높아지므로, ESG 이슈에 대한 지속적인 관심을 가지고 주요 투자자로부터 미래 자금 지원을 획득하기 위해 금융 기관들의 동향을 매일 체크한다.

33. ○○공사 최 부장은 골프클럽에 등록하려고 한다. 최 부장이 퇴근 후 주말을 제외한 주 3회 레슨을 받고 주 5회 연습장에서 연습한다고 할 때, 다음 A ~ E 골프연습장 중 개인보관함 이용을 포함하여 가장 저렴한 곳은? (단, 1개월은 4주 기준이다)

구분	이용요금
A 골프클럽	• 연습장 1개월 이용료 90,000원 • 개인 보관함 이용료 1개월 30,000원 • 레슨비용 6회 50,000원, 1개월 내 소진 및 추가 등록 시 당월 15% 할인
B 골프연습장	• 연습장 1회 이용권 3,000원 • 개인 보관함 이용료 월 20,000원 • 레슨비용 1개월(주 5회) 150,000원
C 골프파크	• 연습장 10회 이용권 60,000원, 1개월 내 소진 및 추가 등록 시 당월 20% 할인 • 레슨비용 1개월(주 3회) 100,000원 • 개인 보관함 1개월 20,000원
D 골프월드	• 연습장 1개월 이용료 100,000원 • 레슨비용 1개월(주 2회) 100,000원, 주 1회 추가 시 회당 5,000원(선택사항) • 연습장 1개월 및 레슨 1개월 등록 시 개인 보관함 1개월 무료
E 골프아일랜드	• 연습장 1개월 이용권 130,000원 • 개인 보관함 이용료 월 30,000원(1개월 연습장 이용권 등록 시 무료) • 레슨비용 1회 7,000원

① A 골프클럽 ② B 골프연습장 ③ C 골프파크
④ D 골프월드 ⑤ E 골프아일랜드

34. 다음은 ○○시의 '어르신 복지계획'을 좀 더 구체적으로 운영하기 위해 설정한 5가지 주제 분야별 계획안이다. ㉠ ~ ㉢에 들어갈 세부 내용으로 적절한 것은?

구분	주제	세부 내용
행복한 노년	행복한 노년! 인생이모작 계획	• 인생이모작지원센터 운영으로 기본적인 상담 프로그램 실시
맞춤형 일자리	사회적 경험과 경륜을 활용한 일자리 안정적 노후생활 보람 지원	• 50세 이상 역량을 살린 사회공헌활동 일자리 • 노인맞춤돌봄서비스 등 보조 인력 공익 활동 일자리 • 어르신 일자리 전담기관인 '시니어 클럽'을 추가 확대 운영
건강한 노후	어르신의 몸과 마음 돌봄	㉠
살기 편한 환경	어르신이 살기 편한 도시환경 조성	㉡
활기찬 여가문화	세대가 소통! 지역주민과의 소통!	㉢

	㉠	㉡	㉢
①	경로당별 도시 텃밭 운영	노인 밀집 지역과 공간에 실버카페 조성	노인 지원 주택을 공급
②	독거어르신 정신건강 체크 서비스 제공	공공 노인요양 시설 신축 · 확대	노인 밀집 지역과 공간에 실버카페 조성
③	고령자 취업알선 센터 운영 및 확대	어르신 복지 센터 확대	경로당 활성화를 위한 여가 프로그램 기획
④	치매노인 주 · 야간 보호 데이케어센터	고령자 취업알선 센터 운영 및 확대	노인 지원 주택을 공급
⑤	치매, 중풍 등 노인성 질환자의 요양재가 서비스 확대	공공 노인요양 시설 신축 · 확대	경로당 주민 개방형 운영으로 지역민과 소통

[35 ~ 36] 다음 글을 읽고 이어지는 질문에 답하시오.

(가) 2013년 5월 린홀트 베크만의 토크쇼에 출연한 독일의 전 총리 헬무트 슈미트는 중국을 보는 서구인들의 관점에 대해 총체적인 질문을 했다. 대부분의 독일인은 중국에 선입견을 갖고 있으며, 중국의 민주화를 위해 독일식 민주주의를 전파해야 한다고 생각한다고 슈미트는 말했다. (나) 하지만 이미 지난 몇십 년 동안 중국은 민주화 과정을 지나왔으며 일정한 수준에 도달하기 위해서는 시간이 필요하다는 사실을 사람들은 종종 간과한다.

다른 나라에 자신들의 방식을 강요하는 것은 오만한 행동이라고 슈미트는 말했다. 우리 관점으로는 거대한 중국 대륙의 민주주의가 어떤 방식으로 얼마만큼 진행되었는지 제대로 판단할 수 없다는 것이다. 또한 서구와는 달리 중국 정부는 다른 나라에 자신들의 사회적 모델을 강요한 적이 전혀 없다는 점도 슈미트는 지적했다.

관점을 바꾸어볼 기회가 없었으면 자기 관점의 중요성과 한계를 모르고 지나치기 쉽다. (다) 중요한 문제든 작고 사소한 문제든 관점을 바꿔볼 수 있는 능력이 있음에도 불구하고 자신의 공고한 위치나 확신을 버리기란 쉽지 않다. 또한 자기를 잃어버리지 않기 위해서는 생각의 든든한 초석이 꼭 필요하다. 하지만 종종 우리는 자신의 지평을 넘어서서 보지 못한다. 그러다 보니 결국 고집스럽고 어리석은 사람으로 남게 되는 것이다.

(라) 다른 시점에서의 관점의 변화라는 주제를 마주하기 위해 이제 우리는 중국에서 눈을 돌려 게임의 세계로 가보겠다. 여기서는 다른 사람의 관점에서 자신을 바라보는 능력이 아주 큰 역할을 한다. (마)

35. (가) ~ (마) 중 다음 〈보기〉가 들어갈 부분으로 적절한 것은?

보기

우리 중 세상과 자신을 돌아보기 위해 중국 신문이나 미국 혹은 폴란드의 신문을 읽는 사람은 거의 없다. 하지만 헬무트 슈미트 전 총리는 그것을 실천했고, 이로 인해 다른 관점으로 많은 것들을 바라볼 수 있었다. 이는 비단 중국에만 한정된 문제가 아니라 유럽도 마찬가지다. 슈미트는 자신의 국제적인 독서 경험과 정치 경력을 바탕으로 EU를 분석했는데, 그의 분석에 따르면 EU는 자기에게 닥친 위험에 둔감하다. EU가 항상 자기 꼬리를 물고 돌고 있기 때문이다.

① (가)　② (나)　③ (다)
④ (라)　⑤ (마)

36. 다음 ㄱ ~ ㅁ 중 제시된 글에서 도출할 수 있는 내용을 모두 고른 것은?

ㄱ. 당신의 관점은 편견일 수도 있다.
ㄴ. 관점을 다양하게 하기 위해서는 자기 자신을 버려야 한다.
ㄷ. 다른 사람의 관점에서 자신을 바라보는 것은 아주 중요한 능력이다.
ㄹ. 사소한 일보다 중요한 일에서 자신의 확신을 버리는 것이 쉽지 않다.
ㅁ. 다른 시점에서 사고하기 위해서는 관점을 바꿔보는 기회를 가져보아야 한다.

① ㄹ, ㅁ　② ㄱ, ㄴ, ㄷ　③ ㄱ, ㄷ, ㅁ
④ ㄴ, ㄷ, ㄹ　⑤ ㄷ, ㄹ, ㅁ

[37 ~ 38] 다음은 서울시 ○○구의 거주자우선주차제도에 대한 안내문이다. 이어지는 질문에 답하시오.

〈거주자우선주차제도 취지 안내〉

거주자우선주차제도는 런던, 파리, 암스테르담, 샌프란시스코 등 심각한 주차 문제를 겪고 있는 많은 주요 도시에서 시행 중인 제도로서, 우리나라에서는 1997년 서울시를 시작으로 부산시 전역과 일부 광역자치단체에서 운영 중인 제도입니다. 일정 지역 내에서 요금을 징수해 거주민에게 주차 우선권을 부여하고, 외부인의 주차를 억제하여 차고지 공급을 증대하고, 허가된 주차구획 이외에 주차를 금지시켜 긴급차량의 소통 원활과 안정된 주차공간의 사용으로 인한 이웃 간 마찰 등을 해소하며, 주택가 주차질서를 확립하여 주차 걱정과 교통혼잡을 없애 쾌적한 교통생활환경을 만들기 위해 시행되는 제도입니다.

〈시행근거〉

□ 주차장법 제10조
- 구청장은 교통의 원활한 소통과 노상주차장의 효율적인 이용을 위하여 필요한 경우 전용주차구획 설치 가능
- 전용주차구획 설치 시 그 내용을 미리 공고 또는 게시

□ 주차장법 시행규칙 제6조의2
- 전용주차구획 설치, 운영에 관하여 필요한 사항은 당해 지방자치단체 조례로 정함.

〈거주자우선주차 전용구획 운영시간 및 주차요금〉

구분	이용시간	거주자		업무자	
		분기	월	분기	월
전일	24시간	120,000원	40,000원	150,000원	50,000원
주간	09:00 ~ 18:00	90,000원	30,000원	105,000원	35,000원
야간	18:00 ~ 익일 09:00	60,000원	20,000원	75,000원	25,000원

- 주차요금은 분기별(3개월분)로 선납하셔야 합니다(단, 업무자의 사용기간은 주차요금 선납 만료일까지임).
- 납부기한까지 주차요금을 납부하지 않을 경우 주차구획 사용을 포기한 것으로 간주하여 다른 사람에게 배정합니다.
- 주차요금의 할인(증빙서류 제출 시 적용)
  ① 국가유공자 중 상이자 및 장애인 : 80%
  ② 경차(1,000cc 이하), 5.18 민주유공자 : 50%
  ③ 다둥이행복카드 소지자 : 2자녀 30%, 3자녀 이상 50%(막내가 만 13세 이하)
  ④ 저공해자동차 : 50%

⑤ ○○구 자원봉사자 카드 소지자 : 20%
※ 할인적용이 중복될 시 할인율이 높은 항목 하나만 적용

- 요금납부방법 : 지로, 가상계좌, 인터넷결제(신용카드, 데이콤계좌이체)
- 정기분 입금방법 : 배정기간에 배정구획과 입금할 금액을 확인 후 입금 마감일까지 입금하여 주시기 바랍니다(홈페이지 일정 별도 공지).
- 정기분 배정 후 대기자 신청 접수 : 정기분 배정 후 잔여구획에 한하여 배정 즉시 입금

〈환불안내〉

- 이용기간 중 사용취소 또는 사용변경에 의한 주차요금을 일할 계산하여 환불하여 드립니다. 구비서류를 지참하시어 공단으로 방문하시기 바랍니다.
- 환불 시 구비서류
  ① 환불신청서
  ② 주차증
  ③ 환불받을 통장사본(배정받은 차량 또는 신청자 본인명의)
  ④ 대리신청은 배정자의 가족만 가능하고 가족관계를 증명할 수 있는 서류를 제출하여야 합니다(주민등록등본, 건강보험증, 호적등본 등).

37. 위 안내문을 참고하여 다음 〈조건〉의 A 씨가 거주자우선주차제도를 사용하고자 할 때 분기별 이용요금으로 옳은 것은?

조건

- A 씨는 서울시 ○○구에 3년째 거주하고 있다.
- 19:00부터 익일 06:00까지 이용할 주차 공간이 필요하다.
- 경차를 이용한다.
- 2명의 자녀가 있고, 다둥이행복카드 소지자이다.

① 12,000원　② 15,000원　③ 30,000원
④ 37,500원　⑤ 60,000원

38. 다음 중 서울시 ○○구 홈페이지 문의 게시판에 올라온 거주자우선주차 관련 질문에 대한 답변으로 적절하지 않은 것은?

① Q. 장애인 차량 소지자이며, 매일 24시간 주차를 한다면 한 달 사용료는 얼마인가요?

A. 이용요금은 분기별(3개월분) 선납제로 운영되고 있습니다. 장애인 차량의 경우 80% 할인이 적용되어, 전일 사용(3개월분) 비용은 거주자 기준 24,000원입니다.

② Q. ○○구의 자원봉사자 카드와 다둥이행복카드(3자녀)를 가지고 있습니다. 할인율은 어떻게 되나요?

A. ○○구의 자원봉사자 카드 소지자는 20%, 다둥이행복카드 소지자 3자녀 이상(막내가 만 13세 이하)의 경우 50% 할인이 가능합니다. 중복할인은 불가하며, 할인율이 가장 높은 항목 하나만 적용됩니다.

③ Q. 요금납부 방법을 알고 싶습니다. □□□페이 사용도 가능한가요?

A. 죄송하지만, □□□페이는 사용이 불가합니다. 지로, 가상계좌, 신용카드, 데이콤계좌이체 중에서 납부 방법을 선택하실 수 있습니다.

④ Q. 이용금액 납부를 위한 가상계좌를 받았는데, 입금 마감일이 3일이 지나 입금이 안 되는 것 같습니다. 계좌번호를 다시 알려주세요.

A. ○○구의 거주자우선주차 가상계좌번호는 △△은행 1002-123-123456입니다.

⑤ Q. 제가 곧 다른 지역으로 이사할 예정입니다. 사용취소를 하고 싶은데 어떻게 해야 하나요?

A. 이용기간 중 사용 취소를 하실 경우에는 구비서류를 지참하여 공단으로 방문해 주시기 바랍니다. 선납하신 주차요금은 일할 계산하여 환불해 드립니다.

39. 다음 자료의 빈칸에 공통으로 들어갈 용어에 대한 설명으로 옳지 않은 것은?

> 사람은 사회 속에서 조직을 형성하여 다른 사람들과 함께 살아간다. 누구나 어떤 방식으로든 사회조직에 속해서 삶을 영위한다. 한 조직이 형성되고 발전하기 위해서는 여러 가지 형태의 자원(Resources)이 필요하다. 그 조직을 운영하기 위해서는 현금, 주식 같은 재정적 자원과 시설, 설비, 기계 같은 물적 자원도 중요하다. 그러나 조직 구성의 전제 조건인 동시에 조직 발전의 가장 중요한 자원은 바로 사람이다. 사람이 없다면 조직 그 자체가 성립될 수 없다.
>
> 더군다나 산업사회에서는 토지, 자본, 노동 같은 물적, 양적 자원이 생산의 주요 요소였다면, 후기산업사회 또는 지식기반사회로 일컬어지는 지금은 지식과 창의력 같이 사람에게 체화된 질적 요소가 더 중요해졌다.
>
> (　　　)은/는 조직의 구성과 발전을 위한 가장 핵심적인 자원으로서 사람을 의미한다. 즉, 조직의 구성원으로서 사람에 근거한 자원을 일컫는다. 따라서 (　　　)은/는 조직인으로서의 인간을 전제로 하는 개념이다. (　　　)이(가) 조직인으로서의 사람을 전제로 하고 인간의 자원적 측면을 일컫는다고 해서 사람을 조직을 위한 수단적 도구적 존재로만 간주한다거나 사람을 자원으로 봄으로써 인간 그 자체를 비인격화한다는 편견을 가져서는 곤란하다.

① 효율적인 관리를 위한 원칙으로는 적재적소의 배치, 공정 보상, 종업원 안정, 창의력 개발, 단결의 원칙 등이 있다.

② 조직의 효율성을 높이기 위해 조직구성원의 적성, 역량에 따라 적합한 위치에 배치하여 팀원 개개인의 능력을 최대한 발휘하게 한다.

③ 최근에는 구성원 존중과 조직발전이 조직의 목표달성과 동시에 이루어질 수 있도록 초점을 두고 접근하는 경향이 크게 대두되고 있다.

④ 조직의 성과에도 크게 영향을 미치며, 결국 다양한 자원을 활용하는 것은 사람이므로 다른 어떤 자원보다도 전략적 중요성이 강조되는 자원으로 평가할 수 있다.

⑤ 개인차원에서의 관리의 개념인 인맥관리를 통해 각종 정보와 정보의 소스를 획득할 수 있으며, 이를 위해 본인에게 필요한 직장동료, 선후배 등으로 한하여 관리하는 것이 효율적이다.

[40 ~ 41] 다음은 ○○사의 직원 연수 프로그램 운영 계획안이다. 이어지는 질문에 답하시오.

〈직원 연수 프로그램 운영 계획안〉

1. 프로그램명

휴식, 행복한 일터 만들기

2. 프로그램 목표

– 스트레스 관리 능력을 배양하여, 일상의 균형을 찾고 행복한 직장문화를 만든다.
– 자연 속에서의 연수 과정을 통해 정신적 · 육체적 안정감을 회복한다.
– 일정에 얽매이지 않는 자유로운 교육 과정을 통한 진정한 재충전의 기회를 제공한다.
– 직원들의 능동적 참여를 바탕으로 한 사기 진작 및 긍정적 태도를 함양한다.

3. 일정

대상	운영기간	회차	총 인원	운영업체(장소)
직원	5 ~ 6월	3회차 (1박 2일)	100명	●●포레스트 (담양)

4. 세부 일정 및 내용

– 추진일정 : (1차) 20X3. 5. 24.(수) ~ 5. 25.(목), 35명
(2차) 20X3. 5. 31.(수) ~ 6. 1.(목), 35명
(3차) 20X3. 6. 8.(목) ~ 6. 9.(금), 30명

– 주요 내용

주제	진행내용
스트레칭	평화로운 음악과 함께 경직된 몸을 풀어주는 아침 스트레칭
숲 산책	풍부한 피톤치드와 맑은 공기 속에서 명상과 사색을 통해 숲과 나무, 바람과 교감
요가	신체를 자각하는 부드러운 동작으로 몸과 자연과 호흡
명상	전신이완과 집중유도를 통하여 깊은 휴식을 취하게 함.
힐링 마사지	소도구 및 신체를 활용한 마사지, 짝을 이루어 마사지를 통한 유대감 형성
힐링 모닥불	모닥불 아래서 편안한 대화, 자연과의 교감 및 감성회복

5. 예산 집행

구분		수량	단가(원)	금액(원)	비고
숙박비	숙소	(가)	200,000	5,000,000	4인실(100명)
식대	중식	100	8,000	800,000	–
	석식	100	10,000	1,000,000	–
	조식	100	8,000	800,000	–
	중식	100	8,000	800,000	–
프로그램	–	100	660,000	(나)	1인당 5%씩 할인
차량	운행비	3대	500,000	1,500,000	회차별 1대씩 운영 / 유류비 포함

40. 위 자료의 (가), (나)에 들어갈 내용이 바르게 연결된 것은?

	(가)	(나)
①	20	62,700,000
②	25	62,700,000
③	25	62,750,000
④	25	62,800,000
⑤	30	62,700,000

41. 한 대리가 위 운영 계획안을 회사 선배들에게 보여주고 조언을 구했다. 다음 중 적절한 조언을 한 사람을 모두 고르면?

갑 : 운영 시 어떤 자원이 얼마나 필요한지 필요한 자원의 종류와 양을 확인하는 것이 우선이에요.
을 : 예산을 책정할 때 꼭 필요한 고정비용을 먼저 고려하고, 불가피한 경우를 대비하기 위해 기타 예비비를 확보하는 것이 좋아요.
병 : 당초 계획한 성과를 달성하면서도 투입예산을 최대한 절감하거나, 동일한 예산 투입으로 최대의 성과를 달성하도록 집행하는 게 좋아요.
정 : 연수 종료 후 사후평가 결과 제출 등 사후평가를 철저히 해야 해요.

① 갑, 정　② 을, 병　③ 갑, 을, 병
④ 을, 병, 정　⑤ 갑, 을, 병, 정

42. 다음 자료를 바탕으로 할 때, 직원 최 씨와 박 씨가 지급받을 출장비의 합은?

〈출장비 지급 기준〉

- 출장비는 식비, 숙박비, 교통비로 구성된다.
- 식비 지급을 위해 영수증을 제출해야 하며, 식비는 실비로 지급한다. 단, 영수증을 제출하지 않은 경우 하루당 5만 원을 지급한다.

〈1박 숙박비(지역별)〉

(단위 : 만 원)

지역	오송	마산	순천	목포
금액	20	13	16	15

〈왕복 교통비(지역/교통수단별)〉

(단위 : 만 원)

구분	오송	마산	순천	목포
SRT	14	10	12	11
고속버스	6	3	5	4
개인차량	12	7	10	9

〈출장내역〉

직원명		최○○	박○○
출장기간		1박 2일	2박 3일
출장지역		마산	오송
식비	1일차	8만 원	3만 원
	2일차	13만 원	10만 원
	3일차	–	5만 원
교통수단(왕복)		개인차량	고속버스
비고		없음.	2일차 영수증 미제출

① 90만 원
② 95만 원
③ 100만 원
④ 105만 원
⑤ 110만 원

43. ○○공사에서 생산자동화기기를 도입하기 위한 후보로 제품 A ~ D를 선정하였다. 다음 자료를 참고하여 제품들의 생산단가를 비교해 기기를 선정한다고 할 때, 적절한 것은?

자동화기기 종류	제품 A	제품 B	제품 C	제품 D
제품 가격	300만 원	450만 원	250만 원	500만 원
소모품 교체주기 및 가격 (3개월 기준)	3회/회당 10만 원	1회/회당 15만 원	2회/회당 5만 원	1회/회당 5만 원
연간 생산량	700개	800개	600개	800개
불량률	4%	7%	3%	6%

- 모든 기기의 내용연수는 5년으로 한다.
- 불량으로 인한 손해는 무시한다.
- 생산단가의 소수점 단위는 무시한다.
- 생산단가가 가장 낮은 제품을 선정한다.

① 제품 A ② 제품 B ③ 제품 A, C
④ 제품 C ⑤ 제품 B, D

44. 다음 〈보기〉와 같은 상황에서 문제를 해결하는 방법으로 적절한 것은?

보기

K는 회사 컴퓨터의 운영체제를 Windows7에서 Windows10으로 업그레이드하려고 한다. 컴퓨터를 재부팅하고 부팅 USB의 설치 모드로 접근하려고 하였다. 그런데 기존의 Windows 운영체제의 바탕화면으로 넘어가 포맷과 설치를 진행할 수 없다.

① [제어판]−[시스템 및 보안]−[시스템]−[시스템 보호] 창에서 '시스템 복원'을 클릭하고 업그레이드를 진행한다.
② 바이오스 설정에서 부팅 1순위를 하드디스크에서 USB로 변경한다.
③ C:₩Windows₩Setup 폴더 전체를 삭제한 후 재부팅을 진행한다.
④ 부팅을 할 때 바탕화면의 시작 메뉴에서 다시 시작을 선택한 후 진행한다.
⑤ 명령 프롬프트를 실행하고 start 명령어를 입력하여 설치한다.

45. 김 사원은 엑셀을 활용한 업무 중 〈그림 (가)〉에서 〈그림 (나)〉와 같이 '달성률'이 100% 이상인 데이터만 추출하려고 한다. 그런데 그 과정이 헷갈려 선배 이 대리에게 도움을 구했다. 〈보기〉 중 이 대리가 설명할 내용으로 옳은 것을 모두 고르면?

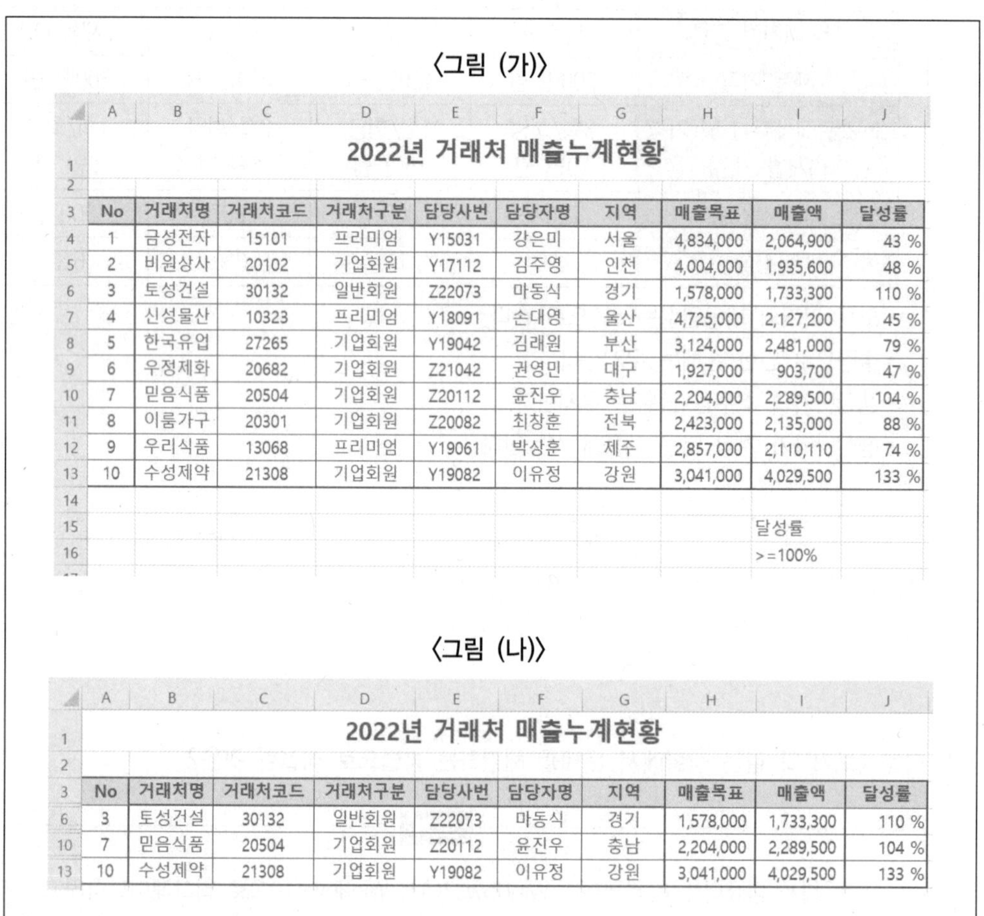

〈그림 (가)〉

	A	B	C	D	E	F	G	H	I	J
1	2022년 거래처 매출누계현황									
2										
3	No	거래처명	거래처코드	거래처구분	담당사번	담당자명	지역	매출목표	매출액	달성률
4	1	금성전자	15101	프리미엄	Y15031	강은미	서울	4,834,000	2,064,900	43 %
5	2	비원상사	20102	기업회원	Y17112	김주영	인천	4,004,000	1,935,600	48 %
6	3	토성건설	30132	일반회원	Z22073	마동식	경기	1,578,000	1,733,300	110 %
7	4	신성물산	10323	프리미엄	Y18091	손대영	울산	4,725,000	2,127,200	45 %
8	5	한국유업	27265	기업회원	Y19042	김래원	부산	3,124,000	2,481,000	79 %
9	6	우정제화	20682	기업회원	Z21042	권영민	대구	1,927,000	903,700	47 %
10	7	믿음식품	20504	기업회원	Z20112	윤진우	충남	2,204,000	2,289,500	104 %
11	8	이룸가구	20301	기업회원	Z20082	최창훈	전북	2,423,000	2,135,000	88 %
12	9	우리식품	13068	프리미엄	Y19061	박상훈	제주	2,857,000	2,110,110	74 %
13	10	수성제약	21308	기업회원	Y19082	이유정	강원	3,041,000	4,029,500	133 %
14										
15									달성률	
16									>=100%	

〈그림 (나)〉

	A	B	C	D	E	F	G	H	I	J
1	2022년 거래처 매출누계현황									
2										
3	No	거래처명	거래처코드	거래처구분	담당사번	담당자명	지역	매출목표	매출액	달성률
6	3	토성건설	30132	일반회원	Z22073	마동식	경기	1,578,000	1,733,300	110 %
10	7	믿음식품	20504	기업회원	Z20112	윤진우	충남	2,204,000	2,289,500	104 %
13	10	수성제약	21308	기업회원	Y19082	이유정	강원	3,041,000	4,029,500	133 %

보기

㉠ 메뉴 탭에서 [데이터]-[정렬 및 필터]-[고급]을 선택해야 해.
㉡ '고급 필터' 창에서 '현재 위치에 필터'를 선택해야 해.
㉢ '고급 필터' 창에서 '목록 범위'를 '$A$3:$J$13'이 되도록 지정해야 해.
㉣ '고급 필터' 창에서 '조건 범위'를 '$J$4:$J$13'이 되도록 지정해야 해.

① ㉠, ㉡ ② ㉡, ㉢ ③ ㉢, ㉣
④ ㉠, ㉡, ㉢ ⑤ ㉡, ㉢, ㉣

46. C는 업무 중 고객의 개인정보가 필요하여 개인정보제공동의서 양식을 작성 중이다. 양식에 포함시켜야 할 내용이 아닌 것은?

① 개인정보의 수집이용 목적

② 동의를 거부할 권리가 있다는 사실 및 동의 거부에 따른 불이익이 있는 경우에는 그 불이익의 내용

③ 개인정보의 보유 및 이용 기간

④ 수집하려는 개인정보의 항목

⑤ 개인정보 피해 시 처리 절차

47. 생산 1팀 박 차장은 다음과 같이 생산량을 기준으로 생산 순위를 매기려 한다. 이때, [D3]셀에 입력할 수식으로 알맞은 것은? (단, 생산 순위는 생산량에 따른 내림차순 정렬이고, 생산량이 같을 경우 불량 수가 더 적은 사람을 높이 책정한다)

	A	B	C	D
1	2023년도 상반기 제품 생산 현황			
2	사원	생산량	불량	생산 순위
3	김○영	1,016	13	8
4	이○경	1,027	13	7
5	박○호	1,031	12	5
6	최○준	1,031	13	6
7	한○원	1,110	15	3
8	윤○현	1,125	16	2
9	권○호	1,016	16	9
10	정○경	1,125	12	1
11	유○인	1,101	14	4

① =RANK(B3,$B$3:$B$11)+COUNTIFS($B$3:$B$11,B3,$C$3:$C$11,<&C3)

② =RANK(B3,$B$3:$B$11,0)+COUNTIFS($B$3:$B$11,B3,$C$3:$C$11,<&C3)

③ =RANK(B3,$B$3:$B$11,0)+COUNTIFS($B$3:$B$11,B3,$C$3:$C$11,"<"&C3)

④ =RANK(B3,$B$3:$B$11,1)+COUNTIFS($B$3:$B$11,B3,$C$3:$C$11,<&C3)

⑤ =RANK(B3,$B$3:$B$11,1)+COUNTIFS($B$3:$B$11,B3,$C$3:$C$11,"<"&C3)

48. 다음 〈보기〉와 같은 상황에서 문제를 해결하는 방법으로 적절한 것은?

보기

이○○ 사원은 C 드라이브에 운영체제를 설치해 사용하고 있고, F 드라이브는 외장 하드 디스크로 이곳에 중요한 문서를 저장해놓고 사용하고 있다. 그런데 갑자기 F 드라이브가 인식이 안 된다. 몇 번 재부팅을 했지만 C 드라이브는 인식이 되는데 연결된 F 드라이브는 아래와 같은 메시지가 나타나면서 접근을 할 수가 없다.

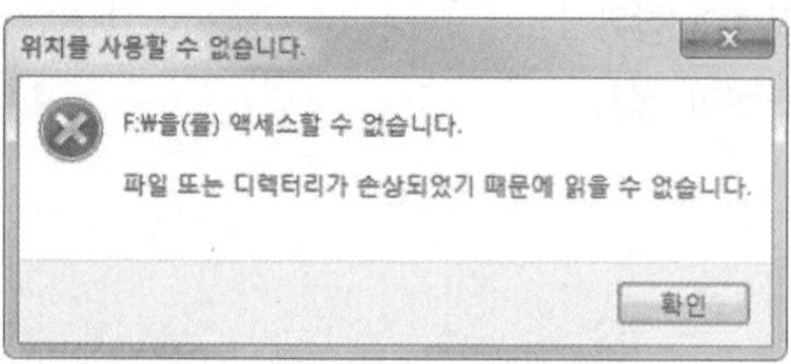

① 명령 프롬프트 창에서 'chkdsk F: /f'를 입력하여 오류를 수정해 본다.
② 보조 프로그램에서 파일 탐색기를 실행해 본다.
③ 시스템 도구에서 드라이브 최적화를 시도해 본다.
④ 시스템 도구에서 디스크 정리를 실행해 본다.
⑤ 불필요한 프로그램들을 제거해 본다.

49. 다음 상황에 대한 이해로 적절하지 않은 것은?

인사팀 Y는 개발팀 S가 코딩하는 것을 지켜보게 되었는데, S는 누군가 만들어 놓은 소스 코드를 다운로드 받아 코딩 작업을 하고 있었다.

Y : 그런데 제가 알기로 타인의 소스 코드를 그대로 모방, 수정하는 경우는 불법인데... 저작권 문제가 발생할 수 있는 것 아닌가요?
S : 해당 소스 코드는 이미 공개된 것이어서 문제되지 않아요.

① S가 사용한 소스 코드를 'Open Source'라 한다.
② 위와 같은 코드는 누구나 유익하게 사용할 수 있도록 무료로 내부 기술 즉, 전체 소스를 공개한 것이다.
③ 공개한 소스 코드에 새로운 기능을 추가해서 새롭게 발전시킬 수 있다.
④ S가 사용한 소스 코드를 'Open Data'라 한다.
⑤ S가 사용한 소스 코드에서 기능을 개선해 이를 상용화할 수 있다.

50. 이 대리는 사물인터넷 활용분야별 내수액에 관한 다음 엑셀의 데이터에서 비율별 개수를 구하고자 한다. 〈조건〉을 고려할 때, [G4:G8]에 입력할 수식을 올바르게 설명한 것은?

	A	B	C	D	E	F	G
1		내수액(백만 원)	비율(%)				
2	합계	1,804,184	100				
3	헬스케어/의료/복지	80,000	4.4		비율		개수
4	에너지	94,249	5.2		0-	5	4
5	제조	515,847	28.6		5-	10	5
6	스마트 홈	145,399	8.1		10-	15	1
7	금융	140,826	7.8		15-	20	1
8	교육	114,714	6.4		20-	30	1
9	국방	5,578	0.3				
10	농림축산/수산	13,945	0.8				
11	자동차/교통/항공/우주/조선	223,980	12.4				
12	관광/스포츠	15,200	0.8				
13	소매/물류	117,842	6.5				
14	건설·시설물관리/안전/환경	336,604	18.7				

조건

- [C3:C14]셀은 소수점 이하 둘째 자리에서 반올림하도록 설정한다.
- [B2]셀에는 SUM 함수를 사용한다.
- 비율 범위 E, F열에 해당하는 개수는 [G4:G8]셀에 FREQUENCY 함수를 사용하여 구한다.

① [G4]셀에 =FREQUENCY($C$3:$C$14,F4:F8)을 입력하고 Enter↵를 누른 다음 마우스로 [G8]셀까지 '자동채우기 핸들'로 드래그한다.

② [G4]셀에 =FREQUENCY($C$3:$C$14,E4:E8,F4:F8)을 입력하고 Enter↵를 누른 다음 마우스로 [G8]셀까지 '자동채우기 핸들'로 드래그한다.

③ [G4:G8]셀을 선택한 다음 =FREQUENCY()를 입력하고, 함수 삽입(fx)을 눌러 Data_array에 [C3:C14]셀까지 선택, Bins_array에 [F4:F8]셀까지 선택한 후 Ctrl+Shift+Enter↵를 누른다.

④ [G4:G8]셀을 선택한 다음 =FREQUENCY()를 입력하고, 함수 삽입(fx)을 눌러 Data_array에 [C3:C14]셀까지 선택, Bins_array에 [E4:E8]셀까지 선택한 후 확인 버튼을 누르고 Ctrl+Shift+Enter↵를 누른다.

⑤ [G4:G8]셀을 선택한 다음 =FREQUENCY()를 입력하고 함수 삽입(fx)을 눌러 Data_array에 [C3:C14]셀까지 선택, Bins_array에 [E4:E8]셀까지 선택한 후 쉼표(,)를 입력하고 [F4:F8]셀을 선택한 다음 확인 버튼을 누르고 Ctrl+Shift+Enter↵를 누른다.

직업기초 3회

기출예상문제

시험시간 | 60분
문항수 | 50문항

▸ 정답과 해설 28쪽

01. 다음 글의 단락 (가)~(다)의 소제목이 올바르게 짝지어진 것은?

(가) 한국가스공사는 코로나19 사태에 발 빠르게 대응하며 본연의 업무인 가스공급에 차질이 없도록 전력을 다하겠다는 계획 아래, 본사가 위치한 대구지역 내 코로나19의 확진자가 급증함에 따라 사장 주관하 비상대책위원회를 열어 전사 방역 대책, 조직 및 인력 운영 등을 논의하며 비상대응체제에 돌입했다. 이어 감염확산 방지를 위해 에너지 공기업으로서는 처음으로 본사 전 직원 재택근무를 실시하고 필수 업무에만 최소 근무인원을 투입했다. 공사 핵심시설인 중앙통제소는 가스 공급에 차질이 없도록 지속적으로 운영하며, 최소인력만 투입했다. 더불어, 통제소 내 확진자가 발생할 경우에 대비해 보조통제소인 부산경남지역본부로 운영체계를 전환할 계획도 세웠다. 또한, 가스공사는 코로나19 확진 방지를 위해 철저한 방역에도 힘썼다. 사옥 및 직원들이 거주하는 숙소동에 매주 수요일마다 정기 방역을 실시하였으며, 각 부서마다 체온계를 배부하여 근무 직원들의 체온을 1일 2회씩 수시로 점검했다.

(나) 코로나19 확진자가 대구지역에 집중 심화됨에 따라 가스공사는 다른 지역보다 어려움을 겪은 대구 시민들을 위한 지원을 아끼지 않았다. 코로나19 감염 대응책으로 시민들이 마스크를 구하기 위해 새벽부터 긴 줄을 서고 의료 현장에서도 마스크 수급에 어려움을 겪자 대구 시민을 위해 마스크 총 50만 장(약 15억 원 상당)을 현물로 지원했다. 또한, 코로나19 대응을 위해 전 임직원이 자발적으로 성금을 모아 총 1억 7,000만 원을 대구광역시 사회복지공동모금회에 기탁했다. 성금은 환자 치료 및 방역 최전선에서 애쓰고 있는 대구지역 의료진을 위한 방호복 · 고글 · 마스크 등 의료장비 공급과 생활치료센터 운영 지원 등에 쓰였다. 가스공사는 또 2억 원을 기부해 취약계층에게 가장 필요한 물품인 마스크 6만 7,340장을 구입해 대구시에 기증했다. 또한 3,000만 원을 긴급 투입해 어르신들을 위한 마스크 5,700장과 소독제 570개를 구매하여 대구 전역의 노인복지시설 19곳에 전달했다.

(다) 더불어 한국가스공사 채○○ 사장은 카타르 국영 석유회사 QP의 요청으로 국내 코로나19 진단키트 수출을 지원하기도 했다. 가스공사의 천연가스 주요 수입국이자 고객인 카타르는 직접 채○○ 사장에게 진단키트 확보 요청을 했고, 가스공사 직원들은 산업통상자원부와 한국바이오협회 등을 수소문하며 수출 가능한 업체를 알아봤다. 그 결과, 가스공사는 진단키트 국내 제조업체인 바이오니아를 섭외해 코로나19 분자진단장비 18대와 핵산 추출시약 등 50억 원어치의 제품의 수출 계약을 맺을 수 있도록 주선했다. 그간 가스공사와 카타르가 다져온 오랜 협력관계가 빛을 발하며, 코로나19 극복 의지와 함께 해외 고객 관리 능력을 다진 순간이었다.

	(가)	(나)	(다)
①	진단키트 수출 지원을 통한 고객관리	사회적 책임 역할 수행	경기부양을 위한 중소기업 지원
②	진단키트 수출 지원을 통한 고객관리	중소기업 · 소상공인 · 취약계층 지원 앞장	사회적 책임 역할 수행
③	코로나 선제적 대응 및 방역	중소기업 · 소상공인 · 취약계층 지원 앞장	경기부양을 위한 중소기업 지원
④	코로나 선제적 대응 및 방역	진단키트 수출 지원을 통한 고객관리	사회적 책임 역할 수행
⑤	코로나 선제적 대응 및 방역	사회적 책임 역할 수행	진단키트 수출 지원을 통한 고객관리

02. 다음 글의 내용과 관련이 있는 사자성어로 적절한 것은?

항공업계의 '코로나 팬데믹 버티기'가 계속되고 있다. 이색 콘셉트를 입힌 무착륙 관광비행부터 기내식을 활용한 제품, 반려인구를 겨냥한 서비스 등 아이디어 경쟁이 치열한 가운데 업계에선 '언제까지 이렇게 버틸 수 있을지 모르겠다'는 걱정도 점점 커지고 있다.

A 항공은 12일 '호주여행' 콘셉트의 무착륙 관광비행을 진행한다고 밝혔다. 이는 지난달 운항됐던 스페인 여행 콘셉트 상품의 연장선으로, 6월에는 대만 여행 콘셉트로 진행할 예정이다.

J 항공도 이날 H 기업과 손잡고 랜선여행 푸드박스를 출시했다. H 기업의 브런치 세트에 J 항공 할인쿠폰과 랜선여행 탑승권을 추가해 1만 개 한정으로 제작됐다. J 항공은 지난해 11월 기내식 콘셉트의 가정간편식 '지니키친 더리얼'을 출시했고, 최근에는 승무원이 운영하는 기내식 카페를 오픈하기도 했다.

펫팸족(pet+family)을 위한 서비스로 차별화를 꾀하고 있는 T 항공은 지난 10일부터 반려동물 탑승 고객을 대상으로 트래블 키트를 제공하는 행사를 진행 중이다. 지난 2월부터는 반려동물 전용 기념 탑승권 발급, 기내 반입 가능한 반려동물 무게 확대 등 반려동물과 함께 여행하는 고객을 위한 티펫(t'pet) 서비스도 제공하고 있다.

이 밖에도 항공업계는 무착륙 관광비행을 김포 · 김해 · 대구 등 지방공항으로도 확대하고 학생들의 현장체험학습을 겸한 무착륙 교육비행 프로그램도 출시하는 등 생존을 위한 마케팅을 이어가고 있다. 비행기를 마냥 세워놓기보다는 어떻게든 활용할 방법을 찾아 시도하고 있는 것이다.

① 난공불락(難攻不落)　② 고육지책(苦肉之策)　③ 결초보은(結草報恩)
④ 괄목상대(刮目相對)　⑤ 감탄고토(甘呑苦吐)

[03 ~ 04] 다음 기사문을 읽고 이어지는 질문에 답하시오.

(가) 그동안 LNG는 한국가스공사가 10년 이상 장기계약으로 직수입해 민간 도시가스회사, LNG 발전회사에 도매하는 방식이었다. 그러나 앞서 언급한 민간 발전회사들이 자체 소비 목적으로 LNG 직수입을 늘리면서 가스공사의 독점 구조가 깨지는 양상이다. 특히 제철소와 정유사들이 환경규제 강화 흐름에 발맞춰 공장 가동연료를 기존 중유 대신 LNG로 바꾸는 추세여서 LNG 직수입도 지속적으로 늘어날 전망이다. 한국가스공사의 자료에 따르면 지난해 민간회사가 직수입한 LNG 물량이 920만 톤을 넘어 사상 최대를 기록했다. 전체 LNG 수입에서 민간 직수입이 차지한 비중도 22.4%를 기록, 처음으로 20%를 넘어섰다. LNG 직수입은 2014년 이후 매년 꾸준히 증가하고 있다.

(나) 안○○ 서울시립대 교수는 "100% 신재생 에너지로의 전환이 현실적으로 쉽지 않아 태양광 · 풍력의 단점을 보완해 줄 파트너 에너지원이 필요하다"라며 "천연가스가 석유와 신재생 에너지를 잇는 다리 역할을 할 적임자로 지목되면서 본격적인 '천연가스의 시대'가 도래했다"라고 말했다. 그러면서 "천연가스는 생성원리는 석유와 비슷하지만 상용화나 개발 측면에서 석유에 비해 아직 본격적으로 보급이 안 된 에너지원이라 성장 잠재력이 크다"라고 덧붙였다.

(다) 이런 흐름에 맞춰 S, G, P 기업 등은 LNG 수입부터 저장 · 운송 · 판매까지 아우르는 LNG 밸류체인을 구축하는 중이다. 특히 수입한 LNG를 저장 · 처리하는 설비인 LNG 터미널의 중요성이 커지면서 민간 발전사들이 LNG 터미널 역량 확대에 나섰다. 천연가스는 상온에서 기체 상태이기 때문에 섭씨 −162도에서 냉각한 뒤 액화상태로 운송해 국내로 들여온다. 이렇게 수입한 LNG는 국내 터미널에서 다시 기체 상태로 변환해야 에너지로 사용할 수 있다. 터미널 구축은 LNG의 안정적인 공급을 가능하게 하는 필수 설비라는 게 발전업계 관계자들의 설명이다. P 기업은 이달 1,437억 원을 투입해 광양 LNG 터미널을 증설하기로 했다. 이번에 증설하는 6탱크는 20만 kℓ 용량으로 2024년 5월 준공 예정이다. 6탱크가 준공되면 광양 LNG 터미널의 저장 용량은 현재 운영 중인 1 ~ 5탱크 73만 kℓ에서 93만 kℓ로 확대된다. 회사 관계자는 "이번 증설은 LNG 시장 성장에 대응하기 위한 것"이라고 말했다. S 기업과 G 기업이 지분을 50%씩 투자해 합작 운영하고 있는 보령 LNG 터미널도 지난해 증설에 돌입했다. 보령 LNG 터미널은 지난해 기준 80만 kℓ급 LNG 저장탱크 4기와 연간 400만 톤의 LNG를 직도입할 수 있는 하역부두, 기화 · 송출 설비 등을 갖추고 있다. 양사는 앞서 2018년 LNG 저장탱크 5 · 6호기의 증설을 시작한 데 이어 지난해 7호기를 추가로 짓기로 했다. 오는 2023년 상업운전이 목표이며, 총 저장능력은 140만 kℓ로 확대된다. 중견건설사인 H 기업도 에너지사업 확대 전략의 일환으로 LNG 터미널 사업에 뛰어들었다. H 기업은 전남 여수에 '동북아시아 LNG 허브 터미널'을 구축하기로 했다. 동북아 LNG 허브 터미널은 20만 kℓ급 LNG 저장탱크 4기와 기화 · 송출설비, 최대 12만 7,000톤 규모의 부두 시설을 짓는 사업이다. 2024년 가동을 목표로 H 기업이 총 1조 2,000억 원을 투자한다.

(라) 천연가스 수요가 늘어날 것이란 전망에 국내 LNG(액화천연가스) 터미널 건설이 탄력을 받고 있다. 에너지 업계는 정부의 에너지 정책으로 LNG가 석탄과 신재생 에너지를 잇는 가교 역할을 맡으면서 시장이 성장할 것으로 예상했다. 국제에너지기구(IEA)는 전 세계적으로 LNG

수요가 증가하면서 2040년까지 1,365GW의 추가 설비가 필요할 것으로 내다봤다. 정부는 2034년까지 석탄발전소 30기를 폐쇄하고 그 자리를 24기의 LNG 발전소로 대체하는 내용을 골자로 한 제9차 전력수급기본계획을 지난해 말 발표했다. '온실가스 · 미세먼지의 주범'으로 꼽히는 석탄발전의 비중을 과감히 낮추고 태양광 · 풍력 등 신재생 에너지 보급을 4배 이상 늘린다는 계획인데, 석탄발전의 빈자리를 LNG로 메운다는 구상이다. 정부가 석탄에서 신재생 에너지로 넘어가는 징검다리 연료로 LNG를 선택한 이유는 LNG가 석탄보다 탄소 배출량이 적고, 계절이나 날씨에 따라 발전량이 들쭉날쭉한 태양광 · 풍력보다 안정적으로 전력을 공급할 수 있기 때문이다.

03. 다음 중 윗글의 단락 (가)~(라)를 문맥에 맞게 재배열한 것은?

① (가)-(나)-(다)-(라)
② (가)-(다)-(라)-(나)
③ (라)-(가)-(나)-(다)
④ (라)-(다)-(가)-(나)
⑤ (라)-(다)-(나)-(가)

04. 다음 중 윗글에 대한 설명으로 올바른 것은?

① 우리나라는 2040년까지 LNG 관련 추가 설비가 1,365GW 정도 필요할 것으로 예상된다.
② LNG는 석탄보다 탄소 배출량이 적지만, 계절과 날씨에 따라 활용도가 낮은 단점이 있다.
③ 민간 발전사들의 LNG 터미널 증설 계획에 따르면, 2024년 이후 보령 LNG 터미널은 광양 LNG 터미널보다 더 많은 저장능력을 갖게 된다.
④ 액화 상태로 보관되던 LNG는 수출국에서 기체 상태로 바뀌어 국내로 수입된다.
⑤ P 기업의 광양 LNG 터미널은 현재 1탱크당 평균 73만 kℓ의 저장 용량을 보유하고 있다.

[05 ~ 06] 다음 글을 읽고 이어지는 질문에 답하시오.

'2050 탄소 중립'이 15일 국무회의에서 국가 장기 비전으로 정식 채택됐다. 탄소 중립이 얼마나 어마어마한 일인지를 정부가 인식하고 있는지가 의문이다. 2050 탄소 중립을 달성하기 위해 뭐가 필요한 것인지를 안다면 지금처럼 대뜸 구호부터 외쳐 놓는 식으로 달려들지는 않을 것이다. 앞으로 구체적인 로드맵 작성 단계에서 큰 혼란이 빚어질 수밖에 없다.

우리나라 전체 에너지 소비 가운데 전력이 차지하는 비율은 대략 20%다. 나머지 80%는 석탄 · 석유 · 천연가스 등 화석연료다. '20 대 80' 비율은 세계적으로도 마찬가지다. '20% 전력'은 에너지원(源)에 따라 다시 화석연료, 원자력, 신재생으로 구분된다. 신재생을 늘릴 것인지, 원자력을 없앨 것인지, 가스는 얼마로 유지할 것인지 등의 그간 전력 믹스(mix) 논란은 '20% 전력' 내에서의 얘기다. 2050 탄소 중립을 목표로 삼으면 완전히 관점이 달라지게 된다. '20% 전력'만 태양광 · 풍력으로 공급해서 되는 게 아니다. 나머지 '80% 비전력'까지 모두 무(無)탄소 에너지로 공급해야 한다. 정부가 원자력을 배제한다고 했으니 태양광 · 풍력만으로 이뤄내야 한다.

따라서 2050 탄소 중립은 '20% 전력'을 무탄소화하는 1단계와, '80% 비전력'을 전력화(Electrification)하면서 동시에 그 전력을 무탄소화하는 2단계로 구성된다. 1단계보다 2단계가 훨씬 더 도전적 과제다. 국제에너지기구(IEA)가 지난 9월 400쪽짜리 관련 보고서(Energy Technology Perspective 2020)를 발간했다. IEA는 거기서 "전력 부문만 바꾸는 것으로는 탄소 중립 목표의 3분의 1밖에 못 간 것"이라고 했다. 보고서의 결론은 "2050 탄소 중립을 위해서는 수송, 빌딩, 산업 등 비전력 에너지의 전력화가 필수적이며 이 경우 전력 수요는 지금의 2.5배로 늘어난다"라는 것이다.

얼핏 봐선 20%였던 전력으로 전체 100% 에너지를 ㉠충당하려면 5배로 늘어나야 할 것 같지만 그렇지는 않다. 전기가 화석연료보다 효율이 좋아 같은 열량이어도 더 많은 일을 할 수 있다. 예를 들어, 전기차는 석유차의 2배 에너지 효율을 낸다. 에너지경제연구원 임 씨가 IEA 보고서를 참조해 2050 탄소 중립을 위한 한국의 전력 에너지 수요를 시산(試算)해 본 결과 역시 2.5배의 전력이 필요하다는 결론을 얻었다고 한다.

05. 다음 중 제시된 글의 밑줄 친 ㉠을 대체할 수 있는 단어로 적절한 것은?

① 보충 ② 철거 ③ 촉구
④ 주시 ⑤ 생산

06. 제시된 글의 내용과 일치하지 않는 것은?

① 탄소 중립 1단계는 20%의 전력을 무탄소화하는 것이다.
② 우리 정부는 무탄소 에너지 중 원자력은 배제한다고 하였다.
③ 전기차는 석유차보다 2배 높은 에너지 효율을 낸다.
④ 전 세계적으로 에너지 소비 가운데 전력의 비율은 천연가스의 비율보다 낮다.
⑤ 화석연료, 원자력, 신재생은 모두 전력 에너지에 포함된다.

[07 ~ 08] 다음 글을 읽고 이어지는 질문에 답하시오.

새로운 정부가 절대적 지지 속에서 탄생했다. 집권 초에 보여 주고 있는 파격적이지만 신선한 행보는 앞으로 전개될 큰 변화를 예고하고 있다. 에너지정책은 다른 어떤 분야보다도 많은 변화가 예상된다. 지금까지 에너지정책의 근간은 필요한 에너지를 충분히 값싸게 그리고 안정적으로 공급하는 것이었다면, 앞으로 예상되는 정책 목표는 환경친화적 에너지를 확대하고 이를 효율적으로 사용하는데 방점이 찍힐 가능성이 높다.

실제로 신정부의 에너지정책 공약의 핵심은 환경과 안전 측면에서 상대적 열위에 있는 석탄과 원자력의 비중은 낮추는 반면, 경제성 측면에서는 열위에 있지만 환경과 안전 측면에서 상대적 우위에 있는 천연가스와 신재생에너지의 비중을 높이는 에너지믹스 전환과 이에 따른 에너지가격 인상과 에너지효율 향상을 적시하고 있다. 이와 같은 에너지정책 변화의 일단은 이미 현실화되고 있다. 정부는 지난 5월 노후 석탄화력 발전소의 일시적 가동 중단을 지시한 것을 시작으로 이후 신고리 원자력 발전소 5, 6호기의 건설 중단 가능성을 언급하기도 했다.

신정부가 설정하고 있는 에너지정책 방향은 우리가 궁극적으로 가야할 방향이라는 점에서 매우 미래지향적이다. 기후변화의 위협과 미세먼지로 대표되는 대기오염 문제 해결을 위해 고탄소 에너지 비중을 줄이고, 항상 논란의 중심에 있는 원자력을 포기하는 장기적 방향 설정에 대해 이견이 있을 수 없다. 하지만 속도의 문제는 남는다. 저탄소, 탈원전이라는 최종 목표는 단숨에 뛰어가는 100미터 경기가 아니라 지구력을 갖고 꾸준히 접근해야 하는 마라톤의 결승선과 같다. 마라톤에서 초반 오버페이스는 자칫 중도 포기로 이어진다. 자신의 몸 상태와 능력을 감안한 최적 속도를 유지할 때 완주를 할 수 있는 것처럼, 현재 시점에서 우리가 저탄소, 탈원전 방향으로 이동할 수 있는 최대 거리가 얼마나 되는지에 대한 명확한 분석이 있어야 최종 목표에 도달할 수 있을 것이다.

㉠ 또한, 석탄과 원자력을 대체할 천연가스는 거의 전량 수입에 의존하고 있고, 주변국가와 전력계통망이 연결되어 있지 않아 신재생에너지의 간헐성 문제를 보완할 여건도 열악하다.

㉡ 따라서 천연가스 비중 확대는 에너지안보를 취약하게 할 것이며, 간헐성의 신재생에너지 확대는 전력수급의 안정성을 약화해 전력가격을 크게 인상시킬 수 있다는 불편한 진실이 우리 앞에 있다.

㉢ 고탄소, 원자력 덕분에 값싼 에너지를 과도하게 사용하는 에너지비만 증세도 보이고 있다. 에너지 다소비 업종 비중이 높은 산업구조가 그것이다.

㉣ 우리 경제는 너무 먼 거리를 초반에 빨리 달릴 수 있는 몸 상태를 갖고 있지 않다. 우리는 너무 오랜 기간 고탄소, 원자력 에너지에 익숙해 있기 때문이다.

그러므로 저탄소, 탈원전의 대장정에 나서되, 결코 서두르지 말고 대장정을 완주할 수 있는 체질 개선에 먼저 착수할 필요가 있다. 에너지비만을 해소해 조금 비싼 에너지에도 적응할 수 있게 해야 하고, 천연가스와 신재생에너지의 약점을 보완할 수 있는 방안을 강구해야 한다. 먼저, 에너지가격을 통한 수요관리 정책이 필요하다. 에너지세제 개편을 통해 에너지 효율 개선과 저탄소 에너지 비중 확대를 유도하는 가격신호를 보내야 한다. 또한 에너지안보와 전력수급 안정을 위해 주변 국가들과 에너지시장 통합에 나설 필요가 있다. 천연가스 도입을 LNG뿐만 아니라 PNG로 다양화하고, 전력계통 연계를 통해 전력 수급의 안전판을 갖출 필요도 있다. 이런 제반 여건이 갖추어질 때, 천연가스와 신재생 중심의 저탄소 에너지믹스 목표를 향한 스퍼트가 가능할 것이다.

07. 다음 중 제시된 글의 주제로 가장 적절한 것은?

① 저탄소, 탈원전 정책은 전력수급의 혼란을 가중시킬 수 있어 충분한 논의가 필요하다.
② 미래에 다가올 새로운 에너지 환경 주도를 위해 우리의 에너지 체질도 그에 맞게 개선되어야 한다.
③ 신재생에너지 보급을 위해서는 주변국과의 전력계통망 확보가 선결되어야 한다.
④ 석탄과 원자력의 비중을 낮추고자 하는 것은 신정부의 핵심 공약이며 반드시 이행되어야 할 과제이다.
⑤ 미래의 에너지 정책은 경제성보다 친환경성에 더 큰 비중을 두고 실행되어야 한다.

08. 다음 중 제시된 글의 ㉠~㉣을 문맥에 맞게 재배열한 것은?

① ㉢-㉣-㉠-㉡　② ㉣-㉠-㉡-㉢　③ ㉣-㉠-㉢-㉡
④ ㉣-㉢-㉠-㉡　⑤ ㉣-㉢-㉡-㉠

[09 ~ 10] 다음 글을 읽고 이어지는 질문에 답하시오.

IPCC(기후 변화에 관한 정부 간 협의체)에 따른 기후변화에 영향을 미치는 온실가스 배출원을 살펴보면 크게 에너지, 산업공정(Industrial Processes), 용제 및 기타 제품사용(Solvent and Other Product Use), 농업, 토지이용의 변화 및 산림, 폐기물 등으로 다양하다. 그러나 그중에서도 전 세계적으로 꾸준히 이루어진 산업발전과 이에 따른 경제성장으로 에너지 소비와 온실가스 배출량은 계속적으로 증가하고 있다. 실제로 세계 각국의 에너지 자원 확보경쟁과 에너지 수급에 대한 중요성이 확산되고 있으며 온실가스 배출량을 조절하기 위해서는 에너지부문의 소비행태에 중점을 두어야 한다. (가) 기후변화는 에너지 수요의 변동을 초래하게 되는데 특히 계절에 따른 에너지 사용량에 영향을 미친다. 여름철은 냉방일수에 따라, 겨울철에는 난방일수에 따라 에너지 수요에 영향을 미친다. (나) 또한 기후변화에 적응하기 위한 수단의 일환으로 에너지효율 및 에너지 절약 정책과 신재생에너지에 대한 관심과 함께 에너지의 안정적인 수급 또한 중요해지고 있다. 에너지의 안정적인 수급을 위하여 전 세계적으로 법적제도를 마련하는 등의 노력을 하고 있지만 이러한 과정에서도 에너지 빈곤층이 생겨나고 있어 사회적 문제가 되고 있다. 이에 대해 영국, 미국과 같은 주요 선진국들은 오래 전부터 저소득층의 에너지 빈곤을 해소하기 위해 다양한 지원수단을 마련해 왔고, 에너지 복지정책의 시행을 국가의 중요한 의무로 받아들이고 있다. (다) 이제는 온실가스 배출 저감에만 치중할 것이 아니라 지속가능한 발전을 위해 온실가스 배출을 저감하는 동시에 새로운 기후환경에 적응해 살아갈 수 있도록 해야 한다는 것을 우리는 너무나도 잘 알고 있다. (라) 각 국가별로 기후변화 영향에 대응하는 적절한 대책을 수립하지 않고서는 이미 일어나고 있는 기후변화 또는 미래의 기후변화에 대해 효과적으로 대처하기는 어려울 것이다. 또한 이러한 정책은 (　　㉠　　)의 원칙이 지켜져야 한다. (마) 지속가능성에만 관심을 두고 이러한 원칙을 도외시한 환경정책은 설혹 문제가 완화되거나 해결된다 하더라도 피해나 비용의 차별적 전가나 부담이 생길 수 있으며, 전 지구적 혹은 전 사회적 협력과 참여를 끌어낼 수 없어 문제의 진정한 해결이 어렵다. 환경정책은 현존하는 환경 불평등을 최소한 더 악화시켜서는 안 되며 이를 완화하거나 교정하는 방향으로 이루어져야 한다.

09. 윗글을 문맥에 따라 3개의 단락으로 구분할 때, (가) ~ (마) 중 단락의 경계를 올바르게 짝지은 것은?

① (가)와 (다)　　② (가)와 (라)　　③ (나)와 (다)

④ (나)와 (라)　　⑤ (나)와 (마)

10. 다음 중 제시된 글의 빈칸 ㉠에 들어갈 단어로 적절한 것은?

① 형평성　② 객관성　③ 상대성
④ 다양성　⑤ 합리성

11. A는 강아지와 함께 7,500m 떨어져 있는 B를 만나러 가고 있다. A는 6km/h, B는 9km/h의 속력으로 서로를 향해 가고 있고, 강아지는 10km/h의 속력으로 B를 향해 달려가다가 B를 만나면 A에게 돌아오고, 다시 B에게 가는 식으로 A와 B 사이를 왔다 갔다 하고 있다. A와 B가 만나면 강아지는 달리기를 멈춘다고 할 때, 강아지의 총 이동거리는?

① 5km　② 5.5km　③ 6km
④ 6.5km　⑤ 7km

12. 작년에 출시한 한 상품의 정가는 96,000원이고 이 제품을 한 개 판매할 때마다 20%의 이익을 보았다. 그런데 올해에는 생산 효율에 따른 비용의 절감으로 기존의 원가를 60,000원으로 낮추어 판매해야 한다고 할 때, 이 상품의 원가 할인율은 얼마인가?

① 15%　② 20%　③ 25%
④ 30%　⑤ 35%

13. 다음 그림과 같이 반지름이 14cm인 원 안에 반지름이 7cm인 원 4개가 겹쳐져 있다. 4개의 원 모두가 반지름이 14cm인 원의 중심과 만난다고 할 때, 색칠된 부분의 넓이는?

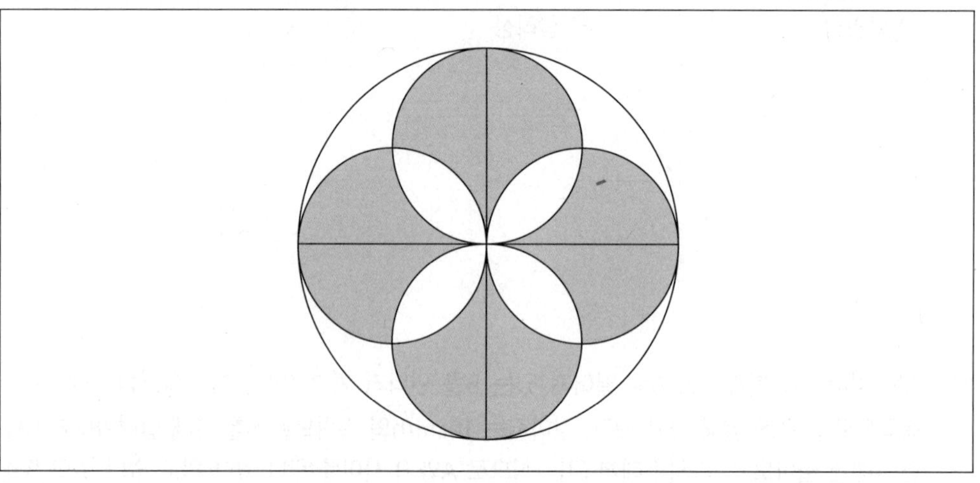

① 98cm^2　② 200cm^2　③ 242cm^2
④ 338cm^2　⑤ 392cm^2

14. 현재 G 회사는 채용을 진행 중이다. 〈보기〉의 조건에 따를 때, G 회사 신입사원이 각 팀에 배정되는 경우의 수는 총 몇 가지인가?

보기

- 현재 진행 중인 채용을 통해 입사한 신입사원들은 인사팀, 총무팀, 마케팅팀에 배정된다.
- 입사하는 신입사원의 수는 3명 이상 10명 이하이다.
- 각 팀에는 적어도 1명의 신입사원이 배정된다.
- 경우의 수를 계산할 때 신입사원 간 구분은 하지 않으며, 각 팀에 배정되는 인원수만 고려한다.

① 120가지　② 144가지　③ 160가지
④ 192가지　⑤ 210가지

15. ○○기업의 출근 시간은 오전 8시까지인데 A 부서에 소속된 김 대리가 일정 기간 중 8시 정각에 출근할 확률은 $\frac{1}{4}$이고, 지각할 확률은 $\frac{2}{5}$이다. 김 대리가 이틀 연속 정해진 시간보다 일찍 출근할 확률은?

① $\frac{49}{400}$　② $\frac{27}{144}$　③ $\frac{13}{200}$

④ $\frac{64}{225}$　⑤ $\frac{7}{20}$

16. 다음은 연도별 에너지원별 가구당 연료비 비중을 나타낸 그래프이다. 이에 대한 설명으로 올바른 것은?

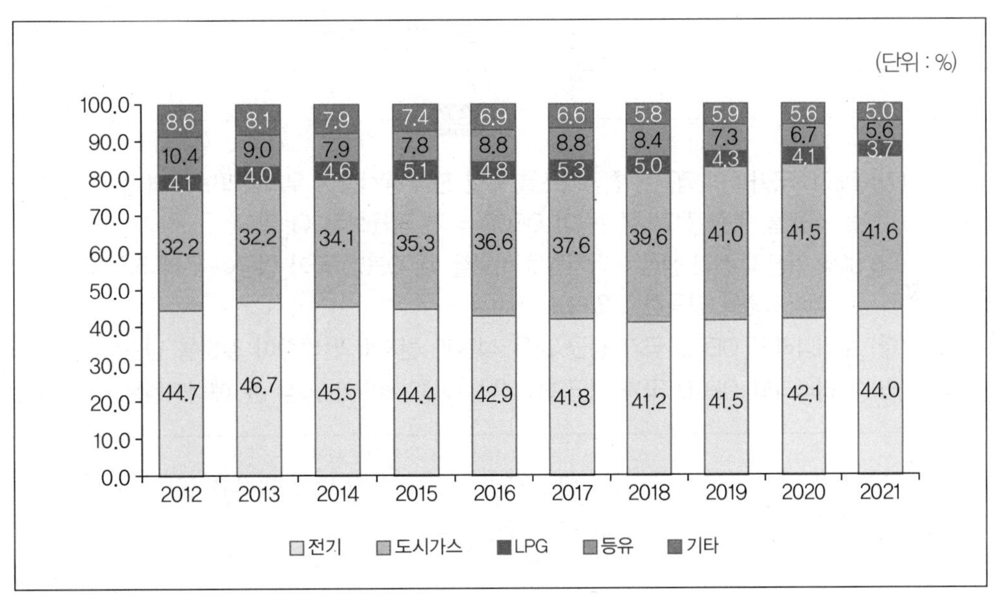

① 전기 연료비 비중이 증가한 해에는 도시가스의 연료비 비중 역시 증가하였다.
② 도시가스 연료비 비중이 전년도보다 감소한 해는 2개 연도이다.
③ 매년 세 번째로 많은 연료비 비중을 차지하는 에너지원은 등유이다.
④ 전기 연료비 비중은 매해 LPG 연료비 비중의 10배 이상이다.
⑤ LPG와 기타 연료비 비중은 매년 꾸준히 감소하였다.

17. 다음은 특정 시점 우리나라의 전기 생산 에너지별 비중을 OECD 국가 평균과 비교한 자료이다. 이에 대한 올바른 설명을 〈보기〉에서 모두 고른 것은?

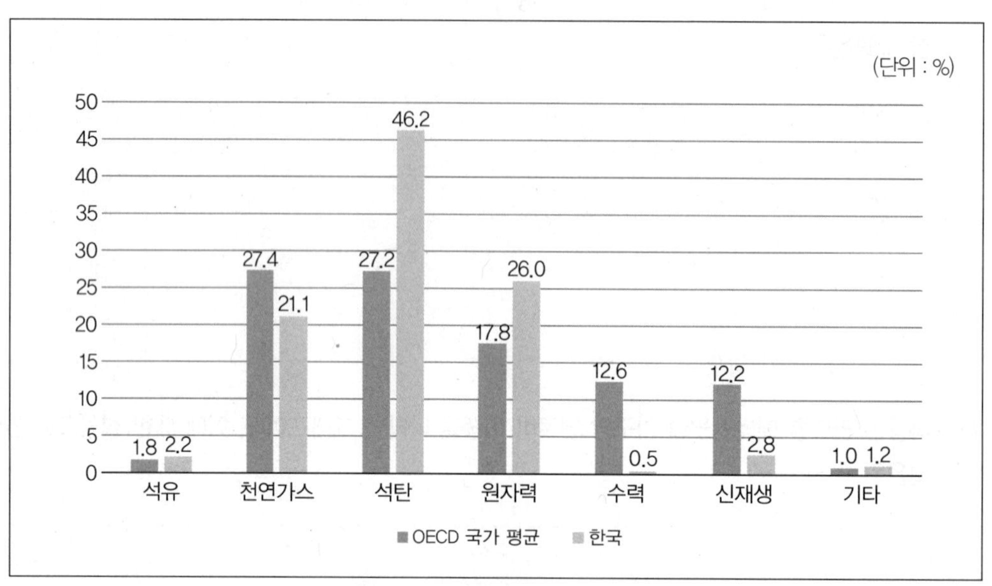

보기

(가) OECD 국가들의 평균은 천연가스를 통한 전기 생산량이 우리나라보다 더 많고, 우리나라는 석탄을 통한 전기 생산량이 OECD 국가 평균보다 더 많다.

(나) 90% 이상의 전기 생산 에너지원을 비교할 때, OECD 국가 평균이 우리나라보다 더 다양한 에너지원을 활용하고 있다.

(다) 우리나라와 OECD 국가 평균 모두 석탄과 원자력의 비중이 절반을 넘는다.

(라) 우리나라와 OECD 국가 평균과의 생산 비중 차이가 가장 큰 에너지원은 석탄이다.

① (가), (나)　　② (가), (다)　　③ (나), (다)

④ (나), (라)　　⑤ (다), (라)

18. 다음 자료에 대한 설명으로 올바르지 않은 것은?

〈A 국의 생활폐기물 발생 현황 비교〉

구분	20X3년		20X8년	
	발생량(톤/일)	1인당 발생량(kg/인/일)	발생량(톤/일)	1인당 발생량(kg/인/일)
생활폐기물 소계	43,757	0.96	42,384	0.92
생활쓰레기	29,082	0.64	20,306	0.44
재활용폐기물	10,592	0.23	12,828	0.28
기타 생활폐기물	4,083	0.09	9,250	0.20

〈A 국의 20X8년의 가정 부문 원별 생활폐기물 배출량〉

(단위 : kg/인/일)

종류		생활폐기물	
			재활용폐기물
가정	단독주택	0.241	0.138
	아파트	0.253	0.143
	연립주택	0.239	0.149
	다세대	0.253	0.150
	비주거용	0.246	0.137
	평균	0.246	0.143

① 20X3년 대비 20X8년에 생활폐기물 발생량이 가장 많이 증가한 것은 기타 생활폐기물이고, 가장 많이 감소한 것은 생활쓰레기이다.

② 20X3년 대비 20X8년 생활폐기물의 발생량 감소율은 −3%를 넘어선다.

③ 가정 부문의 생활폐기물 1인당 평균 발생량은 비가정 부문보다 적다.

④ 1인당 재활용폐기물 배출량이 많은 가정일수록 생활폐기물의 배출량도 더 많다.

⑤ 생활폐기물 중 재활용폐기물이 차지하는 비중은 가정 부문이 A 국 전체보다 더 크다.

[19 ~ 20] 다음 자료를 보고 이어지는 질문에 답하시오.

〈세계 1차 에너지 공급원별 현황〉

(단위 : 백만 toe)

구분	2007년	2012년	2017년	2021년
석유	3,662	4,006	4,142	4,290
석탄	2,313	2,990	3,653	3,914
천연가스	2,071	2,360	2,736	2,901
원자력	676	722	719	661
신재생 등	1,315	1,455	1,702	1,933
합계	10,037	11,533	12,952	13,699

〈세계 1차 에너지 공급권역별 현황〉

(단위 : 백만 toe)

구분	2007년	2012년	2017년	2021년
유럽(OECD)	1,748	1,849	1,820	1,675
(가)	2,273	2,319	2,215	2,216
(나)	1,149	1,830	2,629	3,066
(다)	1,038	1,237	1,526	1,741
(라)	354	468	623	721
그 외 국가	3,475	3,830	4,139	4,277
전 세계	10,037	11,533	12,952	13,696

19. 다음 〈보기〉의 설명을 참고할 때, 제시된 표의 빈칸 (가) ~ (라)에 해당하는 지역명을 순서대로 나열한 것은?

보기

1. (가) ~ (라)의 지역은 중국, 중국 외 아시아, 중동, 미국 네 개 지역이다.
2. 2017년 대비 2021년의 에너지공급량 증가율이 가장 큰 지역은 중국이다.
3. 2007년 대비 2021년의 에너지공급량 증가율은 중동이 중국 외 아시아보다 더 크다.
4. 2017년 대비 2021년의 에너지공급량 증가율은 '그 외 국가'가 미국보다 크다.

① 중국－미국－중국 외 아시아－중동
② 미국－중국－중국 외 아시아－중동
③ 미국－중국－중동－중국 외 아시아
④ 미국－중국 외 아시아－중국－중동
⑤ 중동－미국－중국－중국 외 아시아

20. (19와 이어짐) 다음 중 제시된 표에 대한 설명으로 올바른 것은?

① 제시된 모든 에너지원의 공급량은 매 시기 증가하였다.
② '그 외 국가'를 제외하고 1차 에너지 공급량이 가장 많은 공급권역은 매 시기 동일하다.
③ 2007년 대비 2021년의 중국 외 아시아와 중동의 1차 에너지 공급량 증가분 합은 중국의 증가분보다 더 많다.
④ 1차 에너지 공급량은 매 시기 증가하고 있으나, 시기별 증가분은 감소하고 있다.
⑤ 미국은 유럽보다 1차 에너지 공급량이 매 시기 더 적다.

21. □□에너지회사 에너지사업부 G 사원이 작성한 월간 회의록이 다음과 같을 때, 이를 이해한 내용으로 적절한 것은?

<table>
<tr><td rowspan="2">월간 회의록</td><td>문서번호</td><td colspan="2">XX03045001</td></tr>
<tr><td>작성자</td><td colspan="2">G 사원</td></tr>
<tr><td>일시</td><td>20XX년 3월 4일 월요일 13:00</td><td>장소</td><td>103호 2회의실</td></tr>
<tr><td>참석자</td><td colspan="3">B 부장, C 차장, D 과장, E 대리, F 대리, G 사원</td></tr>
<tr><td colspan="4">1. 전기자동차 사업건
K 공단에서 전기자동차 보급 및 운행을 활성화하기 위하여 민간 전기차 충전소 구축 비용의 일부(최대 2천만 원)를 지원하는 사업을 실시함. 이에 본 부서는 3주 뒤 사업 신청서를 접수하고자 함.
◎ 지원 조건
1) 급속 충전기 설치를 위한 주차면을 확보해야 함.
2) 충전 서비스 사업을 위해 지능형전력망 사업자로 등록되어 있어야 함.
3) 급속 충전기는 DC콤보 I 방식의 충전을 필수로 하고, DC차데모, AC3상, AC단상 방식으로 충전 가능해야 함.
◎ 역할 분담
– E 대리, G 사원 : 급속 충전기 설치 부지 확인, 사업자 등록
– D 과장, F 대리 : 사업계획서 작성 및 신청서 접수(~3월 29일, 금)
2. 신재생에너지 보급 확대를 위한 신규 콘텐츠 제작 건
– 사내 아이디어 공모전 개최
– 신재생에너지 관련 국내 사업 및 시설 운영관리 현황 정리
3. 부서 워크숍 건
– 목적 : 부서 내 구성원 간 커뮤니케이션 활성화 및 팀워크 증진
– 일시 : 3월 21일(목) 08:00 ~ 22일(금) 17:00
– 장소 : 경기도 포천시 ○○수련원
– 참석 인원 부서원(총 10명) 확정
– 예산 : 2,000,000원(식비, 숙박비, 유류비 등 포함)</td></tr>
<tr><td>비고</td><td colspan="3">– 이번 주 수요일부터 목요일까지 16시 퇴근 실시
– 승진자 교육 3월 21일(목) 9시, 9층 대회의실/승진 대상자 모두 필참</td></tr>
</table>

① 이번 월간 회의에는 에너지사업부 직원 전원이 참석하였다.

② 에너지사업부에는 올해 승진 대상자가 없다.

③ 3월 7일부터 8일까지 에너지사업부 부서원은 모두 오후 4시에 퇴근한다.

④ 급속 충전기 설치를 위한 사업자 신규 등록 등 지원 조건 관련 업무는 3월 29일까지 실시한다.

⑤ 신재생에너지 콘텐츠 제작을 위해 신재생에너지 시장 및 산업 동향을 분석하는 일은 G 사원이 담당하게 되었다.

22. 재무설계상담사 이고운 씨는 은행별 금융상품을 비교하여 고객에게 급여통장을 추천하고 있다. 은행별 대표 급여통장 상품의 특징을 바탕으로 고객 상황에 적합한 은행을 추천하였을 때, 다음 중 적절하지 않은 것은? (단, 금리와 고객의 제시되지 않은 다른 상황은 고려하지 않는다)

은행	수수료 면제	혜택
W	- 전자금융, ATM 출금 수수료 면제 - 타행 이체 시 월 5회 한도 내에서 면제	- 통장 잔액 50만 원 이하 시, 해당기간 동안 연 3% 예금 금리 제공 - 계좌와 연결된 체크카드의 전월 실적 30만 원 이상 시 대중교통 1,500원 할인
X	급여 이체 월 100만 원 이상 시 전자금융, 당행 및 타행 ATM 출금 수수료 면제	- 육아, 출산 휴직 중인 여성들의 경우, 휴직 기간에도 동일한 수수료 혜택 제공 - 계좌와 연결된 카드로 J 계열사 마트 이용 시 2% 추가 적립
Y	3개월 동안 매월 당행 카드 사용실적이 100만 원 이상인 경우, 각종 전자금융 거래 수수료 면제	- 당행 카드로 주유 시 리터당 40원 할인 - 해외여행 시 데이터 로밍 무료 제공
Z	공과금, 자동이체 등의 실적이 있으면 다음 달 전자금융 거래 수수료 면제	계좌와 연결된 체크카드 사용 시 - 매월 이용금액 높은 업종 순위별로 5% 청구 할인 제공(쇼핑/가족/생활영역) - 전국 영화관 3,000원 청구 할인

	고객	상황	추천 은행
①	갑	- 연봉이 3,000만 원인 30대 직장인 여성 - 맞벌이 부부로 곧 출산 예정	X
②	을	- 조그만 무역 사업을 시작한 40대 남성 - 업무차 최근 해외 출장 스케줄 혼자 소화 중	Y
③	병	- 인터넷으로 쇼핑하는 것을 즐김. - 쉬는 날에 영화 관람 즐김. - 자취 중인 20대 직장인 남성	Z
④	정	- 월급 180만 원의 직장인 여성 - 주로 현금을 사용함.	Y
⑤	무	- 최근 취직을 한 신입사원(남성)이며 대중교통으로 출 · 퇴근함. - 학자금 대출 상환이 시작되어, 통장 잔액 불안정	W

[23 ~ 24] 다음 제안서 작성요령을 참고하여 이어지는 질문에 답하시오.

〈제안서 작성요령〉

제안서는 아래 작성항목의 순서로 작성하여야 하며, 세부 목차를 추가할 수 있으나 요구된 내용은 반드시 포함해야 한다.

작성항목		서식
Ⅰ. 제안 개요	제안단체는 해당 사업의 대안으로 내용을 정확하게 이해하고 본 제안에 목적 및 목표, 주요 내용, 수행 기간 및 제안의 특징 및 장점을 요약하여 서술	
Ⅱ. 제안업체 일반사항		
1. 사업자 일반현황	제안기관의 일반현황 및 주요한 경력	서식 2
2. 조직 · 인력시설	제안요청과 관련 있는 조직 및 인력 현황, 시설 등	서식 3
Ⅲ. 사업수행부문		
1. 과제수행 방안	수행하고자 하는 사업의 방향과 내용을 구체적으로 제시	자유
2. 추진일정계획	수행방법을 기술하고, 일정 제시	
3. 투입인력 이력사항	• 본 사업을 수행할 인력 및 수행 업무 내용 기술 • 투입인력에 대한 이력사항을 기재 • 양식을 이용해 작성	서식 4 서식 5
Ⅳ. 기타	제안요청서에 없는 내용 중 제안기관의 아이디어	

서식 목록
[서식 1] 위탁용역 제안서
[서식 2] 제안단체 일반현황
[서식 3] 제안업체 조직 및 인력현황
[서식 4] 사업수행 인력 투입계획
[서식 5] 사업수행 인력 이력사항
[서식 6] 청렴계약 이행 서약서
[서식 7] 국가계약법에 따른 서약서
[서식 8] 입찰보증금 지급
[서식 9] 제안서 평가사항

- ㅁ 제안서는 A4지 30페이지 내외로 작성, 페이지별 쪽 번호를 부여하며 좌측 스프링 제본하여 제출한다.
- ㅁ 제안서의 내용은 정확한 용어를 사용하여 표현하며 "~를 제공할 수도 있다.", "~이 가능하다" 등과 같은 모호한 표현은 제안서 평가 시 수행이 불가능한 것으로 평가한다.
- ㅁ 제안내용 중 기술적 판단이 필요한 부분은 증빙자료가 제시되어야 한다.
- ㅁ 제안서에 명시되지 않은 내용에 대한 추가 제안사항이 있는 경우 해당항목에 포함하거나 별도의 항목을 추가하여 작성할 수 있으며, 작성항목 중 해당사항이 없는 경우에는 "해당사항 없음."으로 간략히 기술한다.

23. 다음 중 제안서 작성요령을 이해한 내용으로 적절하지 않은 것은?

① 제안서는 해당 사업을 이해하여 목적과 수요 내용, 수행기간 등을 포함해야 한다.

② 제안서의 모든 제안내용에 증빙자료를 포함하여야 한다.

③ 제안서에 명시되지 않은 내용에 대한 제안사항이 있는 경우 별도의 항목을 생성하여 작성하는 것이 가능하다.

④ 정확하지 않은 모호한 표현은 수행이 불가능한 것으로 평가한다.

⑤ 제안서를 제출할 때는 좌측에 스프링 제본한다.

24. 다음 중 제안서 작성요령에 따라 작성한 제안서의 내용으로 적절하지 않은 것은?

① 기타 항목에는 다른 항목과 달리 세부 목차를 추가로 설정하는 것이 불가능하다.

② 사업수행부문의 과제수행 방안은 지정된 서식이 없으므로 자유롭게 작성해도 된다.

③ 제안업체 일반사항의 두 하위 항목은 모두 서식에 맞춰 작성해야 한다.

④ 제안 개요에는 제안에 대한 요약이 들어간다.

⑤ 투입인력 이력사항 작성 시에는 서식 5를 이용하여 작성한다.

25. K 공사 대외홍보팀 이 사원은 사내 복지 및 서비스 향상을 위해 모니터단 선발안 및 업무 계획안을 작성하였다. 다음 자료를 참고하여 모니터단 선발과 관련해서 수행해야 할 업무 내용으로 적절하지 않은 것을 모두 고르면?

〈모니터단 선발안〉

○ 선발 인원 및 일정 : 총 60명

일정	내용	비고
20XX. 03. 08. ~ 03. 17.	모니터단 공모 시행	홈페이지 접수
20XX. 03. 20. ~ 03. 23.	지원자 내부 검토	-
20XX. 03. 27.	심사위원회 개최	-

〈모니터단 선발 진행 과정 및 업무 계획안〉

○ 모니터단 공모(진행 마감) : K 공사 홈페이지 게시판을 통한 공개모집

현재 접수상황(20XX. 03. 18.)						시도별 모집 인원					
서울	부산	대구	인천	광주	대전	서울	부산	대구	인천	광주	대전
11	4	7	6	7	0	7	4	5	4	4	3
울산	세종	경기	강원	충북	충남	울산	세종	경기	강원	충북	충남
3	2	15	15	0	2	3	2	10	2	2	2
전북	전남	경북	경남	제주	계	전북	전남	경북	경남	제주	계
2	2	5	3	1	85	2	2	3	4	1	60

※ 단, 모집 인원이 충원되지 않으면 재공모 실시(20XX. 03. 27. 이후 진행)

○ 모니터단 지원자 내부 검토 : 인사팀에 지원서와 지원자 정보 및 심사표를 전달하고 지원자 순위 선정 및 종합의견 요청(단, 인사팀 의견은 고려사항이며, 최종 선발 여부는 심사위원회에서 결정)

○ 모니터단 심사위원회 개최

- 일시 및 장소 : 20XX. 03. 27. (월) 12:00 ~ 16:00, K 공사 본사 2층
- 심사위원 : 총 5명(단, 심사위원 섭외 시 팀 내부 협의 후 진행)

ㄱ. 충북, 대전의 경우만 재공모를 실시한다.
ㄴ. 공모 시행에서부터 심사위원회 개최까지 3단계로 진행한다.
ㄷ. 심사위원 섭외를 위해 인사팀과 회의를 준비한다.
ㄹ. 지원자 검토를 위해 순위와 종합의견을 작성할 수 있는 심사표를 준비한다.
ㅁ. 지원자가 모집 인원보다 적을 경우 심사위원회 개최일 이전에 재공모를 진행한다.

① ㄱ, ㄴ　　② ㄱ, ㄷ　　③ ㄴ, ㅁ
④ ㄱ, ㄷ, ㅁ　　⑤ ㄴ, ㄹ, ㅁ

26. 다음의 〈조건〉에 맞추어 책임자를 명시한 사업수행조직도를 그렸을 때, 적절한 것은? (단, 부문별 책임자는 과장부터 담당할 수 있다)

조건

1. 직위－성명－전공분야 순으로 기재해야 한다.
2. 조직도에는 부문별 책임자를 명시해야 한다.
3. 전공분야 확인 시 참고할 수 있도록 위쪽과 왼쪽부터 직위가 높은 직원 순으로 기재한다.
   (모든 부문에서 직위는 오름차순으로 대리－과장－차장－부장 순)

※ 알파벳 대문자는 직원의 실명이다.

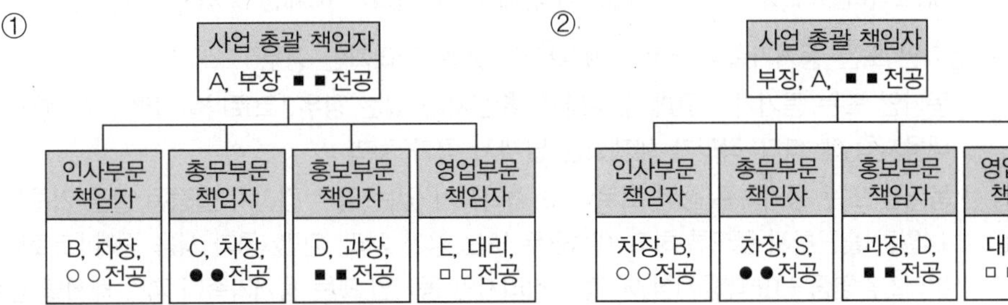

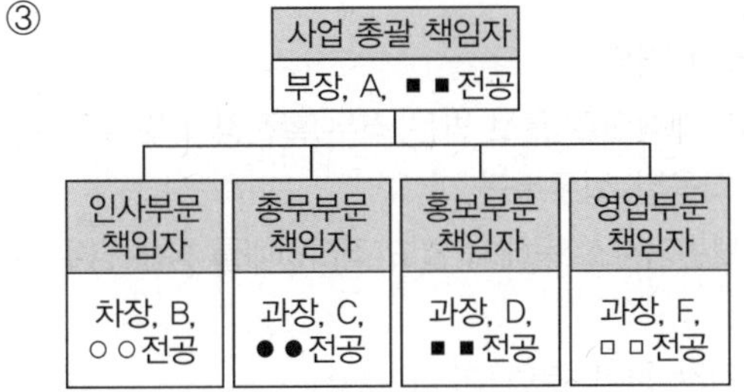

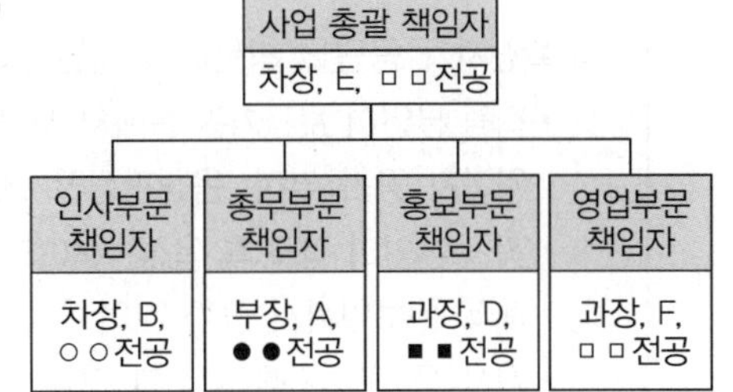

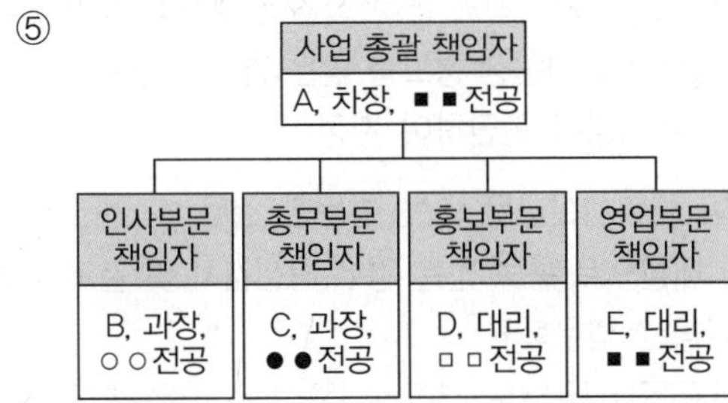

27. 다음의 코로나19 관련 안내문을 참고할 때, '공가'가 부여되는 경우에 대한 설명으로 올바른 것은?

□ 코로나19 확진자인 경우
- 「코로나바이러스감염증-19 대응지침」 등에 따라 완치 시까지 치료
- 치료기간 동안은 출근하지 않도록 하고 병가 처리
- 격리 · 치료기간 종료일 다음날부터 14일간 '재택근무'를 원칙으로 하되, 불가피하게 사무실 출근 시 반드시 마스크를 착용하도록 조치

□ 코로나19 감염이 의심되어 격리된 자인 경우
- 「코로나바이러스감염증-19 대응지침」에 따라 격리가 해제된 날까지 공가 처리

□ 동거인 또는 동거가족이 코로나19 확진자 또는 격리자인 경우
- 동거인 또는 동거가족 중에 코로나19 확진자가 있는 경우 「코로나바이러스감염증-19 대응지침」에 따라 격리가 해제되는 날까지 공가 처리
- 동거인 또는 동거가족 중에 코로나19 격리자가 있는 경우 격리가 결정된 날을 기준으로 14일간 출근하지 않도록 하고 재택근무 또는 공가 처리. 다만, 공가 사용 중에 「코로나바이러스감염증-19 대응지침」에 따라 격리자인 동거인 또는 동거가족이 격리 해제될 경우, 격리 해제된 다음날부터 출근

□ 확진자가 공단을 방문하여 직원과 접촉한 경우
- 직원 본인이 보건기관 등에서 자가격리 대상으로 통보 받은 경우 확진검사 및 결과 통보일까지 공가 부여. 음성판정인 경우 다음날 업무복귀
- 직원 본인이 검사 후 음성판정이라도 보건기관소 등에서 별도 격리안내를 받은 경우 별도 해제 통보일까지 공가 부여
- 지사 등 근무시설 폐쇄의 경우 소독기간 공가 부여
- 자가격리 통보 직원과 접촉한 동료직원의 경우 자가격리 통보 직원이 확진검사 및 결과 통보일까지 공가 부여. 자가격리 대상 직원이 음성판정 통보를 받은 경우 다음날 업무복귀. 해당 직원과 접촉한 직원의 범위는 부서장이 판단하여 지정

□ 직원이 감염시설을 방문하거나, 동거인이 감염시설근무 또는 방문한 경우
- 직원 본인이 보건기관 등에서 자가격리 대상으로 통보 받은 경우 확진검사 및 결과 통보일까지 공가 부여. 음성판정인 경우 다음날 업무복귀
- 본인이 검사 후 음성판정이라도 보건기관 등에서 별도 격리안내를 받은 경우 별도 해제 통보일까지 공가 부여
- 직원 본인이 무증상자라 하더라도 시설 폐쇄의 경우 소독기간 공가 부여

- 동거인이 감염시설 근무 또는 방문자로 직원 본인에게 자가격리 통보 시 해당 직원과 접촉한 직원도 격리해제 시까지 공가 부여. 해당 직원과 접촉한 직원의 범위는 부서장이 판단하여 지정
- 동거인이 감염시설 근무 또는 방문자로 자가격리 통보 시 직원 본인은 동거인이 격리해제 시까지 공가 부여. 확진검사 결과 음성의 경우 검사 시부터 확진(음성)결과 통보일까지 공가 부여
- 확진자 발생시설 방문직원은 보건기관으로부터 별도의 자가격리 통보가 없는 경우 공가 부여 불가

① A는 감염시설을 방문하였으며 이에 따라 이틀간 공가를 받아 확진자 검사를 실시하였다. 검사 결과 음성이 판정되어 판정 다음날까지 공가를 부여받았다.

② B는 어제 일과 후에 확진자가 발생한 거래처를 방문하였다. 보건 당국에서 아직 자가격리 통보를 받지 못했지만 B는 오늘 출근하지 않아도 공가를 부여받을 수 있다.

③ C는 어제 자가격리 통보를 받았으며, 통보 당일 저녁 C와 함께 식사를 한 D는 C의 확진검사 결과가 나오는 시점까지 공가를 부여받을 수 있다.

④ 얼마 전 E는 자가격리 대상 통보를 받고 자가격리를 실시하고 있었다. 어제부로 음성 판정을 받게 되었지만 E는 오늘까지 공가를 부여받을 수 있다.

⑤ 자녀가 격리자 통보를 받게 되어 출근하지 않고 공가를 사용하던 F는 오늘 자녀의 격리가 해제되었으므로 내일까지 공가를 부여받고 모레부터 출근해야 한다.

28. 다음 글에 대한 설명으로 올바르지 않은 것은?

〈권한대행의 의의〉

지방자치단체장의 궐위 또는 공소제기 후 구금상태에 있거나, 60일 이상 입원 또는 지방자치단체장이 그 직을 가지고 당해 지방자치단체장의 장 선거에 입후보하는 경우에 부단체장이 지방자치단체의 장의 권한을 대행하는 제도

〈권한대행의 요건 및 기간〉

1. 궐위된 경우

• 사임, 사망

※ 지방 선거 출마를 위한 사임의 경우
- ■ 당해 자치단체가 아닌 다른 자치단체의 장 또는 지방의원 선거 입후보 시 선거일 전(前) 90일까지 사임

※ 국회의원 보궐선거 출마를 위한 사임의 경우
- ■ 당해 자치단체가 속한 지역구 선거 등록 시 선거일 전(前) 120일까지 사임
- ■ 당해 자치단체가 아닌 다른 지역구 선거 등록 시 선거일 전(前) 90일까지 사임

• 당연퇴직(지방자치법 제112조)
- 겸임할 수 없는 직에 취임한 때
- 피선거권이 없게 된 때(공직선거법 제19조)
- 지방자치단체의 폐지 · 분합에 따라 직을 상실할 때(지방자치법 제110조)

• 권한대행 기간
궐위 시점부터 새로 선출된 자치단체장의 임기개시일 전일까지

2. 공소제기 후 구금상태에 있는 경우

• 다음의 요건이 모두 충족되는 경우
- 공소(公訴)제기 : 검사의 공소장이 법원에 접수된 때
- 구금(拘禁)상태 : 피고인(被告人) 또는 피의자(被疑者)가 구치소 등에 수감된 사실적 상태

• 권한대행 기간
공소제기, 구금이 모두 충족되는 시점에 개시되며, 두 요건 중 하나의 요건이라도 소멸되는 시점에 종료됨
- 구금 후(구속수사) 공소제기 되는 경우 : 공소제기 시점부터 개시
- 공소제기 후 구금(법정구속, 재판 중 구금 등)되는 경우 : 구금 시점부터 개시

① 권한대행의 요건이 발생할 경우 부단체장이 권한을 대행하게 된다.

② 사임에 의한 권한대행 요건이 발생할 경우 사임 시점부터 권한대행이 개시된다.

③ 지방자치단체장은 공소제기 사실에 의해 권한대행이 개시되지는 않는다.

④ 당해 자치단체가 아닌 다른 지역구의 국회의원 보궐선거에 출마 등록할 경우에는 궐위로 간주하지 않는다.

⑤ A 시장이 6월 13일에 치러질 다른 자치단체장 지방선거에 입후보하기 위해 3월 8일 시장직에서 사임한 것은 적절하였다.

29. 다음은 공공기관 블라인드 채용에 관한 지침이다. 이를 근거로 판단할 때, 공공기관 응시 서류를 작성한 사례가 지침에 부합하는 것은?

〈공공기관 블라인드 채용 지침〉

□ 블라인드 채용의 의미
- 채용에서 평등하게 기회가 보장되고, 공정한 과정을 통해 누구나 당당하게 실력으로 경쟁할 기회를 보장받아야 함.
- 채용 과정(입사지원서 · 면접) 등에서 편견이 개입되어 불합리한 차별을 야기할 수 있는 출신지, 가족관계, 학력, 외모, 나이 등 항목을 걷어내고, 실력(직무능력)을 평가하여 인재를 채용하는 방식을 의미함.
  - ▲서류전형 : 無 서류전형(공무원), 블라인드 지원서(편견을 야기하는 항목 삭제)
  - ▲면접전형 : 블라인드 오디션, 블라인드 면접 등

□ 공공기관 블라인드 채용 의무화
- 편견이 개입되는 항목 삭제
  1. 입사지원서에 인적사항 요구 금지
     - 채용 시 입사지원서에 인적사항 요구를 원칙적으로 할 수 없음.

       ■ 인적사항은 출신 지역, 가족관계, 신체적 조건(키 · 체중, 용모〈사진부착 포함〉), 학 · 경력 등을 의미
       ■ 응시자가 자기소개서 등을 작성할 때 간접적으로 학교명, 가족관계 등이 드러나지 않도록 유의해야 함을 사전에 안내

     - 다만, 신체적 조건 · 학력은 채용 직무를 수행하는 데 있어 반드시 필요하다고 인정될 경우 예외로 함.
  2. 블라인드 면접 실시
     - 면접위원에게 응시자의 출신 지역 · 가족관계 · 학력 등 인적사항 정보 제공 금지, 면접위원은 응시자의 인적사항에 대한 질문 금지
     - 면접위원 대상으로 평등한 기회 · 공정한 과정을 위한 블라인드 채용에 대한 사전 교육 실시

□ 본인확인 및 증빙서류 관련 사항
- 공무원 채용과 같이 응시자 모두 서류전형 없이 필기시험을 보는 경우, 본인확인을 위해 입사지원서에 사진 요구 가능
  - ▲서류전형이 있는 경우, 서류전형 합격자를 대상으로 본인확인 용도를 위해 사진 요청 가능
- 사실 확인을 위해 정보를 수집하는 경우에는 이를 면접위원에게 제공하는 행위 금지

※ 입사지원서는 직무와 관련된 교육, 훈련, 자격, 경험 중심으로 구성

※ 추가로 입사지원서에 어학성적 등을 요구할 경우 직무수행상 필요한 이유를 채용공고 또는 직무 기술서에 명시

① A 씨는 블라인드 채용 지침을 이해하였으나, 기본 인적사항인 생년월일만은 반드시 기재해야 하는 것으로 판단하여 주민번호 앞 6자리를 응시 서류에 기재하였다.

② 평소 신체장애를 갖고 있던 B 씨는 신체상의 장애가 드러나지 않도록 특정 부위를 제외한 사진을 응시 서류에 부착하였다.

③ C 씨는 출신 학교명을 응시 서류에 기재하지는 않았으나, 우수 인재들이 모인 지역임을 나타내기 위하여 해당 지역명만을 응시 서류에 기재하였다.

④ 전기 기술자를 채용하기 위한 모집 공고를 본 D 씨는 전기기사 자격증을 보유하고 있지만 공정한 채용 절차를 준수하기 위하여 자격증 보유 사실을 응시 서류에 기재하지 않았다.

⑤ 경비직에 응시하려고 하는 E 씨는 유사시 대응에 대한 능력 정도를 표현하기 위하여 태권도와 유도 유단자임을 응시 서류에 기재하였다.

30. 다음은 D시에서 마련한 지역 내 공영주차장의 주차요금 관련 규정이다. 이에 대한 설명으로 올바르지 않은 것은?

〈요금 지급방식〉

차량번호 화상인식시스템을 도입하여 입 · 출차 차량에 대해 주차시간 및 요금을 자동으로 계산하며, 모든 주차 요금은 카드 결제만 가능함.

〈요금안내〉

구분			1회 주차요금(원)		1일 주차 요금(원)	월 정기주차요금(원)		
			최초 30분	이후 매 10분		주	야	주야
1급지	승용		500	200	6,000	60,000	50,000	85,000
	승합 및 화물	소형	500	200	6,000	60,000	50,000	85,000
		대형	1,000	400	12,000	90,000	80,000	130,000
2급지	승용		300	100	3,000	30,000	25,000	45,000
	승합 및 화물	소형	300	100	3,000	30,000	25,000	45,000
		대형	500	200	6,000	50,000	40,000	70,000

〈이용수칙〉

- 1급지는 도심지역 및 상업지역, 2급지는 외곽지역임.
- 자동차의 크기가 주차구획선 크기의 기준 이상일 경우에는 주차구획선 점유면수를 기준으로 요금을 계산함.
- 4 ~ 10월은 08:00 ~ 20:00, 11 ~ 3월은 09:00 ~ 19:00를 주간으로 하며, 나머지 시간은 야간으로 간주함.
- 소형과 대형 차량의 구분은 다음과 같음.

구분	승합차	화물차(특수차 포함)
소형	15인승 이하	총중량 1t 이하
대형	15인승 초과	총중량 1t 초과

〈요금 감면제도〉

구분	1급지	2급지
장애인/국가유공자/ 고엽제 후유증 환자	80% 감면	3시간 면제 후 80% 감면
승용차 요일제	-	30% 감면
경차/저공해 차량	50% 감면	
다둥이 행복카드 소지자	2자녀 30%, 3자녀 50% 감면	
5.18 민주유공 부상자	최초 1시간 면제 후 50% 감면	
성실납세자 차량	성실납세 표지 발행일 1년 간 주차요금 면제	

※ 2개 이상의 감면 사유에 해당 시, 감면율이 가장 높은 1개만 적용됨.

① 주차 요금은 1회보다 1일, 1일보다 1개월 정기권을 사는 게 더 경제적이다.

② 상업지역과 외곽지역은 주차 요금이 대부분 2배 정도의 차이가 난다.

③ 주차요금 감면율은 1급지보다 2급지가 더 높다.

④ 3자녀 다둥이 행복카드 소지자가 저공해 차량을 주차할 경우 감면 혜택이 추가된다.

⑤ 5.18 민주유공 부상자가 대형 승합차를 1급지에 8시간 주차하였다면 주차 요금은 8,000원이 넘는다.

31. 다음 행사장 대관 안내문에 대한 설명으로 올바르지 않은 것은?

〈10월 대관 안내〉

1. 대관 가능 공연장 : A 홀, B 홀, C 홀
2. 이용 가능 시간
   A 홀 : 오후 6 ~ 8시 / B 홀, C 홀 : 오후 3 ~ 6시
3. 계약금 및 계약체결
   - 대관승인 후 개별적으로 통보되는 계약금(기본대관료의 30%)은 지정일까지 납부하시고, 잔금 70%는 티켓 판매 전에 납부하셔야 합니다.
   - 지정일까지 계약금을 납부하신 단체(개인)는 계약을 할 수 있으며, 계약금 납부 후 3일 이내에 방문(도장, 사업자등록증 지참)하시어 계약서를 작성해 주시기 바랍니다.
4. 대관료 및 10월 예약 현황

구분	기본대관	공연 및 리허설 추가	비고
A 홀	660,000원(1일)	110,000원/시간	마이크, 악기 등 사용은 사전 담당자와 협의 요망
	1,320,000원(2일)	220,000원/시간	
B 홀	250,000원(1일)	41,600원/시간	
	500,000원(2일)	83,300원/시간	
C 홀	147,000원(1일)	24,500원/시간	

일	월	화	수	목	금	토
			1 A18, B15	2 C16, A18	3 C17	4 B15
5 A19	6 B15, A18	7 C16, A18	8 A18	9 C16	10 C17	11 B16, C15
12 A18, B16	13 B15, C17	14 A18	15 A19, B15	16 B15, C16	17 A18, C17	18 B17

※ 표기된 일자와 시간에는 타 단체 예약 완료로 사용 불가합니다. 예를 들어, 'A18'은 A홀 18시 예약을 의미합니다.

① 10월 첫째 주에서 셋째 주 중에 1회 2시간짜리 공연을 리허설 없이 오후 2회 계획하고 있으며, 총 대관료가 85만 원을 넘지 않게 이용하려고 할 경우, 공연 일정으로 적절한 날은 이틀이다.

② 티켓을 판매하는 날 이전까지 대관료가 100% 지불되어야 한다.

③ 기본대관료 대비 리허설 추가 비용이 가장 비싼 것은 A 홀 1일 대관의 경우이다.

④ 계약체결 과정은 계약금 지불 → 계약 → 잔금 지불의 순으로 진행된다.

⑤ 10월은 18일까지 3개 홀이 모두 예약되어 있는 날이 없다.

32. 다음 안내문을 참고할 때 개설기간 동안 본인이 희망하는 강좌를 모두 신청할 수 있는 사람은 누구인가? (단, 교육기관과 개인 일정이 겹치는 달에는 강좌를 수강하지 않는다)

〈개설 강좌 희망자 모집 안내문〉

사내 교육 프로그램 강좌를 아래와 같이 개설할 예정이니 신청 바랍니다.

		과정		정원	교육기간	비고
1	영어	A	기초반	30	8주	매월 1일 개강
		B	중급반	25	8주	매 짝수 달 1일 개강
		C	심화반	20	6주	매 홀수 달 1일 개강
2	컴퓨터	A	기초반	25	6주	매월 1일 개강
		B	중급반	20	6주	매 홀수 달 1일 개강
		C	심화반	20	6주	매 짝수 달 1일 개강
3	무역실무	A	기초반	25	4주	매월 1일 개강
		B	중급반	25	6주	매 홀수 달 1일 개강
		C	심화반	20	6주	매 홀수 달 1일 개강
4	법무실무	A	기초반	30	4주	매월 1일 개강
		B	중급반	25	6주	매 홀수 달 1일 개강
		C	심화반	25	4주	매 짝수 달 1일 개강

- 개설기간 : 20X8년 6월 ~ 20X8년 10월
- 6월 1일(화) 첫 강좌가 시작됩니다(홀수 달 개강 강좌는 7월 1일 개강).
- 강좌는 매일 19:00 ~ 21:00까지 진행됩니다.
- 1회에 1개의 강좌만 신청할 수 있습니다.

〈수강희망자〉

구분	희망 신청 과정	비고
갑	영어A, 법무실무B	7월 둘째 주 세미나 참석
을	컴퓨터B, 무역실무B	8월 첫째 주 여름휴가
병	영어C, 컴퓨터C	6월 10 ~ 15일 야근
정	무역실무A, 법무실무B	10월 15 ~ 25일 지방출장
무	영어B, 무역실무C	10월 3 ~ 5일 바이어 미팅

① 갑 ② 을 ③ 병

④ 정 ⑤ 무

[33 ~ 34] 다음은 A 공사의 출장 및 여비에 관한 규정이다. 이어지는 질문에 답하시오.

〈제2장 국내출장〉

제12조(국내출장신청) 국내출장 시에는 출장신청서를 작성하여 출장승인권자의 승인을 얻은 후, 부득이한 경우를 제외하고는 출발 24시간 전까지 출장담당부서에 제출하여야 한다.

제13조(국내여비) ① 철도여행에는 철도운임, 수로여행에는 선박운임, 항로여행에는 항공운임, 철도 이외의 육로여행에는 자동차운임을 지급하며, 운임의 지급은 별도 책정된 기준에 의한다. 다만, 전철구간에 있어서 철도운임 외에 전철요금이 따로 책정되어 있는 때에는 철도운임에 갈음하여 전철요금을 지급한다.

② 회사 소유의 교통수단을 이용하거나 요금지불이 필요 없는 경우에는 교통비를 지급하지 아니한다. 이 경우 유류대, 도로사용료, 주차료 등은 귀임 후 정산할 수 있다.

③ 직원의 항공여행은 일정 등을 고려하여 필요하다고 인정되는 경우로 부득이 항공편을 이용하여야 할 경우에는 출장신청 시 항공여행 사유를 명시하고 출장결과 보고서에 영수증을 첨부하여야 하며, 출장신청 후 출발 전 기상악화 등으로 항공편 이용이 불가한 경우 사후 그 사유를 명시하여야 한다.

④ 국내출장자의 일비 및 식비는 〈별표1〉에서 정하는 바에 따라 출발일과 도착일을 포함한 일수를 기준으로 정액 지급하고 숙박비는 상한액 범위 내에서 사후 실비로 정산한다. 다만, 업무형편, 그 밖에 부득이한 사유로 인하여 숙박비를 초과하여 지출한 때에는 숙박비 상한액의 10분의 3을 넘지 아니하는 범위에서 추가로 지급할 수 있다.

⑤ 일비는 출장일수에 따라 지급하되, 공용차량 또는 공용차량에 준하는 별도의 차량을 이용하거나 차량을 임차하여 사용하는 경우에는 일비의 2분의 1을 지급한다.

⑥ 친지 집 등에 숙박하거나 2인 이상이 공동으로 숙박하는 경우 출장자가 출장 이행 후 숙박비에 대한 정산을 신청하면 회계담당자는 숙박비를 지출하지 않은 인원에 대해 1일 숙박당 20,000원을 지급 할 수 있다. 단, 출장자의 출장에 대한 증빙은 첨부하여야 한다.

제14조(장기체재) ① 동일지역에 장기간 체재하는 경우에 일비는 도착 다음날로부터 기산하여 15일 초과 시는 그 초과일수에 대하여 1할을, 30일 초과 시는 그 초과 일수에 대하여 2할을, 60일 이상 초과 시는 그 초과일수에 대하여 3할을 각각 감액한다.

② 제1항의 경우에 장기체재기간 중 일시 다른 지역에 업무상 출장하는 경우에는 장기체재 계획서에 출장 내역을 포함시켜야 하며, 그 출장기간을 장기체재기간에서 공제하고 잔여 체재기간을 계산한다.

제15조(국내파견자의 여비) 업무수행을 목적으로 회사 및 회사 사무소 외 지역 또는 유관기관에 파견근무를 하는 직원의 여비는 파견승인 시 승인권자의 결재를 받아 지급할 수 있다. 다만, 파견지에서 여비조로 실비를 지급하거나 숙박시설을 제공하는 경우에는 이에 상당하는 금액을 차감 지급한다.

〈별표1〉

구분	일비/일	식비/일	숙박비 상한액/박
임원	50,000원	30,000원	60,000원
부장~차장	40,000원	25,000원	50,000원
과장~사원	35,000원	25,000원	40,000원

33. 다음 중 위의 규정에 대한 설명으로 올바르지 않은 것은?

① 출장지까지의 철도요금이 25,000원일 경우, 전철요금이 18,000원으로 책정되어 있다면 철도운임 25,000원의 여비를 신청해야 한다.

② 출장자가 친지, 친구 등의 집에 머무르게 되어 숙박비를 지불하지 않은 경우에도 일정 금액은 숙박비로 지급될 수 있다.

③ 출장지 도착 다음날부터 한 곳에서만 35일간 장기 출장을 하게 될 L 차장은 총 130만 원의 일비를 지급받게 된다.

④ T 과장은 출장 시 부득이한 사유로 숙소 예약에 차질이 생겨 하루 숙박비가 60,000원인 숙소를 이용하게 될 경우 1박당 8,000원의 숙박비를 자비로 부담하게 된다.

⑤ 회사 차량을 이용하여 국내 출장을 1박 2일로 다녀오게 될 경우, 별도의 교통비는 지급받지 않으나 출장지에서 발생한 주차비는 회사에 청구하여 지급받을 수 있다.

34. 다음과 같은 출장의 경우, 출장자들에게 지급되는 일비의 총액은 얼마인가?

> – 출장 인원 : A 본부장, B 부장, C 대리
> – 출장 기간 : 2박 3일
> – 출장지 지사 차량으로 전 일정 이동한다.

① 180,000원　② 185,000원　③ 187,500원
④ 188,000원　⑤ 189,500원

[35 ~ 36] 다음 자료를 보고 이어지는 질문에 답하시오.

〈입장료 안내〉

좌석명	입장권가격		K 팀 성인회원		K 팀 어린이회원	
	주중	주말/공휴일	주중	주말/공휴일	주중	주말/공휴일
프리미엄석	70,000원					
테이블석	40,000원					
블루석	12,000원	15,000원	10,000원	13,000원	6,000원	7,500원
레드석	10,000원	12,000원	8,000원	10,000원	5,000원	6,000원
옐로우석	9,000원	10,000원	7,000원	8,000원	4,500원	5,000원
그린석(외야)	7,000원	8,000원	5,000원	6,000원	무료입장	

〈S 카드 할인〉

구분	할인내용	비고
K 팀 S 카드	3,000원/장 할인	청구 시 할인(카드계산서 청구 시 반영)
K 팀 L 카드	3,000원/장 할인	결제 시 할인
S 카드	2,000원/장 할인	청구 시 할인(카드계산서 청구 시 반영)
L 카드	2,000원/장 할인	결제 시 할인

1. 주말 가격은 금/토/일 및 공휴일 경기에 적용됩니다(임시 공휴일 포함).
2. 어린이 회원은 만 15세 이하이며, 본인에 한해 할인이 적용됩니다(매표소에서 회원카드 제시).
3. 국가유공자, 장애우, 경로우대자(65세 이상)는 국가유공자증, 복지카드 및 신분증 제시 후 본인에 한하여 외야석 50% 할인됩니다. On-line 인증 문제로 예매 시에는 혜택이 제공되지 않습니다.
4. 우천 취소 시 예매 및 카드구입은 자동 결제 취소되며, 현장 현금 구매분은 매표소에서 환불받으실 수 있습니다.
5. 보호자 동반 미취학 아동(7세 이하)은 무료입장이 가능하나, 좌석은 제공되지 않습니다.
6. 암표 구입 시 입장이 제한됩니다.

※ 올 시즌 변경사항(취소수수료 청구)
다양한 회원들의 관람을 위해 금년부터 예매 익일 취소할 경우 결제금액의 10%에 해당하는 취소수수료가 청구됩니다(최소 취소수수료 1,000원 청구).
단, 예매일과 취소일이 같을 경우 취소수수료는 청구되지 않습니다.

35. 다음 중 제시된 안내 사항에 대한 판단으로 올바르지 않은 것은?

① 내일 경기 관람을 위해 오늘 예매한 입장권을 수수료 없이 취소하려면 오늘 중에 취소해야 하는 거구나.

② 여보, 우리 애는 5살이니까 당신이 데려가면 무료입장도 가능하네요. 외야 자리만 가능하다니까 그린석으로 표 얼른 예매하세요.

③ 다음 주 월요일이 공휴일이니까 연속 4일간 주말 요금이 적용되겠구나.

④ 난 K 팀 L 카드가 있는 성인회원이니까, 주중에 레드석에서 관람하려면 5,000원밖에 안 들겠구나.

⑤ K 팀 성인회원은 블루석 이하는 언제 가든 일반 입장권보다 2,000원이 싼 가격이네.

36. 김 과장은 여름 휴가철을 맞아 아이들과 함께 평소 좋아하던 K 팀의 야구 경기를 보러 가려 한다. 다음 인원이 함께 야구 관람을 할 경우, 카드 결제를 해야 할 전 인원의 총 입장료 지불 금액은 얼마인가?

- 관람일 15일 금요일, 전원 블루석에서 관람 예정
- 김 과장(K 팀 성인회원), 김 과장 아내(비회원), 김 과장 아버지(72세, 비회원)
- 큰 아들(18세, 비회원), 작은 아들(14세, K 팀 어린이 회원)
- 작은 아들 친구 2명(K 팀 어린이 회원)
- 김 과장의 가족 5인은 김 과장이 K 팀 L 카드로 결제하며, 작은 아들의 친구 2명은 각각 S 카드로 결제함.

① 58,500원 ② 60,000원 ③ 61,500원

④ 63,000원 ⑤ 65,500원

37. 다음은 R 센터 대관료 안내문이다. 이에 대한 설명으로 올바르지 않은 것은?

〈기본시설 사용료〉

시설별	구분	단위	사용료
대공연장	예술/음악 공연	1회	400,000원
	일반 행사		450,000원
	영화 상영		250,000원
	흥행성 공연		1,000,000원
소강당	일반		50,000원
	예식(결혼식)		30,000원
야외공연장	공통		30,000원
전시실	공통	1일	50,000원

〈기타 사항〉

▲ 본 사용료에는 기본적인 무대음향 · 무대조명, 냉 · 난방시설 사용료를 포함한다.

▲ 1회란 당해 공연 · 행사 · 영화의 횟수를 말하며, 1회 3시간을 기준으로 한다. 점심시간(12:00 ~ 13:00), 저녁시간(18:00 ~ 19:00)은 사용 시간에서 제외한다.

▲ 초과사용료 가산
- 30분 이상 1시간 미만 초과사용 시 : 사용료의 20% 가산
- 1시간 이상 2시간 미만 초과사용 시 : 사용료의 50% 가산
- 2시간 이상 초과사용 시 : 1회 사용료 전액

▲ 공연연습 · 무대설치 및 행사준비 등을 위한 사용료는 기본시설 사용료 및 부대시설 사용료의 100분의 50으로 한다.

▲ 토 · 일요일 및 공휴일의 사용료는 기본 사용료의 20%를 가산한다.

▲ 흥행성 공연이란 오락적인 쇼, 대중가수 콘서트, 기타 이와 유사한 것을 말한다.

〈부대시설 사용료〉

<table>
<tr><th colspan="3">설비명</th><th>단위</th><th>사용료</th></tr>
<tr><td colspan="3">피아노</td><td rowspan="9">1회</td><td>30,000원</td></tr>
<tr><td rowspan="2">무대시설</td><td colspan="2">오케스트라 비트</td><td>20,000원</td></tr>
<tr><td colspan="2">이동무대</td><td>20,000원</td></tr>
<tr><td rowspan="3">영사시설</td><td colspan="2">영사기</td><td>30,000원</td></tr>
<tr><td rowspan="2">LCD 프로젝트</td><td>대공연장</td><td>30,000원</td></tr>
<tr><td>소강당</td><td>20,000원</td></tr>
<tr><td rowspan="2">특수장비</td><td colspan="2">드라이아이스기</td><td>10,000원</td></tr>
<tr><td colspan="2">스모그기</td><td>10,000원</td></tr>
</table>

※ 기기 운영에 별도의 운영인력과 재료가 필요한 시설의 사용에 소요되는 운영인력 및 재료비는 사용자가 부담하여야 한다.

① 기본시설 사용료는 사용시간뿐 아니라 사용하는 공연이나 행사의 내용에 따라서도 달라진다.

② 오후 4시부터 예술 공연을 위해 대관을 하여 오후 8시까지 사용하게 되면 400,000원의 기본시설 사용료를 지불해야 한다.

③ 주말에 무대설치 등의 행사준비 시간까지 포함하여 대중가수 초청 콘서트를 열기 위해서는 기본시설 사용료로 1,700,000원을 지불해야 한다.

④ 피아노 조율이나 드라이아이스기를 다루는 운영인력의 비용은 부대시설 사용료에 포함되어 있다.

⑤ 금요일 오후 4시부터 식사시간 포함 4시간짜리 사내 음악 밴드 공연을 하며 스모그와 드라이아이스로 무대 장치를 계획하고 있다면 총 420,000원의 사용료를 지불해야 한다.

[38 ~ 39] 다음 자료를 보고 이어지는 질문에 답하시오.

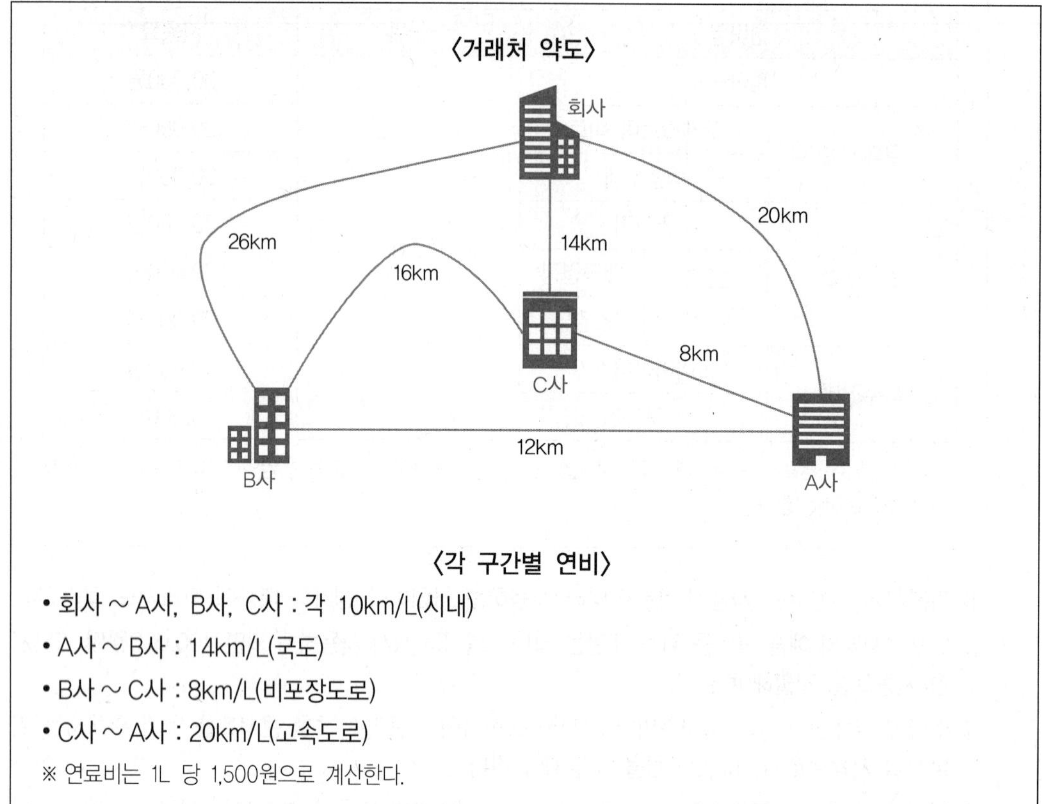

〈각 구간별 연비〉

- 회사 ~ A사, B사, C사 : 각 10km/L(시내)
- A사 ~ B사 : 14km/L(국도)
- B사 ~ C사 : 8km/L(비포장도로)
- C사 ~ A사 : 20km/L(고속도로)

※ 연료비는 1L 당 1,500원으로 계산한다.

38. 최 대리는 오늘 외출을 하여 A, B, C 거래처를 방문해야 한다. 세 곳의 거래처를 모두 방문하고 마지막 방문지에서 바로 퇴근을 할 예정이지만 서류 전달을 위해 중간에 한 번은 다시 회사로 돌아왔다 가야 한다. A사를 가장 먼저 방문할 경우 최 대리의 모든 거래처 방문이 완료되는 최단 거리 이동 경로는 몇 km인가?

① 58km ② 60km ③ 64km
④ 68km ⑤ 70km

39. 38번과 같은 거래처 방문 조건하에서 최장 거리 이동 경로와 최단 거리 이동 경로의 총 사용 연료비 차액은 얼마인가?

① 3,000원 ② 3,150원 ③ 3,300원
④ 3,400원 ⑤ 3,500원

40. △△연구소는 대학 내 실태조사 연구를 수행하고자 한국 대학교와 협약을 맺었다. △△연구소 연구원 갑이 연구책임자 을 과장의 메일 내용을 반영하여 작성한 연구원과 연구보조원의 인건비 조율안으로 적절한 것은?

〈기존 조사 대상 및 답례품〉

구분		조사 대상(명)	답례품
내부인	내국인 학부생	3,000	1인당 1,500원 상당의 모바일상품권
	외국인 학부생	100	
	대학원 재학생	100	
외부인	학부모	100	1인당 2,000원 상당의 모바일상품권
	졸업생	100	
	산업체 담당자	100	

〈기존 예산 산출내역서〉

항목			단가 (천 원)	수 (명/부)	항목별 예산 (천 원)
인건비	책임연구원		4,100	1	10,400
	연구원		1,800	2	
	연구보조원		900	3	
답례품	내부인	내국인 학부생	1.5	3,000	5,400
		외국인 학부생		100	
		대학원 재학생		100	
	외부인	학부모	2	100	
		졸업생		100	
		산업체		100	
보고서 인쇄비	전체 보고서		18.2	250	5,350
	학과별 보고서		4	200	
계					21,150

〈을 과장의 메일〉

갑 연구원, 한국 대학교 협약 내용에 몇 가지 변경사항이 있어 메일 드립니다. 기존 예산 산출내역서에서 책임연구원을 제외한 참여인원의 인건비 조정이 필요합니다. 다음 변경사항을 반영하여 연구원과 연구보조원의 인건비 증감 비율을 산출해 주시기 바랍니다. 단, 기존 예산 총액은 변동이 불가하다는 점과 인건비 증감비율은 5% 단위로 해야 한다는 연구비 지급 규정을 고려하여 조율해 주시기 바랍니다.

※ 변경사항

- 외국인 학부생 및 대학원 재학생의 표본 수 : 각 300명
- 산업체 답례품 단가 : 10,000원
- 전체 보고서 부수 : 225부

	연구원	연구보조원		연구원	연구보조원
①	10% 감액	5% 감액	②	10% 증액	5% 증액
③	15% 감액	15% 감액	④	15% 증액	20% 증액
⑤	15% 감액	20% 감액			

41. 다음 글에 대한 설명으로 올바르지 않은 것은?

> 1970년대 중후반은 가정용 홈 비디오의 시대가 본격 태동하는 시기였다. 그리고 이때를 즈음해 등장한 것이 일본 빅터(JVC)의 VHS 규격 비디오테이프 시스템, 그리고 소니의 베타맥스(Betamax) 비디오테이프 시스템이었다. 양사는 치열한 경쟁을 벌이며 홈 비디오 업계의 표준을 노렸다. 시작은 베타맥스가 더 좋았다. 1년 먼저 출시된 베타맥스는 VHS에 비해 화질이 우수했으며, 테이프 카세트의 크기도 작아 휴대도 간편했다. 하지만 몇 가지 단점이 있었다. 베타맥스 테이프의 최대 녹화시간은 100분 정도로 짧은 편이라 영화 한 편을 온전하게 담지 못하는 경우가 많았다. 반면 VHS의 경우, 화질이나 휴대성 면에서는 한 수 아래였지만 테이프당 최대 녹화시간이 160분으로 길어 대부분의 영화를 담는 데 문제가 없었다. 결정적으로, 베타맥스 규격을 이용한 콘텐츠를 출시하려면 소니의 품질 정책을 준수해야 했는데, 그중에는 지나치게 폭력적이거나 외설적인 콘텐츠를 제약하는 내용도 포함되었다. 반면, VHS에는 그런 제약이 없어 콘텐츠 제작사들의 환영을 받았다. 시간이 지남에 따라 VHS 진영은 콘텐츠 규모 면에서 베타맥스 진영을 압도하기 시작했고 결국 1988년, 소니는 사실상 베타맥스를 포기한다는 선언을 하게 된다.
>
> VHS는 비디오 홈 시스템(Video Home System)의 줄임말이다. 빅터가 개발한 이 가정용 아날로그 VTR은 결국 베타맥스와의 경쟁에서 승리해 가정용 비디오 기기의 중심이 VCD와 DVD 플레이어로 전환되기까지 약 30년에 달하는 오랜 기간에 걸쳐서 가정용 VTR 시장을 지배했다. VHS는 $\frac{1}{2}$인치 마그네틱테이프를 사용하고 컴포지트 비디오(Composite Video) 방식으로 기록 및 재생하며 320×240 수준의 해상력을 보여 준다. S－VHS는 VHS의 개량형으로 Super VHS의 줄임말이다. S－Video(Separated Video)와 유사한 기술적 특성에 같은 S를 사용하지만 서로 다른 단어를 사용한다. 밝기 신호(Y)와 색차 신호(C)를 모두 하나의 신호로 합친 컴포지트 비디오를 사용하는 VHS와 달리 S－VHS는 Y와 C를 분리해 저장 및 전송하는 특징 덕분에 640×480 수준의 해상력을 가지고 있다. S－VHS 플레이어는 VHS 테이프를 재생할 수 있는 하위 호환성을 갖추고 있어 일반 VHS의 재생도 가능하다.

① 품질과 시장 선점이라는 측면에서 베타맥스는 VHS보다 우수한 점을 보였다.

② 폭력적이거나 외설적인 콘텐츠의 제작자들은 VHS의 경쟁 승리에 기여한 바가 적지 않다.

③ 1970 ~ 1980년대 일반 영화의 상영 시간이 짧았다면 VHS와 베타맥스의 경쟁 결과는 달라졌을 것이다.

④ VHS는 출시 시점부터 여러 가지 장점으로 인해 베타맥스와의 경쟁에서 승리할 것이 예상되었다.

⑤ VHS는 S－VHS를 출시하며 보다 뛰어난 화질의 비디오테이프를 선보이기도 하였다.

42. 다음 글을 참고할 때, 데이터 마이닝과 텍스트 마이닝에 대한 설명으로 올바르지 않은 것은?

데이터 마이닝(Data Mining)은 대량의 데이터에서 유용한 정보를 추출하는 것으로, 데이터 양의 증가를 계기로 발달하였다. 데이터 마이닝을 할 때는 다양한 통계적 기법, 수학적 기법과 인공지능을 활용한 패턴인식 기술 등을 이용하여 데이터 속에서 유의미한 관계, 패턴 등에 대한 규칙을 발견한 충분한 데이터와 계산능력을 갖춘 데이터 마이닝의 응용분야에서는 기존의 고전적인 통계학의 핵심원리가 적용되지 않아 의미 있는 패턴과 규칙의 발견을 위한 방법인 데이터 마이닝이 고안되었다고 볼 수 있다.

데이터 마이닝은 매우 다양한 분야에서 활용되고 있는데, 그 예를 들면 다음과 같다. 군사 분야에서는 미사일 탄도의 궤도에 영향을 주는 요인들을 분석하여 요인들의 변화에 따라 어떻게 탄도에 영향을 줄 수 있는가를 알아내고자 할 때 사용된다. 국가정보기관은 엄청난 양으로 도청되는 통신들 가운데 특히 중요성이 높은 통신을 찾아내기 위해, 보안전문가들은 패킷별로 네트워크에 위협요인이 있는지를 판단하기 위해 데이터 마이닝을 사용한다. 데이터 마이닝은 인터넷 쇼핑몰의 상품추천 시스템 등에서 고객들의 소비패턴이나 성향을 분석하여 그들에게 적합한 상품을 추천하는 데 사용된다. 또한, 미국 대통령의 재선을 위해서 다양한 방법들이 사용되었다. 그 대표적인 사례로는 오바마 대통령에 대한 선거운동의 수치화, 유권자들의 분류와 그에 따른 접근 방식 등에 대한 결정 등이 있다.

한편, 자연어 처리 기반 시스템으로 언어학, 통계학, 기계 학습 등을 기반으로 한 자연언어 처리 기술을 활용하여 반정형/비정형 텍스트 데이터를 정형화하고, 특징을 추출하기 위한 기술과 추출된 특징으로부터 의미 있는 정보를 발견할 수 있도록 하는 것을 텍스트 마이닝(Text Mining) 기술이라고 한다. 텍스트 마이닝의 기반 기술로는 대용량 텍스트 데이터를 저장하고 처리하는 빅데이터 기술과 텍스트 데이터 구조를 분석하고 포함된 정보를 통계 처리가 가능한 형태로 변환하는 자연어 처리 기술이 있다. 이를 바탕으로 데이터 안에서 단어의 출현 빈도를 파악하는 단어 빈도 분석(Frequency Analysis), 유사한 단어 또는 비슷한 성격의 단어들을 묶어 주는 군집 분석(Cluster Analysis), 단어에 나타난 긍정 혹은 부정 등의 감정적 요소를 추출하여 그 정도를 판별하는 감성 분석(Sentiment Analysis) 그리고 서로 다른 단어가 동시에 나타날 확률에 기초하여 단어 간 연관성을 추출하는 연관 분석(Association Analysis) 등의 통계적 방법들이 사용된다.

① 데이터 마이닝은 데이터 증가를 계기로 발달한 기술이다.

② 수많은 코로나 검사 비용 및 검사 시간에 대한 자료를 분석하여 특정 의료장비의 정확도와 검사 시간에 대한 정보를 구축하는 것은 텍스트 마이닝의 대표적인 적용 사례이다.

③ 데이터 마이닝이 구조화되고 사실적인 방대한 데이터베이스에서 관심 있는 패턴을 찾아내는 기술 분야라면, 텍스트 마이닝은 텍스트를 분석하고 구조화하여 의미를 찾아내는 기술 분야다.

④ 중요한 문서 파일이 스팸 메일로 자동 분류되어 스팸함에 보관되어 있는 현상은 텍스트 마이닝 기술로 보완해야 할 점이라고 할 수 있다.

⑤ '기저귀를 많이 사는 아버지들이 맥주를 많이 산다.'와 같은 정보가 도출되었다면 이는 일정한 패턴에 의한 규칙이 생성된 결과이다.

43. MS Powerpoint를 활용하여 다음과 같은 회사 조직도를 작성하였다. 조직도 작성에 대한 설명으로 올바르지 않은 것은?

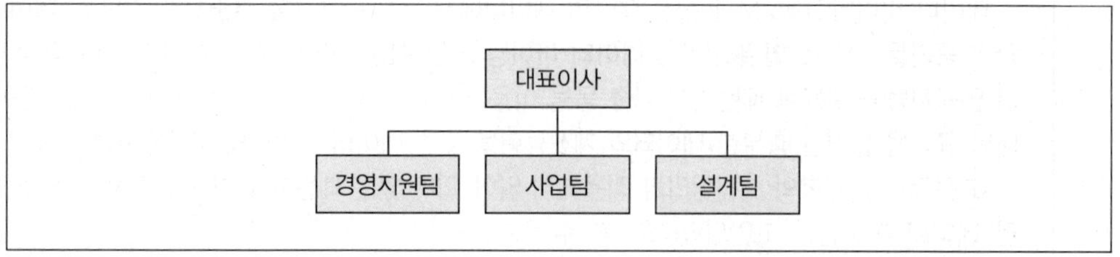

① 조직도는 [삽입] 탭의 [SmartArt]를 선택하여 만들 수 있다.

② 각 조직 단위의 배경색을 조직별로 다르게 지정할 수 있다.

③ 사업팀 산하 조직이었던 설계팀이 위와 같이 변경되었다면, '수준 올리기' 기능을 통해 적용할 수 있다.

④ 서열을 그대로 유지한 채 조직도의 형태를 바꾸고자 할 경우, '조직도 레이아웃'을 누른다.

⑤ 대표이사와 아래의 팀들 사이에 직할 조직인 비서실을 추가하고 싶을 경우, 대표이사를 선택한 후 '아래에 도형 추가'를 누른다.

44. 아래한글을 이용하여 다음과 같은 자료를 작성하였다. 상위 5개국의 설비용량과 발전량의 총 합계를 구하기 위해 계산식을 입력하고자 한다. 이에 대한 설명으로 올바르지 않은 것은?

국가명	설비용량 순위	설비용량 (천 kW)	발전량 (GWh)
미국	1위	845,312	3,743,010
중국	2위	298,768	1,233,141
일본	3위	253,544	1,066,130
러시아	4위	214,300	846,000
프랑스	5위	122,377	494,008
합계	-	(　　)	(　　)

① 계산식을 입력할 위치에서 Ctrl+N+F를 누른다.

② 설비용량의 합계는 계산식 란에 '=SUM(C2:C6)'을 입력하여 구한다.

③ 발전량의 합계는 계산식 란에 '=D2+D3+D4+D5+D6'을 입력하여 구한다.

④ 설비용량과 발전량의 합계 모두 계산식 란에 '=ABOVE'를 입력하여 구한다.

⑤ 합계 결과에 대하여 세 자리마다 쉼표로 자리를 구분할 수 있다.

45. 다음 글의 빈칸 ㉠, ㉡에 들어갈 말이 순서대로 올바르게 짝지어진 것은?

> 피싱(Phishing)은 개인정보(Private Data)와 낚시(Fishing)의 합성어로 금융기관을 위장한 E-mail을 발송하여 첨부파일이나 E-mail에서 안내하는 인터넷주소를 클릭하도록 하여 가짜 은행사이트로 접속을 유도하고 보안강화 구실로 보안카드번호 입력을 요구해서 금융 정보를 탈취해 범행계좌로 이체하는 범죄유형이다. 피싱 사기 피해를 예방하려면 이체용 보안카드 코드표보다 OTP(일회성 비밀번호 생성기)를 사용하고, 금융기관 주소와 다른 주소로 발송된 E-mail은 즉시 삭제하며, E-mail에 첨부된 파일의 확장자가 '.exe, .bat, .scr' 등의 압축파일이면 절대 클릭하지 말고 삭제하도록 한다. 또한 보안카드번호 전부를 절대 입력하지 말고 사이트 주소의 정상 여부를 확인해야 한다.
>
> 피싱에 이어 등장한 새로운 인터넷 사기 수법으로 피싱보다 한 단계 진화한 범죄유형이 (㉠)이다. 피싱은 사용자로 하여금 가짜 금융 거래사이트로 접속하도록 유도한 뒤 개인정보를 빼내는 방식인데 비하여, 이것은 금융 사이트의 도메인 자체를 중간에서 탈취하는 수법으로 사용자가 도메인 주소나 URL 주소를 주의 깊게 살펴본다 하더라도 속을 수밖에 없다. 아무런 의심 없이 접속하여 개인 아이디(ID)와 암호, 금융 정보 등을 쉽게 노출시킴으로써 피싱 방식보다 심각한 피해를 당할 수 있다.
>
> 또한 (㉡)이란 피싱이 진화하여 변형된 형태로 스마트폰에서 QR 코드를 스캐닝하면 악성 애플리케이션이 다운로드 되도록 유도해 스마트폰을 감염시켜 금융사기, 휴대폰 소액결제 등으로 피해를 입히는 범죄 유형이다. 이러한 사기 피해를 예방하려면 출처가 확인되지 않은 QR 코드는 스캔하지 말고 알 수 없는 출처의 애플리케이션이 동의 없이 설치되지 않도록 스마트폰의 보안설정을 강화해야 한다. 또한 악성 애플리케이션을 감지하고 차단시키는 백신 애플리케이션을 스마트폰에 설치해 두어야 한다.

① 파밍, 큐싱　② 파밍, 스미싱　③ 스니핑, 큐싱
④ 스니핑, 파밍　⑤ 스니핑, 스푸핑

46. 각 업체가 공급한 A, B, C 3개의 품명에 대하여 1차와 2차 두 번의 전압 테스트를 거친 테스트 점수를 참고해서 점수가 높은 값을 기준으로 다음과 같이 정리하였다. [F3]셀에 수식을 입력하여 아래로 드래그 하였을 경우, [F3]셀에 들어갈 수 있는 함수식을 〈보기〉에서 모두 고른 것은?

	A	B	C	D	E	F
1	품명	전압 테스트(점)		공급업체		
2		1차	2차			
3	A	92	95	대한상사		A95대한상사
4	B	93	90	갑을물산		B93갑을물산
5	C	92	88	한국전자		C92한국전자

보기

(가) =CONCATENATE(A3,IF(B3〉C3,B3,C3),D3)
(나) =CONCATENATE(A3,IF(B3〉C3,C3,B3),D3)
(다) =CONCATENATE(A3,IF(B3〈C3,C3,B3),D3)

① (가)　② (가), (나)　③ (가), (다)
④ (나), (다)　⑤ (가), (나), (다)

47. 다음과 같은 엑셀 함수를 시행할 때, [E2]셀과 [E3]셀에 들어갈 값으로 적절한 것은?

	A	B	C	D	E
1					
2		23	참외		=COUNT(B2:C7)
3		45			=COUNTA(B2:C7)
4		수박			
5			apple		
6		34			
7			orange		
8					

	[E2]	[E3]
①	3	7
②	3	5
③	5	7
④	5	5
⑤	7	3

48. 이 사원은 올해 상반기 영업실적 파악을 위해 엑셀을 사용하여 다음과 같이 표를 만들었다. 이에 대한 설명으로 적절하지 않은 것은?

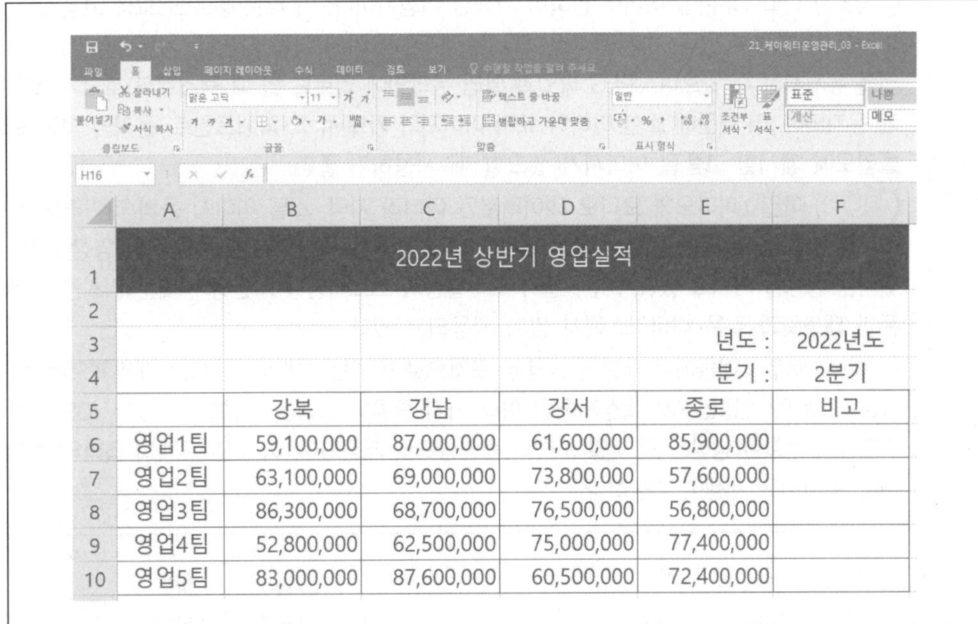

	A	B	C	D	E	F
1	2022년 상반기 영업실적					
2						
3					년도 :	2022년도
4					분기 :	2분기
5		강북	강남	강서	종로	비고
6	영업1팀	59,100,000	87,000,000	61,600,000	85,900,000	
7	영업2팀	63,100,000	69,000,000	73,800,000	57,600,000	
8	영업3팀	86,300,000	68,700,000	76,500,000	56,800,000	
9	영업4팀	52,800,000	62,500,000	75,000,000	77,400,000	
10	영업5팀	83,000,000	87,600,000	60,500,000	72,400,000	

① 제목의 글자가 표의 정중앙에 오게 하려면 [A1]부터 [F1]까지 선택 후 '병합하고 가운데 정렬' 기능을 사용한다.

② [A6:A10]의 내용은 [A6]을 입력하고 우클릭 상태로 [A10]까지 채우기 핸들을 드래그한 후 '빠른 채우기'를 수행하면 된다.

③ 위의 그림과 같이 제목을 강조하기 위해서는 해당 색으로 '색 채우기'를 하고 글자색을 흰색으로 변경해 주거나 '스타일' 기능을 통해 강조색을 입히면 된다.

④ 영업실적을 숫자로 표현하는 경우, 1,000단위 구분기호를 사용하기 위해 '셀 서식－표시형식－숫자－단위구분기호'를 사용하는 상자에 클릭하거나 간단히 상단 바의 표시형식 중 '쉼표'를 선택한다.

⑤ 지역과 비고를 적은 글자가 셀의 정중앙에 오게 하려면 [B5]부터 [F5]까지 선택 후 '가운데 맞춤'을 선택한다.

49. 파일 종류에 대한 다음 설명을 참고할 때, 빈칸 ㉠ ~ ㉢에 들어갈 말을 바르게 짝지은 것은?

> (㉠) 파일 : 무손실 데이터 압축이 가능한 확장자이다. 이 때문에 JPEG보다 고품질의 이미지를 생성할 수 있다. 하지만 파일 크기는 JPEG에 비해 더욱 커진다. 원본 이미지의 퀄리티를 유지시킬 수 있으며, JPEG 파일과 달리 온라인에 업로드 할 때 텍스트와 로고가 선명하게 유지되며, 이 때문에 소셜 미디어 표지 이미지와 카드 뉴스, 파워포인트, 온라인 사진 포트폴리오에 게시할 고품질 이미지가 필요할 때 사용하기 좋다.
> (㉡) 파일 : 비디오와 오디오 데이터뿐만 아니라 자막, 스틸 이미지 등의 데이터를 저장하는데 사용할 수 있는 동영상 확장자이며, 비교적 작은 용량으로 좋은 품질의 영상을 볼 수 있다는 장점을 가지고 있다. 또한, 웹과 모바일상의 스트리밍을 지원하기 때문에 최근 스마트폰과 태블릿과 같은 디바이스에서 많이 사용되고 있다.
> (㉢) 파일 : 애플에서 개발한 동영상 포맷으로 원래는 매킨토시용으로 개발했으며, 마이크로소프트가 개발한 AVI 확장자처럼 여러 가지 종류의 코덱을 사용할 수 있다. iOS 계열의 기기에서 녹화한 영상은 이 파일 포맷의 동영상으로 저장되며, 이 파일은 맥의 퀵타임 플레이어를 통해서도 재생이 가능하다.

	㉠	㉡	㉢
①	PNG	MP4	MOV
②	AVI	MP3	MOV
③	AVI	PNG	JPG
④	PNG	AVI	MP4
⑤	PNG	JPG	MP4

50. 다음 그림의 경로와 같이 PC 감염을 일으키는 방식을 의미하는 용어는?

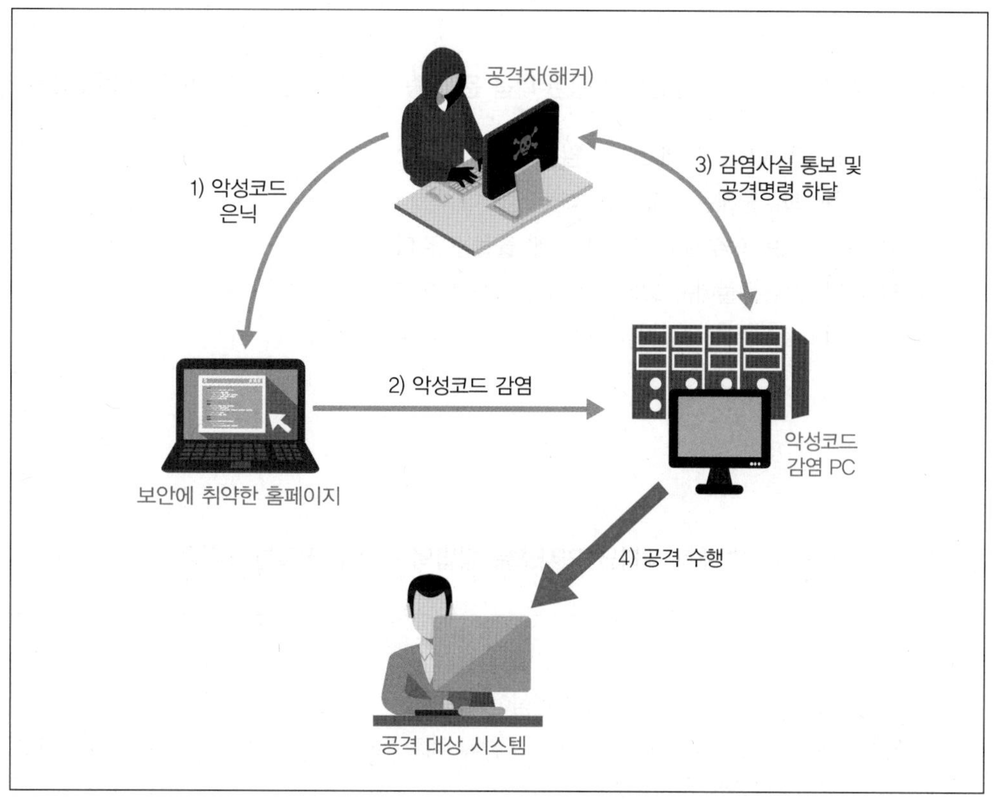

① 피싱(Phishing)　　② 스푸핑(Spoofing)　　③ 스니핑(Sniffing)
④ 백 도어(Back Door)　　⑤ 디도스(DDoS)

직업기초 4회

기출예상문제

시험시간	60분
문항수	50문항

▸ 정답과 해설 40쪽

01. ○○공사에 근무하는 사원들이 작성한 다음 문장 중 띄어쓰기가 원칙과 허용에 어긋나는 것은?

① 홍 사원 : 몇 번 정도 해보니까 알겠다.

② 전 사원 : 과수원에는 사과, 귤, 배들이 있다.

③ 윤 사원 : 나는 아무래도 포기하는 게 좋을거 같다.

④ 임 사원 : 포유동물에는 고래, 캥거루, 사자 등이 있다.

⑤ 지 사원 : 보란 듯이 성공해서 부모님의 은혜에 보답하겠다.

02. 다음 두 사람의 대화에서 나타난 의사소통 방법의 문제로 적절한 것은?

> 민수 : 정호야, 너 이번에 개봉한 그 영화 봤어?
> 정호 : 아니, 나는 그 영화에 별로 관심이 없…….
> 민수 : 내용이 엄청 탄탄하고 좋더라. 그런데 내가 기대한 액션 장면은 조금 실망스러웠어. 생각보다 화려하지 않더라고.
> 정호 : 그랬구나. 나는 그 영화 말고 다음 달에 개봉하는 영화를 보려고 했어.
> 민수 : 그런데 그 영화에 나오는 배우가 생각보다 연기를 못하더라고. 연기력으로 극찬을 받았길래 기대했는데.
> 정호 : 그래? 나는 그 배우가 출연했던 다른 영화를 보고 꽤 잘한다고 생각했는데.
> 민수 : 아, 그래도 마지막 장면은 정말 마음에 들었어. 연출이 색다른 방식이었거든.

① 상대방의 반응을 고려하지 않고 일방적으로 말하고 있다.

② 상대방의 반응을 먼저 예측하고 대화를 주도하고 있다.

③ 상대방의 말에 관심을 보이지 않으며, 적극적인 반응을 보이지 않고 있다.

④ 상대방의 능력을 고려하지 않고 대화를 이어가고 있다.

⑤ 상대방의 결점을 지적하며 대화의 내용을 통제하고 있다.

03. 다음 글에서 알 수 있는 내용으로 적절한 것을 〈보기〉에서 모두 고르면?

그동안 천연가스 연료를 둘러싸고 세계적으로 형성되어 온 우호적 여론이 변화하는 분위기가 감지되고 있다. 석탄 및 석유 대비 친환경적 연료로 부각되어 온 천연가스도 결국 화석연료라는 태생적 한계 때문에 비롯된 것으로 이해된다. 무엇보다 최근에는 화석연료 사용에 대한 반감과 우려가 기후변화 가속화 논의와 맞물려 고조되면서 천연가스 개발 및 보급 사업을 자금 공여 대상에서 제외하는 해외 대형 금융기관들이 속속 등장한다는 사실에 주목할 필요가 있다.

또한, 당초 파리기후협정에서 목표로 설정한 2℃보다 강력한 1.5℃를 목표로 세계 각국의 에너지전환 정책이 본격 추진되려는 움직임 역시도 향후 천연가스 산업영향 측면에서 주목해야 하는 대목이다.

이러한 움직임이 지속 추진되어 천연가스 산업에 영향을 미치는 방향으로 작용된다면 이는 글로벌 투자시장에서 천연가스 산업의 투자비용을 증가시키는 요인으로 작용할 것이며, 이로 인해 천연가스 산업 규모의 축소로 이어질 소지가 있다.

이러한 경우, 상당한 증가를 예상해 온 천연가스 수요의 잠재적 실현 가능성이 막다른 길에 직면할 수 있다. 앞서 살펴본 바대로 이러한 금융조치와 기후정책 추진이 본격화된다면 2040년경의 천연가스 수요는 당초 예상에 비해 약 23% 정도 감소될 것이 예상된다. 따라서 이러한 상황을 고려할 때 천연가스 산업의 향후 적절한 대응이 필요할 것으로 판단된다. 현재 천연가스 연료 역시 화석연료로 분류하여 취급하고자 하는 세계적인 변화 여론에 합리적인 대응이 필요하다는 것이다.

보기

ㄱ. 기후변화 가속화로 천연가스 산업이 영향을 받고 있다.
ㄴ. 천연가스는 화석연료이기 때문에 그 사용에 대한 반감이 고조되고 있다.
ㄷ. 세계적인 기후 변화 정책에 대한 천연가스 산업의 적절한 대응이 필요하다.
ㄹ. 세계 각국은 강력한 에너지 전환정책을 추진하고 있는데, 이는 천연가스 산업의 확대로 이어질 것이다.

① ㄱ, ㄴ　② ㄱ, ㄷ　③ ㄷ, ㄹ
④ ㄱ, ㄴ, ㄷ　⑤ ㄴ, ㄷ, ㄹ

04. △△공사에 근무하는 유 사원은 다음 자료를 바탕으로 'CNG 버스 현황과 과제'에 대한 문서를 작성하려고 한다. 작성한 계획서의 내용으로 적절하지 않은 것은?

〈전국 시 · 도별 CNG 버스 대수와 보급률〉

구분	시 · 도	CNG 버스(대)	총 버스(대)	보급률(%)	평균보급률(%)
시	서울	7,375	7,405	99.59	98.06
	부산	2,422	2,511	96.46	
	대구	1,521	1,531	99.35	
	인천	2,161	2,363	91.45	
	광주	1,043	1,044	99.90	
	대전	1,014	1,016	99.80	
	울산	741	742	99.87	
도	경기	6,789	13,561	50.06	28.21
	강원	335	1,517	22.08	
	충북	386	1,310	29.47	
	충남	447	2,223	20.11	
	전북	611	1,429	42.76	
	전남	686	2,376	28.87	
	경북	615	2,240	27.46	
	경남	1,151	3,475	33.12	
	제주	0	840	0.00	
합계		27,297	45,583		

※ CNG 버스 : 환경오염을 최소화하기 위해 청정연료인 압축천연가스(CNG ; Compressed Natural Gas)를 연료로 쓰는 친환경 버스

※ CNG 버스는 시내버스, 시외버스, 농어촌버스와 CNG 하이브리드버스를 포함함.

① 전국 시 · 도에서 운영 중인 전체 버스에서 CNG 버스가 차지하는 비중을 현황으로 제시한다.

② 전국 시 · 도별로 CNG 버스 보급률을 막대그래프를 이용하여 비교함으로써 시각적인 효과를 나타낸다.

③ CNG 버스의 개념이나 범위를 명확히 제시하여 문서에서 작성하고자 하는 내용을 알 수 있도록 한다.

④ 전국 시 · 도별로 CNG 버스 보급률이 낮은 시 · 도에 대해서는 보급률을 높이기 위한 별도의 대안을 합리적인 근거를 바탕으로 제시한다.

⑤ 특별시나 광역시에 비하여 도 단위의 광역자치단체에서 보급률이 낮은 이유를 공통적인 공간지리적 여건으로 서술한다.

05. 다음은 □□공사 일부 직원들의 명단과 직원들에 대한 설명이다. 이를 바탕으로 추론한 내용으로 적절하지 않은 것은?

경영지원팀(5)		연구팀(10)		홍보기획팀(7)		전산팀(3)	
이름(직급)	사원번호	이름(직급)	사원번호	이름(직급)	사원번호	이름(직급)	사원번호
임○○(팀장)	C0901001	오○○(팀장)	C0902001	박○○(팀장)	N1203001	정○○(팀장)	C1004001
이○○(대리)	C1401002	박○○(대리)	C1302002	손○○(대리)	N1303002	최○○(사원)	N1504002
최○○(사원)	N1801003	김○○(사원)	C1302003	윤○○(사원)	N1503003	황○○(사원)	N1904003
이○○(사원)	N1801004	김○○(사원)	N1602004	김○○(사원)	N1803004		

- 연구팀 팀장과 경영지원팀 팀장은 입사동기이다.
- 홍보기획팀 직원들은 모두 신입직으로 입사했다.
- 전산팀 황○○ 사원은 회사 내에서 제일 최근에 입사한 사원이다.
- 직급은 '사원－대리－팀장' 순으로 높아진다.

① 전산팀 직원은 모두 3명이다.

② 2018년에 입사한 직원은 최소 3명이다.

③ 2013년에는 경력직 채용만 진행되었다.

④ 사원번호가 N1602005인 노 사원은 연구팀 소속이다.

⑤ 팀 내의 사원번호가 직급 순으로 순차 생성된다면 홍보기획팀의 직급이 사원인 사람은 5명이다.

[06 ~ 07] 다음은 지구온난화와 관련된 글이다. 이어지는 질문에 답하시오.

(가) 지구 온난화의 가장 큰 피해국인 투발루의 현지민인 루사마 알라미띵가 목사가 지구온난화의 위험성을 호소하기 위해 대한민국을 찾았다. 그는 전국 여러 도시를 방문하여 강연회와 간담회를 진행하였다.

(나) 빗물로만 생활이 가능했던 투발루에서는 지구온난화로 인한 가뭄으로 생활용수 부족 현상이 발생하고 있다고 한다. 해수를 담수화해서 먹고, 대형 탱크에 물을 저장하는 새로운 생활 방식을 만들고 있지만 이것으로는 매우 부족하다고 한다. 결국 지금은 물마저 사 먹어야 한다고 루사마 목사는 허탈한 감정을 토로했다. 또한 해수면 상승으로 투발루인들이 매일 아침 주식으로 먹는 '플루아트'라는 식물이 죽고 있어 그들의 식생활마저 바뀌었다고 한다.

(다) 이뿐만 아니라 자연환경의 측면에서도 피해가 발생하고 있다고 한다. 지구온난화로 인해 높아진 해수 온도와 해수면은 산호초와 야자나무가 서식하지 못하게 하였고, 더 이상 넓은 모래사장도 볼 수 없게 되었다고 말한다.

(라) 투발루 주민들은 지구온난화로 인한 피해를 온몸으로 감당하면서도 자신들의 생활 패턴을 바꿔 가면서까지 그곳에서 계속 살기를 원한다고 한다. 정부 또한 망그로나무 식재 등을 통해 해변 침식을 막는 등 국가를 지키기 위한 지속적인 노력을 하고 있다고 한다.

(마) 루사마 목사의 방문은 지구온난화에 대처하는 우리의 모습을 되돌아보게 한다. 이제는 적극적으로 생활 방식을 바꾸고 지구온난화를 걱정해야 할 때이다. 지금처럼 편리한 생활 방식만을 고집하다 보면 결국 제2, 제3의 투발루가 발생할 것이며, 우리나라도 결국 투발루처럼 되고 말 것이다.

06. 제시된 글의 문단 (가) ~ (마)의 중심내용으로 알맞지 않은 것은?

① (가) : 루사마 목사가 지구온난화 위험성을 호소하기 위해 대한민국을 찾았다.

② (나) : 지구온난화로 인한 가뭄이 투발루 주민들의 식생활 변화를 초래했다.

③ (다) : 지구온난화의 피해는 자연환경의 측면에서도 발생하고 있다.

④ (라) : 투발루는 지구온난화로부터 국가를 지키기 위해 지속적인 노력을 다하고 있다.

⑤ (마) : 지구온난화에 대처하기 위해 편리함만을 고집하던 생활방식을 바꾸어야 한다.

07. 다음 중 제시된 글에 대한 보충 자료로 적절하지 않은 것은?

① 세계기상기구(WMO)가 발표한 자료에 따르면 지난 100년간 지구 온도는 약 0.7℃, 해수면 높이는 10 ~ 25cm 상승했다. 이는 최근 2만 년 동안 전례가 없을 정도의 엄청난 변화이다.

② 북극 및 남극 지대 기온 상승, 빙하 감소, 홍수, 가뭄 및 해수면 상승 등 이상기후 현상에 의한 자연재해가 현실로 나타나고 있으며, 대부분의 사람들이 그 심각성을 인식하고 있다.

③ 지구의 연평균기온은 400 ~ 500년을 주기로 약 1.5℃의 범위에서 상승과 하강을 반복하며 변화했다. 15세기에서 19세기까지는 기온이 비교적 낮은 시기였으며 20세기에 들어와서는 기온이 계속 오르고 있다.

④ 지구 평균온도가 지난 100년간 0.74℃ 상승한 것으로 나타나고 있다. 지난 12년 중 11년이 1850년 이후 가장 기온이 높은 시기로 기록되기도 하였다. 이로 인해 극지방과 고지대의 빙하, 설원이 녹는 현상이 나타나고 있다.

⑤ 산업혁명 이후 화석연료를 많이 사용하게 되면서 대기 중 온실가스 농도는 산업화 이전의 280ppm에서 2005년 기준 379ppm으로 30% 증가했다. 더불어 1960 ~ 2005년 평균 이산화탄소 농도 증가율은 연간 1.4ppm으로 나타나고 있다.

[08 ~ 09] 다음 글을 읽고 이어지는 질문에 답하시오.

석유는 주로 탄소와 수소 원자로 구성된 물질인 탄화수소라고 불린다. 탄화수소를 이해하려면 우선 탄화수소들은 저마다 특성이 제각각이라는 점을 명심해야 한다.

첫째, 우리가 보통 원유(Crude Oil)라고 부르는 가장 무거운 탄화수소가 있다. 'oil' 부분은 탄소와 수소 원자들이 결합한 다소 긴 사슬(chains)이고, 'crude' 부분은 순수한 수소와 탄소 외에 수은과 황 같은 다양한 불순물을 함유한 탄소 사슬과 관련된 성분들을 일컫는다. 수소－탄소 사슬이 길수록 불순물 함유량이 높을 뿐만 아니라 유질이 걸쭉하다. 전 세계적으로 원유의 질감은 기름기 많은 땅콩버터 같다. 캐나다의 타르 샌드(Tar Sand)는 품질이 너무 낮아서 상온에서 고체일 뿐만 아니라 적어도 화씨 300도로 열을 가해야 녹는다.

품질이 낮은 석유는 보통 밀도와 점성이 높고 황의 함유량이 높고, 온갖 불순물이 함유되어 있다. 중질원유를 정제하기란 매우 어렵다. 보통 세계에서 가장 발달한 산업시설을 갖추어야 그나마 시도라도 해 볼 역량이 된다. 세계적으로 메이플 시럽 정도의 점성을 보이는 '양질'의 원유는 이미 소진되었기 때문에 지난 수십 년에 걸쳐 원유는 평균적으로 점점 품질이 낮아졌으며, 따라서 1980년대에 미국은 점성이 높은 원유를 처리하기 위해 각 지역의 정유시설을 개조했다. 미국에서 가장 기술력이 뛰어난 정유시설은 텍사스 주와 루이지애나 주의 멕시코 만 연안에 있다. 다른 나라에서는 원유를 정제하는 기술이 부족해서 원유를 타르나 아스팔트로 만들어 쓰지만 미국의 정유시설은 최고의 기술력을 갖추고 있기 때문에 가장 무거운 원유까지도 휘발유로 변모시킨다.

둘째, 중간 수준의 탄소가 있다. 점성이 거의 물 정도로 묽고 불순물은 거의 함유되어 있지 않다. 이와 같은 원유는 황금 액체나 마찬가지다. 묽고 처리하기 쉽고 미국 원유 수요의 40퍼센트를 차지하는 휘발유 같은 고급 정제유를 만드는 데 제격이다. 과거의 원유는 보통 이러한 특성을 보였지만 양질의 원유는 이미 고갈된 지 오래다. 적어도 셰일 혁명이 일어나기 전까지는 그랬다.

셋째, 훨씬 짧은 탄소 사슬을 가진 탄화수소가 원유와 섞여 있는 경우이다. 이런 물질은 높은 압력에서만 액체 상태가 된다. 많이 들어본 이름들이 여기 속한다. 프로판, 부탄, 펜탄 등이다. 이러한 제품들은 일단 다른 탄화수소와 분리되면 저장하기 쉽고 용도도 다양하다. 미국인들은 담배에 불을 붙이거나 뒷마당에서 바비큐를 할 때 가장 많이 쓴다. 이러한 천연가스 액체(Natural Gas Liquids, NGLs)는 부동액에서부터 세제, 화장품, 페인트, 포장용 스티로폼, 타이어에 이르기까지 전천후로 쓰이는 재료이다.

마지막으로 탄소 사슬이 한두 고리 정도로 짧아지면 천연가스라고 불리는 메탄과 에탄이 된다. 소가 뀌는 방귀도 이 종류다. 방귀는 기체 물질이긴 하지만 방귀가 잦으면 고체로 변하는 경우가 있기도 하다. 천연가스는 화학 분야에서 아주 독특한 존재다. 장점은 팔방미인이라는 점이다. 산업에서 빠지지 않는 약방의 감초다. 가장 대표적인 세 가지만 든다면 페인트, 플라스틱, 전력 생산이다. 많은 지역에서 가정용 난방연료로 쓰기도 한다. 단점은 담아 두기가 무척 어렵다는 점이다. 기체이기 때문에 천연가스만 다루는 기간시설이 따로 필요하기도 하다.

08. 제시된 글을 통해 알 수 있는 내용으로 적절하지 않은 것은?

① 석유는 탄화수소라고 불린다.

② 미국의 원유 정제기술은 세계 최고 수준이다.

③ 품질이 좋은 원유일수록 밀도와 점성이 높다.

④ 사람들이 담배를 피울 때 사용하는 가스는 프로판 가스 등이다.

⑤ 메탄이나 에탄은 담아 두기가 매우 어려우며 기체이기 때문에 이것을 다루는 별도의 시설이 필요하다.

09. P 사원은 제시된 글과 관련하여 다음과 같은 정보를 수집하였다. P 사원이 정보를 수집한 목적이나 용도로 적절한 것은?

- LPG(액화석유가스)는 유전에서 원유를 채취하거나 정제 시 나오는 탄화수소 가스를 낮은 압력(6 ~ 7kg/cm^2)으로 냉각액화시킨 것이다. 환경부에 따르면 자동차 배출가스 평균 등급은 LPG 차량(1.86), 휘발유 차량(2.51), 경유 차량(2.77) 순으로 나타난다고 하였는데, 이를 통해 LPG 차량은 친환경성이 우수하여 대기오염 완화에 기여할 것이라는 전망도 나온다.
- 국내 정유사 및 석유화학 부산물로 생산되는 LPG 생산량은 국내 수요의 약 30% 수준이며, 부족분은 전량 수입에 의존하고 있다. 한국○○공사에 따르면 2018년 3분기 기준으로 국내 LPG 수요처는 석유화학(39%), 수송용(34%), 가정용(18%) 등으로 분석되며, 석유화학 수요는 PDH(프로판탈수소화설비) 설비 확충, 수송용 수요는 LPG 차량 보급 대수와 관련이 있다고 하였다.
- 2019년 3월 국회와 산업통상자원부는 LPG 차량 규제 완화 내용이 담긴 '액화석유가스의 안전 및 사업관리법' 개정안을 발의했다. 개정된 법의 핵심은 LPG 차량에 대한 구입조건이 없어지는 것으로, 택시와 렌터카 등에만 제한적으로 사용할 수 있었던 LPG 차량을 앞으로 일반인들도 제한 없이 구입할 수 있을 것으로 전망된다. 모 경제연구원에 따르면 LPG 차량 규제가 완전히 풀릴 경우 2030년 기준 LPG 차량 등록 대수는 282만 대로 증가할 것으로 기대된다.
- LPG 수입 유통사의 실적은 국내 LPG 차량 등록 대수가 늘어나야 수혜를 볼 수 있는 구조다.

① LPG(액화석유가스) 차량을 구입하기 위하여

② LPG(액화석유가스) 관련 주식에 투자하기 위하여

③ 석유 정제와 관련된 더 많은 지식을 얻기 위하여

④ 셰일가스가 에너지 관련 산업에 미치는 영향을 분석하기 위하여

⑤ 대형 건물에서 사용하는 에너지를 LPG(액화석유가스)로 제공하기 위하여

10. ○○공사에서 근무하는 C 대리가 정부 부처에서 발표한 보도자료를 다음과 같이 정리하였다. 이에 대한 설명으로 적절한 것을 〈보기〉에서 모두 고르면?

> **역사문화권 정비 등에 관한 특별법 제정 등 규제 행정→조성 · 예방 행정으로 전환**
> **–문화재청장이 문화재 기증받을 수 있는 근거 및**
> **문화재 회복비용의 훼손 당사자 부담 근거도–**
>
> 문화재청(청장 △△△)은 지난달 20일 국회 본회의에서 의결된 문화재청 소관 법률 제 · 개정안 6건을 9일 공포한다.
>
> 이번에 공포하는 법률 제 · 개정에는 그동안 국민과 함께 누리는 문화유산을 만드는 데 필요했던 다양한 정책이 담겨 있고, 기존의 지정문화재 위주인 보존방식에서 벗어나 비지정 역사문화자원까지 보존하는 포괄적인 문화재 보호체계 도입을 추진할 수 있는 「역사문화권 정비 등에 관한 특별법」 제정도 함께 있어 문화유산의 체계적인 관리와 적극적인 활용이 기대된다. 세부적인 제 · 개정 법률안을 살펴보면 다음과 같다.
>
> ㅁ「문화재보호법」 및 「문화재수리 등에 관한 법률」 개정으로 예방적 관리체계 강화
>
> 〈주요 추진 내용〉
> - 문화재돌봄사업의 활동 범위와 관리대상 문화재의 기준을 명시
> - 효율적인 사업 추진을 위한 중앙돌봄센터와 지역돌봄센터의 설치 및 운영
> - 돌봄 종사에 대한 교육지원 체계 구축
> - 문화재청장이 지정 · 등록문화재를 기증받을 수 있는 법적 근거 마련
> - 낙서 등으로 인한 문화재 훼손 시 원상회복 비용을 훼손한 당사자에게 부담시키는 법적 근거 마련

보기

ㄱ. 정리한 내용에는 개정되기 전 법률의 구체적인 내용이 제시되어 있지 않다.
ㄴ. 개정 후 법률은 사후의 처벌보다는 예방적 관리체계가 주된 목적임을 알 수 있다.
ㄷ. 기존의 문화재 관련 보호법은 비지정 역사문화자원까지 보존하고 있었다.
ㄹ. 해당 제 · 개정안 6건은 지난달 20일에 공포되었다.

① ㄱ, ㄴ　　② ㄱ, ㄷ　　③ ㄴ, ㄷ
④ ㄷ, ㄹ　　⑤ ㄴ, ㄷ, ㄹ

11. 호텔의 예약 업무 담당자인 김 씨는 다음과 같은 일정 문의를 받았다. 〈6월 예약 일정〉을 참고할 때, 김 씨의 답변으로 적절한 것은?

〈6월 예약 일정〉

일	월	화	수	목	금	토
	1	2	3	4	5	6
	ⓘ C사		ⓣ C사 ⓘ B사		ⓣ B사	
7	8	9	10	11	12	13
	ⓘ L사	ⓣ L사		ⓘ J사	ⓣ J사	
14	15	16	17	18	19	20
	ⓘ E사	ⓣ E사	ⓘ G사	ⓣ G사		
21	22	23	24	25	26	27
	ⓘ M사	ⓣ M사				
28	29	30	31			
	ⓘ F사	ⓣ F사				

※ ⓘ : 입실, ⓣ : 퇴실

- 입실 시간은 13시이고 선예약이 없을 경우 우선 입실이 가능하며, 퇴실 시간은 11시이다.
- 토요일과 일요일에는 단체 손님에게 세미나실을 개방하지 않는다.
- 세미나실 대여료는 1일당 90만 원이다.
- 2인 1실 기준으로 객실 한 개당 숙박비는 16만 원이며, 당일 퇴실하더라도 금액에는 변동이 없다.

안녕하세요. 저희 P사에서는 1박 2일로 연수를 계획하고 있습니다. 6월 둘째 주나 셋째 주에 이틀간 세미나실을 활용하고, 첫날 10시에 입실할 예정입니다. 가능한 날짜가 있나요?

① 19일 오전에 입실 가능합니다.
② 이번 달에는 24일 이후에 예약 가능합니다.
③ 죄송하지만 입실 시간은 13시이며, 조정이 불가능합니다.
④ 10일에 입실하여 11일에 퇴실 가능합니다. 예약해 드릴까요?
⑤ 조건에 맞는 날짜가 10일과 19일로 두 경우인데, 어느 쪽으로 예약해 드릴까요?

[12 ~ 13] 다음 글을 읽고 이어지는 질문에 답하시오.

현대 생명윤리는 크게 두 가지 관점을 통해서 해결에 접근한다. 그것은 바로 자유주의 윤리학과 공동체주의 윤리학이다. 주목할 점은 자유주의 윤리학과 공동체주의 윤리학은 동시에 대립항으로 발전한 것이 아니라 자유주의적 윤리학의 이론과 적용에 대하여 공동체주의 윤리학이 반론을 제기하면서 발전했다는 것이다. 그러므로 생명윤리학의 현대적 의의는 자유주의 윤리학에 대한 공동체주의 윤리학의 보충이 아닌 맞대응이라고 할 수 있다. 여기서 맞대응은 생명윤리의 전제조건에 대한 전환을 의미한다.

자유주의 진영에서 롤스의 출현은 규범적 전환(Normative Turn)이라고 불릴 정도로 규범에 관한 논쟁을 일으켰다. 대표적인 논쟁이 규범윤리학 방법론이다. 생명윤리 문제에 있어서 공동체주의의 대응은 원칙주의와 결의론 등 자유주의적 관점이 지닌 문제점에 대한 인식에서 나왔다. 현대 바이오테크놀로지(Bio-technology)는 기술만으로는 해결하기 어려운 많은 생명윤리적 쟁점과 질문을 동시에 세상에 내놓았다. 이와 같은 한계를 극복하고 문제를 해결하는 대응으로 출현한 것이 공동체주의 관점의 생명윤리학이다.

자유주의 생명윤리가 개인의 자율성을 강조한 것에 대항하여 공동체주의 학자인 샌델(Michael Sandel), 매킨타이어(Alasdair MacIntyre), 테일러(Charles Taylor), 왈저(Michael Walzer)는 각자의 정치철학이론에 기초하여 생명윤리관을 서술했다. 공동체주의자가 바라보는 정의로운 사회는 공동체가 공유하는 가치와 선(Good)으로 구성된다고 말한다.

다시 말하자면, 공동체주의는 공동선(Common Good)이 옳기 때문에 정의의 자격이 부여되는 것이 아니라, 그것을 사람들이 좋아하고 그로 인해 행복할 수 있기 때문에 정의로서 자격을 갖춘다는 것이다. 하지만 공동체주의적 접근방식은 공동선을 강조하다 보니, 인간의 권리와 자유를 소홀히 할 수 있다는 점과 공동체에 대한 개념과 공동체가 지닌 현실적 한계가 무엇인지 모호하다는 비판이 있다. 이런 한계에도 불구하고 공동체주의 접근방법은 개인의 자율성으로 경도되어 지나치게 보호하는 자유주의적 관점에 대하여 개인이 현실적으로 속해 있는 공동체와 대화할 수 있는 길을 열어 주었다는 점에서 큰 공헌을 했다.

현실 세계와 분리된 상황에서 인간의 도덕적 지위를 확립하고, 그 이념에 따라 모든 인간이 올바른 가치판단을 내리면서 올바르게 삶을 선택한다면 좋을 것이다. 그러나 현실 속의 인간은 추상화된 개념의 이상(理想) 속에 고립되고 한정된 존재가 아니라는 점을 간과해서는 안 된다. 추상적 존재로도 불리는 인간이지만, 현실적 · 경험적 인간이 속해 있는 공동체의 가치와 선을 고려함으로써 자칫 삶이 허무주의로 흐를 수 있는 고립된 자아를 좋은 삶을 위한 방향으로 수정할 수 있는 기회를 공동의 가치로 제시할 수 있다. 이 점은 개인과 공동체 사이에 여러 가지 차이와 간극이 있음에도 불구하고 공동체주의가 주는 현실적 가치임을 기억해야 한다.

12. **제시된 글에 대한 이해로 바르지 않은 것은?**

① 과학 기술과 의료 산업의 발달은 자유주의적 관점으로는 해결하기 힘든 새로운 윤리적 문제들을 가져왔다.

② 공동체주의는 자칫 개인의 자율성을 침해할 우려가 있으나 삶을 위한 바람직한 가치를 제공해 준다는 점에 의의가 있다.

③ 샌델, 매킨타이어, 테일러, 왈저의 생명윤리는 각자의 정치철학 이론에 기반하고 있다.

④ 공동체주의에서 말하는 공동선은 절대적인 가치가 아니라 상대적인 가치로 공동체를 구성하는 사람들이 원하는 것이기에 가치가 있다.

⑤ 자유주의 윤리학과 공동체주의 윤리학은 상호 보완을 통해 나란히 발전해 왔다.

13. **다음에 제시된 상황에서 공동체주의적 생명윤리 사상을 가진 사람이 할 수 있는 말로 적절한 것은?**

불치병에 걸린 A 씨는 병원에서 앞으로 반년 이상을 살기 어렵다는 판정을 받았다. 현실적으로 치료 가능성이 거의 없음에도 불구하고 연명치료 비용으로 막대한 금액이 필요한 상황이다. A 씨의 가족들은 치료를 계속하기를 원하지만 A 씨는 치료를 중단하고 집에서 마지막을 맞고 싶다고 생각한다. A 씨가 치료 중단을 요구했으나 가족들의 동의가 없어 논쟁이 이어지던 도중 A 씨가 의식불명 상태에 이르렀다.

① 환자 본인의 자율성을 존중할 필요가 있어. 본인이 원하지 않는 치료를 강요하는 것은 결국 그 사람을 존중하지 않는 것이나 다름없잖아?

② A 씨가 치료를 중단하길 원했다는 것은 맞지만 나중에 생각이 변했을 가능성도 있지 않을까? 의식불명 상태에서는 생각이 변했어도 표현할 수 없으니 결정이 어려운 것 같아.

③ 어떤 이유가 있더라도 사람을 죽도록 방치한다는 것은 사회통념상 옳지 않아. 이런 일을 허용한다면 앞으로 악용될 우려가 크니 치료를 계속하는 것이 옳다고 생각해.

④ 사람은 극한 상황에서는 정상적인 판단이 어려울 수 있어. A 씨가 치료를 원치 않는다고 했지만 극한 상황에서 불안정한 판단으로 생명을 좌우할 수는 없어.

⑤ 의사에게는 사람의 생명을 결정할 권리가 없어. 치료를 중단한다고 하지만 그것이 살인과 뭐가 다른 거지?

14. 다음은 천연가스발전소 건설 사업과 관련된 주민 공청회 자료이다. 이를 이해한 내용으로 적절하지 않은 것은?

XX군 XX읍 ○○리 일원에 추진 중인 XX천연가스발전소 건설 사업과 관련, 사업시행자인 P 기업이 30일 '환경영향평가서 초안'에 대한 주민의견을 수렴하기 위한 공청회를 개최했다. 공청회를 주관한 P 기업은 설명자료를 통하여 환경영향 최소화를 위해 사업 특성 및 입지적 특성을 최대한 고려하고 각 분야 및 항목별 적정 저감방안을 수립 · 시행해 나갈 것이라고 밝혔다.

먼저 서○○ 위원장은 "대기오염 측정 7곳, 하천조사 지점 3곳을 반경 2km에서 5km까지 확대해 줄 것"을 요청했다. 윤□□ 사무국장은 "(초안에) 해당부지는 친환경특구지역임에도 불구하고, 농업과 관련된 환경영향평가가 하나도 포함되지 않았다"라며 미비점을 지적했다. 이○○ 사무처장은 "25 ~ 30도의 폐수가 방류되어 XX천의 피해가 우려된다"라는 지적과 함께 지역경제효과 중 일자리 창출 부문에 대해 의문을 제기했다. 김□□ 정책실장은 폐수처리 시설에 대한 답변을 요구했고, 엄△△ 집행위원장은 초미세먼지 피해 등 환경오염 문제를 집중적으로 추궁해 나갔다. 또 최△△ 사무차장은 "○○2리 마을회관 인근에서 대기질, 악취, 지하수질, 소음진동 등을 조사했다는데 이를 목격한 바가 없다"라며 이의를 제기했다.

이에 대해 환경영향평가기관 정 씨는 "1차 조사 시 사전동의를 구했으나, 반대에 부딪혀 부득이하게 인근 지점으로 장소를 변경하여 조사를 실시했다"라고 답했다. 같은 기관 탁 씨는 "XX군의 인구밀도를 감안할 때, 조사지점 7곳은 평균 정도에 해당된다."라며 문제가 없음을 시사했다. 이어 유 씨는 "발전소에서 남은 열을 이용한 팜스마트 영농단지 조성 및 지역민에 열 난방 제공 등이 가능한가"라는 의견을 제시했다. 이△△ 부장은 "기술적으로는 배출되는 열에너지를 재활용할 수 있는 방법이 있다. 대화를 통해 협의체가 구성되면 해당 사업에 대해 검토할 수 있다"라고 답변했다. 이번 공청회는 환경영향평가법 제25조(주민 등의 의견 수렴) 및 같은 법 시행령 제40조(공청회의 개최 등) 규정에 따라 실시됐다.

① 공청회는 국가 또는 지방자치단체의 기관이 일정한 사항을 결정함에 있어서 공개적으로 의견을 듣는 것으로 주민들이 직접 참여하기도 한다.

② 공청회에 참석한 사람들은 요청 사항을 발언하거나 정책 또는 사업의 미비점을 발언하기도 하며 의문을 제기하기도 한다.

③ 엄△△ 집행위원장과 최△△ 사무차장은 천연가스발전소 건설 사업에 관해 서로 비슷한 의견을 가지고 있는 것으로 추론할 수 있다.

④ 환경영향평가기관 정 씨는 최△△ 사무차장의 질문에 대한 답변을 하고 있으며 유 씨는 정 씨의 말에 대해 보충설명하고 있다.

⑤ 공청회는 환경영향평가법 제25조(주민 등의 의견 수렴) 및 같은 법 시행령 제40조(공청회의 개최 등) 규정에 따라 실시되었다.

15. 인사관리과에 근무하는 윤 대리는 입사 필기시험 결과를 정리하고 있다. 다음 중 지원자 A ~ F의 필기시험 결과를 바르게 해석한 것은?

〈지원자 A ~ F의 필기시험 결과〉

(단위 : 점)

지원자	성별	실무능력 점수	정보처리 점수	외국어 점수
A	남	12	16	6
B	여	17	18	7
C	여	14	12	17
D	여	7	17	12
E	남	14	13	13
F	남	16	9	11

- 필기시험 합격 조건은 다음과 같다.
  - 실무능력 점수, 정보처리 점수, 외국어 점수가 각각 8점 이상
  - 점수의 총합이 36점 이상
- 필기시험 합격자에 한하여 면접 응시자격을 부여한다.

① 남자 지원자는 모두 필기시험에 합격하였다.

② 점수 총합이 가장 높은 지원자는 합격하였다.

③ D와 F의 점수 총합은 같으며 둘 다 합격하였다.

④ 정보처리 점수가 가장 높은 지원자는 합격하였다.

⑤ 외국어 점수가 세 번째로 높은 지원자는 합격하였다.

[16 ~ 17] 다음을 읽고 이어지는 질문에 답하시오.

〈로마자 표기법〉

제1장 표기의 기본 원칙

제1항 국어의 로마자 표기는 국어의 표준 발음법에 따라 적는 것을 원칙으로 한다.

제2항 로마자 이외의 부호는 되도록 사용하지 않는다.

제2장 표기 일람

제1항 모음은 다음 각호와 같이 적는다.

1. 단모음

ㅏ	ㅓ	ㅗ	ㅜ	ㅡ	ㅣ	ㅐ	ㅔ	ㅚ	ㅟ
a	eo	o	u	eu	i	ae	e	oe	wi

2. 이중 모음

ㅑ	ㅕ	ㅛ	ㅠ	ㅒ	ㅖ	ㅘ	ㅙ	ㅝ	ㅞ	ㅢ
ya	yeo	yo	yu	yae	ye	wa	wae	wo	we	ui

[붙임 1] ‘ㅢ’는 ‘ㅣ’로 소리 나더라도 ui로 적는다.

[붙임 2] 장모음의 표기는 따로 하지 않는다.

제2항 자음은 다음 각호와 같이 적는다.

1. 파열음

ㄱ	ㄲ	ㅋ	ㄷ	ㄸ	ㅌ	ㅂ	ㅃ	ㅍ
g, k	kk	k	d, t	tt	t	b, p	pp	p

2. 파찰음, 마찰음

ㅈ	ㅉ	ㅊ	ㅅ	ㅆ	ㅎ
j	jj	ch	s	ss	h

4. 비음, 유음

ㄴ	ㅁ	ㅇ	ㄹ
n	m	ng	r, l

[붙임 1] ‘ㄱ, ㄷ, ㅂ’은 모음 앞에서는 ‘g, d, b’로, 자음 앞이나 어말에서는 ‘k, t, p’로 적는다
([ ] 안의 발음에 따라 표기함).
(보기) 구미 Gumi　　영동 Yeongdong　　백암 Baegam

[붙임 2] 'ㄹ'은 모음 앞에서는 'r'로, 자음 앞이나 어말에서는 'l'로 적는다. 단, 'ㄹㄹ'은 'll'로 적는다.

(보기) 구리 Guri　　설악 Seorak

제3장 표기상의 유의점

제1항 음운 변화가 일어날 때에는 변화의 결과에 따라 다음 각호와 같이 적는다.

1. 자음 사이에서 동화 작용이 일어나는 경우
   (보기) 종로[종노] Jongno　　왕십리[왕심니] Wangsimni
   별내[별래] Byeollae　　신라[실라] Silla
2. 'ㄴ, ㄹ'이 덧나는 경우
   (보기) 학여울[항녀울] Hangnyeoul　　알약[알략] allyak
3. 구개음화가 되는 경우
   (보기) 해돋이[해도지] haedoji　　같이[가치] gachi
4. 'ㄱ, ㄷ, ㅂ, ㅈ'이 'ㅎ'과 합하여 거센소리로 소리 나는 경우
   (보기)좋고[조코] joko　　놓다[노타] nota

다만, 체언에서 'ㄱ, ㄷ, ㅂ' 뒤에 'ㅎ'이 따를 때에는 'ㅎ'을 밝혀 적는다.

(보기)묵호 Mukho　　집현전 Jiphyeonjeon

[붙임] 된소리되기는 표기에 반영하지 않는다.

(보기)압구정 Apgujeong　　낙성대 Nakseongdae

제2항 발음상 혼동의 우려가 있을 때에는 음절 사이에 붙임표(-)를 쓸 수 있다.

(보기) 중앙 Jung-ang　　반구대 Ban-gudae

16. ○○공사 A 사원은 로마자표기법에 대해 알아보는 중이다. 다음 중 올바르게 표기되지 않은 것을 모두 고르면?

㉠ 선릉－Seonneung　　㉡ 낙동강－Nakdonggang
㉢ 백마－Baengma　　㉣ 오죽헌－Ojukeon
㉤ 압록강－Amrokgang

① ㉠, ㉡, ㉢　② ㉡, ㉢, ㉣　③ ㉠, ㉡, ㉤
④ ㉠, ㉣, ㉤　⑤ ㉢, ㉣, ㉤

17. 제시된 로마자 표기법에 대해 이해한 내용으로 적절하지 않은 것은?

① 로마자 이외의 부호는 되도록 사용하지 않는 것이 원칙이다.
② 단모음과 이중모음의 표기를 제시하고 있지만 장모음의 표기는 따로 하지 않는다.
③ 자음을 파열음, 파찰음, 마찰음, 비음, 유음으로 나누어 제시하고 있다.
④ 된소리되기는 표기에 반영하지 않는다고 하였으므로 합정은 'Hapjeong'으로 적어야 한다.
⑤ 하나의 자음은 하나의 로마자로 적는 것이 원칙이므로 'ㄱ, ㄷ, ㅂ'은 'k, t, p'로 적는 것이 원칙이지만 'g, d, b'로 적는 것도 허용한다.

18. 다음 사례는 문제해결단계 중 어느 단계에 해당하는가?

> 최근 국내에서도 Salesforce를 활용한 성공적인 고객관계관리를 위한 혁신적인 움직임이 감지됐다. 금융권 최초 클라우드(SaaS) 기반의 콜서비스 CRM 전산시스템을 도입한 A사는 Salesforce의 Service Cloud를 활용하여 콜센터 시스템을 총 6개월에 걸쳐 재구축했다. 콜센터를 단순 고객상담 업무를 처리하는 Cost Center에서 수익 창출이 가능한 Profit Center로 구축한 A사는 금융 세미나 사례 발표로 주목을 받기도 했다. 고객 정보를 한 곳에서 통합 관리할 수 있도록 클라우드 옴니채널 환경을 구성하여 고객이 어느 채널에 접근해도 동일한 경험을 얻을 수 있는 시스템을 구축했다. 특히 360도 고객분석을 통해 고객의 니즈에 맞는 최적의 상품을 추천하거나 콜센터와 본점 · 지점 간의 통합 커뮤니케이션을 지원하여 신속한 고객대응이 가능한 선제적인 시스템을 구축한 사례로 손꼽힌다.

① 문제인식
② 문제도출
③ 문제원인 분석
④ 문제해결안 개발
⑤ 문제해결안 실행 및 평가

19. □□공사의 남자 사원은 225명이고 여자 사원은 180명이다. 남자 사원의 수와 여자 사원의 수를 모든 팀마다 동일하게 섞어 남녀 혼성팀을 구성하려고 할 때, 만들어지는 각 팀의 최소 인원 수는 몇 명인가? (단, □□공사의 남녀 사원 모두 참여해야 한다)

① 7명　② 8명　③ 9명
④ 10명　⑤ 11명

20. 체감 온도는 덥거나 춥다고 느끼는 체감의 정도를 나타낸 온도로, 바람, 습도 등의 기상요인에 따라 변화한다. 다음 식은 체감 온도의 계산법 중 하나이다. 기온이 3℃, 풍속이 25km/h일 때의 체감 온도는 몇 ℃인가? (단, 소수점 아래 둘째 자리 이하는 버린다)

T : 기온(℃), V : 풍속(km/h)

$$\text{체감 온도(℃)} = 33 - \frac{(10 + 5.3\sqrt{V} - 0.3V)(30 - T)}{20}$$

① −6.7℃　② −6.4℃　③ −6.1℃
④ −5.8℃　⑤ −5.5℃

21. ○○공사에서는 직원들에게 연수원 숙소를 배정하고 있다. 방 1개에 4명씩 배정하면 4명의 직원이 남고, 6명씩 배정하면 3개의 방이 남는다고 한다. 이 숙소의 방은 최대 몇 개인가?

① 9개 ② 10개 ③ 11개
④ 12개 ⑤ 13개

22. 다음 대화에 대한 설명으로 적절하지 않은 것은?

> 진행자 : 오늘은 우리의 전통 선박에 대해 재미있게 설명한 책인 〈우리나라 배〉에 대해 교수님과 이야기를 나눠 보겠습니다. 김 교수님, 우리나라 전통 선박에 담긴 선조들의 지혜를 설명한 책 내용이 참 흥미롭던데요, 구체적인 사례 하나만 소개해 주시겠습니까?
>
> 김 교수 : 판옥선에 담긴 선조들의 지혜를 소개해 드릴까 합니다. 혹시 판옥선에 대해 들어 보셨나요?
>
> 진행자 : 자세히는 모르지만 임진왜란 때 사용된 선박이라고 알고 있습니다.
>
> 김 교수 : 네, 판옥선은 임진왜란 때 활약한 전투함인데, 우리나라 해양 환경에 적합한 평저 구조로 만들어졌습니다.
>
> 진행자 : 아, 그렇군요. 교수님, 평저 구조가 무엇인지 말씀해 주시겠습니까?
>
> 김 교수 : 네, 그건 밑 부분을 넓고 평평하게 만든 구조입니다. 그 때문에 판옥선은 수심이 얕은 바다에서는 물론, 썰물 때에도 운항이 가능했죠. 또한 방향 전환도 쉽게 할 수 있었습니다.
>
> 진행자 : 결국 섬이 많고 수심이 얕으면서 조수 간만의 차가 큰 우리나라 바다 환경에 적합한 구조라는 말씀이시군요?
>
> 김 교수 : 네, 그렇습니다.
>
> 진행자 : 선조들의 지혜가 참 대단합니다. 이런 특징을 가진 판옥선이 전투 상황에서는 얼마나 위력적이었는지 궁금한데, 더 설명해 주실 수 있습니까?

① 진행자는 김 교수에게 추가 설명을 요청하고 있다.
② 김 교수는 적절한 질문을 통하여 진행자의 배경지식을 활성화하고 있다.
③ 김 교수는 진행자의 의견에 동조하며 자신의 견해를 수정하고 있다.
④ 김 교수는 진행자의 부탁에 따라 소개할 내용을 선정하여 제시하고 있다.
⑤ 진행자는 김 교수의 설명을 듣고 정리하여 자신의 이해가 맞는지 질문하고 있다.

23. 다음 자료에 대한 설명으로 옳은 것을 〈보기〉에서 모두 고르면?

〈12월 직업별 취업자 수〉

(단위 : 천 명, %)

구분	20X8년 12월		20X9년 12월			
	취업자 수	구성비	취업자 수	구성비	전년 동월 대비	
					증감	증감률
계	26,639	100.0	27,155	100.0	516	1.9
관리자	414	1.6	387	1.4	-27	-6.5
전문가 및 관련 종사자	5,511	20.7	5,594	20.6	83	1.5
사무종사자	4,765	17.9	4,763	17.5	-2	0.0
서비스종사자	2,995	11.2	3,233	11.9	238	7.9
판매종사자	3,048	11.4	2,998	11.0	-50	-1.6
농림어업숙련종사자	1,108	4.2	1,178	4.3	70	6.3
기능원 및 관련 기능종사자	2,401	9.0	2,405	8.9	4	0.2
장치, 기계조작 및 조립종사자	3,047	11.4	3,051	11.2	4	0.1
단순노무종사자	3,350	12.6	3,546	13.1	196	5.9

보기

ㄱ. 20X9년 12월의 취업자 수는 농림어업숙련종사자가 단순노무종사자보다 더 많다.
ㄴ. 판매종사자 수가 급감한 이유는 개인사업자의 대량 폐업신고 때문이다.
ㄷ. 20X9년 12월의 사무종사자와 판매종사자의 취업자 수는 전년 동월 대비 감소하였다.
ㄹ. 20X9년 12월의 전년 동월 대비 취업자 수의 증감을 살펴보면 서비스종사자, 단순노무종사자, 농림어업숙련종사자는 증가하였다.

① ㄱ, ㄴ　② ㄴ, ㄹ　③ ㄷ, ㄹ
④ ㄱ, ㄴ, ㄷ　⑤ ㄱ, ㄷ, ㄹ

24. 어느 문구점에서 계산기를 정가의 20% 할인하여 판매하여도 원가의 12%만큼 이익이 남도록 정가를 정하려고 한다. 계산기의 원가가 4,500원이라고 할 때 원가에 몇 %의 이익을 붙여 정가로 정해야 하는가?

① 25% ② 30% ③ 35%
④ 40% ⑤ 45%

25. 다음은 시장성 분석 절차를 나타낸 자료이다. 빈칸 ㉠에 해당하는 내용으로 적절한 것을 모두 고르면?

1단계 : 시장조사 실시 ⇨ 2단계 : (㉠) ⇨ 3단계 : 판매전략 수립

ㄱ. 시장규모 및 시장점유율 등을 추정한다.
ㄴ. 목표 고객의 구매력, 경제능력, 잠재력 등을 분석한다.
ㄷ. 마케팅 및 홍보방안을 검토한다.
ㄹ. 아이템에 대한 평가 및 반응 조사 등을 실시한다.

① ㄱ, ㄴ ② ㄴ, ㄷ ③ ㄴ, ㄹ
④ ㄱ, ㄹ ⑤ ㄷ, ㄹ

26. 다음 글에서 나타나고 있는 논리적 오류는?

A는 대학교에 입학하고 총 세 명의 사람과 싸운 적이 있었다. 그런데 그 세 명 모두 경영학과에 재학 중이라는 공통점을 가지고 있었다. 따라서 A는 경영학을 전공한 사람들은 모두 자신과 맞지 않고 성격이 괴팍하다는 생각을 하게 되었고, 대학을 졸업한 뒤에 입사한 회사에서 경영학과를 졸업했다고 한 동료들을 의도적으로 피해 다녔다.

① 무지의 오류
② 원천봉쇄의 오류
③ 성급한 일반화의 오류
④ 선결문제의 오류
⑤ 사개명사의 오류

27. 불쾌지수는 기온과 습도에 따라 사람이 불쾌감을 느끼는 정도를 수치화한 것이다. 건구온도가 30℃이고 불쾌지수가 '보통' 단계라고 할 때, 습구온도의 범위로 적절한 것은? (단, 소수점 아래 둘째 자리에서 반올림한다)

정보

불쾌지수=0.4×[건구온도(℉)+습구온도(℉)]+15

구분	지수 범위	불쾌감을 느끼는 정도
매우 높음	80 이상	전원 불쾌감을 느낌.
높음	75 이상~80 미만	50% 정도 불쾌감을 느낌.
보통	68 이상~75 미만	불쾌감을 나타내기 시작함.
낮음	0 이상~68 미만	전원 쾌적함을 느낌.

※ ℉=℃×1.8+32

① 7.9≤습구온도(℃)<17.8
② 8.1≤습구온도(℃)<17.8
③ 8.1≤습구온도(℃)<18.1
④ 8.3≤습구온도(℃)<18.1
⑤ 8.3≤습구온도(℃)<18.6

28. 용적률이란 대지면적에 대한 연면적의 비율로, 용적률(%) $= \frac{\text{연면적}}{\text{대지면적}} \times 100$이다. 건물 M과 건물 N의 연면적과 대지면적이 다음 표와 같고 두 건물 모두 용적률이 120%라고 할 때, a의 값은?

(단위 : m^2)

구분	연면적	대지면적
건물 M	a	b
건물 N	$300-a$	$b+70$

① $105m^2$ ② $108m^2$ ③ $112m^2$
④ $115m^2$ ⑤ $120m^2$

29. 어느 초등학교에서 아침 조회를 하기 위해 다음 그림과 같이 운동장에 의자를 배치하려고 한다. 가장자리에 총 56개의 의자를 배치하고 200명 이상이 의자에 앉을 수 있도록 할 때, 가로 한 줄에 배치할 수 있는 의자의 최대 개수는?

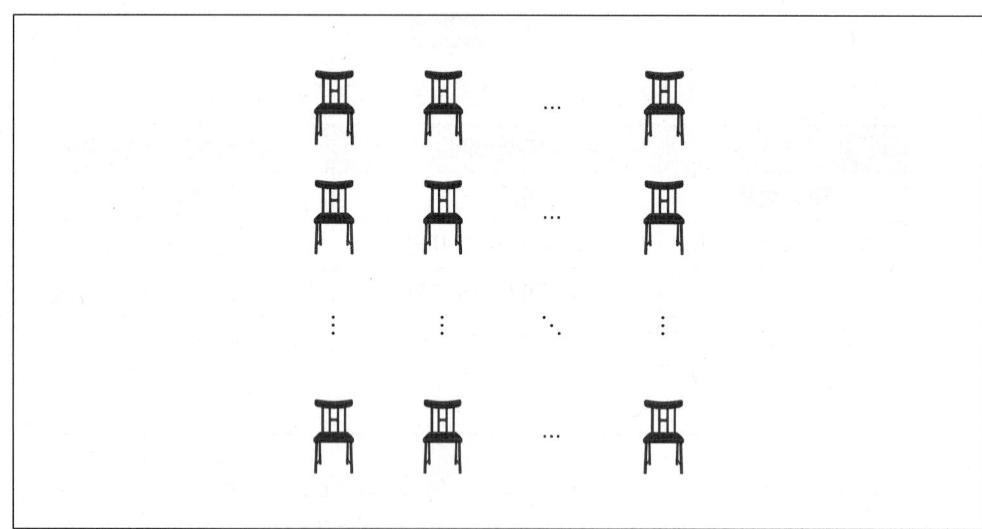

① 15개 ② 16개 ③ 18개
④ 20개 ⑤ 22개

30. 다음은 A 대학교 경영학과의 지난 5년간 졸업자 수와 졸업 당시 취업자 수를 나타낸 표이다. 5개년도 중 졸업 당시 취업률이 가장 높았던 해는 언제인가?

구분	졸업자 수(명)	취업자 수(명)
20X5년	70	19
20X6년	74	20
20X7년	65	17
20X8년	82	23
20X9년	77	22

① 20X5년 ② 20X6년 ③ 20X7년
④ 20X8년 ⑤ 20X9년

31. ○○회사 영업팀 최 사원은 A, B, C 역에 내려 업무를 수행하고 회사로 돌아와야 한다. A ~ C 역은 다음과 같이 일직선상에 위치한다고 할 때, 버스 운임은 총 얼마인가?

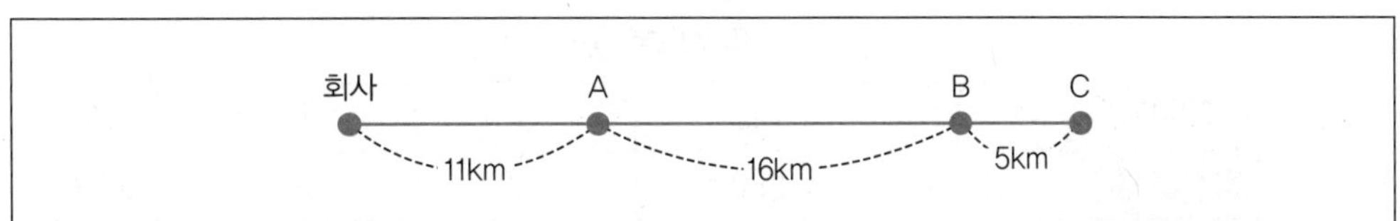

조건

- 버스 기본운임 요금은 1,250원이다.
- 거리비례요금 : 기본구간(10km) 내 기본요금이 부과되며, 10km 초과 시 40km까지 매 5km마다 100원씩, 40km 초과구간은 100원만 추가된다.
- 환승요금 : 기본구간(10km) 내 기본요금이 부과되며, 10km 초과 시 매 5km마다 100원이 추가된다.
- 회사에서 출발하여 A, B, C 역을 순서대로 방문하여 업무를 처리한다. 이때는 환승요금을 적용받지 못한다.
- 회사로 돌아갈 때는 C 역에서 출발해 B, A 역에서 버스를 환승한다.

① 5,800원 ② 5,900원 ③ 6,000원
④ 6,100원 ⑤ 6,200원

32. 모임에 참석한 A ~ C는 오랜만에 만난 동기들과 좀 더 재미있게 음식을 먹기 위해 가위바위보 게임을 하게 되었다. 다음 내용에 따를 때 음식값을 가장 많이 낸 사람은 누구이며, 지불한 음식값은 얼마인가? (단, 주어진 조건 외에는 고려하지 않는다)

- A, B, C가 가위바위보를 하여 음식값 내기를 하고 있다.
- 라운드당 한 번씩 가위바위보를 하여 음식값을 낼 사람을 정하며 총 5라운드를 겨룬다.
- 가위바위보에서 승패가 가려진 경우에는 패자는 해당 라운드의 음식값을 낸다.
- 비긴 경우에는 세 사람이 모두 음식값을 낸다. 단, 직전 라운드의 승자는 음식값을 내지 않는다.
- 음식값을 낼 사람이 2명 이상인 라운드에서는 음식값을 낼 사람들이 동일한 비율로 음식값을 나누어 낸다.
- A는 '가위－바위－보－가위－바위'를 순서대로 낸다.
- B는 1라운드에서 바위를 낸 후 2라운드부터는 직전 라운드에서 이긴 경우 가위를, 비긴 경우 바위를, 진 경우 보를 낸다. 단, B가 직전 라운드에서 음식값을 낸 경우에는 가위를 낸다.
- C는 1라운드에서 바위를 낸 후 2라운드부터는 직전 라운드에서 이긴 경우 보를, 비긴 경우 바위를, 진 경우 가위를 낸다.

〈라운드별 음식값〉

라운드	1	2	3	4	5
음식값(원)	10,000	15,000	20,000	25,000	30,000

① A, 25,000원　　② B, 52,500원　　③ C, 22,500원

④ A, 57,000원　　⑤ B, 51,500원

33. 김 씨 남매, 박 씨 남매, 이 씨 남매 세 쌍이 함께 야구경기장에 갔다. 이들은 모두 6개의 좌석으로 구성된 관람석 한 줄에 일렬로 앉게 되었는데, 이때 남매들은 서로 옆에 앉지 않았다. 다음 〈좌석 배치 조건〉에 따를 때, 〈보기〉에서 항상 참인 진술을 모두 고르면?

〈좌석 배치 조건〉

- 여자 박 씨 혹은 남자 이 씨 중 한 명은 맨 끝자리에 앉는다. 이때 두 사람이 동시에 양쪽 맨 끝자리에 앉은 경우는 없다.
- 남자 김 씨 양 옆에는 이 씨 남매가 앉는다.
- 남자 이 씨와 여자 박 씨 사이에는 두 개의 좌석이 있다.
- 좌석 양쪽 끝자리에는 서로 반대되는 성별이 앉도록 한다. 예를 들면, 왼쪽 끝에 여자가 앉았으면, 오른쪽 끝에는 남자가 앉는다.

〈야구장 좌석〉

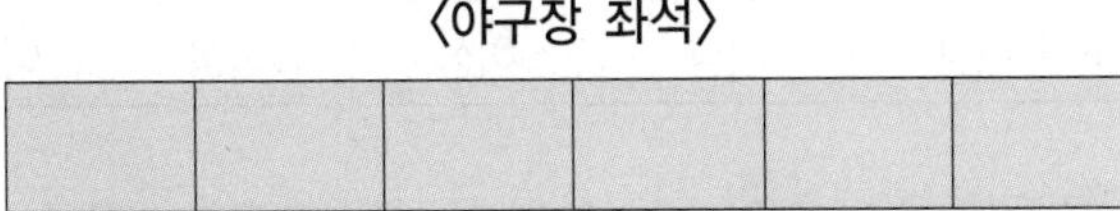

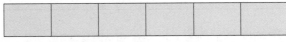

보기

㉠ 여자 이 씨는 여자 박 씨 옆에 앉는다.
㉡ 남자 김 씨와 여자 김 씨 사이에는 남자 이 씨가 앉는다.
㉢ 남자 박 씨는 맨 끝자리에 앉는다.
㉣ 여자 박 씨는 맨 끝자리에 앉는다.

① ㉠, ㉢ ② ㉠, ㉣ ③ ㉡, ㉣
④ ㉡, ㉢, ㉣ ⑤ ㉠, ㉡, ㉢, ㉣

[34 ~ 35] 다음은 ○○공사의 자녀 장학금 지원 제도에 관한 안내이다. 이어지는 질문에 답하시오.

평가항목	배점	100%	80%	60%	40%	20%	평점	비고
재직기간	20	12년 이상	10년 이상	8년 이상	5년 이상	2년 이상		기준월별
업무기여도	20	탑 또는 1만 점 이상	골드 또는 4천 점 이상	로얄 또는 2천 점 이상	그린 또는 1천 점 이상	500점 이상		기준월별
학업성적	20	4.2 이상	4.0 이상	3.8 이상	3.5 이상	3.0 이상		전년도 1년간 평균성적
이용고배당 점수	20	400% 이상	300% 이상	200% 이상	100% 이상	30% 이상		전년일
납입출자금	20	5백만 원 이상	4백만 원 이상	3백만 원 이상	2백만 원 이상	1백만 원 이상		기준월별 평균잔고
연체채무 및 신용불량 등록여부	최근 1년 이내 1개월 이상 연체 및 신용불량등록 있을 경우 : −5							접수 마감일

〈자녀 장학금 신청자 정보〉

구분	A	B	C	D	E	F
재직기간	15년	11년	12년	4년	7년	3년
업무기여도	골드	로얄	그린	로얄	탑	탑
학업성적	4.1	3.95	3.92	3.75	4.01	4.23
이용고배당 점수	230%	?	300%	?	230%	?
납입출자금	1,000만 원	460만 원	340만 원	540만 원	320만 원	650만 원
연체채무 및 신용불량 등록여부	Y	N	Y	Y	N	N

34. 제시된 안내를 참고하여 판단한 내용으로 적절한 것은?

① D가 이용고배당 점수로 20점을 받으면 총점이 C와 E보다 높아진다.
② 업무기여도와 학업성적에서 모두 만점을 받은 신청자는 없다.
③ B, D, F 모두 이용고배당 점수를 12점 받으면 동점자는 4명이 나온다.
④ 이용고배당 점수로 B가 20점을 받고 F가 16점을 받아도 B는 F보다 순위가 낮다.
⑤ F가 6명 중 평가점수 1위를 차지하려면 무조건 이용고배당 점수로 20점을 받아야 한다.

35. 이용고배당 점수가 B는 250%, D는 260%, F는 420%일 때, 제시된 기준에 따라 A ~ F 중 장학금을 받게 될 4명은? (단, 총점 상위 4명이 장학금을 받게 된다)

① A, B, C, D ② A, B, E, F ③ A, C, E, F
④ B, C, E, F ⑤ C, D, E, F

36. 시간관리에 관한 교사의 질문에 적절한 답변을 한 사람을 〈보기〉에서 모두 고르면?

교사 : 우리는 시간관리를 통해 많은 것을 얻을 수 있어요. 올바른 시간관리를 함으로써 얻을 수 있는 것에는 무엇이 있을까요?

보기

- 신우 : 시간관리를 통해 확보한 시간을 가치 있는 일에 사용할 수 있습니다.
- 수연 : 한정된 시간을 어떻게 잘 활용하는가가 경쟁력이라고 볼 수 있습니다.
- 하윤 : 시간관리를 하면 시간의 지배를 받기 때문에 더욱 많은 것을 성취할 수 있습니다.
- 경호 : 시간관리를 잘하는 사람은 시간 낭비 요소를 알기 때문에 시간 낭비 없이 중요한 일에 더욱 집중할 수 있습니다.

① 신우, 수연 ② 신우, 경호 ③ 수연, 하윤
④ 신우, 수연, 경호 ⑤ 신우, 수연, 하윤, 경호

37. 한강가구에서 생산하는 책장과 탁자는 조립공정과 완성공정을 거쳐 판매된다. 책장과 탁자의 생산시간과 단위당 이익에 관한 다음 표를 참고할 때, 한강가구의 최대 이익은 얼마인가? (단, 모든 제품은 조립공정과 완성공정을 거쳐 가공되어 완성된다)

구분	책장(x)	탁자(y)	월간 공급가능 노동시간
조립공정	4시간	2시간	600시간
완성공정	2시간	4시간	480시간
단위당 이익	4만 원	3만 원	

① 480만 원　② 600만 원　③ 660만 원
④ 740만 원　⑤ 780만 원

38. 다음 사례들로부터 파악할 수 있는 자원의 낭비 요인에 해당하지 않은 것은?

- 김 대리는 늦은 시간까지 잠을 자지 않는 습관으로 인해 수시로 지각을 하고 계획성 없이 업무처리를 해 상사에게 자주 지적을 받는다.
- 강 사원은 월급 당일이 지나면 은행잔고가 비어 월급은 스쳐가는 것이라 항상 푸념한다.
- 문 사원은 항상 일회용품을 사용하고 유행에 민감해 유행을 따라하기 바쁘다.
- 한 본부장은 회사 일이 바빠 평소 주변 사람을 잘 챙기지 못하여 관계가 소원해지고 있다.

① 비계획적인 행동　② 편리성 추구
③ 자원에 대한 인식 부재　④ 노하우 부족
⑤ 개개인의 인식 차이

39. 다음 자료에 대한 해석으로 가장 적절하지 않은 것은?

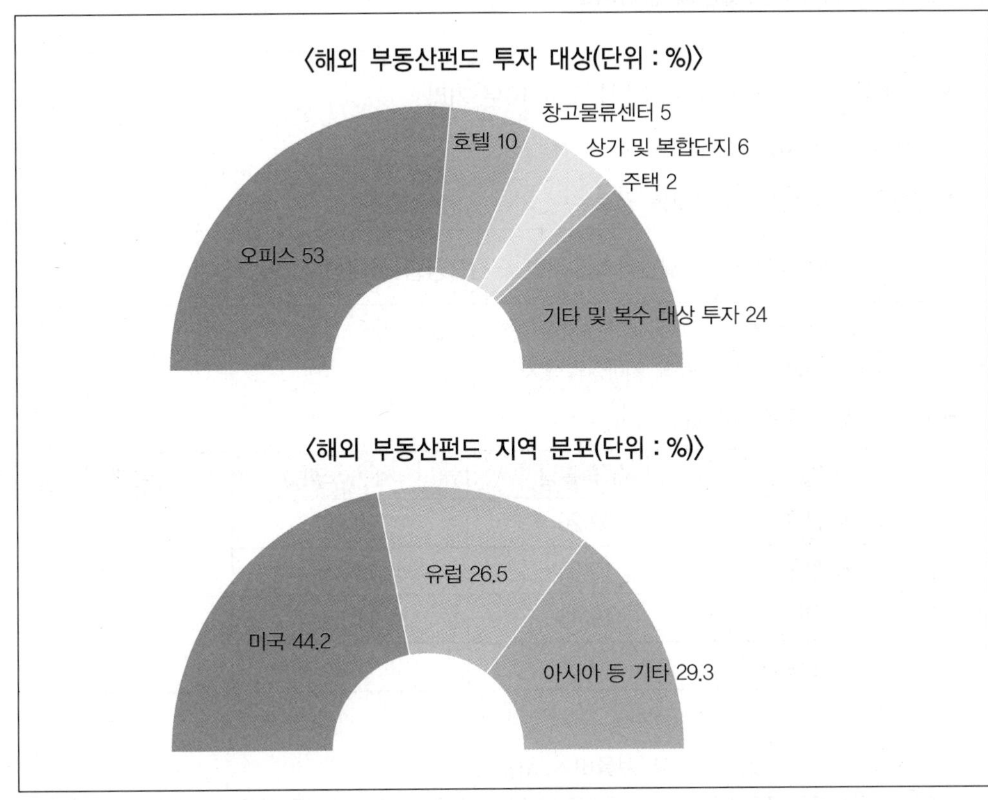

① 해외 부동산펀드 투자 대상은 오피스가 절반 이상을 차지한다.

② 해외 부동산펀드 투자 대상 중 그 항목을 명확히 알 수 없는 것이 약 4분의 1을 차지한다.

③ 해외 부동산펀드 투자 대상 가운데 주택은 창고물류센터보다 비중이 작다.

④ 해외 부동산펀드 분포 지역 가운데 가장 많은 비중을 차지하는 것은 아시아 등 기타 지역이다.

⑤ 해외 부동산펀드 분포 지역은 미국을 제외하면 약 55%를 차지한다.

[40 ~ 41] ○○공사의 홍보부 사원인 H는 내일 제주도의 △△리조트에서 실시되는 세미나에 참석하려고 한다. 이어지는 질문에 답하시오.

◆ H 사원의 집 : 파주시 금릉역에서 도보 10분 거리

◆ 세미나 시작 시간 : 오후 2시

◆ 금릉역 → 김포공항 대중교통 경로

[경의중앙선]금릉역 → [일반버스]588번 → 김포공항 국내선 정류장 하차

※ 지하철 이동 20분, 버스 이동 40분, 버스 하차 후 도보 이동 5분 소요 예상

※ 금릉역에서 오전 7시 20분에 지하철의 첫차가 출발함.

◆ 김포 → 제주 항공 시간표

구분	김포 출발	제주 도착	금액(원)
A 항공	09:20	10:30	124,900
B 항공	10:05	11:15	124,900
C 항공	10:45	11:55	117,500
D 항공	10:55	12:05	74,800

※ 출발 한 시간 전 공항에 도착하여 체크인해야 함.

◆ 제주공항 → △△리조트 무료 셔틀버스 시간표

구분	1회차	2회차	3회차	4회차	5회차
출발시간	10:00	12:00	14:00	16:00	19:10
도착시간	11:10	13:10	15:10	17:10	20:20

※ 항공기 도착 후 셔틀버스 탑승 장소까지 7분 소요됨.

40. H 사원은 금릉역에서 김포공항까지 제시된 대중교통으로 이동하며, 이때 소요되는 총 이동시간보다 30분 일찍 나오려고 한다. H 사원이 세미나에 늦지 않으려면 내일 아침 어떤 항공기를 타기 위해 몇 시에 집에서 나와야 하는가? (단, 제주공항에서 △△리조트까지는 무료 셔틀버스를 이용한다)

	항공기	나오는 시각		항공기	나오는 시각
①	B	07:20	②	B	08:20
③	C	09:10	④	D	09:20
⑤	D	09:50			

41. (40과 이어짐) 출장준비를 하던 H 사원은 세미나 시작 시간이 오후 2시에서 오후 1시로 변경되었다는 안내 문자를 받게 되었다. 항공편을 변경하고, 셔틀버스 시간이 맞지 않아 제주공항에서 △△리조트까지 가는 대중교통을 알아보니 다음과 같았다. 이를 참고하였을 때, H 사원의 집에서부터 △△리조트까지 이동하는 데 추가로 드는 비용은?

- 금릉역에서 6시 50분에 출발하는 지하철의 첫차가 생겨, 항공편을 A 항공편으로 변경하였다.
- 항공편 변경에 따른 수수료 5,000원이 발생하였다.
- 김포공항까지 교통편은 동일하게 이동하기로 한다.
- 제주공항에서 △△리조트까지 [경로1]의 대중교통을 이용하기로 한다.

① 8,000원 ② 15,400원 ③ 50,700원
④ 58,100원 ⑤ 132,900원

42. 다음은 ○○공사 총무부에서 신입사원을 채용하기 위한 직무분석 계획이다. 해당 직무분석 방법에 대한 설명으로 옳은 것을 〈보기〉에서 모두 고르면?

6월 업무계획
• 부서 : 총무부 • 주요 업무 : 고객응대업무에 대한 직무분석 및 직무평가 • 목적 : 신입사원 신규채용 시 채용요구 및 자격조건의 신청 • 방법 : 관찰법 • 기대성과 : 고객응대업무에 적합한 인성과 자질 및 자격조건을 설정할 수 있음. : 적재적소에 적합한 인재를 선발할 논리적 기지를 제공할 수 있음.

보기

ㄱ. 관찰을 통해 직무행동의 원인을 정확하게 파악할 수 있다.
ㄴ. 종업원의 외형적 작업환경을 정확하게 분석할 수 있다.
ㄷ. 직접적으로 관찰하는 경우 작업에 방해되지 않도록 양해를 구해야 한다.

① ㄱ ② ㄴ ③ ㄱ, ㄴ
④ ㄱ, ㄷ ⑤ ㄴ, ㄷ

43. 기업의 시간, 예산, 인적 · 물적자원은 유한하기 때문에 효과적인 활용과 세심한 관리가 필요하다. 이러한 자원들을 관리하는 과정이 다음과 같을 때, 그 순서가 바르게 나열된 것은?

(가) 자원이 투입되는 활동의 우선순위를 고려하여 자원을 할당하고 활용계획을 세운다.
(나) 자원이 얼마나 필요한지 시간, 예산, 인적 · 물적자원으로 구분하여 파악한다.
(다) 자원 활용에 대한 계획을 수립한 대로 업무를 수행한다.
(라) 필요한 수량보다 여유 있게 이용 가능한 자원을 확보한다.

① (가) – (나) – (라) – (다) ② (가) – (라) – (다) – (나)
③ (나) – (라) – (가) – (다) ④ (나) – (라) – (다) – (가)
⑤ (다) – (가) – (나) – (라)

44. 다음은 바코드 생성 방식을 나타낸 자료이다. 제시된 규칙을 적용할 때, 예시의 D 영역에 해당하는 체크섬 자리에 들어갈 숫자로 옳은 것은?

A 영역		B 영역		C 영역				D 영역
국가코드		업체코드		상품코드				체크섬
				분류		상품		
201	중국	2340	a 회사	678	면류	90	소면	바코드 짝수 자리 숫자의 합에 3을 곱한 값과 홀수 자리 숫자의 합을 더한 후 그 값에 추가로 더했을 때 10의 배수를 만드는 최소 숫자
301	일본	2341	b 회사			80	중면	
401	미국	2342	c 회사			70	파스타면	
501	한국	2343	d 회사	778	제과류	60	스낵 A	
		2344	e 회사			50	스낵 B	
		2345	f 회사	878	주류	40	맥주	
						30	소주	
				978	빙과류	20	초코바 A	
						10	초코바 B	

① 0 ② 2 ③ 4

④ 6 ⑤ 7

45. 다음은 ○○공사의 Q&A 게시판에 올라온 내용이다. (가)에 들어갈 내용으로 적절한 것은?

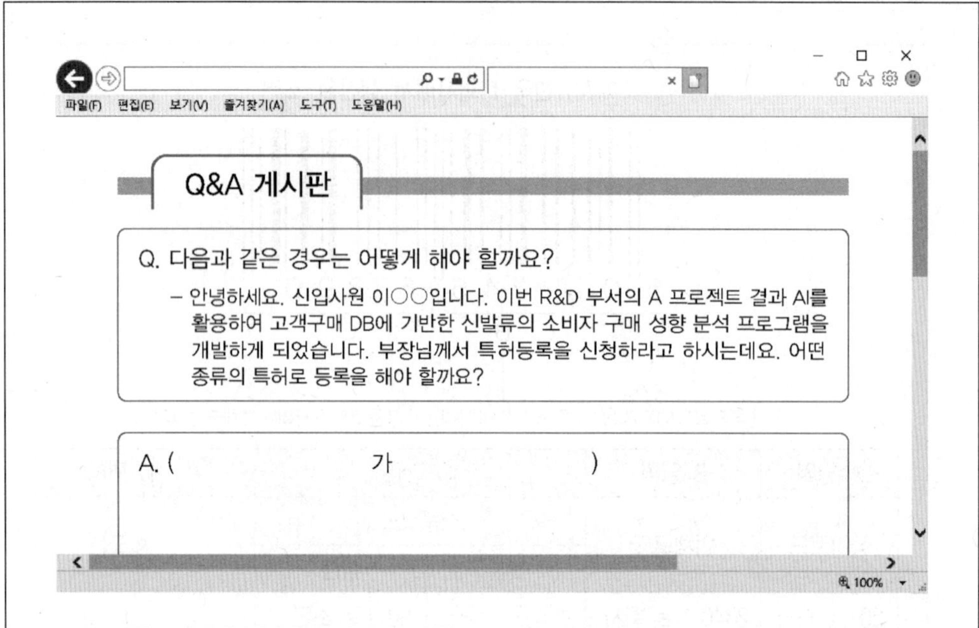

① 정보재산권으로 등록하시면 됩니다.
② 정보재산권인 저작권으로 등록하시면 됩니다.
③ 산업재산권인 특허권으로 등록하시면 됩니다.
④ 신지식재산권인 저작권으로 등록하시면 됩니다.
⑤ 산업저작권인 컴퓨터 프로그램으로 등록하시면 됩니다.

46. 다음에서 설명하는 서비스를 일컫는 용어는?

- ○○기업 김 대리는 관심 있는 제품을 오프라인에서 직접 확인하고 스마트폰이나 컴퓨터를 이용하여 온라인 구매를 한다.
- △△기업 곽 대리는 오프라인 매장에서 제품을 직접 확인하고 그동안 쌓아 둔 포인트와 할인쿠폰을 적용하여 온라인으로 저렴하게 구매한다.

① 쇼루밍 ② O2O ③ 웹루밍
④ 옴니채널 ⑤ IoT

47. 다음은 엑셀을 이용하여 서울 강동구와 성동구 대리점의 5월 판매현황을 작성한 것이다. 서울 강동구와 성동구 대리점 판매현황 데이터를 통합하여 [B10:D16]셀에 '서울 대리점 5월 판매현황'을 출력한 것이라면, 다음 중 데이터 통합에 사용된 기능에 대한 설명으로 적절한 것은?

	A	B	C	D	E	F	G	H
1								
2		서울 강동구 대리점 5월 판매현황				서울 성동구 대리점 5월 판매현황		
3		품목	판매량	판매액		품목	판매량	판매액
4		카메라	3	4,700		김치냉장고	12	15,000
5		냉장고	15	19,000		공기청정기	27	12,000
6		세탁기	13	12,000		세탁기	9	8,500
7		김치냉장고	10	13,500		카메라	5	6,800
8		공기청정기	25	11,000		냉장고	16	20,000
9								
10		서울 대리점 5월 판매현황						
11		품목	판매량	판매액				
12		카메라	8	11,500				
13		냉장고	31	39,000				
14		세탁기	22	20,500				
15		김치냉장고	22	28,500				
16		공기청정기	52	23,000				
17								

① [통합] 대화상자에서 사용할 함수로 '개수'를 선택하였다.

② [통합] 대화상자에서 사용할 함수로 '평균'을 선택하였다.

③ [통합] 대화상자에서 지정한 참조 영역을 표시한 후 사용할 레이블에 '체크'를 모두 해제하였다.

④ 데이터 통합 결과가 표시되는 [C11:D16] 영역을 블록으로 지정한 후 [데이터]−[통합]을 선택하였다.

⑤ 데이터 통합 결과가 표시되는 [B11:D16] 영역을 블록으로 지정한 후 [데이터]−[통합]을 선택하였다.

48. A 기업의 조직도를 설명하기 위해 파워포인트로 다음과 같은 도해를 만들 때, 사용한 기능에 대한 설명으로 옳은 것은?

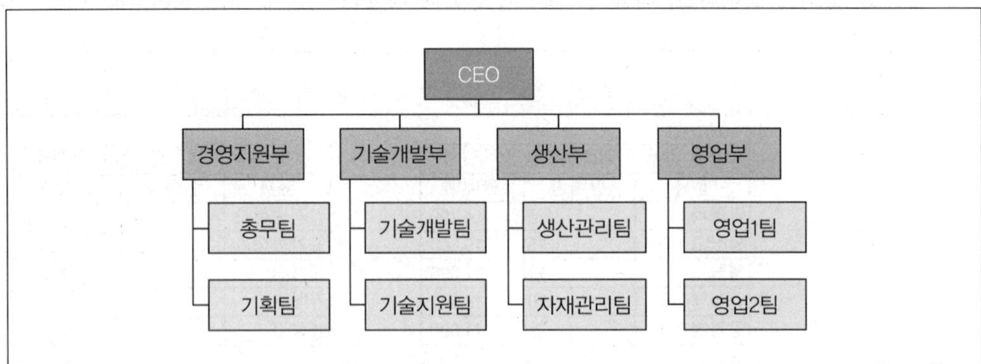

① [삽입]-[차트]에서 [조직도형]을 찾아 클릭한다.
② 항목 수준을 올리려면 텍스트 창에서 Tab을 누른다.
③ [삽입]-[SmartArt]에 들어가 'SmartArt 그래픽 선택' 대화상자에서 [계층구조형]을 클릭한다.
④ [삽입]-[SmartArt]에 들어가 'SmartArt 그래픽 선택' 대화상자에서 [프로세스형]을 클릭한다.
⑤ 텍스트 입력창에서 Enter를 누르면 다음 칸으로 넘어간다.

49. 스마트카 사업에 대한 다음 기술선택절차에서 추가적으로 필요한 절차는?

(가)	• 산업 간 융합으로 인한 자동차 산업의 가치 상승 • 자동차와 융합된 ICT 현실화
(나)	2022년 28조 원(10%) 100억 달러, 2026년 180조 원(15%) 730억 달러 매출 목표
(다)	• 아마존과의 기술 제휴로 자동차와 가전 간 연동시스템을 구축 • 주행 중인 차를 블루투스를 이용하여 스마트폰과 연결시키고 스마트폰을 연결한 차의 정보를 서버로 전송하는 기술
(라)	• 정부 주도로 IntelliDrive, VSC, CICAS 등의 스마트카 관련 사업 14개 수행 중 • 외부표시 및 알람장치와 방향지시, 특수 애플리케이션, 내비게이션 등의 특허경쟁력이 우수한 상태
(마)	• 경로탐색, 고정 지물 인식, 변동 · 이동 물체 인식을 위한 고해상도 지도 및 고정밀 GPS 기기 습득 • 고정 지물 인식을 위한 V2X 통신기술 습득

① 외부환경 분석
② 내부역량 분석
③ 사업전략 수립
④ 요구기술 분석
⑤ 사업목표 설정

50. 다음은 ○○기업의 생산제품을 관리하기 위해 정 과장이 엑셀로 작성한 자료이다. 〈관리 코드 조건〉을 이용하여 A ~ E 그룹으로 분류했다고 할 때, 이에 대한 설명으로 적절하지 않은 것은?

〈관리 코드 조건〉

- 생산연월은 6자리로 표현한다. 예 2019년 6월 10일은 190610으로 나타낸다.
- 전체 코드 표현은 생산연월–품목생산국–생산공장 순서로 나타낸다.
  예 2019년 6월 27일에 한국의 1공장에서 만든 핸드백은 190627–00101K–0A0001로 나타낸다.

	A	B	C	D	E	F	G	H
1	품목	코드	생산국가	코드	생산연월	코드	생산공장	코드
2	핸드백	001	한국	01K	2018-09-05	180905	1공장	0A0001
3	지갑/벨트	002	일본	01J	2019-02-01	190201	2공장	0A0002
4	구두/신발	003	중국	01C			3공장	0A0003
5	가방	004	베트남	01V			4공장	0A0004
6	섬유잡화	005	태국	01T			5공장	0A0005
7	패션소품	006	인도네시아	01I			6공장	0A0006

A 그룹	B 그룹	C 그룹
181021–00201J–0A0001	181021–00501K–0A0001	181021–00401V–0A0002
181101–00301V–0A0001	191021–00501K–0A0002	190402–00401C–0A0002
181121–00501C–0A0001	191101–00501K–0A0003	191001–00501I–0A0002
181202–00501C–0A0001	170102–00501K–0A0003	171224–00301T–0A0002

D 그룹	E 그룹
190512–00401K–0A0002	191101–00201V–0A0001
190708–00301I–0A0002	191105–00301V–0A0002
190506–00401V–0A0002	191107–00401V–0A0001
170803–00401C–0A0002	191121–00601V–0A0002

① A 그룹은 2018년에 각국의 1공장에서 생산된 제품들로 나열되어 있다.

② B 그룹은 한국에서 생산된 섬유잡화들로 나열되어 있다.

③ C 그룹은 4개 국가의 2공장에서 생산된 제품들을 나열한 것이다.

④ D 그룹은 4개 국가의 2공장에서 생산된 가방을 나열한 것이다.

⑤ E 그룹은 2019년 11월에 베트남 1, 2공장에서 생산된 제품들을 나열한 것이다.

직업기초 5회

기출예상문제

시험시간 | 60분
문항수 | 50문항

▸ 정답과 해설 50쪽

01. 다음 중 띄어쓰기가 바른 것은?

① 연극, 마당극, 인형극따위의 공연 시간은 한 시간내지 두 시간이 걸린다.
② 합격했다는 말에 뛸듯이 기뻐하였다.
③ 현재 우리나라에서 아이를 낳고 기르는데는 적지 않은 경제적 부담이 요구된다.
④ 학교에서 부터 도서관까지 거리는 약 5km 이다.
⑤ 20여 년 전 그들이 만났던 곳은 문예회관입니다.

02. ○○공사에서 근무하는 사원들이 다음 글을 읽고 나타낸 반응으로 옳은 것은?

> 물나눔 서비스는 부족함 없이 맑은 물을 공급하는 것을 사업의 방향으로 설정합니다. 수요의 예측과 관리를 강화하고, 기존에 있던 댐과 저수지 등의 시설을 연계 활용하거나 대체수자원을 개발하여 수량을 확보하고자 합니다.
>
> 지방상수도를 통합하는 등 유역단위공급 체계를 구축해 물 공급의 안전성과 효율성을 강화하고 기존의 수원을 활용한 수도시설 설치, 수도시설 안전성 투자 등을 강화하고 있습니다. 또한 신규 지방의 위탁은 신중하게 다루며, 현대화와 연계된 새로운 사업모델을 마련하고 있습니다.
>
> 물 복지를 개선하는 등 물 취약지역에 대한 투자를 강화하고, 수량 · 수질 · 요금 등 전국의 물 서비스 격차를 해소하고자 하며, 수돗물 품질 개선을 위한 고도처리와 SWM 도입 그리고 옥내 배관관리 등 수돗물의 안심서비스를 강화하고 있습니다.

① 물나눔 서비스는 수량을 확보하기 위해 새로운 댐과 저수지를 건설하는 데에 목적을 두네.
② 기존의 수원을 활용하지 않고 새로운 수원을 확보하여 효율적으로 활용하는구나.
③ 차별 없는 물 공급을 위해 신규 지방의 위탁은 보다 신속하게 수락해 작업을 시작하는군.
④ 지방상수도를 통합하는 것은 수돗물의 품질을 개선하기 위해서야.
⑤ 물 취약지역에 대한 투자를 강화하는 것은 물 복지를 개선하기 위함이지.

03. 다음 글의 주제로 적절한 것은?

언어 기호는 과연 의미를 제대로 전달하는 수단일까? 이런 의문을 처음 제기한 사람은 프랑스의 구조언어학자인 소쉬르다. 그는 기호를 의미하는 것(기표, signifiant)과 의미되는 것(기의, signifié)으로 구분하고, 양자의 관계가 생각하는 것처럼 그렇게 필연적이지 않다고 주장한다. 언어 기호가 지시 대상을 가리킨다고 보는 전통적인 관점을 뒤집은 것이다. 나무라는 말이 나무를 가리키고 바위라는 말이 바위를 가리키는 것은 당연한데, 대체 소쉬르는 무슨 말을 하는 걸까? 그는 스피노자의 말을 빌려 "개는 짖어도 개라는 낱말은 짖지 않는다."라고 말한다. 그의 말은 마당에서 뛰노는 실제의 개(기의)를 개라는 이름(기표)으로 불러야 할 필연적인 이유가 없으며, 개를 소나 닭으로 바꿔 불러도 아무런 상관이 없다는 뜻이다.

그렇다면 개를 개라고 부르게 된 이유는 무엇일까? 사실 그런 이유는 없다. 그것은 순전한 우연이다. 개를 개라고 부르는 것은 개라는 낱말이 지시하는 대상, 즉 실제 개와 관계가 있는 게 아니라 단지 언어 체계에서 정해진 약속일 따름이다. 여기서 소쉬르는 '차이'라는 중요한 개념을 끄집어낸다. 개는 소나 닭이 아니기 때문에 개인 것이다. 차이란 실체가 아니라 관계를 나타내는 용어이다. 따라서 중요한 것은 실체적 사고가 아니라 관계적 사고이다. 기호의 의미를 결정하는 것은 실체가 아니라 다른 기호들과의 관계(차이)다. 그런데 관계는 실체에 가려 눈에 잘 띄지 않는다. 우리는 실체적 사고에 익숙하기 때문에 실체의 배후에 숨은 관계를 포착하지 못한다. 기호를 실체로 간주하면 기호와 지시 대상을 무의식적으로 일체화하기 때문에 그 기호의 본래 의미를 알려 주는 맥락을 놓치게 되며, 이른바 '행간의 의미'를 이해하지 못하게 된다.

① 기의를 기표로 불러야 할 필연적인 이유는 없다.
② 기호의 의미를 결정하는 것은 실체가 아니라 다른 기호들과의 관계이다.
③ 기호의 의미를 결정하는 것은 우리에게 익숙한 실체적 사고이다.
④ 기호의 의미는 기호와 지시 대상을 무의식적으로 일체화하는 데서 발견된다.
⑤ 기호의 의미는 행간의 의미를 넘어 본질적 의미를 파악할 때 제대로 파악할 수 있다.

04. 다음 글에서 나타나고 있는 논리적 오류는?

> 음력 사월 초파일 날, 어느 절에서 노승이 신라 때 순교자 이차돈의 죽음에 대해 신도들에게 설법을 하고 있었다.
>
> "여러분, 무릇 중생들은 부처님의 놀라우신 행적에 다만 고개가 수그러질 따름입니다. 이차돈 님은 비록 목이 떨어졌건만 십 리를 자신의 머리를 들고 걸으셨다는 사실만 보더라도……"
>
> 이때, 청중 가운데서 한 사람이 불쑥 나서서 노승에게 물었다.
>
> "그렇지만 확실히 이차돈 님께서는 양손이 묶였을 텐데 어떻게 자신의 목을 들고 걸을 수가 있었지요?"
>
> "아, 그야 이빨로 물었던 것이죠." 하고 스님은 즉석에서 대답하였다.

① 결합의 오류
② 전건 부정의 오류
③ 순환논증의 오류
④ 인신공격의 오류
⑤ 자가당착의 오류

05. 다음 글의 내용과 일치하지 않는 것을 〈보기〉에서 모두 고르면?

> 창은 채광이나 환기를 위해서, 문은 사람들의 출입을 위해서 건물 벽에 설치한 개폐가 가능한 시설이다. 일반적으로 현대적인 건축물에서 창과 문은 각각의 기능이 명확하고 크기와 형태가 달라 구별이 쉽다. 그러나 한국전통 건축, 곧 한옥에서 창과 문은 그 크기와 형태가 비슷해서 구별하지 않는 경우가 많다. 그리하여 창과 문을 합쳐서 창호라고 부른다. 이것은 창호가 창과 문의 기능과 미를 공유하고 있다는 것을 의미한다. 그런데 창과 문을 굳이 구별한다면 머름이라는 건축 구성 요소를 통해 가능하다. 머름은 창 아래 설치된 낮은 창턱으로, 팔을 얹고 기대어 앉기에 편안한 높이로 하였다.
>
> 공간의 가변성을 특징으로 하는 한옥에서 창호는 핵심적인 역할을 한다. 여러 짝으로 된 큰 창호가 한쪽 벽면 전체를 대체하기도 하는데, 이때 외부에 면한 창호뿐만 아니라 방과 방 사이에 있는 창호를 열면 별개의 공간이 합쳐지면서 넓은 새로운 공간을 형성하게 된다. 창호의 개폐에 의해 안과 밖의 공간이 연결되거나 분리되고 실내 공간의 구획이 변화되기도 하는 것이다. 이처럼 창호는 한옥의 공간 구성에서 빠트릴 수 없는 중요한 위치를 차지한다.

한편, 한옥에서 창호는 건축의 심미성이 잘 드러나는 독특한 요소이기도 하다. 창호가 열려 있을 때 바깥에 나무나 꽃과 같은 자연물이 있을 경우 방 안에서 창호와 일정 거리 떨어져 밖을 내다보면 창호를 감싸는 바깥 둘레 안으로 한 폭의 풍경화를 감상하게 된다. 방안의 사람이 방 밖의 자연과 완전한 소통을 하여 인공의 미가 아닌 자연의 미를 직접 받아들임으로써 한옥의 실내 공간은 자연과 하나 된 심미적인 공간으로 탈바꿈한다. 열린 창호가 안과 밖, 사람과 자연 사이의 경계를 없앤 것이다.

창호가 닫혀 있을 때에는 창살 문양과 창호지가 중요한 심미적 기능을 한다. 한옥에서 창호지는 방 쪽의 창살에 바른다. 방 밖에서 보았을 때 대칭적으로 배열된 여러 창살들이 서로 어울려 만들어내는 창살 문양은 단정한 선의 미를 창출한다. 창살로 구현된 다양한 문양에 따라 집의 표정을 읽을 수 있고 집주인의 품격도 알 수 있다. 방 안에서 보았을 때 창호지에 어리는 햇빛은 이른 아침에 청회색을 띠고, 대낮의 햇빛이 들어올 때는 뽀얀 우윳빛, 하루 일과가 끝날 때쯤이면 석양의 붉은색으로 변한다. 또한 창호지가 얇기 때문에 창호가 닫혀 있더라도 외부와 소통이 가능하다는 장점도 있다. 방 안에서 바깥의 바람과 새의 소리를 들을 수 있고, 화창한 날과 흐린 날의 정서와 분위기를 느낄 수 있다. 창호는 이와 같이 사람과 자연 간의 지속적인 소통을 가능케 함으로써 양자가 서로 조화롭게 어울리도록 한다.

보기

㉠ 한국전통 건축에서의 창과 문은 그 크기와 형태가 비슷해서 구별하지 않는 경우가 많아 창과 문을 합쳐서 창호라고 부른다.

㉡ 한옥에는 창 아래 낮은 턱이 있어 팔을 얹고 기대어 앉기에 편한 구조물이 있는데, 이를 머름이라고 부른다.

㉢ 한옥에서 창호는 건축의 심미성이 잘 드러나는 독특한 요소로 한옥의 아름다움을 담당하는 부분이지만 공간의 가변성과는 관련이 없다.

㉣ 창호는 한옥의 실내 공간을 자연과 하나 된 심미적인 공간으로 탈바꿈시키며 이를 통해 사람과 자연 사이의 경계를 없앴다.

㉤ 창호지를 바른 창은 외부의 소음을 차단하여 밖의 소리가 안으로 전달되지 않는다.

① ㉠, ㉡　② ㉢, ㉣　③ ㉢, ㉤
④ ㉢, ㉣, ㉤　⑤ ㉠, ㉡, ㉢, ㉣, ㉤

06. 다음 글을 읽고 알 수 있는 내용을 〈보기〉에서 모두 고르면?

철도산업의 도약을 위한 해외 철도시장 진출의 중요성과 우리 기업들의 기술개발 및 해외시장 진출에 대한 의지와 노력을 강조하고 이에 발맞춘 정부의 맞춤형 지원방안 등을 논의하는 간담회가 열린다.

국토교통부는 대한민국 철도산업의 진흥과 해외진출 촉진 등 관련 정책과제 발굴을 위해 생생한 현장의 목소리를 청취하는 업계 간담회를 27일 한국철도기술연구원(의왕시 소재) 오명홀에서 개최한다고 밝혔다.

본 행사는 김△△ 장관이 직접 주재하고 철도차량 · 부품 · 시스템 관련 기업 대표 50여 명과 한국철도학회 등 학계, 국토교통과학기술진흥원 · 철도연 · 교통연 등 연구계, 한국철도시설공단 등 공공기관 관계자 50여 명 등 총 100여 명이 참석하는 대규모 행사로 치러진다.

국토부는 지난 10일 확정된 20XX년 정부예산 중 철도부문 예산이 6조 9,474억 원(정부안 대비 1조 4,311억 원 증가)으로 사상 최초로 도로부문 예산을 초과하는 등 국민들의 관심이 높아지는 가운데, 여전히 영세한 구조를 벗어나지 못하고 있는 철도산업의 활성화 요구에 부응하고 최근 더욱 경쟁이 치열해진 국제 철도시장에서 우리 철도기업의 활발한 진출을 도모하기 위한 과제를 발굴하는 자리라고 행사의 개최 배경을 설명했다.

국토부 ○○○ 철도국장은 "철도차량산업은 2만여 개 부품으로 구성된 장치 · 시스템산업으로 완성차업체를 중심으로 주요장치와 그에 필요한 부품을 제작하는 수많은 중소기업으로 구성되어 있어 강소 · 중견기업을 육성하는 것이 중요하다"고 강조하며, "국토부는 이번 행사를 계기로 국내 · 국제 철도시장에서 뛰고 있는 기업들의 생생한 목소리를 청취하고 다양한 건의사항을 수렴하여 향후 철도정책 방향에 적극적으로 반영해 나갈 계획"이라고 말했다.

보기

ㄱ. 한국철도기술연구원은 수도권에 위치하고 있지 않다.
ㄴ. 본 행사를 직접 주재하는 사람은 한 명이 아닌 다수의 인원이다.
ㄷ. 철도차량산업 장치를 구성하는 부품은 2만여 개를 육박한다.
ㄹ. 현재 철도차량산업의 부품을 제작하는 많은 기업의 형태는 중소기업이다.

① ㄱ, ㄴ ② ㄴ, ㄷ ③ ㄷ, ㄹ
④ ㄱ, ㄴ, ㄷ ⑤ ㄱ, ㄴ, ㄹ

07. 현우와 진희는 함께 점심을 먹기 위해 각자 위치의 중간 지점에서 만나기로 하였다. 현우가 120km/h, 진희가 80km/h로 이동할 경우 현우가 진희보다 35분 일찍 도착한다고 할 때, 현재 두 사람 사이의 거리는 몇 km인가? (단, 현우와 진희는 동시에 출발한다)

① 140km ② 175km ③ 210km
④ 245km ⑤ 280km

08. 다음은 어느 기업 직원 명단의 일부이다. 직원 명단과 설명을 바탕으로 추론할 때 〈보기〉에서 말하는 직원은?

영업팀(8명)		재무팀(7명)		홍보팀(5명)	
이름/직급	사원번호	이름/직급	사원번호	이름/직급	사원번호
최◇◇/팀장	S09001	박◇◇/팀장	F08001	김◇◇/팀장	P09001
이◇◇/과장	S14002	이◇◇/과장	F13002	유◇◇/과장	P13002
방◇◇/대리	S17003	장◇◇/대리	F16003	정◇◇/사원	P18003
민◇◇/사원	S18004	이◇◇/사원	F18004	최◇◇/사원	P19004
조◇◇/사원	S19005	서◇◇/사원	F19005	문◇◇/사원	P20005

- 영업팀 팀장과 홍보팀 팀장은 같은 해에 입사했다.
- 2020년에 입사한 직원은 각 팀마다 한 명씩 있다.
- 사원번호는 팀별 순차적으로 부여받는다.

보기

재무팀보다 직원 수가 많은 팀에서 근무하는 재무팀 이 사원의 입사동기

① 영업팀 민 사원 ② 영업팀 조 사원 ③ 재무팀 서 사원
④ 홍보팀 정 사원 ⑤ 홍보팀 최 사원

09. ○○공사에서 근무하는 P 사원이 정부 부처에서 발표한 다음의 보도 자료를 정리한 내용으로 적절한 것을 〈보기〉에서 모두 고르면?

> **여름철 감염병 예방 · 관리를 위한 비상방역체계 운영**
> **– A형간염 예방을 위해 안전성이 확인된 조개젓만 섭취, 조개류 익혀 먹기 –**
>
> ㅁ 질병관리본부는 수인성 · 식품매개감염병 증가에 대비하여 본격적으로 하절기가 시작되는 5월 1일부터 10월 4일까지 전국 시 · 도 및 시 · 군 · 구 보건소와 함께 비상방역 근무 체계를 운영한다고 밝혔다.
>
> ㅁ 질병관리본부는 올해 A형간염 환자 발생이 2019년에 비해 크게 감소하였으나 최근 발생이 증가하고 있어 A형간염 예방 및 전파 차단을 위해 안전성이 확인된 조개젓만 섭취하고, 조개류는 익혀 먹는 등 A형간염 예방수칙을 준수할 것을 권고하였다.
>
> 〈A형간염 예방수칙〉
> – 안전성이 확인된 조개젓만 섭취
> – 조개류 익혀 먹기
> – 요리 전, 식사 전, 화장실 다녀온 후 비누로 30초 이상 손 씻기
> – 안전한 물 마시기
> – 채소나 과일은 깨끗하게 씻어 껍질 벗겨 먹기
> – A형간염 예방접종 권고(2주 이내 A형간염 환자와 접촉한 사람 및 만성간질환 환자 등 고위험군)

보기

ㄱ. 이 비상방역체계는 2020년 총체적 수인성 감염병 증가에 대비하여 운영될 것이다.
ㄴ. A형간염을 예방하기 위해서는 채소나 과일을 깨끗하게 씻어 껍질째로 먹는 것이 좋다.
ㄷ. A형간염은 전염성을 가진 질병이다.
ㄹ. 조개류는 익혀 먹는 것을 권장하지만 안전성이 확인된 조개젓이라면 섭취해도 좋다.

① ㄱ, ㄴ　② ㄴ, ㄷ　③ ㄷ, ㄹ
④ ㄱ, ㄴ, ㄷ　⑤ ㄴ, ㄷ, ㄹ

10. 다음은 △△기업 필기시험을 앞둔 수험생 S 씨가 참고해야 할 유의사항이다. S 씨가 이해한 내용으로 가장 적절하지 않은 것은?

◉ 응시자 유의사항 ◉

1. 응시자는 검사 당일 지정된 입실시간까지 검사실에 입실하여야 합니다.
   - 고사장, 교통편, 소요시간을 사전에 확인하시기 바랍니다.
   - 고사장 내 주차는 불가하오니 대중교통을 이용하시기 바랍니다.
2. 응시자는 검사 당일 수험표, 신분증, 컴퓨터용 사인펜, 수정테이프를 반드시 지참하시기 바라며, 복장은 자율복입니다.
   - 수험표 : △△기업 채용홈페이지에서 출력 가능
   - 신분증 : 주민등록증, 운전면허증, 여권에 한함(학생증, 자격증 등은 신분증으로 인정하지 않음).
   - 검정색 컴퓨터용 사인펜에 한함.
   - 테이프형 백색 수정테이프에 한함(수정액 사용불가).

   ※ 해외 고사장의 경우 컴퓨터용 사인펜 지참이 어려우신 분들을 위해 고사장에서 사인펜을 제공합니다.
3. 응시자는 휴대전화기, 디지털 카메라, 전자계산기 등 각종 통신기기, 정보저장장치, 전자기기를 검사시간 중에 휴대하거나 사용할 수 없습니다.
4. 검사시간 관리의 책임은 전적으로 응시자 본인에게 있습니다. 공식적인 검사시간 운영은 방송이나 감독관의 '시작(검사 시작)'과 '그만(검사 종료)'이라는 지시로 이루어집니다.
   - 검사시간 중 시간 확인은 검사실에 비치된 시계가 부정확할 수 있으므로, 필요하신 경우 응시자는 개인용 시계를 준비하여 본인의 시계로 검사시간을 확인하시기 바랍니다.
   - 진행 중인 검사시간에는 해당 검사영역의 문제만을 풀어야 하며, 해당 검사시간 중에 다른 검사영역의 문제를 풀거나, 답안 표기를 할 경우 부정행위로 간주됩니다.
5. 부정행위자는 즉시 퇴실조치되며, 불합격 처리됩니다.

   ※ 부정행위 유형은 첨부자료 참고

① 수험표는 해당 기업 채용홈페이지에서 출력이 가능하다.

② 신분증은 명시된 3가지 종류만 인정된다.

③ 컴퓨터용 사인펜 지참이 어려울 경우 모든 고사장에서 사인펜을 제공받을 수 있다.

④ 개인용 시계를 이용하여 검사시간을 확인해도 상관없다.

⑤ 정해진 시간 동안 해당 검사영역만을 풀어야 하며, 그렇지 않을 경우 즉시 퇴실조치 될 수도 있다.

11. △△시에 사는 A 씨가 다음 보도 자료를 읽고 정리한 내용으로 옳은 것을 〈보기〉에서 모두 고르면?

보도 자료			
제공일	20X1. 3. 22.	보도일시	20X1. 3. 22.
담당 부서	재난관리과	담당자	자연재해담당 이○○

봄철 불청객 '황사' 이렇게 대처합시다!

– 기상상황 신속전파, 홍보 등 철저한 대비로 황사 피해 최소화 –

매년 봄철 불청객으로 찾아오는 황사에 대한 철저한 대비가 필요하다. △△시는 봄철에 집중되는 황사에 대비하여 관련 부서, 구 · 군 유관기관의 유기적인 협조를 통해 대응체계를 강화하고 시민행동요령을 홍보하는 등 황사 피해를 최소화하기로 했다.

ㅁ 매년 봄철이면 반갑지 않은 손님 황사가 찾아온다. 황사는 우리 인체에 악영향을 미치므로, 시민들의 건강 피해 예방을 위해 철저한 대비가 필요하다. 우리 지역 황사는 최근 30년간 연평균 관측일수는 6.1일이며, 이 중 5.1일(83%)이 봄철에 집중 발생하는 것으로 나타났다.

ㅁ 올봄 기상청의 기상전망에 따르면 우리 지역 황사발생일수는 4월은 평년(2.2일)과 비슷하겠으며, 5월에는 평년(0.8일)보다 적을 것으로 전망하고 있다. 그러나 최근 중국 북부지역의 가뭄으로 강한 황사 발생 가능성이 있으므로 철저한 대비를 해야 한다.

ㅁ △△시는 황사 발생 시 도로변과 대규모 공사장 물 뿌리기, 진공청소차를 활용한 청소도 실시할 계획이다.

ㅁ 또 황사 대비 동영상 및 시민행동요령 등을 시, 구 · 군 홈페이지에 게재하고 각종 언론매체와 시가지 대형 전광판, 지하철 LCD 방송 등을 통하여 동영상 및 문자로 송출하며, 반상회보 및 아파트 단지 내 방송, 마을앰프 등에도 황사특보 발효와 시민행동요령에 대하여 적극 홍보할 예정이다.

보기

ㄱ. 보도 자료는 즉시 배포될 예정이다.
ㄴ. 황사 발생 통계가 불필요하게 많이 제공되어 있다.
ㄷ. △△시는 황사 발생 전, 도로변과 대규모 공사장에 물을 뿌릴 계획이다.
ㄹ. 황사 대비에 대한 정보는 첨부 자료로만 제공하고 있어 보도 자료의 초점이 불분명하다.

① ㄱ, ㄴ　② ㄱ, ㄷ　③ ㄴ, ㄹ
④ ㄱ, ㄴ, ㄹ　⑤ ㄱ, ㄴ, ㄷ, ㄹ

12. 다음 글의 (가) ~ (마)를 문맥에 맞도록 적절하게 나열한 것은?

(가) 아시아는 아시아대로 다르다. 중국 사람들은 @를 점잖게 쥐에다 노(老)자를 붙여 '라오수(小老鼠)' 또는 '라오수하오(老鼠號)'라 부른다. 일본은 쓰나미의 원조인 태풍의 나라답게 '나루토(소용돌이)'라고 한다. 혹은 늘 하는 버릇처럼 일본식 영어로 '앳 마크'라고도 한다.

(나) 더욱 이상한 것은 북유럽의 핀란드로 가면 '원숭이 꼬리'가 '고양이 꼬리'로 바뀌게 되고, 러시아로 가면 그것이 원숭이와는 앙숙인 '개'로 둔갑한다는 사실이다.

(다) 결국 팔이 안으로 굽어서가 아니라 30여 개의 인터넷 사용국 중에서 @와 제일 가까운 이름은 우리나라의 골뱅이인 것 같다. 골뱅이의 윗 단면을 찍은 사진을 보여 주면 모양이나 크기까지 어느 나라 사람이든 무릎을 칠 것 같다.

(라) 프랑스와 이탈리아 사람들은 @를 '달팽이'라고 부른다. 역시 이 두 나라 사람들은 라틴계 문화의 뿌리도 같고, 디자인 강국답게 보는 눈도 비슷하다. 그런데 독일 사람들은 그것을 '원숭이 꼬리'라고 부른다. 그리고 동유럽 폴란드나 루마니아 사람들은 꼬리를 달지 않고 그냥 '작은 원숭이'라고 부른다.

(마) 아무리 봐도 달팽이나 원숭이 꼬리로는 보이지 않는다. 더구나 개나 쥐 모양과는 닮은 데라곤 없는데도 그들의 눈에는 그렇게 보이는 모양이니 문화란 참으로 신기한 것이다. 그러니 글로벌 스탠더드라는 것이 참으로 어렵고 황당하다는 생각이 든다.

① (가)-(다)-(라)-(나)-(마)
② (라)-(나)-(가)-(마)-(다)
③ (가)-(라)-(나)-(다)-(마)
④ (라)-(가)-(나)-(마)-(다)
⑤ (라)-(나)-(가)-(다)-(마)

13. 수영장에 물을 가득 채우는 데 P 호스를 사용하면 18시간이 걸리고, Q 호스를 사용하면 12시간이 걸린다. 또한, 가득 찬 물을 빼내는 데 R 배수구를 사용하면 9시간이 걸린다. 현재 수영장의 $\frac{1}{4}$만큼 물이 차 있다고 할 때, P, Q 호스로 물을 채우면서 R 배수구로 물을 빼낸다면 수영장에 물을 가득 채우는 데 걸리는 시간은?

① 18시간
② 22시간
③ 27시간
④ 32시간
⑤ 36시간

14. 호텔을 운영 중인 S 씨는 다음과 같은 예약 문의를 받았다. 〈11월 예약 일정〉을 참고할 때 문의에 대한 S 씨의 답변으로 적절한 것은?

〈11월 예약 일정〉

일	월	화	수	목	금	토
1	2	3	4	5	6	7
	㉺ A사		㉻ A사	㉺ B사	㉻ B사	
8	9	10	11	12	13	14
		㉺ C사		㉻ C사 ㉺ D사	㉻ D사	
15	16	17	18	19	20	21
	㉺ E사	㉻ E사				
22	23	24	25	26	27	28
	㉺ F사	㉻ F사	㉺ G사	㉻ G사		
29	30					
	㉺ H사	㉻ H사				

※ ㉺ : 입실, ㉻ : 퇴실

- 입실 시간은 15시이고 선예약이 없을 경우 우선 입실이 가능하며 퇴실 시간은 11시이다.
- 토요일, 일요일에는 단체 손님에게 세미나실을 개방하지 않는다.
- 세미나실 대여료는 1일 ₩800,000이다.
- 2인 1실 기준으로 1개의 객실당 숙박비는 ₩150,000이며 당일 퇴실하더라도 금액에는 변동이 없다.

안녕하세요. 저희 ○○사에서는 수요일에 시작하는 1박 2일 일정의 연수를 계획하고 있습니다. 이틀간 세미나실을 활용하여 연수를 진행하며 첫날 오전 9시에 입실할 예정입니다. 가능한 날짜가 있나요?

① 4일에 입실 가능합니다.

② 11일에 입실 가능합니다만 입실 시간은 15시로 변경 불가합니다.

③ 18일 오전에 입실 가능합니다.

④ 어떤 상황에서든 입실 시간은 변경이 불가능합니다.

⑤ 조건에 맞는 날짜가 없습니다. 다른 조건으로 알아봐 드릴까요?

15. 다음 글의 제목으로 적절한 것은?

본격적인 여름이 시작되기 전 우리를 잊지 않고 찾아오는 불청객이 있다. 바로 우리의 목과 눈을 괴롭히는 오존(Ozone)이다. 오존은 특유의 냄새가 나고, 눈을 자극해서 따갑게 하고, 호흡기 질환도 일으키기 때문에 노약자, 어린이는 외출을 자제해야 할 정도로 위험하다. 이렇게 오존은 인체에 해로운 물질이다.

그러나 오존이라고 해서 모두 나쁜 것은 아니다. 기후변화와 관련된 이야기를 할 때면 항상 언급되는 것이 오존층 파괴다. 오존층은 지구 표면에서 약 10 ~ 50km 상공의 성층권에 존재한다. 인류를 포함해 지구상에 생명체가 존재할 수 있도록 태양의 자외선을 차단하는 기능을 수행한다. 태양에서 오는 강력한 자외선을 걸러 주는 필터 역할을 하여 피부암, 피부노화 등을 막아 준다.

지구상 2번째로 강한 살균력을 자랑하는 오존은 적절히만 사용하면 우리에게 더 없이 유익하다. 더러운 하수를 살균하고 악취를 제거하는 기능은 물론이고 농약 분해, 중금속 제거, 유해물질 분해, 세균 사멸, 면역 반응 증진 등에도 오존이 활용된다. 또 고도의 청결을 요하는 반도체 생산공정에도 오존이 사용되고 최근엔 오존이 세포에 산소를 공급해 면역력을 높인다는 사실이 밝혀져 의료 분야에도 응용되고 있다.

반면 대기오염 부산물로 발생하는 오존은 인체를 비롯한 생명체에 치명적이다. 자동차 배기가스, 공장 매연으로 인한 대기 오염이 오존 생성을 촉진한다. 특히 바람 한 점 없는 무더운 날에는 오존이 더욱 잘 생성된다.

오존은 자극성 및 산화력이 강한 기체이기 때문에 감각기관이나 호흡기관에 민감한 영향을 미친다. 오존으로 가장 치명적인 손상을 입는 기관은 호흡기다. 또 호흡기를 통해 체내에 들어온 고농도 오존은 기도나 폐포 등과 접촉하게 된다. 이 조직들은 여러 물질들을 함유한 액체의 막으로 덮여 있는데, 이 막이 얇은 경우에는 오존에 의해 조직이 직접 손상을 받을 수 있다. 두꺼운 경우에는 오존이 액체와 반응하는 과정에서 2차적으로 반응성이 강한 물질들을 만들어 내 조직에 손상을 줘서 폐 기능을 약화시킬 수 있다.

① 강력한 살균기, 오존

② 오존의 발생원인

③ 오존층이 지구에 주는 영향

④ 오존의 두 얼굴

⑤ 오존주의보가 위험한 이유

16. 다음 글의 빈칸 ㉠~㉤에 들어갈 단어로 적절한 것은?

> ㅁ 한국가스공사가 미래 신성장동력 확보의 (㉠)(으)로 '에너지 안전 혁신 추진반'을 운영한다고 24일 밝혔다. 가스공사는 지난 35년간 축적해 온 천연가스 안전관리 노하우를 적극 활용해 현재 자사가 추진 중인 수소 · 연료전지 등 에너지 역점사업 전 분야에 안전관리 혁신 체제를 (㉡)한다는 계획이다.
>
> ㅁ 에너지 안전 혁신은 천연가스 사업에 국한된 현재의 안전관리에서 벗어나 에너지 안전 (㉢)을/를 아우르는 패러다임 (㉣)을/를 의미한다. 특히 조직 · 재난대응 · 협력사 등 모든 분야에 대한 진단을 바탕으로 한 △효율적인 현장 중심 안전관리 실현, △협력사와의 협업을 통한 안전한 일터 (㉤), △신성장 분야 안전관리 매뉴얼 개발, △안전 상생모델 개발 및 사회적 가치 구체화 등에 중점을 둔다. 또한 선제적인 코로나19 대응 및 방역조치에서 얻은 경험을 구체화한 '지속적 재난대응체계 구축', 4차 산업의 급속한 성장 · 변화를 반영한 '스마트 안전관리 시스템' 등을 포함한 종합적인 마스터 플랜을 제시할 계획이다.

	㉠	㉡	㉢	㉣	㉤
①	구축	전반	전환	구현	일환
②	구축	전반	구현	일환	전환
③	일환	구축	전환	전반	구현
④	일환	구축	전반	전환	구현
⑤	일환	전환	구축	전반	구현

17. 같은 온도에서도 바람이 많이 불수록 체감온도는 낮아진다. 온도가 t℃이고 풍속이 vm/s일 때 체감 온도 T℃를 구하는 식은 $T = 33 - 0.045(10.45 + 10\sqrt{v} - v)(33 - t)$이다. 현재 온도가 영하 10℃, 풍속이 5m/s라면 체감온도는 약 몇 ℃인가? (단, $\sqrt{5}$ =2.236으로 계산한다)

① −19.6℃ ② −20℃ ③ −20.4℃

④ −20.8℃ ⑤ −21.2℃

18. 어느 문구점에서 연필 한 자루를 100원에 판매하면 하루에 1,000자루가 팔리고, 연필 한 자루의 가격을 x원 인상하면 하루 판매량은 $4x$자루 줄어든다고 한다. 하루 판매액이 12만 원 이상이 되게 하는 연필 한 자루의 가격 범위가 A원 이상 B원 이하라고 할 때, $3A-2B$의 값은?

① 30　② 40　③ 50　④ 60　⑤ 70

19. 다음 자료에 대한 설명으로 옳은 것은?

〈주요 도시 경력단절여성 비중〉

(단위 : %, %p)

구분	15～54세 기혼여성 대비 비취업여성 비중			15～54세 기혼여성 대비 경력단절여성 비중			비취업여성 대비 경력단절여성 비중		
	20X0년	20X1년	증감	20X0년	20X1년	증감	20X0년	20X1년	증감
서울특별시	41.0	40.2	−0.8	20.0	20.9	0.9	48.9	51.9	3.0
부산광역시	41.6	41.6	0.0	19.7	18.6	−1.1	47.4	44.6	−2.8
대구광역시	38.3	35.9	−2.4	19.1	19.6	0.5	49.9	54.7	4.8
인천광역시	40.3	41.4	1.1	20.2	18.8	−1.4	50.0	45.4	−4.6
광주광역시	39.6	36.2	−3.4	20.4	19.4	−1.0	51.4	53.7	2.3
대전광역시	39.3	39.7	0.4	22.1	22.0	−0.1	56.2	55.4	−0.8
울산광역시	50.5	47.4	−3.1	27.4	26.3	−1.1	54.3	55.4	1.1

① 비취업여성 대비 경력단절여성 비중이 20X0년 대비 20X1년에 증가한 도시는 3곳이다.

② 15～54세 기혼여성 대비 비취업여성 비중은 울산광역시가 20X0년 대비 20X1년에 가장 크게 감소하였다.

③ 인천광역시는 20X1년의 세 가지 지표 모두에서 가장 큰 비중을 나타낸다.

④ 20X1년의 15～54세 기혼여성 대비 경력단절여성 비중이 전년 대비 1%p 이상 변동된 도시는 3곳이다.

⑤ 20X1년의 비취업여성 중 경력단절여성이 아닌 사람의 비중은 부산광역시, 인천광역시 순으로 높다.

[20 ~ 21] 다음 글을 읽고 이어지는 질문에 답하시오.

(가) 초연결사회(Hyper-connected Society)에서는 네트워크로 연결된 조직과 사회에서 다양한 방법의 융합을 통해 인간과 인간의 상호 소통이 다차원적으로 확장된다. 즉, 4차 산업혁명 시대에서는 기술 융합이 사회 융합으로 연결되는 것이다. 소통의 어원은 라틴어의 '나누다'를 의미하는 'Communicare'로 '뜻이 서로 통해 오해가 없음' 또는 '막히지 아니하여 잘 통함'을 의미한다. 앞으로 다가올 미래사회는 (㉠) 사회가 될 것이다. 초기에는 단순히 물체 위주의 홀로그램 기술이 구현되겠지만, 기술 발달과 더불어 주변 환경까지 포함한 완전한(Holos) 정보(Gramma)를 제공하는 홀로그램으로 대체될 것으로 기대된다. 홀로그램은 더 나은 소통 방법을 제공할 것이다. 그리고 여기에 4차 산업혁명의 융합기술이 더해지면 공간의 차원을 넘어 '공감'을 이끌어 내는 진정한 의미의 사회 융합이 이루어질 것으로 예상된다.

(나) 기존 데이터베이스 관리 도구의 능력을 넘어서는 대량의 정형 또는 비정형의 데이터로부터 가치를 추출하고 결과를 분석하는 기술인 빅 데이터 또한 4차 산업혁명 시기를 이끄는 기술 중 하나다. 문화예술 관점에서 빅 데이터는 한 예술가의 작품을 새로운 방식으로 해석하고 시각화하는 데 이용될 수 있다. 예컨대, 어떤 예술가의 일생을 통해 그가 처한 환경, 시대적 배경, 저작물 등 활용할 수 있는 모든 데이터로 그가 추구했던 예술성 또는 예술적 가치를 추출하고 작품에 대한 새로운 해석과 재현을 하는 것이다. 그리고 더 나아가 홀로그램을 이용한 시각화 작업을 통해 보다 생동감 있고 입체감 있는 작품세계로 그려내는 것이다. 다른 4차 산업 핵심 기술에 비해 홀로그램 기술과 연관성은 약하지만 데이터 추출과 분석된 결과를 시각화하는 작업을 통해 직관적인 공간정보로 제공하는 의미가 있다.

(다) 스마트폰 및 인터넷 발달로 기존 TV 방송 문화가 1인 방송 문화로 옮겨 가고 있는 시점에서 홀로그램 기술은 1인 미디어 콘텐츠가 2차원 화면 안에 머무르지 않고 밖으로 뛰쳐나와 시청자의 3차원 공간상에서 입체적으로 표시될 수 있어 향후 그 활용 가능성이 매우 기대된다. 사물인터넷(Internet of Things)은 각종 사물에 센서와 통신 기능을 내장하여 인터넷에 연결하는 기술, 즉 무선 통신을 통해 각종 사물을 상호 연결하는 기술을 의미한다. 사물인터넷 기술을 활용하면 특정 사물에 청각, 미각, 후각, 촉각, 시각 등의 정보를 획득할 수 있는 능력을 부여하고 이를 통해 주변 환경의 변화를 측정할 수 있는데, 특히 시각은 홀로그래피 기술과 연관시킬 수 있다. 홀로그램을 현장에서 바로 획득하고 사물인터넷을 통해 원격으로 전송할 수 있다면 미래형 통신기술인 텔레프레즌스(가상 화상회의 시스템)를 구현할 수 있다. 이처럼 홀로그램을 획득할 수 있는 사물인터넷 단말이 인터넷에 연결되는 원격 통신기능을 갖춘 드론이나 비행체 등에 장착된다면 영화 〈아바타〉에서 볼 수 있었던 홀로그램 지도도 만들어질 수 있다. 또한, 문화예술 측면에서 본다면 건축물이나 문화재, 더 나아가 거대 역사 도시를 입체적으로 재현할 수 있다.

(라) 몇 해 전부터 4차 산업혁명이 화두다. 4차 산업혁명의 핵심 기술로는 사물인터넷(IoT), 인공지능(AI), 빅 데이터(Big Data), 초연결(Hyper Connectivity) 기술 등이 거론된다. 이러한 4차 산업혁명의 핵심기술들과 홀로그램을 접목한다면, 이전에는 상상으로만 가능했던 기술들을 실현할 수 있다. 홀로그램 기술이라 하면 흔히들 영화 스타워즈를 떠올린다. 무엇보다도

우리들이 익숙한 2차원 평면 디스플레이가 아닌 3차원 공간상에 콘텐츠가 표시되기 때문이다. 홀로그래피(Holography)는 물체로부터 반사되거나 투과되어 나오는 빛의 위상변화, 즉 물체의 전방위 상을 기록하는 사진술을 의미한다. 반면 홀로그램은 '완전한'이라는 의미의 'Holos'와 '정보, 메시지'라는 의미의 'Gramma'의 합성어로, 빛의 위상변화 정보가 저장된 매체를 의미한다. 우리가 흔히 알고 있는 포토그래피(Photography)와 필름에 비유된다. 궁극적으로는 자연스러운 입체감을 보여 줌으로써 현장감과 몰입감을 제공할 수 있다. 하지만 영화에서 보여 주는 수준의 홀로그램 서비스는 아직 먼 미래의 일이다. 그만큼 홀로그램 기술은 상용화 과정에서 높은 기술적 장벽을 가지고 있기 때문이다. 그 사이를 메꿔 주는 기술이 유사 홀로그램 또는 플로팅 홀로그램(Floating Hologram) 기술이다.

(마) 인공지능 기술 역시 홀로그램 기술에 접목되어 활용될 수 있는데, 이는 크게 두 가지로 분류될 수 있다. 하나는 인공지능 기술을 활용하여 인간이 지닌 지적 능력의 일부 또는 전체를 인공적으로 구현한 것으로, 홀로그램으로 완성된 특정 인물이나 캐릭터에 여러 가지 관련된 데이터를 학습시켜 실제 그 인물이나 캐릭터가 가질 수 있는 말, 행동, 사고 등의 기능을 불어 넣을 수 있다. 애완동물을 예로 들자면 애완동물에 여러 방대한 정보를 학습시켜 실제 자기가 거주하는 공간에서 홀로그램 애완동물이 같이 뛰어놀게 하는 것이다. 이와 같은 기능을 실제와 매우 가깝게 구현할 수 있다면 고령화 사회에 맞는 실버산업에도 활용될 수 있다. 또 다른 하나는, 인공지능 기술이 홀로그램 콘텐츠를 가공하는 과정에서 사용될 수 있다는 점이다. 이를 통해 기존에는 불가능했던 홀로그램 복원 기술이 가능하게 됨으로써 보다 완성도가 높고 폭 넓은 홀로그램 콘텐츠의 재현이 가능하게 된다.

20. 윗글의 (가) ~ (마) 단락을 논리적 순서대로 바르게 배열한 것은?

① (가)－(다)－(마)－(나)－(라)
② (가)－(나)－(마)－(다)－(라)
③ (라)－(나)－(다)－(마)－(가)
④ (라)－(다)－(마)－(나)－(가)
⑤ (라)－(마)－(다)－(나)－(가)

21. 다음 중 ㉠에 들어갈 내용으로 적절하지 않은 것은?

① 인공지능 기술을 활용한 다양한 서비스가 제공되는
② 다차원의 정보가 3차원 공간에서 공유되는
③ 모든 종류의 감각 정보를 재현할 수 있는
④ 데이터 추출과 분석 과정에서 새로운 가치가 창출되는
⑤ 기술적 융합을 넘어 진정한 상호 소통을 추구하는

[22 ~ 23] 다음 글을 읽고 이어지는 질문에 답하시오.

(가) 1964년 12월 7일 치러진 중학 입학시험에 나온 자연과목 문제 가운데 '엿기름 대신 넣어서 엿을 만들 수 있는 것은 무엇인가'라는 문항이 있었다. 정답은 디아스타아제였다. 그런데 일부 학부모들이 문제의 선택지 중 하나인 무즙으로도 엿을 만들 수 있다고 주장했다. 자녀가 이 문제를 틀려 시험에 떨어진 학부모들은 서울고등법원에 소송을 제기했고 무즙으로 엿을 만들어 와 시위도 했다. 결국 디아스타아제와 무즙 둘 다 정답이라는 판결이 나왔고 무즙으로 정답을 써서 시험에 떨어진 학생 38명은 재입학했다. 이 파동으로 당시 서울시 교육감 등 8명이 사표를 냈다. 이 사건을 '무즙파동'이라 불렀다.

(나) 최근 '정시 30% 확대'를 골자로 한 2022학년도 대입제도개편안 발표를 지켜보면서 이 사건이 머리에 떠올랐다. 당시 서열화된 중학교 입시경쟁은 치열하다 못해 살벌해 아이들은 초등학교 때부터 극심한 과외공부에 시달렸다. 1967년 부산에선 5학년 초등학생이 밤 10시 즈음 과외공부를 끝내고 집으로 돌아가다가 피살되는 사건이 일어나 사회적 반향이 컸다고 한다.

(다) 지난봄 새 정부가 들어설 때만 해도 여러 면에서 사회적 변화가 있지 않을까 많은 이들이 기대했다. 특히 교육 문제와 관련해 새 정부는 학생 줄 세우기로 대표되는 수능의 폐해를 없애고자 모든 과목을 절대평가하고 학교 수업은 고교학점제를 임기 내 시행해 토론 수업을 안착시키겠다고 발표했다. 하지만 결과는 크게 달라지지 않았다. 변별력과 공정성을 높이라는 일부 여론을 받아들여 점차 감소하던 정시비율을 다시 확대키로 했기 때문이다.

(라) 정시 확대로 이득을 보는 1.2%의 이들은 누구일까. 교육현장과 입시학원가에선 그동안 내신의 불리함을 호소하며 정시 확대를 요구해 온 외고 · 자사고 등 특목고 학생들이 절대적인 수혜자가 됐다고 입을 모은다. 사교육 중심지인 강남 지역의 학교들도 마찬가지다. 공교롭게도 교육부가 국가교육회의 권고안에 따라 정시 비율을 확대할 것이라는 소식이 알려진 이달부터 서울의 아파트 값은 강남을 중심으로 다시 폭등하고 있다.

(마) 1년 만에 정책 기조가 180도 바뀐 부분에 대해 설명 한마디 없는 청와대와 정부를 향해 "차라리 아무것도 하지 말라"고 말하고 싶다. 그들의 눈엔 1.2%를 뺀 98.8%의 학생들은 더 이상 학생들로 보이지 않는 듯하다.

22. 윗글 (가)~(마)의 중심내용으로 적절하지 않은 것은?

① (가) : 1964년에 일어난 '무즙파동'

② (나) : 부산에서 연달아 일어났던 살인사건

③ (다) : 새 정부의 입시 정책과 그 결과

④ (라) : 정시 확대에 따라 이득을 보는 학생들의 범주

⑤ (마) : 청와대와 정부의 정책 기조에 대한 당부

23. 윗글에 대한 보충 자료로 적절하지 않은 것은?

① 이는 해방과 한국 전쟁 이후 입시경쟁이 얼마나 과열됐는지 단적으로 보여 주는 역사적 사례다. 무즙 파동이 일어난 지 3년 뒤 같은 입시에선 '창칼 파동'도 일어났다. 미술 문제 중 '목판화를 새길 때 창칼을 바르게 쓰고 있는 그림은 어느 것인가'라는 문항이 출제됐는데, 경기 · 서울중학교 낙방생 학부모 549명이 정답이 두 개라며 소송을 제기한 것이다.

② 전국 198개 대학 중 교육부의 정시 확대 권고를 받는 대상은 35개로 최상위 학교가 대부분 포함돼 있다. 이 대학들이 정시를 30%로 늘릴 경우 총 5,354명이 수능 전형으로 추가 입학하게 된다. 2022년 대학 입학정원 41만여 명 중 1.2%에 해당되는 수치다.

③ 하지만 정시가 확대되면 앞으론 과거와 달리 개천에서 용이 나는 경우도 잘 볼 수 없을 것 같다. 그나마 학생부종합전형(수시)일 때에는 공부는 다소 못해도 자신이 좋아하고 잘하는 게 확실하면 원하는 대학에 갈 수 있다는 희망이 있었지만 정시 확대 기조 속에선 이마저도 어렵기 때문이다.

④ '무즙 파동'과 '창칼 파동'은 문제 하나로 상급학교의 당락이 결정되고, 합격하면 인생이 달라지는 우리 사회의 씁쓸함을 압축적으로 보여 준다.

⑤ 학부모들은 정시 확대 찬성 이유로 '정시 전형이 공정하다고 생각하기 때문(64.2%)'을 가장 많이 꼽았다. '내신은 학교별 편차가 있지만 수능은 그렇지 않기 때문에(53.6%)', '내신 성적이 부진해도 수능으로 대입 준비가 가능할 것 같아서(33.7%)', '학교생활기록부에 대한 부담감을 줄일 수 있을 것 같아서(23.2%)' 등이 뒤를 이었다.

24. 로직 트리(Logic tree)를 이용하여 다음과 같이 특정 문제에 대한 상위 개념으로부터 하위 해결 방안을 도출해 보았다. (A)와 (B)에 들어갈 말로 적절한 것은?

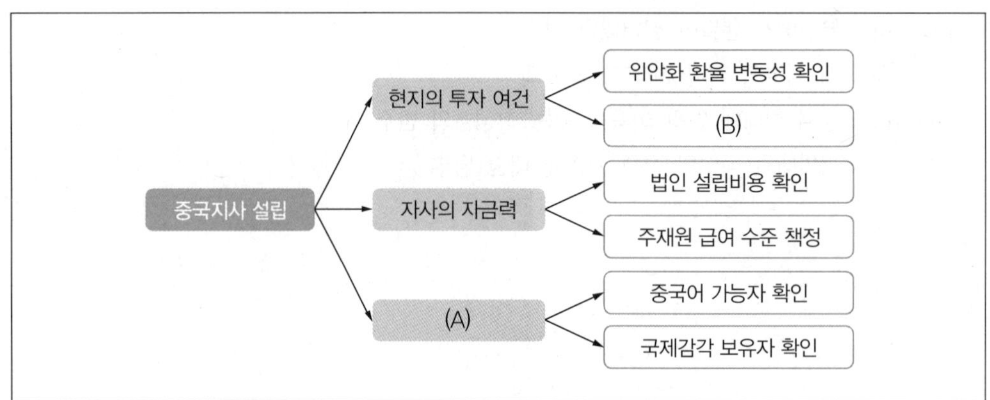

	(A)	(B)
①	시장상황 파악	현지 정부의 외자기업 정책 확인
②	경쟁업체 동향 파악	본사 지원부서 신설
③	파견인력 확보	현지인들의 반한 감정 확인
④	지사 관리조직 신설	물류비용 절감 방안 모색
⑤	세제 혜택 확인	법인 설립 부지 확보

25. 하연이는 밸런타인데이를 맞아 친구들에게 초콜릿을 선물하려고 한다. 도보로 갈 수 있는 편의점에서는 초콜릿을 개당 1,700원에 판매하고, 버스를 타고 가야 하는 대형 마트에서는 초콜릿을 개당 1,300원에 판매한다고 할 때 초콜릿을 최소 몇 개 이상 구매할 때 대형 마트에서 구매하는 것이 더 저렴한가? (단, 버스 요금은 편도 1,250원이며 초콜릿 구입 후 원래 위치로 돌아온다)

① 5개 ② 6개 ③ 7개
④ 8개 ⑤ 9개

26. □□고등학교에서는 중간고사 부정행위를 방지하기 위하여 한 교실에 1, 2, 3학년 학생들을 각 줄별로 섞어서 배치한다. 배치에 대한 〈정보〉가 다음과 같을 때, 〈보기〉 중 항상 참이 되는 것은?

정보

- 교실의 좌석은 총 6개의 줄로 배치한다.
- 1, 2, 3학년을 모두 1줄 이상 배치한다.
- 첫 번째 줄과 다섯 번째 줄은 항상 3학년을 배치한다.
- 바로 옆줄에는 같은 학년을 배치할 수 없다.
- 3학년 줄의 수는 1학년 줄과 2학년 줄의 수를 합한 것과 같다.

보기

㉠ 모든 3학년 줄의 위치는 항상 같다.
㉡ 2학년 줄과 1학년 줄의 수는 항상 같다.
㉢ 두 번째 줄이 1학년 줄이면 여섯 번째 줄은 2학년 줄이다.

① ㉠　② ㉡　③ ㉠, ㉡
④ ㉠, ㉢　⑤ ㉡, ㉢

27. 다음은 어느 공영주차장의 〈주차 요금 기준〉이다. K는 공영주차장에 주차를 한 뒤 업무를 보고 집으로 돌아가려고 한다. 주차장에 3시간 10분 동안 주차를 했다고 할 때, K가 부담할 주차비는 얼마인가? (단, K의 자동차는 경차이다)

〈주차 요금 기준〉

구분	주차 요금		
시간	1시간 이내	1시간 초과 ~ 3시간 이내	3시간 초과
일반 요금	500원/30분	1,000원/30분	2,000원/30분
할인 대상 및 할인율	• 경차(1,000cc 이하) : 주차 요금의 50% 감면 • 장애인등록차 : 주차 요금의 80% 감면		

※ 주차 요금은 30분 단위로 부과되고, 잔여 시간이 30분 미만일 경우 30분으로 간주한다.
예 1시간 30분 동안 주차를 할 경우 (500×2)+1,000=2,000(원)의 주차비가 발생한다.

① 1,500원　② 2,000원　③ 2,500원
④ 3,000원　⑤ 3,500원

28. 〈보고서〉의 ㉠~㉤ 중 다음 자료와 일치하지 않는 것은?

〈초혼 부부의 연령차별 혼인 구성비〉

(단위 : %, %p)

구분		20X0년	20X2년	20X4년	20X6년	20X7년	전년 대비 증감
계		100.0	100.0	100.0	100.0	100.0	-
남자 연상	소계	69.1	68.2	67.7	67.7	67.2	-0.5
	1~2세	26.1	26.3	26.2	25.5	25.3	-0.2
	3~5세	27.3	27.2	27.1	27.0	26.6	-0.4
	6~9세	10.1	10.1	10.5	11.0	10.8	-0.2
동갑		16.0	16.2	16.1	15.9	15.9	0.0
여자 연상	소계	14.9	15.6	16.2	16.4	16.9	0.5
	1~2세	10.8	11.3	11.5	11.6	11.7	0.1
	3~5세	3.2	3.4	3.7	3.9	4.0	0.1
	6~9세	0.7	0.7	0.8	0.9	1.0	0.1

※ 연령차 미상 포함, 10세 이상 자료 합계에 미포함.

보고서

20X7년 ㉠ 초혼 부부 중 남자 연상 부부는 67.2%, 여자 연상 부부는 16.9%, 동갑 부부는 15.9%를 차지하였다. 이 중 남자 연상 부부 비중은 전년보다 0.5%p 감소한 반면, ㉡ 여자 연상 부부 비중은 전년보다 0.5%p 증가하였으며, ㉢ 동갑 부부 비중은 15.9%로 전년과 동일하게 나타났다.

20X7년 연령차별 혼인 비중은 남자 3~5세 연상(26.6%)이 가장 많고, 남자 1~2세 연상(25.3%), 동갑(15.9%), 여자 1~2세 연상(11.7%) 순으로 높게 나타났다.

연령차별 혼인 구성비는 ㉣ 여자 연상 부부가 지속적으로 감소 없이 상승을 이어가는 추세를 보이고 있으며, 이 중 ㉤ 20X0년 대비 20X7년의 구성비 증가폭이 가장 큰 연령차는 3~5세로 나타났다.

① ㉠　　② ㉡　　③ ㉢

④ ㉣　　⑤ ㉤

[29 ~ 30] 다음은 지진에 대비하기 위한 공공시설물 내진보강대책에 따른 평가대상기관의 실적 자료이다. 이어지는 질문에 답하시오.

〈공공시설물 내진보강대책 추진실적 평가기준〉

• 평가대상기관의 실적

(단위 : 건)

구분	A	B	C	D	E
내진성능평가실적	88	69	82	90	83
내진보강공사실적	87	77	84	89	95
내진보강대상	100	80	90	100	100

• 평가요소 및 점수부여

$$\text{내진성능평가지수} = \frac{\text{내진성능평가실적 건수}}{\text{내진보강대상 건수}} \times 100$$

$$\text{내진보강공사지수} = \frac{\text{내진보강공사실적 건수}}{\text{내진보강대상 건수}} \times 100$$

(단, 소수점 아래 첫째 자리에서 반올림한다)

– 점수부여 : 내진성능평가지수, 내진보강공사지수가 높은 순서대로 각각 5 ~ 1점을 부여한다.

• 최종 순위 결정

– 내진성능평가점수와 내진보강공사점수의 합이 큰 기관에 높은 순위를 부여한다.

– 합산 점수가 동점인 경우에는 내진보강대상 건수가 많은 기관을 높은 순위로 한다.

29. 평가대상기관의 실적에 따른 최종 순위 최상위기관은 어디인가?

① A ② B ③ C
④ D ⑤ E

30. 평가대상기관의 실적에 따른 최종 순위 최하위기관은 어디인가?

① A ② B ③ C
④ D ⑤ E

[31 ~ 32] 다음 자료를 보고 이어지는 질문에 답하시오.

〈자료 1〉 한국 섬유산업 동향

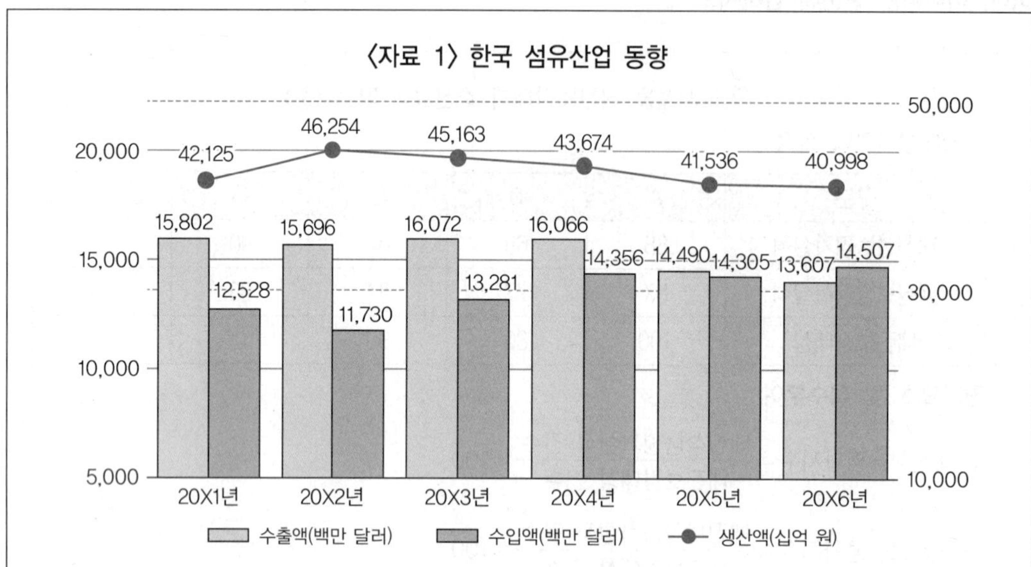

〈자료 2〉 20X6년 세계 주요국별 섬유 수출 현황

(단위 : 억 달러)

순위	국가	금액	순위	국가	금액
	세계	7,263	8	홍콩	236
1	중국	2,629	9	미국	186
2	인도	342	10	스페인	170
3	이탈리아	334	11	프랑스	150
4	베트남	308	12	벨기에	144
5	독일	307	13	대한민국	136
6	방글라데시	304	14	네덜란드	132
7	터키	260	15	파키스탄	128

* 기타 국가는 위 목록에서 제외함.

31. 다음 중 위 자료에 대한 설명으로 적절하지 않은 것은?

① 20X2년부터 20X6년까지 한국 섬유산업의 생산액은 지속적으로 감소하고 있다.
② 20X2년 한국 섬유산업 수출액은 전년 대비 236백만 달러 감소했다.
③ 20X5년 한국 섬유산업 수입액은 20X2년 대비 2,575백만 달러 증가했다.
④ 20X6년 이탈리아의 섬유 수출액은 한국 섬유 수출액보다 약 145% 더 많다.
⑤ 20X3년 한국의 섬유 수출액은 20X6년 프랑스의 섬유 수출액보다 더 많다.

32. 다음은 위 자료를 바탕으로 작성한 그래프이다. 올바르게 작성된 것을 모두 고르면? (단, 모든 계산은 소수점 아래 둘째 자리에서 반올림한다)

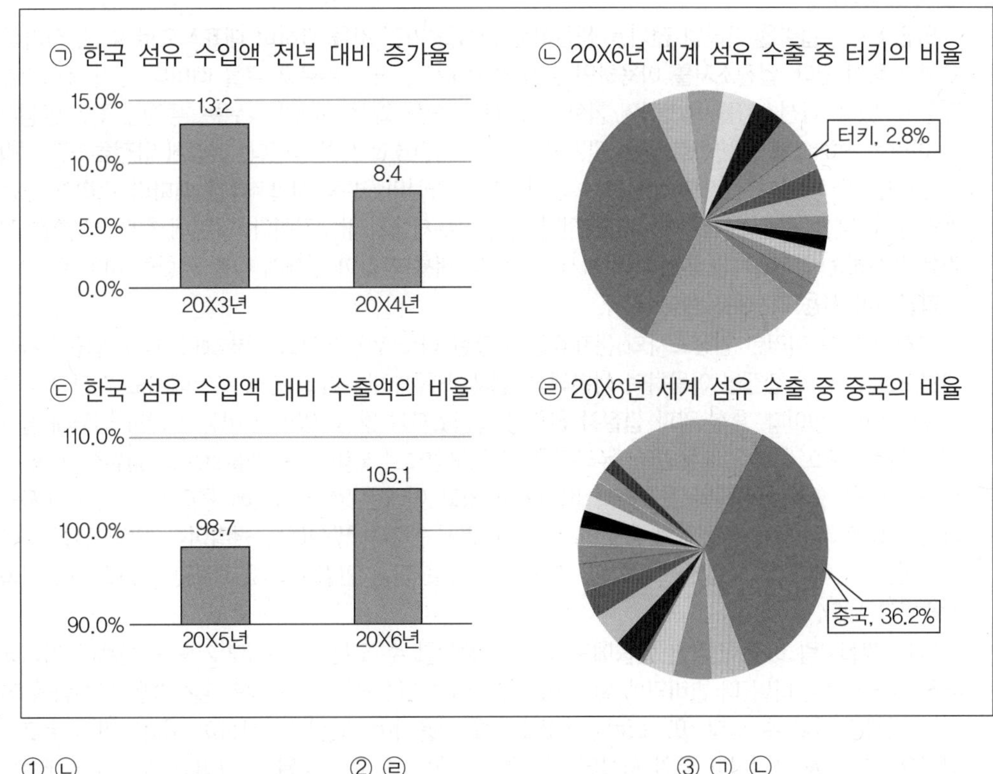

① ㉡　② ㉣　③ ㉠, ㉡
④ ㉠, ㉣　⑤ ㉡, ㉢, ㉣

[33 ~ 34] 다음 글을 읽고 이어지는 질문에 답하시오.

'에너지 하베스팅'은 자연에서 발생되는 에너지를 전기 에너지로 변환하는 것뿐만 아니라 일상에서 발생하는 진동, 실내 조명광, 자동차에서 발생하는 열, 방송 전파 등 우리 주변에 쉽게 버려지는 에너지까지 전기 에너지로 변환하여 사용할 수 있도록 하는 기술을 말한다. 즉 우리가 아침에 일어나서 다시 잠들기까지 발생하는 모든 일상생활 속 에너지를 다시 활용하는 친환경 기술이다. 이런 에너지 하베스팅의 종류로는 신체 에너지 하베스팅, 열 에너지 하베스팅, 위치 에너지 하베스팅, 전자파 에너지 하베스팅, 진동 에너지 하베스팅이 있는데, 이 중에서 진동 에너지 하베스팅은 비교적 발전 효율이 높고 응용 범위도 넓기 때문에 향후 실용 에너지로 전망이 밝다.

진동 에너지 하베스팅의 활용은 다양한 곳에서 확인할 수 있다. 버튼을 누르는 운동 에너지를 전력으로 바꿔 건전지가 필요 없는 TV 리모컨, 아이들이 축구장을 뛰어다닐 때 발생하는 진동 에너지를 조명전력으로 전환하여 사용하는 것 등이 그 예이다. 그리고 이스라엘에서는 도로, 철도, 공항 활주로에 진동 에너지 하베스팅을 적용하여 1km의 도로에서 시간당 200kWh의 전력을 생산하고 있다. 이렇게 진동과 압력을 통해서 전기 에너지를 얻으려면 압전소자가 필요한데, 압전소자란 무엇일까?

압전소자는 압력을 가하면 전기를 생산하는 성질을 가진 것을 말하며 대표적으로 수정, 전기석, 로셸염 등이 있다. 압전소자를 이용하면 일상 생활에서 잡거나 누르고 걸을 때마다 전기 에너지를 만들 수 있다. 압전소자를 물리적인 힘으로 누르면 양전하와 음전하가 나뉘는 '유전분극'이 발생하고 이러한 전하 밀도의 변화로 인해 전기가 흐르는 '압전효과'가 발생한다. 이렇게 압전효과로 압력에 변화를 줄 때마다 전기를 생산하는 압전소자는 라이터, 발광 신발, 밟을 때마다 소리가 나는 계단 등 다양한 곳에서 다른 에너지를 전기 에너지로 재생시키는 것이다. 그런데 친환경적으로 전기를 생산하는 압전소자를 만들기 위해서는 납이나 바륨과 같이 인체에 나쁜 영향을 미칠 수 있는 화학물질이 사용되는 문제점이 있다.

그러나 이미 이러한 압전소자의 문제점을 해결한 나노 압전소자를 개발했다. 나노 압전소자는 천연 소재인 양파 껍질을 이용하여 생분해성, 생체적 합성이나 물질 합성 측면에서도 발전 가능성이 큰 것이 특징이다. 흔한 양파 껍질이 친환경 압전소자가 될 수 있었던 이유는 양파 껍질에 들어있는 셀룰로오스 섬유질 때문인데, 유리판을 쌓은 모양으로 되어 있는 셀룰로오스 섬유질의 층 내부에는 같은 수의 양전하와 음전하가 배열되어 있고 이러한 양파 껍질에 물리적 힘이 전해지면 나란히 배열되어 있던 양전하와 음전하가 이동하면서 전기가 발생하는 원리이다. 양파 껍질은 아주 약한 바람이나 작은 힘에도 전기를 생산할 수 있을 만큼 민감하고 효과적인 압전소자라 더욱 각광받고 있다.

양파 껍질처럼 아주 민감한 반응에도 전기를 생산할 수 있는 압전소자 기술을 신체나 기기에 부착한다면 걸어 다닐 때 발바닥에 발생하는 압력이나 기침과 같은 사람의 일상적인 움직임을 전기 에너지로 바꿀 수 있다. 또 도로에 압전소자를 적용하여 자동차나 사람이 지나가면서 누르는 압력으로 전기를 생산하고 주위 시설에 전기를 제공할 것으로 전망된다. 그러나 그러기 위해서는 연구와 개발을 통해 압전소자의 내구성 개선과 전기발전 효율의 향상이 더 필요하다. 버려지는 에너지를 또 다른 에너지로 발전시키는 에너지 하베스팅 기술은 압전소자뿐만 아니라 다양한 방식으로 계속 발전하게 될 것이며, 우리에게 더욱 편리한 생활을 제공하고 화학 연료로 환경오염 문제를 해결하는 데에도 도움을 줄 것으로 기대된다.

33. 다음 중 윗글을 근거로 추론한 내용으로 옳지 않은 것은?

① 에너지 하베스팅이 실생활에 상용화되면 낭비되는 에너지를 모아 효율적으로 사용할 수 있다.
② 압전 에너지 하베스팅은 내구성과 효율성 등 아직 해결되지 못한 문제가 남아 있다.
③ 기존의 압전소자는 인체에 유해한 화학물질이 사용되었다.
④ 압전소자는 진동 에너지 하베스팅은 물론 열 에너지나 전자파 에너지에도 다양하게 활용할 수 있다.
⑤ 에너지 하베스팅은 편리함을 제공할 뿐만 아니라 환경오염도 줄여 줄 것이다.

34. 윗글과 다음 자료를 참고했을 때, 압전 에너지 하베스팅의 원리를 바르게 이해한 것을 〈보기〉에서 모두 고르면?

압전소자의 원리

〈그림 1〉

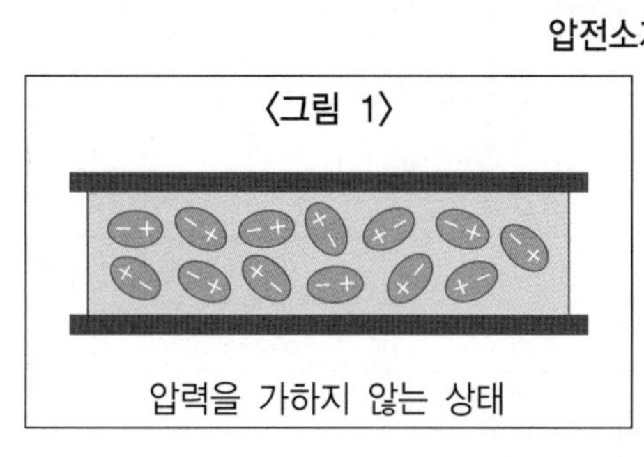

압력을 가하지 않는 상태

〈그림 2〉

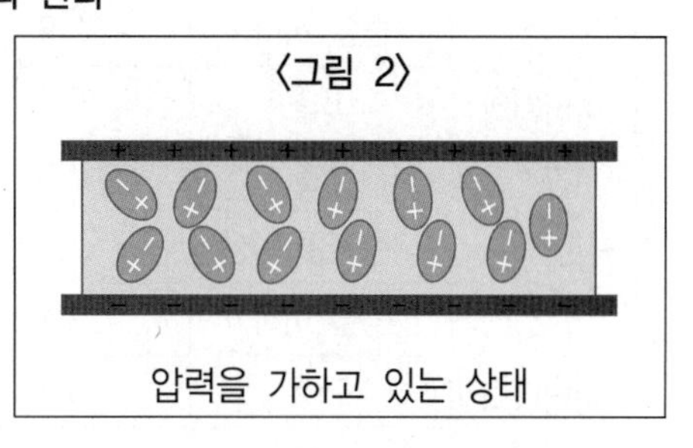

압력을 가하고 있는 상태

보기

㉠ 〈그림 1〉은 전기를 생산하는 상태, 〈그림 2〉는 전기를 생산하지 않는 상태를 나타내는구나.
㉡ 압력을 가하면 〈그림 1〉에서 〈그림 2〉의 상태로 바뀌고, 이에 다른 전해질로의 변화를 쉽게 일으켜 전기가 발생하는 것이지.
㉢ 〈그림 2〉에서 볼 수 있는 양전하와 음전하가 분리된 현상을 유전분극이라 하는구나.
㉣ 양파를 활용할 수 있는 것은 양파 껍질의 셀룰로오스 섬유질 내부에서 양전하와 음전화가 쉽게 이동할 수 있기 때문이야.

① ㉠, ㉡　② ㉡, ㉢　③ ㉢, ㉣
④ ㉠, ㉡, ㉢　⑤ ㉡, ㉢, ㉣

35. 다음은 학교 성적과 부모의 학력에 따른 주당 사교육 참여시간에 대한 자료이다. 이에 대한 설명으로 옳은 것은?

〈표 1〉 학교 성적에 따른 주당 사교육 참여시간

(단위 : 시간)

학교 성적 \ 구분	평균	초등학교	중학교	고등학교
상위 10% 이내	7.3	8.2	8.9	4.3
상위 11 ~ 30%	6.9	8.0	8.0	4.2
상위 31 ~ 60%	6.3	7.3	7.3	4.0
상위 61 ~ 80%	5.5	6.4	5.8	3.7
하위 20% 이내	4.3	5.3	3.7	3.4

〈표 2〉 부모의 학력에 따른 주당 사교육 참여시간

(단위 : 시간)

부모의 학력 \ 구분		평균	초등학교	중학교	고등학교
아버지의 학력	중졸 이하	2.9	4.0	3.2	2.1
	고졸	5.4	6.6	5.8	3.2
	대졸	7.0	7.7	7.7	4.9
	대학원졸 이상	7.2	7.6	8.3	5.7
어머니의 학력	중졸 이하	3.1	4.3	3.8	2.0
	고졸	5.5	6.8	6.0	3.5
	대졸	7.1	7.5	7.9	5.2
	대학원졸 이상	7.4	7.5	8.6	5.9

① 학교 성적과 주당 사교육 참여시간의 평균은 비례하지 않는다.

② 중학교 성적 상위 10% 이내 학생들의 사교육 참여시간은 상위 61 ~ 80%와 하위 20% 이내 학생들의 사교육 참여시간을 합친 것보다 많다.

③ 학교 성적으로 나눈 그룹에서 초등학교와 중학교 사교육 참여시간이 같은 그룹은 두 개이다.

④ 아버지의 학력이 높을수록 아이의 초등학교 사교육 참여시간은 늘어난다.

⑤ 어머니의 학력이 대학원 졸업 이상일 때 아이의 초등학교부터 고등학교까지 사교육 참여시간은 계속 늘어난다.

36. 다음은 ○○기업의 면담일지이다. 피면담자가 고민하고 있는 내용에서 나타나는 평가 오류는?

면담일지			
면담일자	20X9. 11. 20.	장소	상담실
피면담자	A 부장		
면담 주제	평가자로서의 애로		
주요 내용			
부하 직원들과 직장 생활을 오래 함께하다 보니 직원들에 대한 평가가 어렵습니다. 부하 직원에게 낮은 점수를 주었을 때 해당 직원과의 관계가 안 좋아지거나 해당 직원이 이의를 제기할까봐 걱정되어 실제보다 높은 점수를 주곤 합니다. 또, 낮은 점수를 받은 직원의 사기가 저하되어 업무에 영향에 미칠 것이 우려되어 부하 직원의 성과를 후하게 평가하게 됩니다.			

① 근접 오류 ② 후광효과 ③ 최근효과
④ 관대화 경향 ⑤ 대비오류

37. 다음은 무역항의 사용료 중 화물 체화료에 대한 규정이다. 30톤의 외항화물이 입항하여 창고에서 23일 머무를 경우에 부과되는 화물 체화료는 얼마인가?

〈화물 체화료〉

구분	야적장		창고	
	외항화물	내항화물	외항화물	내항화물
요금 면제 기간	입항 : 5일 출항 : 7일	4일	입항 : 5일 출항 : 7일	4일

〈요금 면제 기간 경과 후 적용요금〉

(단위 : 원/10톤/일)

구분	야적장		창고	
	외항화물	내항화물	외항화물	내항화물
1 ~ 10일	30	30	55	55
11 ~ 20일	55	55	100	100
21 ~ 30일	65	65	110	110
31일 이상	75	75	120	120

① 1,800원 ② 2,700원 ③ 5,400원
④ 6,300원 ⑤ 7,500원

38. 다음은 ○○공사에서 PDCA 업무 사이클을 이용하여 계획한 안전관리체계의 일부이다. ㉠ 단계에 해당하는 업무로 가장 적절한 것을 모두 고르면?

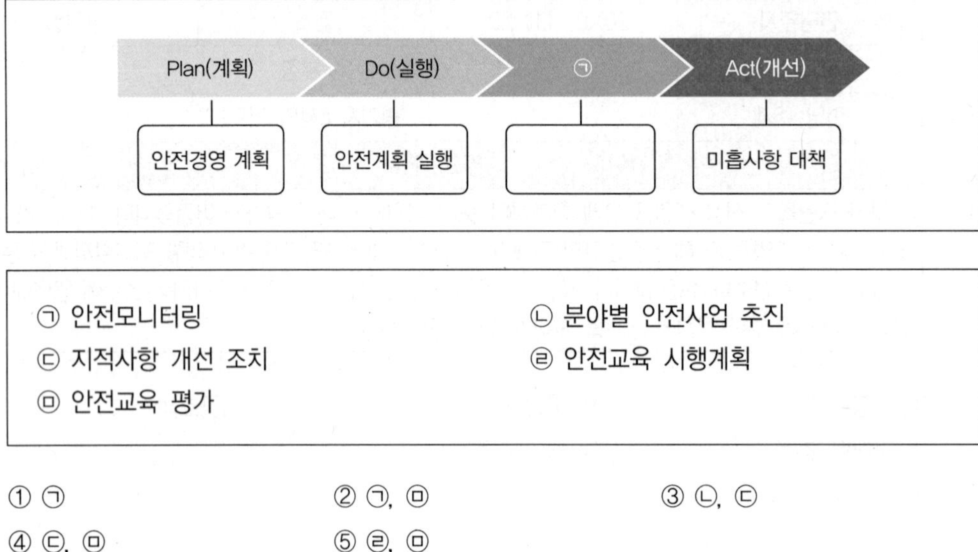

㉠ 안전모니터링
㉡ 분야별 안전사업 추진
㉢ 지적사항 개선 조치
㉣ 안전교육 시행계획
㉤ 안전교육 평가

① ㉠ ② ㉠, ㉤ ③ ㉡, ㉢
④ ㉢, ㉤ ⑤ ㉣, ㉤

39. 강사의 질문에 대한 답변으로 옳지 않은 것을 〈보기〉에서 모두 고르면?

강사 : 기업 활동에서 필요한 물적자원을 최대한 확보하고, 실제 업무에 어떻게 활용할 것인지 계획을 수립하고, 이에 따라 물적자원을 효율적으로 관리하는 물적자원관리능력은 매우 중요합니다. 효과적인 물적자원관리의 과정에는 무엇이 있을까요?

보기

ㄱ. 가까운 시일 내 사용할 물품과 사용하지 않을 물품을 구분하는 것이 먼저 이루어져야 합니다.
ㄴ. 같은 품종을 같은 장소에 보관하면 필요할 때 찾는 시간을 단축할 수 있습니다.
ㄷ. 개별 물품의 특성보다는 물품의 품종에 따라 분류하여 보관 장소를 선정해야 합니다.
ㄹ. 같은 품종도 보관 장소에 따라 물품의 무게가 무겁거나 부피가 큰 것은 별도로 취급할 수 있습니다.

① ㄱ ② ㄷ ③ ㄹ
④ ㄱ, ㄴ ⑤ ㄷ, ㄹ

40. 다음 바코드 생성 규칙을 적용하였을 때, 태국의 가 회사에서 생산된 수박의 D 영역에 해당하는 체크섬 자리에 들어갈 숫자는?

〈식품 분류표〉

A 영역		B 영역		C 영역				D 영역
국가코드		업체코드		상품코드				체크섬
				분류		상품		
201	한국	1343	가 회사	678	과일류	90	사과	바코드 짝수 자리 숫자의 합에 2를 곱한 값과 홀수 자리 숫자의 합에 3을 곱한 값을 더한 후 그 값에 추가로 더해져 10의 배수를 만드는 최소 숫자
301	중국	1344	나 회사			80	딸기	
401	베트남	1345	다 회사			70	수박	
501	태국	2343	라 회사					
601	미국	2344	마 회사	778	채소류	60	배추	
701	이탈리아	2345	바 회사			50	당근	
				878	곡류	40	쌀	
						30	밀	
						20	보리	
						10	귀리	

① 1　　② 2　　③ 3

④ 4　　⑤ 5

[41 ~ 42] 다음 자료를 보고 이어지는 질문에 답하시오.

B 과장은 프랑스 파리의 협력사 담당자와 화상회의를 진행하기 위해 회의시간을 정하려고 한다. 회의와 관련된 정보는 다음과 같다.

- 한국과 파리의 시차는 7시간으로 한국이 파리보다 7시간 빠르다.
- B 과장의 근무시간은 오전 9시부터 오후 6시까지이고, 파리 협력사의 근무시간은 현지 시각으로 오전 9시 30분부터 오후 5시 30분까지이다.
- B 과장이 근무하는 회사와 파리의 협력사는 모두 현지 시각으로 오후 12시부터 1시까지 점심시간이고, 이 시간에는 회의를 진행할 수 없다.
- 회의는 근무시간 내에 진행하는 것을 원칙으로 하며 회의시간은 1시간으로 한다.

41. 위의 정보를 고려했을 때 B 과장이 프랑스 파리의 담당자와 화상회의를 할 수 있는 시각은?

① 파리 시각으로 오전 10시 30분
② 파리 시각으로 오전 11시
③ 파리 시각으로 오후 1시
④ 한국 시각으로 오전 9시
⑤ 한국 시각으로 오후 5시

42. B 과장은 화상회의를 마친 후 인천국제공항에서 9월 10일 오전 9시에 출발하는 비행편을 이용하여 프랑스 파리의 협력사를 직접 방문하려고 한다. 비행시간은 12시간이며 입국수속에 걸리는 시간은 1시간, 파리 공항에서 협력사까지 이동하는 데 소요되는 시간은 30분일 때 B 과장이 파리의 협력사에 도착하는 시각(파리 현지 시각)은?

① 9월 10일 오전 2시
② 9월 10일 오전 3시 30분
③ 9월 10일 오후 2시
④ 9월 10일 오후 3시 30분
⑤ 9월 10일 오후 5시

43. 프로젝트 범위 기술서(Project scope statement)는 모든 핵심 관계자에게 진행될 프로젝트가 시작된 배경에 대한 명확한 이해를 제공하고 프로젝트의 핵심 목표를 정의하는 핵심 문서이다. ㉠～㉤ 중 프로젝트 범위 기술서에 포함되는 요소에 대한 설명으로 옳지 않은 것은 모두 몇 개인가?

〈프로젝트의 제목〉

- 서론
  거시적으로 프로젝트를 개관한다.
- 프로젝트 범위
  ㉠ <u>프로젝트가 무엇을 포함하고 포함하지 않는지를 명시한다.</u>
- 프로젝트 결과물
  ㉡ <u>프로젝트의 예상 결과물을 서술한다.</u>
- 프로젝트 수락기준
  ㉢ <u>어떤 목표를 충족할 것인가, 성공의 여부를 어떻게 측정할 것인가를 서술한다.</u>
- 프로젝트 배제사항
  ㉣ <u>프로젝트 범위에 포함되지 않는 것에 대해 서술한다.</u>
- 프로젝트 제약사항
  ㉤ <u>프로젝트의 주요 이해관계자들의 요구사항에 대해 서술한다.</u>

① 없다.
② 1개
③ 2개
④ 3개
⑤ 4개

44. 의사결정 기준에 따라 휴가지를 정할 때 최종 선택되는 휴가지는?

〈팀원들의 요구사항〉

K 이사 : 팀 프로젝트를 성공적으로 마친 것을 축하하는 뜻에서 포상휴가를 가고자 하네. 오랜만의 휴가인데 분위기가 좋은 곳에 가 보자고!

S 팀장 : 감사합니다. 이왕이면 자주 방문했던 곳 말고 익숙하지 않은 곳으로 한 번 가 보는 것이 어떨까요?

C 주임 : 교통비가 저렴한 곳으로 가고, 대신 숙소를 업그레이드했으면 좋겠어요.

J 주임 : 저는 음식이 맛있는 곳으로 가고 싶어요.

O 사원 : 저는 동남아시아 지역에 한번 가보고 싶어요.

〈휴가지 특징〉

구분	맛	1인 교통비	분위기	거리	방문횟수
베트남 다낭	★★★★★	400,000원	★★	★★★★	3회
태국 푸켓	★★★	300,000원	★★★★★	★★	5회
제주도	★★★★	200,000원	★	★★★★★	8회
미국령 괌	★★	800,000원	★★★★	★	1회

※ 각 항목에 ★이 많을수록 높은 점수를 얻는다.

〈의사결정 기준〉

- 총점이 가장 높은 휴가지로 정한다.
- ★ 1개당 1점으로 계산한다.
- 1인당 교통비는 기본 점수를 10점으로 하되 100,000원당 0.1의 점수를 차감한다.
- 단, 각 팀원의 요구사항 관련 항목에서 가장 점수가 높거나 요구사항과 가장 관련 있는 휴가지에 가산점을 부여한다.
- 방문횟수는 적은 순서대로 4 ~ 1점을 부여한다.
- 가산점은 이사 5점, 팀장 3점, 주임 2점, 사원 1점이다.

① 베트남 다낭
② 태국 푸켓
③ 제주도
④ 미국령 괌
⑤ 제주도, 미국령 괌

45. 청중에게 '효과적인 물적자원관리 과정'에 대해 쉽게 전달하기 위해 파워포인트로 도해를 작성하고자 한다. 다음과 같은 도해를 만들 때, 사용한 기능에 대한 설명으로 옳은 것은?

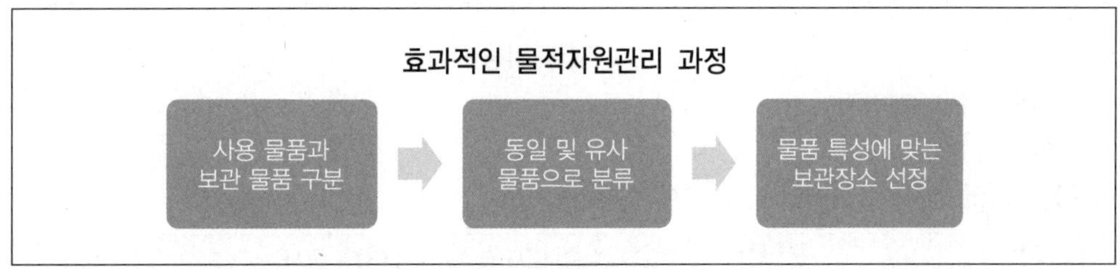

① 항목 수준을 내리려면 텍스트 창에서 Shift+Tab을 누른다.
② 텍스트 창에서 Tab를 눌러 새 항목을 추가할 수 있다.
③ [삽입]−[차트]에 들어가 '차트 삽입' 대화상자에서 '프로세스형'을 클릭한다.
④ [삽입]−[SmartArt]에 들어가 'SmartArt 그래픽 선택' 대화상자에서 [프로세스형]을 클릭한다.
⑤ [삽입]−[SmartArt]에 들어가 'SmartArt 그래픽 선택' 대화상자에서 [주기형]을 클릭한다.

46. 다음 A 사원과 B 대리의 대화에서 빈칸 ㉠에 들어갈 내용으로 적절한 것은?

> A 사원 : 이번에 ○○부서로 발령을 받고 업무 전반에 대한 이해가 부족하여 걱정이 됩니다. 특히 우리 부서에서 알아야 할 기술의 원리와 절차가 어떤 것이 있나요?
> B 대리 : 모든 기술의 원리와 절차를 이해하는 것은 힘든 일이죠. 그래서 현대 기술의 특성으로 개별 기술이 네트워크로 결합해서 만들고 있는 독특한 특성인 (㉠)을/를 이해할 필요가 있어요. 이것은 인공물의 집합체만 아니라 회사, 투자 회사, 법적 제도, 정치, 과학, 자연과학을 모두 포함하는 개념이죠. 그래서 기술적인 것과 사회적인 것이 결합해서 공존하는 개념이에요.

① 기술교양　② 기술 절차　③ 기술 원리
④ 기술혁신　⑤ 기술시스템

[47 ~ 48] 홍 대리는 창립기념일을 맞아 홍보 카탈로그 제작사를 조사하고 있다. 다음은 A, B, C, D 회사가 제출한 홍보 카탈로그 제작비용과 기간을 정리한 것이다. 이어지는 질문에 답하시오.

〈제작 비용〉

- 페이지 수 : 8페이지
- 부수 : 1,000부
- 제작비용 계산방식 = 종이 + CTP + 인쇄 + 제본

구분	A 회사 (종로구 소재)	B 회사 (도봉구 소재)	C 회사 (수원시 소재)	D 회사 (제주시 소재)
종이	100,000원	100,000원	120,000원	120,000원
CTP	80,000원	70,000원	80,000원	70,000원
인쇄	80,000원	70,000원	60,000원	50,000원
제본	240,000원	200,000원	240,000원	200,000원

〈제작 기간〉

구분	기간
A 회사	3일
B 회사	4일
C 회사	3일
D 회사	4일

- 공휴일, 휴무일을 포함하지 않은 실제작기간
- A, B 회사 : 일요일만 휴무
- C, D 회사 : 수요일만 휴무

〈제작 비용 변동률〉

• 페이지가 8페이지에서 16페이지로 증가할 경우 – 종이, CTP, 인쇄, 제본 단가 : 각 100% 상승	• 부수가 1,000부에서 2,000부로 증가할 경우 – 종이 단가 : 80% 상승 – CTP 단가 : 변동 없음. – 인쇄 단가 : 90% 상승 – 제본 단가 : 100% 상승

47. 홍 대리는 8페이지 분량의 카탈로그 1,000부를 제작 의뢰하려고 한다. 금요일부터 제작에 착수할 경우 가장 저렴한 비용으로 빠르게 제작할 수 있는 회사는?

① A 회사 ② B 회사 ③ C 회사
④ D 회사 ⑤ B 회사, D 회사

48. 홍 대리는 〈보기〉와 같이 B 회사와 D 회사에 카탈로그 제작을 의뢰했다. 두 회사의 제작 견적으로 적절한 것은?

보기

• B 회사 – 16페이지, 1,000부 • D 회사 – 8페이지, 2,000부

	B 회사	D 회사
①	711,000원	880,000원
②	781,000원	880,000원
③	880,000원	781,000원
④	880,000원	800,000원
⑤	880,000원	820,000원

49. 다음은 ○○기업이 생산하는 제품을 관리하기 위해 스프레드시트(엑셀)로 작성한 자료이다. 〈관리 코드 조건〉을 이용하여 A ~ E 그룹으로 분류했다고 할 때, 각 그룹의 내용으로 적절하지 않은 것은?

〈관리 코드 조건〉

- 생산연월은 6자리로 표현한다. ㉮ 2019년 7월 20일은 190720으로 나타낸다.
- 전체 코드 표현은 '생산연월－품목생산국－생산공장'으로 나타낸다.

㉮ 2018년 12월 2일에 베트남의 3공장에서 만든 키보드는 181202－00401V－000A3이다.

	A	B	C	D	E	F
1						
2		품목	코드		생산연월	코드
3		컴퓨터	001		2019-07-06	190706
4		노트북	002		2019-08-14	190814
5		핸드폰	003		2020-01-05	200105
6		키보드	004		2020-02-21	200221
7		마우스	005		2020-04-17	200417
8						
9		생산국가	코드		생산공장	코드
10		한국	01K		1공장	000A1
11		일본	01J		2공장	000A2
12		중국	01C		3공장	000A3
13		베트남	01V		4공장	000A4
14		미국	01A		5공장	000A5
15					6공장	000A6
16						

A 그룹	B 그룹	C 그룹
190504－00201K－000A3	190227－00301V－000A2	190219－00201V－000A3
190108－00201K－000A2	190301－00101K－000A2	190420－00301V－000A3
200117－00201K－000A2	191010－00401A－000A2	190708－00301J－000A3
200223－00201K－000A4	191017－00501A－000A2	200130－00501J－000A3

D 그룹	E 그룹
190401－00101C－000A1	191010－00101C－000A5
190620－00101A－000A2	191007－00301C－000A5
190811－00101K－000A2	191018－00401C－000A5
200502－00101V－000A2	191022－00301C－000A5

① A 그룹은 한국에서 생산한 노트북 제품들을 나열한 것이다.
② B 그룹은 2019년에 각국의 2공장에서 생산된 제품들로 나열되어 있다.
③ C 그룹은 2개 국가의 3공장에서 생산된 제품들을 나열한 것이다.
④ D 그룹은 4개 국가의 1, 4공장에서 생산된 컴퓨터를 나열한 것이다.
⑤ E 그룹은 중국의 5공장에서 2019년 10월에 생산된 제품들을 나열한 것이다.

50. 다음 글에서 설명하는 안전 · 보건표지로 적절한 것은?

- 점화원(열, 불, 스파크 등)이 있으면 화재가 발생할 수 있습니다.
- 인화성 가스나 액체에서 발생한 증기가 밀폐된 공간에 체적되면 폭발적으로 화재가 발생하여 위험할 수 있으니, 용기나 설비를 접지하거나 방폭 설비를 설치하여 점화 가능성을 없애는 것이 바람직합니다.
- 해당 위험성이 있는 화학물질의 취급, 저장 장소 가까이에서는 담배를 피워서는 안 됩니다.
- 프로판, 아세틸렌, LPG, 부탄, 에탄올, 알코올, 매니큐어, 아세톤, 페인트, 등유, 휘발유 등

①

②

③

④

⑤

기출예상문제

시험시간 | 60분
문항수 | 50문항

▶ 정답과 해설 59쪽

01. 다음 중 띄어쓰기가 바르지 않은 것을 모두 고르면?

> ㉠ 열심히 공부를 했는 데도 성적이 떨어졌다.
> ㉡ 그 문제를 해결하는데 가장 좋은 방법이 무엇인지 생각해 보자.
> ㉢ 서울 부산 간, 부모 자식 간
> ㉣ 너뿐만 아니라 나도 그래.

① ㉠, ㉡ ② ㉡, ㉢ ③ ㉢, ㉣
④ ㉠, ㉡, ㉢ ⑤ ㉠, ㉡, ㉢, ㉣

02. ○○공사에서 근무하는 사원들이 다음 글을 읽고 나타내는 반응으로 옳지 않은 것은?

> ○○공사는 □□항을 개발, 관리하는 국가 공기업으로 2005년에 설립되었습니다. 그동안 부두와 배후물류단지 등 항만 인프라시설을 꾸준히 확충하고, 항로와 서비스 네트워크를 확장하여 □□항의 성장을 이끌어왔습니다. 2005년 ○○공사 출범 시와 비교하여 2019년 결산기준으로 자산규모(3조3,148억원)는 60.5%, 매출액(1,567억원)은 7.7배 이상 성장하였으며, □□신항확충, 신국제여객터미널 개장, 골든하버 개발사업 등을 차질 없이 추진해 □□항을 화물과 여객, 물류와 관광 비즈니스가 조화된 일류항만으로 만들어 가고 있습니다.
>
> □□항은 1883년 개항 이후 국가 경제 발전에 중추적인 역할을 충실히 수행해 왔습니다. 조수간만의 차를 극복하고 대형선박을 수용하기 위하여 1974년에 축조된 갑문은 동양 최대 규모를 자랑합니다. 2015년 조성된 신항은 초대형 컨테이너 선박도 접안할 수 있으며, 자동화 하역장비 도입 등을 통한 최첨단 항만으로서의 입지를 다지고 있습니다. 또한 글로벌 해양관광 거점으로 도약하기 위하여 건설된 新국제여객터미널, 크루즈터미널 그리고 골든하버는 바다와 도시가 공존하는 신개념 해양문화관광단지로 거듭날 것입니다.

① ○○공사는 2005년에 처음으로 출범되었구나.
② 1974년에 개항한 □□항은 국가 경제 발전에 중요한 역할을 수행해 왔어.
③ 갑문을 이용하면 조수간만의 차를 극복하고 대형선박을 수용할 수 있나 봐.
④ □□항의 신항은 ○○공사가 출범된 지 10년 만에 조성되었어.
⑤ 2019년 매출액 결산을 기준으로 할 때, ○○공사는 출범 시와 비교해 5배 이상 성장했군.

03. 다음은 ○○철도공사 입사를 준비 중인 A 씨가 참고해야 할 유의사항이다. 다음 중 A 씨가 이해한 내용으로 적절하지 않은 것은?

〈입사지원 유의사항 안내〉

1. 채용직렬 및 직급 : 일반직 6급
   - 직렬 : 사무영업, 운전, 차량, 토목, 건축, 전기통신
   - 신입사원은 현장 근무를 원칙으로 함.
2. 채용절차
   - 서류검증(적격자 전원 필기시험 시행) → 필기시험(2배수) → 체력심사(해당 분야 한정) → 면접시험(실기 · 인성역량) → 철도적성검사(사무영업, 운전분야 한정) → 채용신체검사(개별시행)
   - 각 전형별 합격자에 한하여 다음 단계 지원 자격을 부여함.
   - 체력심사 대상 직무는 차량, 토목, 건축, 전기통신 직렬에 한정되며, 검증항목 6개 중 2개 항목 이상이 3등급을 받은 경우 적격 판단(부적격인 경우 불합격 처리)
3. 입사지원서의 성명, 생일과 신분증의 성명과 생일이 한 글자라도 상이할 경우 필기 · 면접 등 시험에 응시할 수 없으니 입사지원서 작성 시 반드시 확인하십시오.
4. 입사지원 작성 시 '직무능력기반 자기소개서'는 반드시 제출하여야 하며, 각 항목의 작성내용이 400Byte 미만인 경우 불합격 처리됩니다.
5. 채용직렬 및 경쟁직무에 중복하여 지원할 수 없으며, 중복지원 시 불합격 처리될 수 있습니다.
6. 일반공채 신규채용 입사지원자 중 정규직에 불합격한 자로서 희망하는 자에 한해 면접시험 및 필기시험 성적순으로 체험형 인턴 기회가 부여됩니다.
   - 체험형인턴 희망은 입사지원 시 반드시 기재(선택)하여야 함.
   - 체험형인턴 선발은 권역별 해당분야별로 채용
7. 신입사원 임용 전 교육 미수료자는 최종 불합격 처리됩니다.
8. 채용 청탁 비리 등 채용 공정성 저해하는 자는 합격 후에도 채용이 취소됩니다.

① 채용직렬은 모두 6가지로 중복지원이 불가능하다.

② 필기시험에 통과한 모든 지원자는 체력심사를 받아야 한다.

③ 입사지원서의 개인정보와 신분증 정보가 상이할 경우 시험에 응시할 수 없다.

④ 자기소개서 작성 시 각 항목의 내용이 400Byte 이상이어야 한다.

⑤ 정규직에 불합격한 자라도 필기 · 면접시험 점수가 상위권일 경우 체험형 인턴 기회가 부여될 수도 있다.

04. 다음 글을 읽고 추론할 수 있는 내용으로 적절한 것을 〈보기〉에서 모두 고르면?

수도권 신도시에 살고 있는 직장인들이 매일 출근 전쟁을 치르고 있다. 이들은 장거리 출근길에 광역버스나 지하철을 이용함으로써 만성피로에 시달리고 있다. 직장인들은 치솟는 주거비 때문에 출퇴근 전쟁을 겪으면서도 수도권의 외곽으로 나가고 있다. 주택 공급을 위한 택지 개발로 경기도 내에 신도시가 늘어난 가운데 수도권 거주 근로자 4명 중 2명이 수도권 외곽 신도시에 거주하고 있는 것으로 밝혀졌다. 이들은 광역 버스나 지하철을 이용하여 출근하고 있는 것으로 조사됐으며 이들의 실제 출퇴근 시간은 희망 출퇴근 시간보다 약 25분 정도 긴 것으로 나타났다. 서울, 경기, 인천을 포함한 수도권은 교통망이 도로에 집중되었기 때문에 만성적인 교통 체증을 겪고 있으며, 해외의 대도시권에 비해 철도 교통망이 매우 취약한 수준이다. 즉 광역통근권역의 교통망은 여전한데 교통량은 매년 늘어나면서 교통 혼잡, 환경 소음, 교통사고 비용 등 사회 · 경제적 비용이 크게 늘어나고 있는 것이다.

이에 대한 해결책으로 철도 투자에 대한 요구가 등장하게 되었고, 정부는 수도권의 교통난 해소와 장거리 통근자들의 교통복지 제고를 위해 수도권 외곽에서 서울 도심 주요 3개 거점역인 서울역 · 청량리역 · 삼성역을 방사형으로 교차하여 30분대에 연결하는 수도권 광역급행철도(GTX ; great train express)를 A 노선, B 노선, C 노선 총 3개 노선으로 추진 중에 있다.

2015년도부터 착공된 GTX(수도권 광역급행철도)는 50만 명 이상의 철도이용객을 수용하여 교통량을 분산함으로써 도로교통 혼잡을 크게 완화하고, 인구 유입을 통한 지역개발 등의 시너지 효과를 기대하게 한다.

보기

ㄱ. 주택을 공급하기 위해 경기도 내에 신도시를 건설하면서 수도권 거주 근로자의 50%가 수도권 외곽의 신도시에 거주하는 현상이 나타났다.

ㄴ. 해외의 대도시권은 국내의 대도시권에 비해 철도 교통망이 잘 구축되어 있다.

ㄷ. 서울 도심 주요 3개 거점역은 서울역, 용산역, 삼성역이다.

ㄹ. 수도권 광역급행철도는 2015년에 완공되어 50만 명 이상의 철도이용객을 수용하고 있다.

① ㄱ, ㄴ　② ㄱ, ㄷ　③ ㄴ, ㄷ
④ ㄴ, ㄹ　⑤ ㄱ, ㄷ, ㄹ

05. 다음 중 밑줄 친 단어가 ㉠에 해당하는 것은?

> '있다, 없다'는 동사의 성격과 형용사의 성격을 모두 공유하고 있는데, 이를 중요시하여 따로 존재사를 설정하는 경우가 있다. 예컨대, 동사에는 관형사형 어미 '－는'이 붙을 수 있고, 형용사에는 '－는'이 붙지 못하는 특성이 있는데, '있다, 없다'는 '있는, 없는'에서 볼 수 있듯 둘 다 가능하다는 것이다. 그렇다고 이 둘이 의미상으로 ㉠ 동작의 움직임이나 과정을 나타내는 동사인가 하면 그렇지도 않으니, 동사, 형용사 품사 배정에 어려움이 있을 수밖에 없다. 따라서 동사, 형용사 두 가지의 특성을 보이는 새로운 품사로 존재사라는 개념을 설정하는 것이다.
>
> 그러나 이 두 단어 때문에 새로운 품사를 설정하는 것은 바람직하지 않다고 본다. 예컨대, '있다'는 '있는다, 있어라'라는 표현이 가능한 점이 있으나 '없다'는 '없는다, 없어라'가 불가능하니, 각각 동사와 형용사로 인정하는 게 나으리라 본다.

① 요즘 별일 없으시죠? ② 그는 귀신이 없다고 믿었다.

③ 그 일은 현재 진행 중에 있다. ④ 그는 내일 집에 있는다고 했다.

⑤ 사고 없는 공사가 될 수 있도록 주의합시다.

06. 앤디, 밴, 크리스, 데이빗, 에릭은 모두 외국인으로 H 은행에 계좌를 개설하려 하는데, 다섯 명 모두 은행이 필요로 하는 구비 서류를 제출하였다고 주장하고 있다. 이 중 네 명만 진실을 말한다고 가정할 때, 거짓을 말하는 사람은 누구인가?

> • 앤디 : 내가 제일 늦게 제출한 것 같네.
> • 밴 : 나는 데이빗이 서류를 제출한 바로 다음에 제출했어.
> • 크리스 : 아마 내가 가장 먼저 서류를 제출했을걸.
> • 데이빗 : 나는 앤디와 밴보다 서류를 늦게 제출했네.
> • 에릭 : 내가 크리스보다는 늦게 제출했지만 밴보다는 먼저 제출했을걸.

① 앤디 ② 밴 ③ 크리스

④ 데이빗 ⑤ 에릭

07. 다음 글에 대한 이해로 적절하지 않은 것을 〈보기〉에서 모두 고르면?

> 책은 인간이 가진 독특한 네 가지 능력의 유지, 심화, 계발에 도움을 주는 유효한 매체이다. 하지만 문자를 고안하고 책을 만들고 책을 읽는 일은 결코 '자연스러운' 행위가 아니다. 인간의 뇌는 애초부터 책을 읽으라고 설계된 것이 아니기 때문이다. 문자가 등장한 역사는 6천 년, 지금과 같은 형태의 책이 등장한 역사 또한 6백여 년에 불과하다. 책을 쓰고 읽는 기능은 생존에 필요한 다른 기능들을 수행하도록 설계된 뇌 건축물의 부수적 파생 효과 가운데 하나이다. 말하자면 그 능력은 덤으로 얻어진 것일 뿐이다.
>
> 그런데 이 '덤'이 참으로 중요하다. 책 없이도 인간은 기억하고 생각하고 상상하고 표현할 수 있다지만, 책과 책 읽기는 인간이 이 능력을 키우고 발전시키는 데 중대한 차이를 낳기 때문이다. 또한 책을 읽는 문화와 책을 읽지 않는 문화는 기억, 사유, 상상, 표현의 층위에서 상당한 질적 차이를 가진 사회적 주체들을 생산한다. 그렇기는 해도 모든 사람이 맹목적인 책 예찬자가 될 필요는 없다. 그러나 중요한 것은 인간을 더욱 인간적이게 하는 소중한 능력들을 지키고 발전시키기 위해서 책은 결코 희생될 수 없는 매체라는 사실이다. 그 능력을 지속적으로 발전시키는 데 드는 비용은 적지 않다. 무엇보다 책 읽기는 결코 손쉬운 일이 아니기 때문이다. 책 읽기에는 상당량의 정신 에너지와 훈련이 요구되며, 독서의 즐거움을 경험하는 습관 또한 요구된다.

보기

㉠ 책 읽기는 별다른 훈련이나 노력 없이도 마음만 먹으면 가능한 일이다.
㉡ 책을 쓰고 읽는 기능은 인간 뇌의 본래적 기능이 아니다.
㉢ 책과 책 읽기는 인간의 기억, 사유, 상상 등과 관련된 능력을 키우는 데 상당히 중요한 변수로 작용한다.
㉣ 독서 문화는 특정 층위에서 사회적 주체들의 질적 차이를 유발한다.
㉤ 책 읽기는 손쉬운 일이 아니며 상당량의 정신 에너지와 훈련이 요구되므로, 우선적으로 책이 좋은 것이라는 절대적인 믿음이 필요하다.

① ㉠, ㉡　② ㉠, ㉢　③ ㉠, ㉤
④ ㉡, ㉣　⑤ ㉡, ㉤

08. 다음 글을 읽고 나타난 반응으로 적절하지 않은 것은?

> 그리드패리티는 태양 · 풍력에너지 등 신재생에너지로 전기를 생산하는 데 필요한 발전단가와 기존의 화석에너지의 발전단가가 같아지는 균형점을 말합니다. 이때 국가보조금은 제외하고 계산하지요.
>
> 현재 화석연료는 자원의 고갈과 환경오염의 문제를 안고 있습니다. 이를 해결하기 위한 대체 에너지원이 바로 태양광이나 풍력 등의 신재생에너지입니다. 현재로서는 신재생에너지를 생산하기 위한 발전단가가 기존의 화석연료를 이용해 전기를 생산하는 발전원가에 비해 상당히 비싸 비경제적이지만, 최근 국제 유가가 상승하고 기술발전에 따라 신재생에너지 관련 부품의 가격이 하락하면서 그리드패리티에 가깝게 도달하고 있다고 해요.
>
> 각국의 그리드패리티 동향을 살펴보면 미국과 유럽 등 선진국에서는 이미 태양광발전이 그리드패리티에 도달한 반면, 한국의 그리드패리티 수준은 해외에 비해서는 아직 부족한 상황이라고 해요. 이에 정부는 2030년까지 신재생에너지의 그리드패리티를 달성하기 위해 노력하고 있으며, 그리드패리티를 달성해 가면서 서서히 전통적인 화석연료 발전을 줄여나갈 예정이랍니다.

① 그리드패리티는 국가보조금을 포함한 신재생에너지 발전단가와 기존 에너지의 발전단가가 같아지는 균형점을 말하는구나.

② 신재생에너지는 환경오염 문제를 해결하기 위한 방안 중 하나네.

③ 미국의 태양에너지산업은 이미 그리드패리티에 도달했구나.

④ 아직까지 우리나라는 신재생에너지 발전단가가 기존 에너지의 발전단가보다 비싼 편이겠네.

⑤ 우리나라도 2030년까지 그리드패리티를 달성하기 위해 노력하고 있어.

[09 ~ 10] 다음 글을 읽고 이어지는 질문에 답하시오.

휴리스틱(heuristic)은 문제를 해결하거나 불확실한 사항에 대해 판단을 내릴 필요가 있지만 명확한 실마리가 없을 경우에 사용하는 편의적 · 발견적인 방법이다. 우리말로는 쉬운 방법, 간편법, 발견법, 어림셈 또는 지름길 등으로 표현할 수 있다.

1905년 알베르트 아인슈타인은 노벨 물리학상 수상 논문에서 휴리스틱을 '불완전하지만 도움이 되는 방법'이라는 의미로 사용했다. 수학자인 폴리아는 휴리스틱을 '발견에 도움이 된다'는 의미로 사용했고, 수학적인 문제 해결에도 휴리스틱 방법이 매우 유효하다고 했다. 휴리스틱에 반대되는 것이 알고리즘(algorism)이다. 알고리즘은 일정한 순서대로 풀어나가면 정확한 해답을 얻을 수 있는 방법이다. 삼각형의 면적을 구하는 공식이 알고리즘의 좋은 예이다.

휴리스틱을 이용하는 방법은 거의 모든 경우에 어느 정도 만족스럽고, 경우에 따라서는 완전한 답을 재빨리, 그것도 큰 노력 없이 얻을 수 있다는 점에서 사이먼의 '만족화'원리와 일치하는 사고방식인데, 가장 전형적인 양상이 '이용 가능성 휴리스틱(availability heuristic)'이다. 이용 가능성이란 어떤 사상(事象)이 출현할 빈도나 확률을 판단할 때, 그 사상과 관련해서 쉽게 알 수 있는 사례를 생각해 내고 그것을 기초로 판단하는 것을 뜻한다.

그러나 휴리스틱은 완전한 답이 아니므로 때로는 터무니없는 실수를 자아내는 원인이 되기도 한다. 불확실한 의사결정을 이론화하기 위해서는 확률이 필요하기 때문에 사람들이 확률을 어떻게 다루는지가 중요하다. 확률은, 이를테면 어떤 사람이 선거에 당선될지, 경기가 좋아질지, 시합에서 어느 편이 우승할지 따위를 '전망'할 때 이용된다. 대개 그러한 확률은 어떤 근거를 기초로 객관적인 판단을 내리기도 하지만, 대부분은 직감적으로 판단을 내리게 된다. 그런데 직감적인 판단에서 오는 주관적인 확률은 과연 정확한 것일까?

카너먼과 트버스키는 일련의 연구를 통해 인간이 확률이나 빈도를 판단할 때 몇 가지 휴리스틱을 이용하지만, 종종 그에 따라 얻어지는 판단에는 객관적이며 올바른 평가와 상당한 차이가 있다는 의미를 가진 '바이어스'가 동반되는 것을 확인했다.

이용 가능성 휴리스틱이 일으키는 바이어스 가운데 하나가 '사후 판단 바이어스'이다. 우리는 어떤 일이 벌어진 뒤에 '그렇게 될 줄 알았어' '그렇게 될 거라고 처음부터 알고 있었어'와 같은 말을 자주 한다. 이렇게 결과를 알고 나서 마치 사전에 그것을 예견하고 있었던 것처럼 생각하는 바이어스를 '사후 판단 바이어스'라고 한다.

09. 윗글의 논지 전개 방식에 대한 설명으로 적절한 것은?

① 분석 대상과 관련되는 개념들을 연쇄적으로 제시하며 정보의 확대를 꾀하고 있다.
② 인과 관계를 중심으로 분석 대상에 대한 논리적 접근을 시도하고 있다.
③ 핵심 개념을 설명하면서 그와 유사한 개념들과 비교 · 대조함으로써 이해를 돕고 있다.
④ 전달하고자 하는 정보를 다양한 맥락에서 재구성하여 반복적으로 제시하고 있다.
⑤ 핵심 개념의 속성을 잘 보여 주는 사례들을 통해 구체적인 설명을 시도하고 있다.

10. 윗글에서 설명하고 있는 '휴리스틱'과 '바이어스'의 관계를 보여 주는 사례로 적절한 것은?

① 평소에 30분 정도 걸리기에 느긋하게 출발해 제시간에 도착할 수 있었다.

② 그녀는 살을 빼려고 운동을 시작했는데 밥맛이 좋아지면서 오히려 몸무게가 늘었다.

③ 최근 한 달 동안 타율이 가장 높은 선수를 4번 타자에 기용했는데 4타수 무(無)안타를 기록하였다.

④ 동네마트에서 추첨 세일을 한다기에 식구들이 다 나섰는데 한 집에 한 명만 참여할 수 있다고 한다.

⑤ 씨앗이 가장 많이 남은 상추를 몰아 심었는데 유례없이 병충해가 돌아 몽땅 망치고 말았다.

11. 다음 표는 ○○공사의 직원 명단 일부와 직원들에 대한 설명이다. 직원 명단과 설명을 바탕으로 추론할 때, 적절하지 않은 것은? (단, 모든 팀의 직급은 팀장－대리－사원 순으로 낮아진다)

경영지원팀(5)		연구팀(7)		홍보기획팀(5)		전산팀(3)	
이름(직급)	사원번호	이름(직급)	사원번호	이름(직급)	사원번호	이름(직급)	사원번호
김○○(팀장)	C0901001	하○○(팀장)	C0902001	박○○(팀장)	N1203001	정○○(팀장)	C1004001
이○○(대리)	C1401002	박○○(대리)	C1302002	조○○(대리)	N1303002	최○○(사원)	N1504002
최○○(사원)	N1801003	김○○(사원)	C1302003	윤○○(사원)	N1503003	김○○(사원)	N2004003
이○○(사원)	N1801004	장○○(사원)	N1902004	김○○(사원)	N1803004		

• 연구팀 팀장과 경영지원팀 팀장은 입사동기이다.
• 입사유형에는 경력/신입이 있으며 전산팀에서는 팀장만 경력직으로 입사했다.
• 전산팀 김○○ 사원은 회사 내에서 제일 최근에 입사한 사원이다.

① 홍보기획팀은 모두 5명이다.

② 연구팀 박 대리, 김 사원은 같은 해에 입사했다.

③ 2015년에 입사한 직원은 최소 2명이다.

④ 사원번호가 N1702006인 K 씨는 신입으로 채용된 연구팀 소속의 직원이다.

⑤ 팀 내의 사원번호가 직급 순으로 순차생성 된다면 경영지원팀에서 직급이 사원인 사람은 2명이다.

12. 다음 신문 기사를 읽고 알 수 있는 내용으로 적절한 것을 〈보기〉에서 모두 고르면?

신종 코로나바이러스 감염증 사태가 은행권 영업환경도 바꾸고 있다. 사람들이 외출을 자제하면서 은행 내방고객이 크게 줄고 비대면 거래가 증가하는 모습이 나타나고 있다. 고객들이 지점에 가기보다 인터넷이나 모바일을 통해 거래하면서 대면접촉을 최소화하는 현실이 반영된 셈이다.

26일 금융권에 따르면 코로나19가 대구 · 경북 지역을 중심으로 기하급수적으로 확산된 지난 16일부터 22일까지 국민 · 신한 · 우리 · 하나 · 농협 등 5개 시중은행의 인터넷뱅킹과 모바일뱅킹 이체 건수는 3,295만 8,643건에 달한다. 지난해 같은 기간 이들 5개 은행에서 발생한 비대면 거래 이체 건수(3,101만 3,348건)와 견주어 6.3%(194만 5,295건) 늘어난 수치다. 은행별로는 농협은행의 비대면 거래가 지난해보다 13.3% 늘어 증가율이 가장 높았으며, 거래 건수가 가장 많았던 곳은 국민은행으로 915만 5,756건이었다.

단기간에 비대면 거래가 증가한 것은 코로나19가 빠르게 확산되면서부터다. 한 시중은행 디지털그룹 관계자는 "코로나19 영향에도 이달 초까지 비대면 거래에 큰 변화가 없었지만 지난주부터 급증하는 양상"이라며 "대출 등의 급한 업무가 아닌 이상 은행에 직접 와서 거래하는 빈도가 현저하게 줄어들고 있다"고 말했다. 다른 시중은행의 한 관계자도 "코로나19 확진자가 늘어난 지난주부터 지점 방문손님이 30% 이상 줄었다"며 "이체와 같은 기본적인 업무는 거의 비대면으로 처리하는 추세"라고 말했다.

은행권에서 새로운 성장 먹거리로 삼았던 '포터블 브랜치' 영업도 개점휴업 상태다. 단말기를 들고 다니면서 고객을 만나 통장을 개설해 주는 '이동형 점포'라는 특징 덕분에 고령층 고객으로부터 좋은 호응을 받았지만 최근에는 업무를 접었다. 시중은행 관계자는 "경로당 등에서 아예 오지 말라고 연락이 오는 경우가 많다"며 "대면영업에 비상이 걸렸다"고 말했다.

보기

ㄱ. 코로나19로 은행권 영업환경이 영향을 받고 있다.

ㄴ. 지난 16일부터 22일까지 5개 시중은행의 비대면 거래 이체 건수는 전년 대비 약 200만 건 가까이 줄어들었다.

ㄷ. 코로나19 확진자가 늘어난 이후, 이체와 같은 기본적인 업무를 제외하고는 거의 비대면으로 처리하는 추세이다.

ㄹ. '포터블 브랜치' 영업은 고령층 고객들로부터 호의적 반응을 얻었지만, 코로나19 이후에는 기피하는 대상이 되었다.

① ㄱ, ㄴ　　② ㄱ, ㄹ　　③ ㄴ, ㄷ

④ ㄴ, ㄹ　　⑤ ㄷ, ㄹ

13. 다음은 'K-건강보험'과 관련된 보도 자료이다. 이를 정리한 내용으로 옳은 것을 모두 고르면?

보도 자료			
제공일	2020. 6. 17. (목)	보도일시	배포 즉시 보도
담당 부서	글로벌협력실	담당자	황○○(***-****)
배포 부서	홍보실	담당자	유○○(***-****)

건보공단, 세계은행과 협력체계 구축으로 K-건강보험 전 세계에 전파
- 세계은행 온라인학습 콘텐츠 제작 양해각서(MOU) 체결 -

□ 국민건강보험공단은 금일 'K-건강보험'의 우수성 및 운영경험을 높이 평가한 세계은행 측의 협력요청으로 세계은행과 '온라인학습 콘텐츠 제작'을 위한 서면 양해각서를 체결했다고 밝혔다.

- 이번 양해각서는 포스트코로나 시대에 대비하여 개도국의 전 국민 건강보장 달성을 보다 효과적으로 지원하기 위한 온라인 학습 콘텐츠 제작을 위한 것으로, 공단과 세계은행이 공동으로 제작하는 이번 콘텐츠는 세계은행에서 진행하는 '전 국민 건강보장 달성' 연수 프로그램의 자료로 활용된다.
- 양해각서 체결로, 공단은 한국의 전 국민 건강보장 달성경험과 함께 최근 세계적으로 우수성을 인정받고 있는 한국의 코로나 대응 및 이와 관련한 'K-건강보험'의 역할 등에 대해 개도국뿐만 아니라 전 세계에 효과적으로 전파할 수 있게 되었다.
- 이번 양해각서는 코로나19로 비대면 방식으로 체결하였으며, 공단의 글로벌협력실장과 세계은행 온라인학습 캠퍼스 책임자가 각 기관을 대표하여 서명하였다.

□ 건보공단 글로벌협력실 실장은 "포스트코로나 시대를 대비하여 이번 양해각서 체결뿐만 아니라 개도국 보건의료전문가의 역량강화를 위해 공단 자체적으로 온라인 학습 프로그램을 개발하는 등 K-건강보험의 우수성을 전 세계에 전파하기 위해 다방면으로 노력 중이다."라고 밝혔다.

ㄱ. 'K-건강보험'을 담당하는 부서는 글로벌협력실이다.
ㄴ. 세계은행에서 진행하는 '전 국민 건강보장 달성' 연수 프로그램의 자료로 활용될 이번 콘텐츠는 공단 자체적으로 제작한 것이다.
ㄷ. 세계은행과의 협력체계 구축으로 K-건강보험을 세계에 알리는 것이 가장 중요한 핵심내용이다.
ㄹ. 세계은행 온라인학습 캠퍼스의 설립 목적과 활동 내용에 대한 내용이 생략되어 있다.

① ㄱ, ㄴ　② ㄱ, ㄹ　③ ㄴ, ㄷ
④ ㄱ, ㄴ, ㄷ　⑤ ㄱ, ㄷ, ㄹ

14. 다음은 대학생을 대상으로 한 설문조사의 일부이다. 제시된 자료를 근거로 대학교육 현황 보고서를 작성하려고 할 때, 보고서의 내용으로 적절한 것은?

(가) 대학 진학을 후회하는 이유는?

(복수 응답, 단위 %)

설문	응답률
대학에서 배운 것이 실무(취업)에 도움이 되지 않아서	63.8
대학 과포화로 졸업장이 더 이상 경쟁력이 되지 않아서	37.1
대기업, 공기업에서 고졸 채용이 증가하는 추세이어서	18.0
갈수록 비싸지는 등록금 때문에	20.6
제대로 된 학문을 배울 수 없어서	14.5
갈수록 취업사관학교처럼 변질되는 것 같아서	19.5
인원제한 / 학점경쟁 등 듣고 싶은 수업을 들을 수 없어서	4.3
기타	4.6

(나) 현재 공부하고 있는 분야

(복수 응답, 단위 %)

구분	외국어	자격증	공무원 시험	고시	전공학점
응답률	68.6	44.1	40.0	5.7	74.3

① 요즈음 대학생들은 대학교육이 취업에 도움이 되지 않는다고 여기고 있으며, 이 때문에 전공 및 학과 공부에 매진하는 양상이 나타나고 있다.

② 등록금 부담이 가중되면서 공무원과 고시를 준비하는 학생들이 더욱 증가하고 있는 추세이다.

③ 전국의 대학 수가 늘어나 과포화된 원인으로는 대기업 및 공기업의 고졸채용 증가도 지목될 수 있다.

④ 대학생들이 전공 공부 외에도 외국어와 자격증 공부에 시간을 많이 할애하는 이유는 대학교육이 취업과 거리를 두고 있기 때문이다.

⑤ 대학이 취업사관학교로 변하는 것에 대한 거부감으로 대학에서 순수학문만을 고집하기 때문에 취업 관련 수업이 턱없이 부족한 상황이다.

15. 다음 글에서 알 수 있는 내용으로 적절한 것을 〈보기〉에서 모두 고르면?

> 현재 기상이변의 규모는 점점 더 증가하고 있다. 이 진행속도가 점점 빨라질 경우 머지않아 지구촌 곳곳에서 대가뭄과 폭염, 슈퍼 태풍과 허리케인의 발생 빈도와 규모가 더욱 증가하고 그에 따른 물 부족, 수질 오염, 홍수 피해 확산 등으로 인해 물 관리는 점점 어렵게 될 것이다. 따라서 인공지능, 사물인터넷, 빅데이터 등 4차 산업혁명의 자동화 · 정보화 · 지능화 기술을 활용하는 기술융합을 통해 기후변화에 대응하는 물 관리체계의 고도화가 필요해지고 있다.
>
> 물 복지 실현을 위해서는 국가적 측면에서의 접근이 필요하다. 우선, 전국방방 곳곳에 마실 수 있는 깨끗한 물이 차질 없이 공급돼야 한다. 이를 위해 도서산간지역을 중심으로 비상공급 대책을 수립하고 상수도 시설을 확충해야 하며 물 순환을 위해 빗물이용과 저영향 개발기법을 실천해야 한다. 물 관리를 위해 기후변화에 적응할 수 있도록 물 환경 여건변화 및 적응 대책을 마련하고 관련된 역량을 강화해야 하며 생태하천의 복원과 함께 하구생태계의 복원도 시행돼야 한다.
>
> 지난 2012년 7월 스마트워터그리드 연구단이 출범되었다. 차세대 물 관리 기술로서 주목받는 스마트워터그리드 기술은 물 부족지역에 있는 지하수, 우수, 해수 등 한정된 수자원을 이용해 가장 경제적인 수 처리를 함으로써 활용목적에 맞는 수자원을 확보하고, ICT를 활용해 실시간으로 물 수요를 분석 · 예측해 물 관리를 효율적으로 하는 토탈 물 관리 시스템이다. 수자원 계획부터 관리까지 물 관리 전 과정에 ICT를 융합, 수자원 효율을 극대화하는 것을 목적으로 하고 있으며, 지금까지 물 관리가 취수원에서 소비자에게 물이 잘 흐르도록 만드는 것이었다면, SWMI는 과학적으로 판단하고 자유롭게 소통하는 물 순환 전 영역 통합관리모델이다.
>
> 또한 드론시스템을 활용한 실시간 홍수관리 통합감시체계 구축이 추진되고 있다. 댐, 보, 하천을 대상으로 드론 수집정보를 이용한 영상분석시스템을 개발해 수계단위로 홍수상황을 실시간으로 통합 감시함으로써 수문운영 의사결정을 한층 높이게 될 것이다. 아울러 가뭄 장기화 등 기후변화로 인해 심화되고 있는 수질문제에 대응하기 위해 드론을 이용한 녹조 감시 체계도 도입하고 있다.

보기

ㄱ. 최근 전 세계 곳곳에서 기후변화로 인한 홍수와 가뭄 등으로 고통받고 있는 사례가 늘어났다.

ㄴ. 물 복지 실현을 위해서는 국가적 측면에서의 물 관리체계 고도화가 필요하다.

ㄷ. 스마트워터그리드 기술은 ICT를 활용해 물의 생산과 소비 정보를 실시간으로 체크하면서 효율적으로 물을 관리하는 시스템이다.

ㄹ. 정부는 드론시스템을 활용한 물 관리시스템도 도입 추진 중에 있다.

① ㄱ, ㄴ　　② ㄴ, ㄷ　　③ ㄷ, ㄹ

④ ㄱ, ㄴ, ㄷ　　⑤ ㄱ, ㄴ, ㄷ, ㄹ

16. 다음 조건과 <×월 예약일정>을 참고하여 예약을 진행할 때, 예약이 가능한 날짜는?

<×월 예약일정>

일	월	화	수	목	금	토
	1	2	3	4	5	6
	㉾▲▲사		㉿▲▲사	㉾■■사	㉿■■사	
8	9	10	11	12	13	14
		㉾○○사		㉿○○사 ㉾★★사	㉿★★사	
15	16	17	18	19	20	21
	㉾▷▷사	㉿▷▷사				
22	23	24	25	26	27	28
	㉾△사	㉿△사	㉾◆◆사	㉿◆◆사		
29	30					
	㉾●●사	㉿●●사				

※ ㉾ : 입실, ㉿ : 퇴실

• 입실 시간은 13시이고 선예약이 없을 경우 우선 입실이 가능하며 퇴실 시간은 11시이다.
• 토요일, 일요일에는 단체 손님에게 세미나실을 개방하지 않는다.

안녕하세요. 저희 A사에서는 1박 2일로 연수를 계획하고 있습니다. ×월 첫째 주나 넷째 주에 이틀간 세미나실을 활용하여 연수를 진행하며 첫날 9시에 입실할 예정입니다. 가능한 날짜가 있나요?

① 2일　　② 3일　　③ 26일
④ 27일　　⑤ 없음.

17. 다음은 어느 기간의 국내 저가항공사 실적에 대한 자료이다. 자료를 통해 추론한 20X2년 11월 A사의 공급석은 모두 몇 석인가?

〈자료 1〉 국내 저가항공사 국내선 여객실적(11월 기준)

(단위 : 천 석, %, 천 명)

구분	20X1년 11월		20X2년 11월	
	공급석	탑승률	국내여객	국내여객 전년 동월 대비 증감량
A사	250	70	(?)	105
B사	80	50	102	62
C사	200	90	198	18
D사	400	87.5	480	130
E사	350	90	420	105
소계	1,280		1,480	

※ 탑승률(%) = $\frac{\text{국내여객}}{\text{공급석}} \times 100$

※ 국내여객 전년 동월 대비 증감량 = (20X2년 11월 국내여객) − (20X1년 11월 국내여객)

〈자료 2〉 20X2년 11월 기준 탑승률의 전년 동월 대비 증감률

(단위 : %)

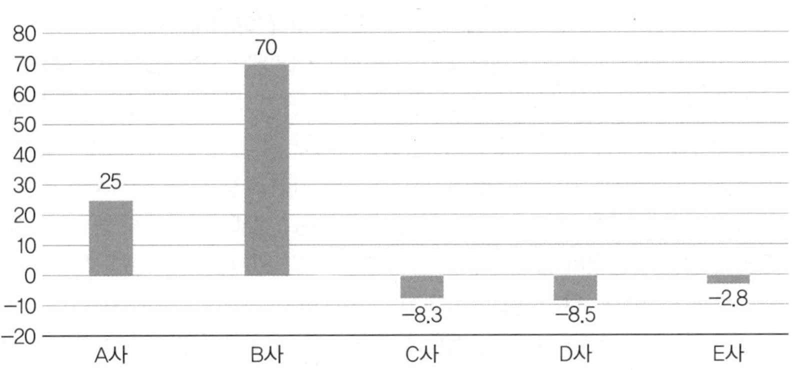

① 206,000석 ② 217,000석 ③ 268,800석
④ 320,000석 ⑤ 342,000석

[18 ~ 19] 다음 글을 읽고 이어지는 질문에 답하시오.

다보스 포럼에서 2020년까지 인공지능과 로봇의 발달로 기존의 일자리는 710만 개가 소멸하고 새로 200만 개가 창출되어 총 510만 개의 일자리가 감소될 것을 예상했다. 주로 단순 반복적인 사무행정직이나 저숙련 업무의 일자리가 사라질 것으로 전망했다.

일자리의 컴퓨터화 가능성은 미국의 직업종사자 중 47%가 고위험군인 반면 한국은 63%가 고위험군으로 나타나고 있다. 컴퓨터에 대체될 고위험 직업은 세무사, 관세사, 경기 심판, 치과 기공사, 신용추심원, 회계사, 택배원 등이 있고 컴퓨터에 대체될 저위험 직업은 의사, 초등학교 교사, 성직자, 간호사, 정보시스템 설계 및 분석가, 사회복지사, 데이터베이스 개발자 등이 있다. 머지않아 종업원보다 스마트기계가 많은 회사가 50%에 이를 것으로 예상된다. 전 세계 7세 아이들의 65%는 현재는 없는 직업을 가질 것이라는 전망이다.

가트너는 "2023년에는 의사, 변호사, 중개인, 교수 등 전문직 수행 고급기술업무의 $\frac{1}{3}$이 대체될 것이며, 2030년에는 현 일자리의 90%가 스마트기계로 대체될 것"이라고 말했다. 또 소프트웨어 정책연구소 소장은 "기업은 사람을 고용하기보다는 인공지능에 투자하게 될 것"이라고 말하면서 "많은 사람은 필요없겠지만 자동화를 하는 사람이나 어떤 업무를 자동화할 것인지 등을 결정하는 사람이 있어야 하고, 또 지금 사람들의 일자리는 없어지겠지만 생각지도 못했던 일이 생겨날 것"이라고 덧붙였다. 사람과의 직접 대면이 필요하고, 업무 수행 과정에서 관계 형성 및 감성적 기술이 필요한 직업, 자동화 로봇의 개발이 쉽지 않고 개발하더라도 경제적 효과를 보장하기 어려우며 비정형적인 기술의 체화가 중요한 직업 등은 자동화나 인공지능에 의해 대체되기 어렵다고 보는 것이다.

기업 입장에서 채용은 새로운 지식과 기술의 도입, 새 전략 수립, 매너리즘 쇄신, 노동 이동의 유연성 등을 제고한다. 극단적으로 보면 4차 산업혁명 시대에는 과거의 지식이 불필요하다. 심지어 어제의 지식도 오늘에는 필요없는 지식이 될 수 있다. 단기성과가 중요한 시대가 되면서 기업은 정규직 채용을 최소화하는 대신 비정규직 고용을 확대해 왔다. 한국 기업들은 서양처럼 처음부터 주식회사 제도가 번창하고 직무와 직능에 따라 사람을 채용하지 않았다. 하지만 이제 한국 사회도 직무와 직능에 따라 채용을 해야 할 때가 왔다. 이전에는 인성이나 총체적 능력이 평가요소였다면 이제는 전공과 전문적 능력이 중요시돼야 한다. 이는 기업 인사전략 핵심인 '적재적소에 인력배치' 부분과도 연관된다. 과거와 달리 근로자들의 이직률이 높고 기업이 유연해지고 있다. 고용시장에도 일종의 노마드 현상이 확산되고 있기 때문에 기업들은 전통적인 방식을 탈피해야 한다.

18. 윗글에서 알 수 있는 내용으로 적절하지 않은 것은?

① 단순 반복적인 사무행정직이나 저숙련 업무의 일자리가 곧 사라질 것으로 전망된다.

② 컴퓨터에 대체될 고위험 직업으로 의사, 초등학교 교사, 성직자, 간호사, 사회복지사 등이 있다.

③ 점차 새로운 채용보다는 인공지능에 투자하는 기업이 많아질 수도 있다.

④ 사람과의 직접 대면이 필요하거나 업무 수행 시 감성적 기술이 필요한 직업은 인공지능에 대체되기 어려울 것이다.

⑤ 한국 기업들은 4차 산업혁명에 대비하여 직무와 직능에 따라 채용을 해야 할 필요가 있다.

19. A는 윗글을 읽고 다음과 같은 정보를 수집하였다. A가 정보를 수집한 목적으로 적절한 것은?

〈○○기업 직무 소개〉

– Sales : 영업사원의 주요 활동은 상온, 냉장, 냉동 제품 등 국내에서 가장 다양하고 최고 품질의 제품을 대형할인점 및 대리점, 대형슈퍼, 특수거래처 등의 고객들에게 소개하고 상담, 관리하는 일을 주로 합니다. 각종 상담, 시장조사, 행사유치, 계약, 전략수립 등 거래처 관리 위주로 업무를 수행하게 됩니다.

– 홍보영양 : 홍보영양사원의 주요 활동은 단체급식소 영양사에게 당사의 제품을 소개하고, 활용메뉴를 제안하며 행사를 기획하고 상담하는 것입니다. 또한 시장조사, 정보수집 · 분석을 바탕으로 각종 상담, 행사유치, 전략수립과 같은 거래처 관리도 함께 수행하게 됩니다.

– PR : 회사의 경영이념과 철학을 바탕으로 이해관계인과의 관계에 있어서 회사의 홍보전략 계획의 수립, 대외언론단체 섭외 및 조정, 기업이미지 홍보, 사보제작, 홍보영상물 제작, 홈페이지 운영, 사회공헌활동, 사내커뮤니케이션 업무 등을 수행하고 있습니다.

– 지원 : 회사의 경영성과를 극대화하기 위한 영업, 제조, R&D 등 경영활동의 전반을 지원하는 업무를 담당합니다. …

① ○○기업의 제품을 사기 위해서이다.

② ○○기업에 투자하기 위해서이다.

③ ○○기업 제품의 홍보 전략을 분석하기 위해서이다.

④ ○○기업의 이직률이 낮은 이유를 분석하기 위해서이다.

⑤ ○○기업 입사를 위해 원하는 직무와 필요한 능력을 정확히 알기 위해서이다.

20. 다음 글의 필자의 관점에서 〈보기〉와 같은 문화 현상에 대해 할 수 있는 말로 적절한 것은?

19세기 중반 이후 사진, 영화 같은 시각 기술 매체가 발명되면서 예술 영역에는 일대 변혁이 일어났다. 작품에서는 일회성과 독창성이 사라지고 수용자는 명상적인 수용에서 벗어나기 시작하였다. 그리고 비디오, 위성, 컴퓨터 등의 '위대한 신발명들'로 인해 매체는 단순한 수단 이상의 적극적이고 능동적인 의미를 부여받게 되었다. 이제 이러한 매체와의 소통이 곧 '문화'로 규정되고 있다.

정보와 소통이라는 비물질적 요소가 사회의 토대로 작용하는 매체 시대를 맞아 이성과 합리성에 의해 억압되었던 감각과 이미지의 중요성이 부각되고 있다. 또한 현실과 허구, 과학과 예술의 경계가 무너지면서 그 자리에 '가상 현실'이 들어서게 되었다. 가상 현실에서는 실재하는 것이 기호와 이미지로 대체되고, 그 기호와 이미지가 마치 실재하는 것처럼 작동한다. 따라서 현실 세계의 모방이라는 예술 영역의 기본 범주가 매체 사회에서는 현실과 허구가 구분되지 않는 시뮬레이션이라는 범주로 바뀌게 되었다.

이러한 매체 시대의 특징들을 바탕으로 매체 이론가들은 '매체 작품'이라는 개념을 제시한다. 전통적으로 예술 작품은 고독한 예술가의 창작물로 간주되었으며, 예술가는 창작 주체로서의 특권화된 위치를 차지하였다. 특정 질료를 독창적으로 다루어 만들어 낸 예술 작품은 그 누구도 모방할 수 없는 원본의 가치를 지니며, 모방물은 부정적으로 평가되었다. 그러나 오늘날의 매체 작품은 고독한 주체의 창조물이 아니라 매체들 간의 상호 소통의 결과물이다. 여기저기에서 조금씩 복사하여 책을 만들기도 하고, 예술가의 개별적인 작업보다는 협동 작업이 중시되기도 한다. 또한 홀로그래피, 텔레마틱 같은 새로운 장르 혼합 현상이 나타난다.

전통적인 미학론자들은 이러한 매체 작품이 제2의 문맹화를 가져오며 수용자에게 '나쁜' 영향을 끼칠 것이라고 평가한다. 그런데 이는 인쇄술의 발달과 함께 문학적 글쓰기가 대중성을 획득할 당시의 경고와 흡사하다. 예컨대 18세기 모리츠의 「안톤 라이저」는 '감각을 기분 좋게 마비시키는 아편'으로 간주되었다. 그럼에도 불구하고 소설 문화는 이후 지속적으로 발전하였다. 이를 통해 지금의 매체 작품도 향후 지속적으로 발전하여 정상적인 문화 형태로 자리잡으리라는 전망이 가능하며, 따라서 전통적인 예술 작품과 매체 작품 모두 문화적 동인(動因)으로 열린 지평 안에 수용되어야 할 것으로 판단할 수 있다.

보기

컴퓨터광들이 공동으로 한 작품을 창작하는 방식과 한 사람의 작가가 총체적인 계획하에 자신의 고유한 작품을 완성하는 전통적인 글쓰기 방식이 공존하고 있다.

① 서로의 차이를 인정하고 존중하면서 상호 개방적인 태도를 취해야 한다.
② 두 문화 방식을 절충하여 가장 종합적이고 합리적인 대안을 찾아야 한다.
③ 기존의 예술 방식은 새로운 매체 환경에 적응하면서 변해야만 살아남을 수 있다.
④ 기술 매체에 의해 위협받고 있는 전통적인 예술과 문학의 방식이 보호되어야 한다.
⑤ 각자의 예술 방식에 대한 자기 반성을 통해 거듭나고자 하는 노력을 기울여야 한다.

21. ○○공사에서는 코로나19 예방을 위하여 보유하고 있는 마스크 만 장을 전직원 480명에게 매일 한 장씩 나누어 주기로 하였다. 4월 2일부터 마스크를 나눠 주고, 4월 14일에 신입직원 50명이 입사할 예정일 때, 보유한 마스크를 모두 소진하는 날짜는 언제인가? (단, 주말과 공휴일에도 마스크를 나누어 준다고 가정한다)

① 4월 20일　② 4월 21일　③ 4월 22일
④ 4월 23일　⑤ 4월 24일

22. ○○기업에서는 워크숍을 가기 위해 직원들에게 차량을 배정하고 있다. 차 한 대당 4명씩 배정하면 6명의 직원이 남고, 5명씩 배정하면 2대의 차량이 남는다고 할 때 워크숍에 참석하는 최대 인원은?

① 70명　② 74명　③ 78명
④ 82명　⑤ 86명

23. 소금물 400g을 가열하여 120g을 증발시킨 후 소금 45g을 더 넣었더니 처음 농도의 2배인 소금물이 만들어졌다. 만들어진 소금물의 농도는 몇 %인가?

① 15%　② 18%　③ 20%
④ 30%　⑤ 36%

24. 다음은 약국별 소염진통제와 마스크 가격을 조사한 자료이다. 이에 대한 설명으로 옳지 않은 것은?

〈약국별 소염진통제, 마스크 가격〉

(단위 : 원)

구분	소염진통제	마스크
A 약국	2,300	1,500
B 약국	2,250	1,600
C 약국	2,250	1,650
D 약국	2,250	1,600
E 약국	2,400	1,500
F 약국	2,050	1,500
G 약국	2,150	1,800
H 약국	2,250	1,500
I 약국	2,450	1,700
J 약국	2,300	1,550
K 약국	2,100	1,400
L 약국	2,400	1,400
M 약국	2,100	1,900
N 약국	1,800	1,600
O 약국	2,400	1,800

① A ~ O 약국의 소염진통제 가격의 최빈값은 2,250원이다.

② A ~ O 약국의 소염진통제 가격의 중앙값은 2,250원이다.

③ A ~ O 약국의 마스크 가격의 최빈값은 1,500원이다.

④ A ~ O 약국의 마스크 가격의 중앙값은 1,550원이다.

⑤ A ~ O 약국의 소염진통제 평균가격은 마스크 평균가격의 1.4배 미만이다.

25. 외부에 있는 사람이나 동물이 바람과 한기에 노출된 피부로부터 열을 빼앗길 때 느끼는 추운 정도를 체감온도라 한다. 다음은 체감온도 산출식과 단계별 특징을 나타낸 것이다. 현재 풍속이 2km/h이고 '주의' 단계라고 할 때, 현재 기온의 범위를 구하면? (단, $2^{0.16}=1$로 계산하며 기온은 소수점 아래 첫째 자리이하는 버려 정수로 나타낸다)

T : 기온(℃), V : 풍속(km/h)

체감온도 $= 13.12 + 0.6215\,T - 11.37\,V^{0.16} + 0.3965\,V^{0.16}\,T$

〈체감온도 단계별 특징〉

단계	체감온도 범위	특징
위험	−45 미만	노출된 피부는 몇 분 내에 얼고 야외 활동 시 저체온 위험이 매우 크다.
경고	−45 이상 −25 미만	10 ~ 15분 내 동상 위험이 있고 따뜻한 겹옷과 모자, 장갑, 목도리 등의 착용으로 피부가 바람에 직접 노출되지 않아야 한다.
주의	−25 이상 −10 미만	매우 찬 기운이 느껴지고 방풍기능이 있는 겹옷이나 따뜻한 옷, 모자, 장갑 등의 착용이 필요하다.
관심	−10 이상	추위를 느끼는 정도가 증가하며 긴 옷이나 따뜻한 옷이 필요하다.

① $-12 \leq T \leq -3$　② $-26 \leq T \leq -10$　③ $-30 \leq T \leq -6$

④ $-22 \leq T \leq -9$　⑤ $-26 \leq T \leq -11$

[26 ~ 27] 다음 자료를 보고 이어지는 질문에 답하시오.

〈공지〉

안녕하세요. 홍보사업팀 차량시승행사 담당자 김○○입니다. 본사에서는 현재 연구개발 중인 신규 차량에 대해 시승 행사를 진행 중입니다. 해당 차량 시승 행사와 관련해 고객들이 시승 신청한 현황을 알려 드립니다.

〈신청 현황〉

차량 모델	신청인원(명)	배치 날짜	비고
A	26	5/12	하이브리드 차량
B	34	5/12 ~ 17 중 하루	
C	57	5/12 또는 5/16	전기차
D	37	5/13	할인행사 진행
E	48	5/14	

- 해당 사업 계약의 규정상 차량 한 대당 하루 최대의 시승 가능 인원수는 15명이며, 하루에 한 가지 모델의 시승 행사만 진행합니다.
- 하루에 참여할 수 있는 고객의 수는 최대 30명입니다.
- 안전을 위하여 시승 차량에는 반드시 차 한 대당 한 명의 운전 강사가 동승하여야 합니다.
- 고객 1명당 최소 10분, 최대 30분의 시승시간을 제공합니다.
- 시승 행사를 위한 차량 제공은 10:00부터 17:50까지만 가능합니다.
- 시승 차량에 동승하는 강사에 대한 정보는 인사팀(☏031-XXX-XX11)으로 문의바랍니다.
- 기타 제한 사항이나 문의사항은 홍보사업팀(☏031-XXX-XX22)으로 문의 바랍니다.

내용을 참고하여 각 차량 모델별 필요 수량과 고객 배정 목록, 강사 배정 목록을 홍보사업팀으로 알려 주시면 반영하겠습니다. 사원 여러분의 노고에 항상 감사드립니다.

26. **사원 A는 위의 자료를 보고 업무 계획을 세우려고 한다. 다음 중 적절하지 않은 계획을 모두 고르면?**

> ㉠ 행사가 진행되는 동안 C 모델의 경우 다른 모델들보다 필요한 차량의 수가 많겠군.
> ㉡ 인사팀에서 운전 강사에 대한 정보를 받으면 되겠다.
> ㉢ 5월 13일에는 3대의 차량을 준비해야겠어.
> ㉣ 하루 행사 동안 일부 고객은 최대 시승시간을 채우지 못하고 내려야 하는 경우도 있을 테니 사전에 양해를 구해야겠어.

① ㉠, ㉢　　② ㉠, ㉣　　③ ㉡, ㉢
④ ㉠, ㉡, ㉣　　⑤ ㉠, ㉢, ㉣

27. **인사팀에서 위 자료와 다음의 〈강사 일정〉 표를 바탕으로 시승행사 계획을 수립하려고 한다. 계획에 대한 설명으로 적절하지 않은 것은?**

〈강사 일정〉

강사명	5월 가능일정	자격 여부
김○○	12일, 13일, 14일, 15일	하이브리드 운전 경험 있음.
이○○	13일, 14일, 15일, 16일	
박○○	12일, 16일	하이브리드 운전 경험 있음.
최○○	12일, 14일, 15일, 16일	
강○○	12일, 13일, 14일	
한○○	12일, 14일, 15일	

※ 하이브리드 차량의 경우, 하이브리드 운전 경험이 있는 강사를 배치해야 함.

① A 모델 시승은 김○○, 박○○ 강사에게 맡기면 되겠군.
② 김○○ 강사는 연속 2일은 무조건 시승행사에 참석해야겠네.
③ 행사 일정 및 강사 일정을 고려하면 C 모델 시승행사는 16일에 진행해야겠네.
④ 13일에 일정이 가능한 강사 중 한 명은 참석하지 않아도 일정 진행하는데 지장이 없겠네.
⑤ 행사 일정 및 강사 일정을 고려하면 B 모델 시승 행사는 15일에 진행하는 것이 적절해 보이네.

[28 ~ 29] 다음 자료를 읽고 이어지는 질문에 답하시오.

모바일 오피스, 재택근무, 스마트 워크센터 근무, 직장에서 업무 효율성을 높일 수 있는 화상회의 등 업무 환경을 구축하여 근무하는 것은 일종의 스마트워크라 할 수 있다. 이러한 스마트워크가 이루어질 수 있는 유형은 스마트워크센터의 직장 내 스마트오피스이다. 스마트오피스는 개인고정 업무공간을 축소하여 공간효율성을 높이며 직급 간에 업무공간의 차별을 두지 않는 공간 구성의 특징이 있다. 스마트오피스에서는 필요에 따라 좌석을 예약하여 사용하며, 집중업무해야 하는 직원들을 위한 고정 좌석도 구성하여 업무의 특성에 따라 적절한 좌석을 사용함으로써 효율적이고 집중도가 높은 업무공간을 구성할 수 있다.

스마트워크 업무공간은 다양한 정보통신기술 및 컴퓨터 인프라를 이용하여 시간과 장소의 제약 없이 상호의존적인 공동의 과업을 관계자들과 협업하는 근로 공간을 의미한다. 지식 근로자들에게 시간과 장소에 대한 자율권을 부여함으로써 근무환경의 유연성을 극대화한 개념이다. 앞으로의 업무환경은 업무 융통성이 매우 중대될 것이며 이는 일하는 방식, 일하는 시간, 일하는 장소를 융통적으로 선택할 수 있는 방식으로 구현될 것이다.

많은 기업들은 근무자들이 직장과 가정에서 전반적인 삶의 질을 향상시킬 수 있도록 업무와 개인생활을 더 조화롭게 만드는 기회를 제공하면서 기업의 목표를 성취할 수 있게 하는 방법으로 스마트워크 근무형태를 이행할 수 있다. 이러한 근무형태는 결근율과 지각 감소, 이직률 감소, 연장근무 감소, 직무만족 및 사기 진작, 개인 시간의 활용, 통근문제 감소, 기타 시설 활용문제 해결 그리고 생산성 증가와 같은 장점이 있으며, 유능한 인재를 유인하는 유인책의 일환으로 활용될 수 있다. 우리나라도 1990년대 중반 이래 주5일 근무제, 자율 출퇴근제, 조기출퇴근제 등이 실행되어 왔으며 조직 구성원들의 변화하는 요구를 수용하기 위해서 각자의 환경에 따라 다양한 형태의 근무제도 활용이 가능해졌다.

스마트워크 업무공간의 사용은 업무 공간 계획에 대한 새로운 접근이며 기업의 이익을 가져올 수 있는 방법을 모색하기 위한 것이다. 21세기 정보화 시대를 맞으면서 기업은 기업의 정체성, 기업의 문화, 조직구조, 업무환경 등에 더욱 새롭고 다각적인 변화를 요구하게 되었다. 스마트워크 업무 공간을 사용하는 방법은 사무실 외의 공간을 이용하는 방법과 기존 사무실을 이용하는 방법으로 나눌 수 있다. 새틀라이트 오피스, 텔레워크 센터, 텔러커뮤팅, 가상 오피스와 같이 사무실 외의 공간을 이용하는 대안적인 업무 공간 전략은 부동산 및 관련 비용 절감, 교통비용 절감, 통근시간 절약, 이직률 감소, 근로자의 생산성과 업무만족도 증가와 같은 장점을 기대할 수 있으나, 근무자들이 자발적이고 의욕적이어야 하며, 원격관리가 어렵고 근무자들 사이 또는 사무실 간의 커뮤니케이션이 어렵다는 단점이 있다. 한편 사무실을 이용하는 스마트워크의 업무 공간은 공간 재배치와 업무공간의 사용에 있어서 전통적 수직적인 업무공간보다 융통성을 제공하는 수평적 업무공간이라는 점이 큰 특징이다.

28. 윗글을 참고하여 추론한 내용으로 적절한 것은?

① 사무실을 이용하는 대안적 업무공간인 스마트워크는 근무자들의 자발적 참여를 고취시킨다.

② 스마트오피스에서는 한 명의 근로자가 필요에 따라 여러 자리를 옮겨가며 업무를 수행하기도 한다.

③ 사무실 외 공간을 이용하는 스마트워크는 비용절감 면에서 큰 효과를 거둘 수 있기 때문에 적극적인 도입이 필요하다.

④ 사무실의 효율적 설계와 운영은 근로자의 복지를 위해 기획된 것이며, 장기적으로 볼 때 이윤 추구로 흐르지 않는다.

⑤ 스마트오피스에서는 개인공간보다 회의실과 같은 협업 공간이나 직원들 간 일상적 의사소통용 공간이 더 큰 비중을 차지한다.

29. 다음은 스마트워크 업무공간을 조성하기 위한 〈회의 결과〉이다. 스마트오피스의 특징이 반영된 결정으로 적절하지 않은 것은?

〈회의 결과〉

1. 변동 좌석제 채택
   ㉠ 개인 고정 업무 공간을 축소하여 공간 면적 효율성을 높임.
   ㉡ 공간의 쾌적한 사용을 위해 개인 물품 비치를 지양함.
   ㉢ 직급, 부서에 따른 자리 구분을 없앰으로써 여러 조직 간의 교류가 가능하게 함.
2. 개인 집중 업무공간
   ㉣ 업무수행의 집중력 제고 및 타 직원과의 교감이 원활하도록 칸막이를 제거함.
   ㉤ 근로자가 집중하여 업무에 몰입할 수 있도록 좌석 이용 시간을 제한함.

① ㉠, ㉡　② ㉡, ㉢　③ ㉢, ㉣
④ ㉢, ㉤　⑤ ㉣, ㉤

[30 ~ 31] 다음 자료를 보고 이어지는 질문에 답하시오.

〈자료 1〉 소방인력 현황

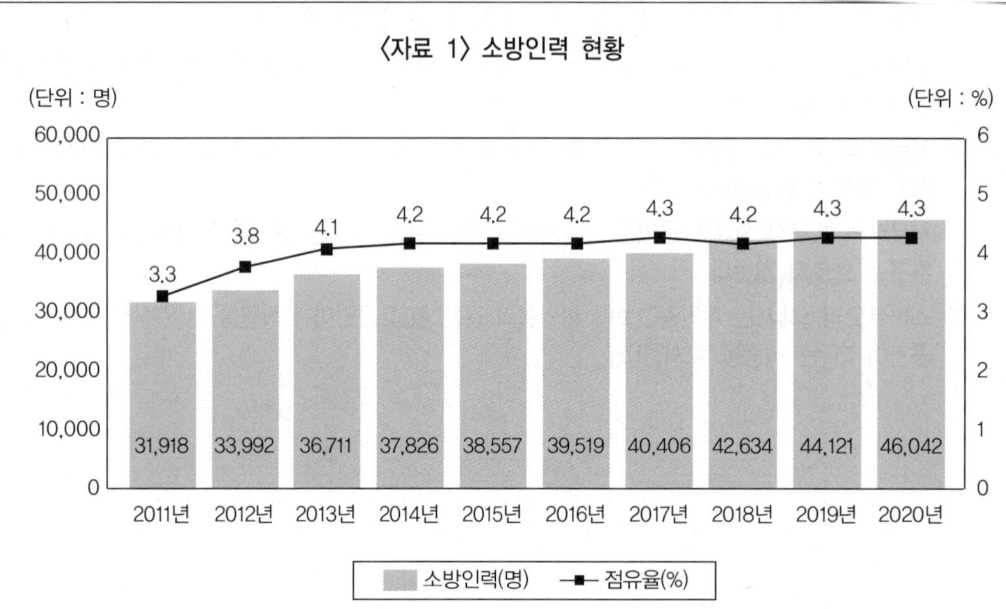

※ 소방인력 : 화재구조구급 현장 활동 위주로 근무하는 소방공무원과 소방행정 분야에서 근무하는 소방공무원을 포함.

※ 점유율(%) : 전 공무원인력 대비 소방인력이 차지하는 비율

〈자료 2〉 구조활동 현황

(단위 : 건, 명)

구분	2013년	2014년	2015년	2016년	2017년	2018년	2019년	2020년
구조건수	281,743	316,776	427,735	400,089	451,051	479,786	609,211	655,485
구조인원	92,391	106,660	102,787	110,133	115,038	120,393	134,428	115,595

※ 구조활동 : 전국 소방관서 상황실에서 119신고 접수 후, 119구조대(구조대원)에게 출동지령을 내려 구조활동을 한 통계

〈자료 3〉 구급활동 현황

(단위 : 천 건, 천 명)

구분	2013년	2014년	2015년	2016년	2017년	2018년	2019년	2020년
이송건수	1,428	1,405	1,494	1,504	1,631	1,707	1,748	1,777
이송인원	1,481	1,483	1,543	1,548	1,678	1,755	1,793	1,817

※ 구급활동 : 전국 소방관서 상황실에서 119신고 접수 후, 안전센터 구급대로 출동지령을 내려 구급활동(응급처치 및 이송)을 한 통계

30. 위 자료에 대한 설명으로 옳은 것은?

① 전 공무원인력은 2013년부터 2016년까지 4년간 그 수가 증가하였다.

② 소방인력이 전년 대비 가장 많이 증가한 해는 2020년이고, 가장 적게 증가한 해는 2017년이다.

③ 구조활동 현황을 참고할 때, 구조 1건당 구조인원은 매년 지속적으로 감소하는 추세이다.

④ 구급활동 현황을 참고할 때, 이송 1건당 이송인원은 매년 지속적으로 감소하는 추세이다.

⑤ 구급활동으로 이송한 인원은 항상 구조활동으로 구조된 인원보다 15배 이상이다.

31. 위 자료를 바탕으로 작성한 그래프 중 옳지 않은 것은?

① 〈구조인원〉

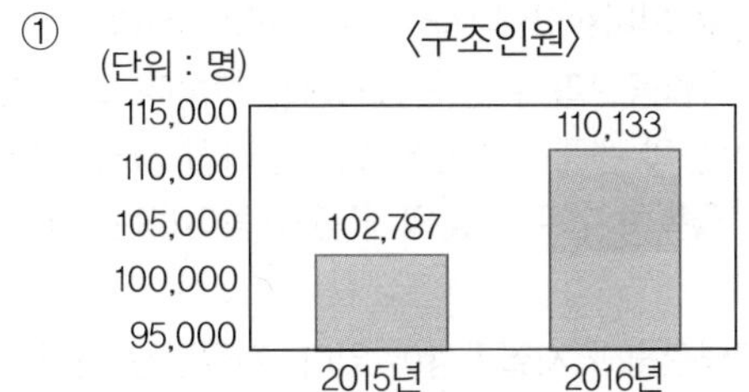

② 〈구조건수(전년 대비 증가율)〉

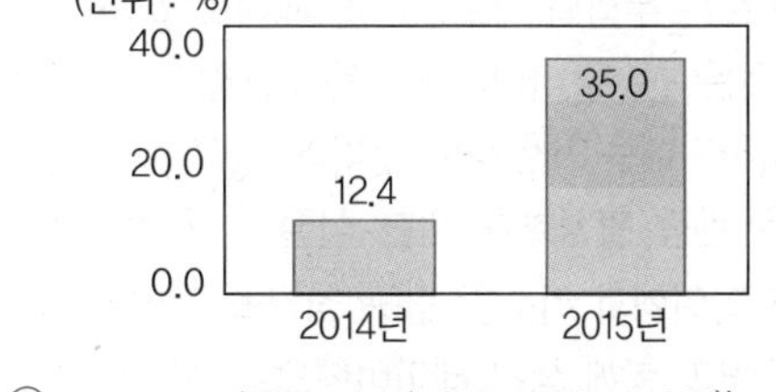

③ 〈이송인원〉

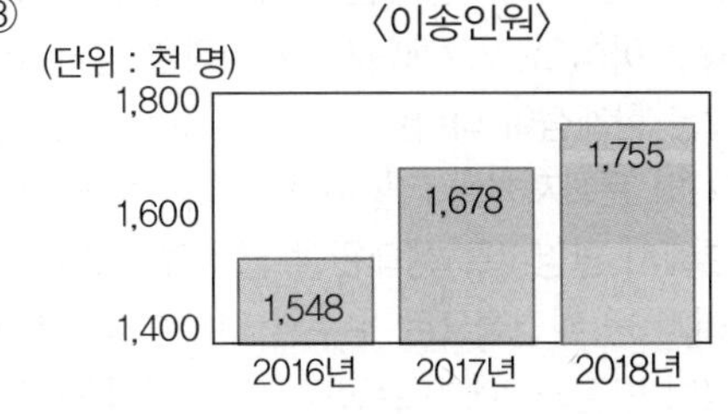

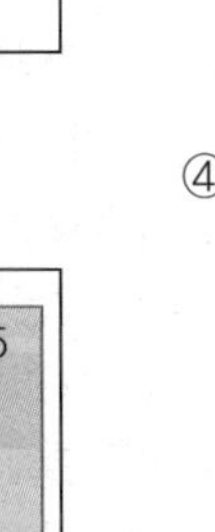

④ 〈이송건수(전년 대비 증가율)〉

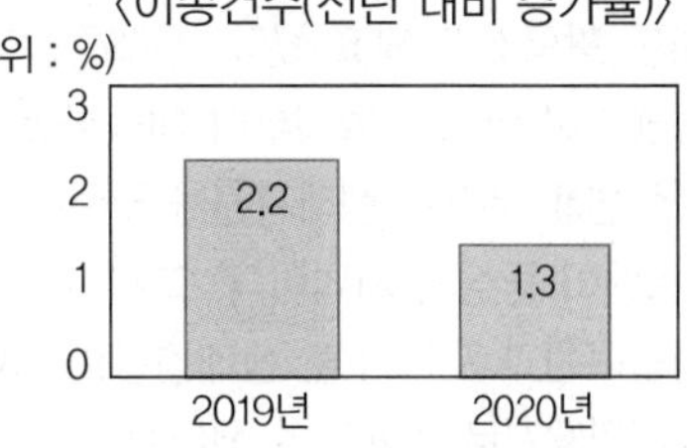

⑤ 〈이송인원(전년 대비 증가율)〉

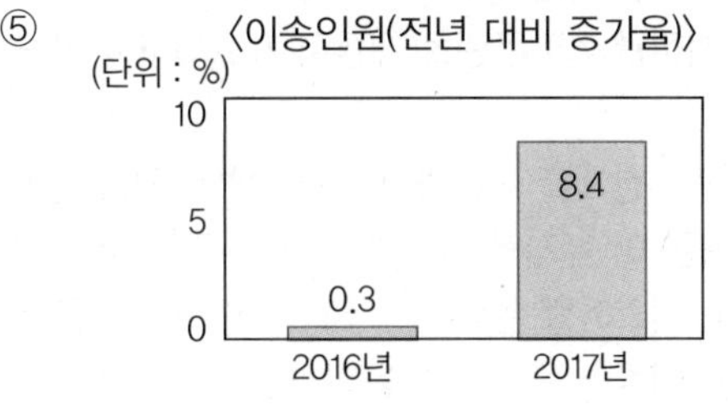

[32 ~ 33] 다음 자료를 보고 이어지는 질문에 답하시오.

'지리여행(地理旅行, Geotravel)'이란 말이 사용되기 시작한 것은 약 20년 전이다. 지리여행은 '어떤 곳의 지형이나 길 따위의 형편 혹은 지구상의 지형, 생물, 물, 기후, 도시, 교통, 주민, 산업 따위의 상태를 즐기는 여행'으로 풀이할 수 있다. 지리여행은 역사 중심의 관광패턴을 크게 뛰어넘는 포괄적 국토환경여행이며, 지구를 구성하고 있는 기권, 암권, 수권, 생물권 등의 4권역을 관광의 대상으로 삼는 신개념 탐구여행이다. 지리여행은 특정의 자연환경을 토대로 살아온 지역 주민들의 의식주를 탐미하는 향토여행이기도 하다. 지리여행은 우리 주변의 산지, 하천, 해안지형 및 물이 빚어낸 자연경관 그리고 이러한 자연경관 위에 펼쳐지고 있는 도시, 농산어촌의 생활양식이 시공간적으로 결합된 지리콘텐츠(Geographical content)를 현장답사를 통해 이해하는 체험여행인 것이다.

현재 우리사회의 관광 콘텐츠는 주로 역사 중심의 프로그램으로 구성되어 있다. 우리나라가 세계유산으로 등재한 11곳의 내역을 보면 10곳이 해인사장경판전, 종묘, 석굴암 · 불국사 등과 같은 문화유산들이며, 자연유산으로는 제주 화산섬과 용암동굴만이 지정되어 있을 뿐이다. 이는 우리나라의 관광자원이 역사 · 문화 중심으로 편중되어 있음을 의미한다. 역사 · 문화 편중의 관광 콘텐츠만으로는 우리의 국토공간을 제대로 즐기기 어렵다. 국립공원과 같은 관광지에서 한눈에 볼 수 있는 것은 산, 강, 바다와 같은 대자연으로 고궁, 사찰 등의 관광 소재만으로는 우리의 자연경관을 음미하기에는 제한적일 수밖에 없다. 이러한 현실을 극복하기 위해 삶의 공간을 탐미하는 지리여행은 관광 활성화를 위한 적절한 대안이 될 수 있다.

지리여행과 비슷한 탐구 성격을 지닌 여행으로 생태관광과 지질관광이 있다. 지질관광 역시 지질공원과 함께 생긴 테마여행으로 2012년 환경부가 마련한 국가지질공원제도는 지질관광 대중화를 위한 활력소가 되고 있다. 생태관광이나 지질관광은 아직 초기단계여서 그 성과를 평가하기에는 성급함이 있으나 벌써부터 대중화를 위한 적지 않은 한계점이 나타나고 있다. 예컨대 생태관광 사업은 원래 우수한 생태자원을 발굴하고 주변의 역사와 문화자원을 더불어 체험하기 위해 마련된 소프트웨어 중심의 사업이다. 그러나 문화체육관광부에서 환경부로 생태관광 업무가 이관된 후로는 국립공원과 자연공원, 생태경관보전지역, 철새도래지 등 환경적으로 우수한 대다수의 보호지역이 생태관광지로 소개되며 생태관광 본래의 사업목적이 변질되기에 이르렀다. 또한 지질관광은 깊은 지질학적 지식을 요구하고 있어 방문객들이 그 내용을 근본적으로 이해하기 어려운 구조적 문제점을 안고 있다. 이는 지질관광의 일반화를 위해 지질관광의 콘텐츠 개발이 재고되어야 함을 의미한다.

지리여행 콘텐츠는 이러한 생태관광이나 지질관광의 한계를 극복하기 위해 개발되었다. 광범위한 지역의 공간 특성을 관광 대상으로 하는 지리여행은 어떤 지역의 자연은 물론 문화, 역사, 민속 등 인문적 특성 모두를 관광의 관심대상으로 삼는다. 지리여행 콘텐츠는 우리의 땅의 특성은 무엇이고, 그러한 땅 위에서 선조들이 어떤 삶의 형태를 이루어 왔는지를 음미하는 내용으로 구성된다. 지리여행은 자연스럽게 지구환경 보전사상을 균형감 있게 갖추는 계기를 마련해 줄 것이며 향토애를 느끼고 또 우리 땅의 가치를 인식해 이를 애국심으로 승화시키는 시너지 효과를 가져다 줄 것이다.

32. 윗글을 바탕으로 추론한 내용으로 적절하지 않은 것은?

① 현재의 지질관광은 전문적 지식을 요하기 때문에 대중화에 어려움을 겪고 있다.

② 현재 여행 콘텐츠는 대체로 역사 중심으로 이루어져 있다는 점이 한계로 지적되며, 관광 콘텐츠만으로는 국내의 지리여행을 활성화하기에 어려움이 있다.

③ 지리여행은 역사 · 문화 관광과 지질관광, 생태관광의 개념을 모두 아우르는 형태이다.

④ 자연경관 관광 중심 여행에 더하여 현대의 건축물이나 시장 답사 중심의 여행 콘텐츠가 개발될 필요가 있다.

⑤ 생태관광의 본래 사업 목적을 실현하기 위해서는 관련된 지식을 쉽게 전달할 수 있는 콘텐츠를 개발할 수 있다.

33. 윗글을 읽고 ○○강 지리여행을 위한 체험학습 안내서를 작성하고자 한다. 다음 계획 중 적절하지 않은 것은?

〈○○강 지리여행 목적〉

- 인간의 필수 생활요소인 물 환경의 관찰을 토대로 유역의 소중함을 환경적 관점에서 느낄 수 있도록 한다. ……… ㉠
- ○○강 유역 속에 담겨 있는 지역의 향토문화 특색을 여행지 방문을 통해 자연스레 깨닫도록 한다. 이는 탐방객들에게 문화 태생지인 하천공간을 둘러보게 함으로써 문화공간으로서의 유역의 의미를 되새기게 하는 데 의의를 갖는다. ……… ㉡

〈○○강 지리여행 내용〉

- ○○강 발원지의 이해 : 우리나라 5대강 발원지의 지형학적 특성과 해당 지역의 전설을 흥미롭게 설명한다.
- △△산의 이해 : ○○강과 인접한 △△산의 지질, 지형학적 특징에 대하여 중점적으로 전달한다. ……… ㉢
- 인삼밭 방문 : 인삼재배의 역사를 설명하고 인삼 캐기 체험을 통해 마을 사람들의 삶을 가까이서 느껴볼 수 있는 시간을 가진다. ……… ㉣

〈○○강 지리여행 기대효과〉

- ○○강의 자연환경 구성 요소를 올바르게 파악할 수 있다.
- ○○강 유역 거주민들의 향토문화 특성을 파악할 수 있다.
- ○○강 유역 내의 지리여행 방문지들의 위치와 특성을 말이나 글로 표현할 수 있다.
- 우리의 자연환경과 문화유산의 소중함을 인지할 수 있다. ……… ㉤

① ㉠ ② ㉡ ③ ㉢

④ ㉣ ⑤ ㉤

[34 ~ 35] 다음은 오염물질 농도에 따른 대기환경상태와 서울특별시 10개구의 대기 중 오염물질 농도에 관한 자료이다. 이어지는 질문에 답하시오.

〈오염물질 농도 기준에 따른 대기환경상태〉

대기환경상태	미세먼지(PM10)	초미세먼지(PM2.5)	이산화질소(NO_2)
좋음	0 ~ 30	0 ~ 15	0 이상 ~ 0.03 미만
보통	31 ~ 80	16 ~ 35	0.03 이상 ~ 0.06 미만
나쁨	81 ~ 150	36 ~ 75	0.06 이상 ~ 0.2 미만
매우 나쁨	151 ~	76 ~	0.2 이상

〈대기 중 오염물질 농도〉

지역 \ 오염물질	미세먼지 (㎍/m^3)	초미세먼지 (㎍/m^3)	이산화질소 (ppm)	지역 \ 오염물질	미세먼지 (㎍/m^3)	초미세먼지 (㎍/m^3)	이산화질소 (ppm)
종로구	46	36	0.018	중구	44	31	0.019
용산구	49	35	0.034	성동구	67	23	0.029
광진구	46	10	0.051	동대문구	57	25	0.037
중랑구	48	22	0.041	성북구	56	21	0.037
강북구	44	23	0.042	도봉구	53	14	0.022
				평균	51	24	0.033

34. 서울특별시 각 지역별 오염물질 농도 기준에 따른 대기환경상태가 오염물질 2종류에서 '좋음'을 보인 지역은 어디인가?

① 종로구　② 용산구　③ 도봉구
④ 강북구　⑤ 동대문구

35. 서울특별시 각 지역별 오염물질 농도 기준에 따른 대기환경상태가 유일하게 '나쁨'을 보인 지역은 어디인가?

① 종로구　② 용산구　③ 도봉구
④ 강북구　⑤ 동대문구

36. 인적자원 개발 우수 공기업으로 호평을 받고 있는 ○○공사는 인적자원을 유지 · 관리하기 위하여 다양한 인적자원관리제도를 운영하고 있다. 이에 대한 설명으로 옳지 않은 것은?

① 소속 직원이 조직운영이나 업무 개선에 관한 창의적인 의견을 제안하면 이를 심사하여 그 직원에게 보상하는 제안제도를 운영하고 있다.

② 조직구성원들의 개인적인 애로사항이나 근무 조건 등에 대한 불만을 처리 · 해결해 주는 고충처리제도를 운영하고 있다.

③ 조직구성원들에게 개인적인 욕구나 인사 불만 등이 있을 때 전문 상담자나 인사담당자가 이를 수용하여 해결해 주는 인사상담제도를 운영하고 있다.

④ 종업원으로 하여금 자사 주식을 소유하게 하여 회사의 이익을 분배하고 안정적인 주주를 확보하여 경영합리화를 기하기 위한 종업원 지주제도를 운영하고 있다.

⑤ 종업원의 직업의욕을 저해하는 요인과 그들이 불평불만을 하는 이유들을 파악하고 대책수립의 기반자료를 얻기 위하여 주기적으로 사기조사를 실시하는데, 이는 태도 조사와 통계적 방법으로 이루어진다.

37. 다음은 ○○기업의 면담일지이다. 피면담자가 고민하고 있는 내용에서 나타나는 평가 오류로 가장 적절한 것은?

면담일지			
면담일자	20X0. 12. 08.	장소	기획회의실
피면담자	김○○ 부장		
면담 주제	직원 평가		
주요 내용			
이번 신입사원 면접에 들어간 김○○ 부장입니다. 면접이 끝나고 평가지를 검토하니 제가 최고점, 최저점을 피하고 중간 정도의 점수만 준 것을 알게 되었습니다. 제가 평가기준에 맞게 정확하게 평가를 하고 있는지 우려됩니다. 면접관으로서 신뢰도를 높이기 위한 교육이나 훈련이 있는지 궁금합니다.			

① 총계적 오류　② 관대화 경향　③ 중심화 경향

④ 시간적 오류　⑤ 규칙적 오류

38. 다음에 제시된 시간관리 매트릭스와 출장 일정에 관한 설명을 참고할 때, 출장지에서 노 이사가 우선 처리해야 할 업무를 순서대로 알맞게 나열한 것은?

	긴급함	긴급하지 않음
중요함	Ⅰ. 긴급하면서 중요한 일 – 위기상황 – 급박한 문제 – 기간이 정해진 프로젝트	Ⅱ. 긴급하지 않지만 중요한 일 – 예방 · 생산능력 활동 – 인간관계 구축 – 새로운 기회 발굴 – 중장기 계획, 오락
중요하지 않음	Ⅲ. 긴급하지만 중요하지 않은 일 – 잠깐의 급한 질문 – 일부 보고서 및 회의 – 눈앞의 급박한 상황 – 인기 있는 활동 등	Ⅳ. 긴급하지 않고 중요하지 않은 일 – 바쁜 일, 하찮은 일 – 우편물, 전화 – 시간낭비 거리 – 즐거운 활동 등

인사팀 노 이사는 급히 출장길에 오르게 되었다. 지난 5년간 아무런 사고 없이 제품을 생산해 오던 중국 현지 공장에서 느닷없이 직공들의 파업사태가 발생한 것이다. 생산라인이 반나절만 가동을 멈춰도 적지 않은 손실을 입게 될 수 있어 자칫 파업이 장기화될 경우 아예 손을 쓰지 못하는 상황으로 이어질 것을 우려한 노 이사는 직접 현지로 날아가 사태를 수습하려 한 것이다. 마침 새로 채용한 생산부장의 업무 상황도 파악해 보아야 하고 현지의 외국인 투자기업 지원 혜택이 점차 줄어들고 있다는 분석도 있어 노 이사는 차제에 시 정부 관계자 미팅도 준비시켜 두었다.

노 이사는 가급적 출장 기간 중 파업이 극적 타결되길 기대하며 현지 생산법인장인 유 부장에게 간부 직원들과의 식사자리도 꼭 준비해 두도록 당부하였다.

① 파업 수습 → 시 정부 미팅 → 간부들과의 식사 → 생산부장 업무 확인
② 시 정부 미팅 → 파업 수습 → 생산부장 업무 확인 → 간부들과의 식사
③ 파업 수습 → 시 정부 미팅 → 생산부장 업무 확인 → 간부들과의 식사
④ 파업 수습 → 생산부장 업무 확인 → 시 정부 미팅 → 간부들과의 식사
⑤ 간부들과의 식사 → 파업 수습 → 시 정부 미팅 → 생산부장 업무 확인

39. 다음 자료를 통해 확인할 수 있는 고성과자와 보통 성과자의 시간 활용의 차이는?

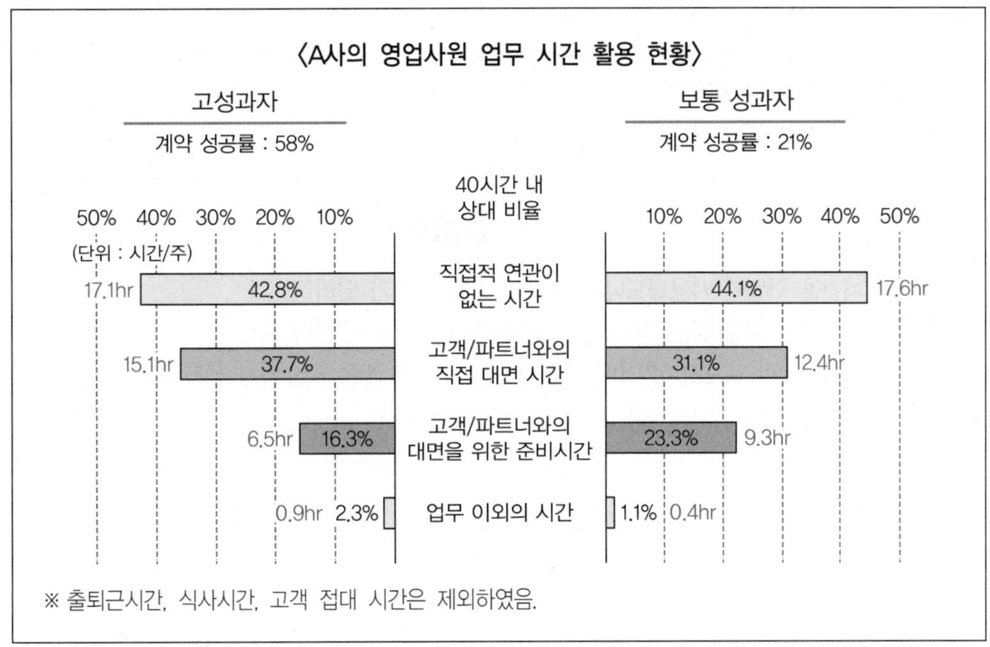

① 고성과자와 보통 성과자는 계약에 직접적으로 연관이 없는 시간에서 차이가 확인되었다.

② 고성과자와 보통 성과자는 고객을 직접 만나는 시간에 있어서 중요한 차이가 확인되었다.

③ 보통 성과자가 가장 많은 시간을 투자한 것은 고객 대면을 준비하는 시간이었다.

④ 보통 성과자가 가장 적은 시간을 투자한 것은 고객 대면을 준비하는 시간이었다.

⑤ 고객과의 대면을 위해 준비하는 시간에 고성과자와 보통 성과자 모두 가장 많은 시간을 사용하였다.

40. 다음 강사의 질문에 대한 답변으로 옳은 것을 〈보기〉에서 모두 고르면?

> 강사 : 시간을 효율적으로 관리하면 생산성을 높일 수 있고 목표를 효율적으로 달성할 수 있기 때문에 시간 관리는 매우 중요한 능력인데요, 이러한 시간 자원의 특성에는 무엇이 있을까요?

보기

ㄱ. 시간을 어떻게 사용하느냐에 따라 시간의 가치가 달라집니다.
ㄴ. 창의적인 일을 하는 경우에는 시간관리가 필요하지 않습니다.
ㄷ. 시간관리는 중요하지만 마감기한보다는 결과의 질을 중요하게 생각해야 합니다.
ㄹ. 시간은 시절에 따라 밀도와 가치가 달라집니다.

① ㄱ, ㄴ　② ㄱ, ㄴ, ㄹ　③ ㄱ, ㄹ
④ ㄴ, ㄷ　⑤ ㄴ, ㄷ, ㄹ

41. 다음에서 설명하고 있는 개념의 명칭으로 적절한 것은?

> • 평일에는 갤러리로 바뀌는 결혼식장
> • 카페와 은행을 결합한 뱅크카페
> • 세탁을 하는 동안 커피를 마실 수 있는 빨래방

① 카멜레존　② 세포마켓　③ 언택트
④ 미닝아웃　⑤ 하비슈머

42. 다음은 ○○기업의 사내 게시판에 올라온 내용이다. (가)에 들어갈 내용으로 적절한 것은?

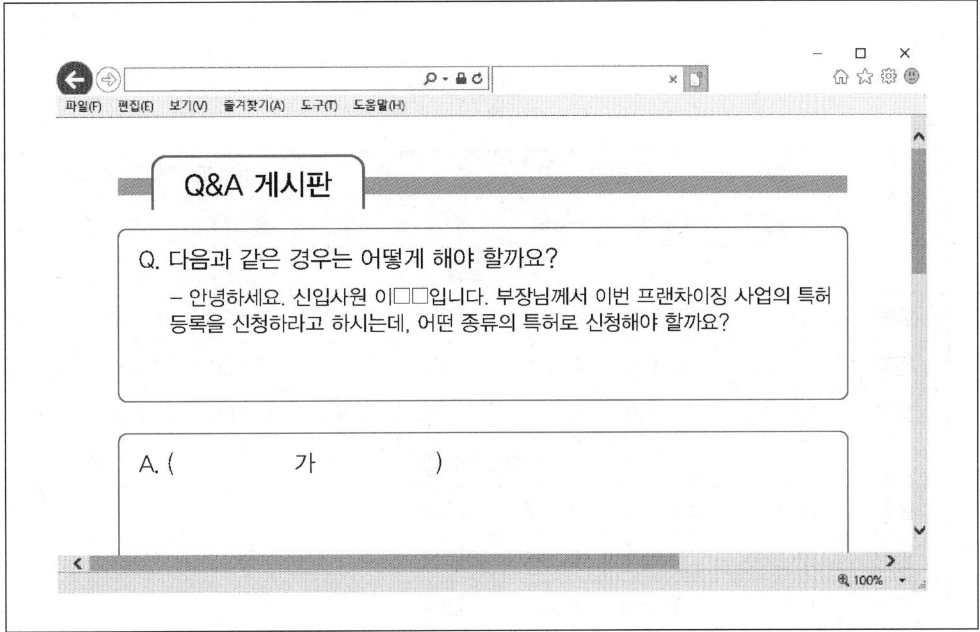

① 산업재산권에서 실용신안권에 해당합니다.

② 저작권에서 협의저작권에 해당합니다.

③ 산업의 저작물에 대한 권리이므로 산업저작권에 해당합니다.

④ 신지식재산권으로 신청하시면 됩니다.

⑤ 특허권으로 신청하시면 됩니다.

[43 ~ 44] 다음은 A시에 위치한 A항에서 섬 지역인 Y도로 운항하는 페리호의 여객운임 안내사항이다. 이어지는 질문에 답하시오.

〈운임 안내〉

(단위 : 원)

Y도	일반인				A시 시민(40% 할인 적용)			
	대인	중고생	경로	소아	대인	중고생	경로	소아
평일								
출항	52,700	47,600	42,500	26,350	31,620	28,560	25,500	15,810
입항	51,200	46,100	41,000	25,600	30,720	27,660	24,600	15,360
왕복	103,000	93,000	83,000	51,500	61,800	55,800	49,800	30,900
주말/공휴일								
출항	57,800	52,150	46,500	28,900	평일운임 적용			
입항	56,300	50,650	45,000	28,150				
왕복	113,500	102,000	91,000	56,500				

* 안내 사항
  - 출항요금에 터미널 이용료 포함 / 차량선적 불가
  - 대체선박 운항 시 요금이 다를 수 있으니 선박회사 홈페이지 미리 참고
  - 중고생 : 학생증 소지자 / 경로 : 주민등록상 만 65세 이상 / 소아 : 12개월 이상 ~ 초등학생(만 12세)까지
  - 유아/영아(~ 12개월 까지) 무료 : 유아승선권 발급
  - 장애 : 1 ~ 3급 50% 할인, 4 ~ 6급 20% 할인
  - 단체 : 10% 할인(20명 이상 단체인원 기준, A시 시민도 적용)
  - 국가유공자 : 무임할인승선권(급수별로 지급)
  - 할인대상자의 경우 터미널 매표창구에서 반드시 관련증명서(신분증 등)를 제출
  - 승선 시 참고사항
    - 출항시간 10분 전까지 개찰구 통과하여 선박 승선하여야 하며, 선박 승선 시 승선권 및 신분증 제시
    - 1인당 수하물 제한 : 무게 15kg, 가로×세로×높이 합 1.5m 이내(초과 시 승선 거부될 수 있음)

43. K 씨와 일행은 휴가를 맞아 Y도에 다녀올 계획이다. 다음 중 안내사항에 부합하지 않는 것은?

① "페리호를 타고 가는 건데도 비행기처럼 수하물 규정이 있군. 수하물 규정은 개수가 아닌 무게와 사이즈를 제한하고 있네."

② "A시 시민 20명이 Y도를 방문하게 되면 1명당 3만 원 이하의 금액으로 출항할 수가 있군."

③ "표에 나온 운임만 내면 별도로 터미널 이용료는 내지 않아도 되는군."

④ "A시 시민은 주말에도 평일 운임이 적용되니 평일과 주말 모두 일반인보다 40% 할인된 가격으로 갈 수 있겠어."

⑤ "왕복 티켓을 구매하는 게 출항과 입항 티켓을 따로 구매하는 것보다 저렴하군."

44. K 씨는 다음과 같이 Y도에 다녀올 계획을 짰다. 이때 K 씨 일행이 지불해야 할 총 운임은 얼마인가?

- 방문일 : 3월 6일(목요일)
- 방문 인원 : K 씨와 친구 2인(성인) – 친구 1인은 A시 시민
  중학생 아들 1명
  K 씨의 만 65세 이상 노부모 2인(경로 우대자)
- K 씨의 노부모 2인만 왕복 티켓, 나머지 인원은 모두 출항과 입항 티켓 따로 구매

① 563,500원 ② 545,840원 ③ 540,130원
④ 532,850원 ⑤ 529,840원

45. 다음의 바코드 생성 규칙을 적용하였을 때 이탈리아의 나 회사에서 생산된 커피 바코드의 D 영역에 해당하는 체크섬 자리에 들어갈 숫자는?

〈자동차 부품 분류표〉

A 영역		B 영역		C 영역				D 영역
국가코드		업체코드		상품코드				체크섬
				분류		상품		
201	한국	1343	가 회사	678	비알콜성 음료	90	우유	바코드 짝수 자리 숫자의 합과 홀수 자리 숫자의 합에 3을 곱한 값을 더한 후 그 값에 추가로 더해져 10의 배수를 만드는 최소 숫자
301	영국	1344	나 회사			80	이온음료	
401	독일	1345	다 회사			70	주스	
501	미국	2343	라 회사			60	차	
601	중국	2344	마 회사			50	커피	
701	이탈리아	2345	바 회사	778	알콜성 음료	40	양조주	
						30	증류주	
						20	혼성주	
						10	칵테일	

① 8　② 9　③ 0　④ 1　⑤ 2

46. 다음 글에 제시된 경영혁신 기법에 대한 설명으로 옳지 않은 것을 〈보기〉에서 모두 고르면?

오늘날 품질은 기업에서 필수적인 요소가 되었다. 이는 제품을 잘 만드는 일뿐 아니라 서비스를 포함한 기업 전반적인 활동 곳곳에서 잘 관리해야 하는 요소로서 품질 경영이라는 경영적 측면으로 이해되기에 이르렀다. 이러한 상황에서 기업들이 품질 관리에 관심을 기울이게 되었으며, 이로 인해 나오게 된 것이 바로 품질 혁신과 6시그마다.

6시그마는 A 기업의 품질 위기로부터 출발하게 된다. 즉, 1980년대 초 A 기업이 품질 불량으로 고전을 면치 못하고 위기에 빠지자 이를 타개하기 위한 전략적 시도에서 6시그마가 시작된 것이다. 미국의 모든 기업들이 품질을 향상시키기 위해서는 비용이 많이 든다고 믿고 있던 때에 품질 위기에 빠진 A 기업은 제대로만 한다면 품질 개선이 오히려 비용을 절감할 수 있다는 사실을 인식하게 된다. 그들은 고품질 제품을 생산하는 데 비용이 더 많이 들지 않고, 오히려 더 적게 든다는 사실을 인식하게 된 것이다. 그래서 그들은 최고 품질의 제품 생산자가 최저 비용의 제품 생산자라고 믿게 되었다.

그 당시 A 기업은 불량품을 처리하는 비용으로 연간 5 ~ 10%, 어떤 경우는 20%까지 지출하고 있었다. 이는 매년 약 8 ~ 9억 달러에 달하는 엄청난 금액이었고, 만약 제품공정에 문제가 없었다면 곧바로 회사의 순이익이 그만큼 늘어나게 되는 것이었다. 이에 1981년 A 기업 회장은 5년에 걸쳐 10%가 아닌 10배의 개선을 달성하라고 명령을 내렸다. 이와 같은 회장의 명령에 의해 모든 임직원들의 '노력으로 품질을 획기적으로 개선한다'는 목표를 달성하기 위한 6시그마가 탄생한 것이다.

A 기업은 10년 후 거의 전 사업장에서 6시그마 수준을 달성했다. 그 결과 불량품 99.7% 감소, 제품 단위당 품질 비용 84% 감소, 생산성 20% 향상, 매출 17% 증가, 그리고 주가 6.6배 향상이라는 경이로운 성과를 달성하게 되었다.

보기

㉠ 불량률을 3.4PPM(Parts Per Million, 제품 백만 개당 불량품 수) 이하로 하고자 하는 기업의 품질경영전략이다.

㉡ 6시그마의 단계별 추진 과정은 정의–측정–분석–개선–관리이다.

㉢ 다품종 소량생산 혹은 변종변량 생산체계의 시대에 잘 팔리는 제품만 만드는 '철저한 낭비 제거'를 통해 기업의 이윤을 확보하고자 하는 방식이다.

㉣ 품질 수준을 정량적으로 평가하고 문제해결 과정과 전문가 양성 등의 효율적인 품질문화를 조성하며, 품질혁신과 고객만족을 달성하기 위해 전사적으로 추진하는 21세기형 기업 경영 전략이다.

① ㉠, ㉡ ② ㉡ ③ ㉢
④ ㉢, ㉣ ⑤ ㉣

47. 다음 〈일일 업무일지〉의 내용을 시간관리 매트릭스를 통해 분석할 때 옳지 않은 것은?

〈일일 업무일지〉

시간	업무내용	중요도	긴급
09 : 00	메일확인(업무메일 우선)	●◐	●
09 : 30	신입사원 제출 서류 확인 및 정리	●●●	●●◐
11 : 00	2018년도 인사업무 수행계획서 작성	●●●	●●●●
12 : 00	점심		
13 : 00	노무관련 업무처리	●●	◐
15 : 30	연장 / 야근 / 휴일 수당 정리 및 관리	●●●●	●●●●
17 : 00	인사변동, 고충업무 처리	●●	●●

구분	중요한 일	중요하지 않은 일
긴급한 일	Ⓐ	Ⓑ
긴급하지 않은 일	Ⓒ	Ⓓ

※ 일반적인 일처리 순서는 Ⓐ – Ⓑ – Ⓒ – Ⓓ 순서로 진행한다.

① [2018년도 인사업무 수행계획서 작성] 업무에 할애하는 시간을 늘려야 한다.

② [인사변동, 고충업무 처리] 업무는 업무 특성상 가장 빨리 처리해야 한다.

③ [노무관련 업무처리] 업무 시간을 축소해서 타 업무에 활용 범위를 늘릴 필요가 있다.

④ [연장 / 야근 / 휴일 수당 정리 및 관리]는 [신입사원 제출 서류 확인 및 정리]보다 우선 처리해야 한다.

⑤ [노무관련 업무처리] 업무는 [인사변동, 고충업무 처리] 업무보다 늦게 하는 것이 좋다.

48. 청중에게 '매슬로우의 욕구단계이론'에 대해 쉽게 전달하기 위해 파워포인트로 도해를 작성하고자 하고자 한다. 다음과 같은 도해를 만들 때, 사용한 기능에 대한 설명으로 옳지 않은 것은?

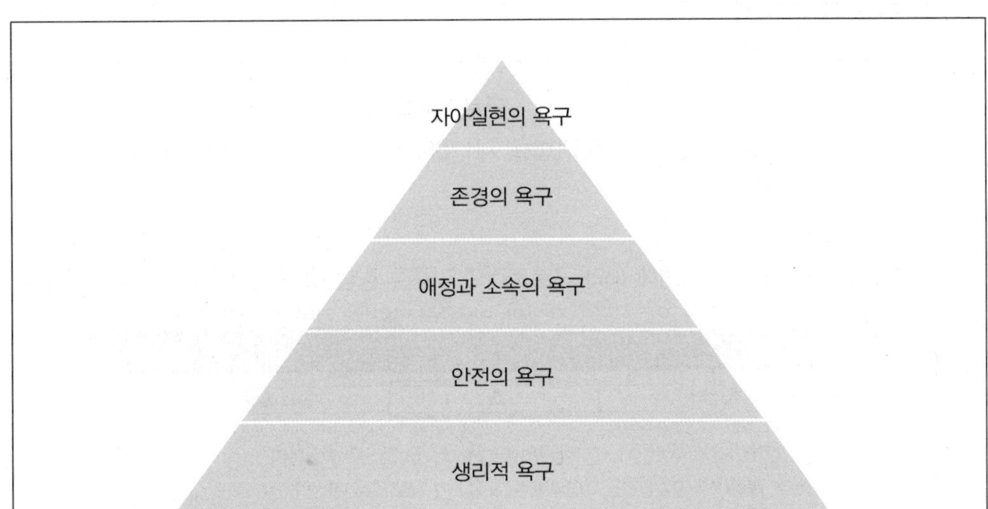

① 텍스트 입력창에서 Enter를 누르면 다음 칸으로 넘어간다.

② 텍스트를 작성하고 오른쪽 마우스를 클릭하여 'SmartArt'로 변환을 클릭한다.

③ [삽입]-[SmartArt]에 들어가 'SmartArt 그래픽 선택' 대화상자에서 [피라미드형]을 클릭한다.

④ [서식]을 활용해서 도형 채우기 색, 윤곽선 등을 자유롭게 변경할 수 있다.

⑤ 항목 수준을 내리려면 Tab을 누르고, 수준을 올릴 때 Shift+Tab을 누른다.

49. K 사원은 다음과 같이 '근로기준법' 한글 파일에서 '근로'과 '계약' 두 단어가 어느 부분에 포함되는지 찾아보려고 한다. [편집]-[찾기] 기능을 이용하여 찾고자 할 때, A 영역에 입력해야 할 내용으로 가장 적절한 것은?

근로기준법

[시행 2021. 1. 5.] [법률 제17862호, 2021. 1. 5., 일부개정]

제1장 총칙

제1조(목적) 이 법은 헌법에 따라 근로조건의 기준을 정함으로써 근로자의 기본적 생활을 보장, 향상시키며 균형 있는 국민경제의 발전을 꾀하는 것을 목적으로 한다.

제2조(정 … , 2019.

1. 15 …

1. "근 … 제공하는 …

2. "사 … 여 사업주 …

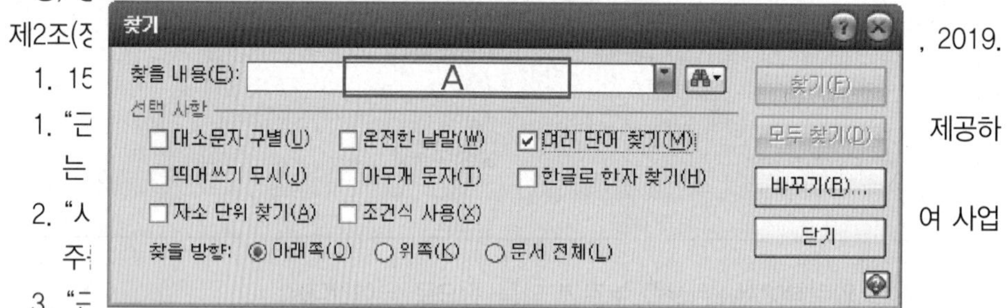

3. "근 …

4. "근로계약"이란 근로자가 사용자에게 근로를 제공하고 사용자는 이에 대하여 임금을 지급하는 것을 목적으로 체결된 계약을 말한다.

5. "임금"이란 사용자가 근로의 대가로 근로자에게 임금, 봉급, 그 밖에 어떠한 명칭으로든지 지급하는 모든 금품을 말한다.

6. "평균임금"이란 이를 산정하여야 할 사유가 발생한 날 이전 3개월 동안에 그 근로자에게 지급된 임금의 총액을 그 기간의 총일수로 나눈 금액을 말한다. 근로자가 취업한 후 3개월 미만인 경우도 이에 준한다.

7. "1주"란 휴일을 포함한 7일을 말한다.

8. "소정(所定)근로시간"이란 제50조, 제69조 본문 또는 「산업안전보건법」 제139조제1항에 따른 근로시간의 범위에서 근로자와 사용자 사이에 정한 근로시간을 말한다.

9. "단시간근로자"란 1주 동안의 소정근로시간이 그 사업장에서 같은 종류의 업무에 종사하는 통상 근로자의 1주 동안의 소정근로시간에 비하여 짧은 근로자를 말한다.

② 제1항제6호에 따라 산출된 금액이 그 근로자의 통상임금보다 적으면 그 통상임금액을 평균임금으로 한다.

① 근로&계약　② 근로^계약　③ 근로/계약

④ 근로;계약　⑤ 근로!계약

50. 다음 글에서 설명하는 인증 방식 중 두 가지 이상의 방식을 사용하는 다중요소 인증기술이 아닌 것은?

> 지식기반 인증 방식은 사용자와 서버가 미리 설정하여 공유한 비밀 정보를 기반으로 사용자를 인증하며, 별도의 하드웨어가 필요없어 적은 비용으로 사용자 편의성도 높일 수 있는 장점을 가진다. 그러나 사용의 편리성이란 장점에 반해 인증 강도가 다른 방식에 비해 낮아 보안 취약점이 가장 많이 발견된다. 널리 사용되고 있는 패스워드 인증은 지식기반 인증의 한 종류이며 많은 종류의 시스템들이 패스워드를 기반으로 사용자를 인증한다.
>
> 소유기반 인증 방식은 인증 토큰을 소유하고, 이를 기반으로 사용자를 인증한다. 소유기반 인증 방식은 사용자 토큰에 관련한 인증시스템 구축이 어렵고, 최소 1회 이상 인증기관(CA) 또는 등록기관(RA)과의 본인확인을 필요로 한다. 토큰의 구성 방식은 저장 매체에 따라 하드웨어 형태와 소프트웨어 형태로 분류할 수 있다. 하드웨어 형태의 예로 OTP 단말기가 있으며, 소프트웨어 형태의 예로 공인인증서가 있다.
>
> 생체기반 인증 방식은 사용자가 가지고 있는 고유한 형태의 신체 구조 또는 사용자가 신체를 이용하여 행동했을 때 나타나는 행동 결과를 기반으로 사용자를 인증한다. 생체적 특징 인증 방식은 얼굴 인식, 홍채 인식, 지문 인식, 정맥 인식, 심박도, 심전도 인식 등이 있다. 행동적 특징 인증 방식은 목소리 인식, 타이핑 리듬 인식, 서명 패턴 인식, 서명 압력 인식 등이 있다. 사용자가 특별하게 별도의 인증 토큰을 소유하지 않아도 되고, 별도로 알고 있어야 할 정보도 없기 때문에 편리성이 높으며, 사용자 본인 신체의 고유한 정보들을 사용하기 때문에 보안성이 높다. 그러나 생체 패턴 분석과 패턴화된 정보시스템 구축 · 관리가 힘든 단점이 있다. 또한 고유 생체 정보가 훼손되었을 때 대체할 수 있는 방안 마련이 쉽지 않다.

① 패스워드와 공인인증서
② 키보드 자판의 변경과 대소문자 구별
③ 패스워드와 지문 인식
④ 목소리 인식과 OTP 단말기
⑤ 심장 박동과 스마트카드

파트 2 인성검사

인성검사의 이해

1 인성검사, 왜 필요한가?

채용기업은 지원자가 '직무적합성'을 지닌 사람인지를 인성검사와 NCS기반 필기시험을 통해 판단한다. 인성검사에서 말하는 인성(人性)이란 그 사람의 성품, 즉 각 개인이 가지는 사고와 태도 및 행동 특성을 의미한다. 인성은 사람의 생김새처럼 사람마다 다르기 때문에 몇 가지 유형으로 분류하고 이에 맞추어 판단한다는 것 자체가 억지스럽고 어불성설일지 모른다. 그럼에도 불구하고 기업들의 입장에서는 입사를 희망하는 사람이 어떤 성품을 가졌는지 정보가 필요하다. 그래야 해당 기업의 인재상에 적합하고 담당할 업무에 적격한 인재를 채용할 수 있기 때문이다.

지원자의 성격이 외향적인지 아니면 내향적인지, 어떤 직무와 어울리는지, 조직에서 다른 사람과 원만하게 생활할 수 있는지, 업무 수행 중 문제가 생겼을 때 어떻게 대처하고 해결할 수 있는지에 대한 전반적인 개성은 자기소개서를 통해서나 면접을 통해서도 어느 정도 파악할 수 있다. 그러나 이것들만으로 인성을 충분히 파악할 수 없기 때문에 객관화되고 정형화된 인성검사로 지원자의 성격을 판단하고 있다.

채용기업은 필기시험을 높은 점수로 통과한 지원자라 하더라도 해당 기업과 거리가 있는 성품을 가졌다면 탈락시키게 된다. 일반적으로 필기시험 통과자 중 인성검사로 탈락하는 비율이 10% 내외가 된다고 알려져 있다. 물론 인성검사를 탈락하였다 하더라도 특별히 인성에 문제가 있는 사람이 아니라면 절망할 필요는 없다. 자신을 되돌아보고 다음 기회를 대비하면 되기 때문이다. 탈락한 기업이 원하는 인재상이 아니었다면 맞는 기업을 찾으면 되고, 경쟁자가 많았기 때문이라면 자신을 다듬어 경쟁력을 높이면 될 것이다.

2 인성검사의 특징

우리나라 대다수의 채용기업은 인재개발 및 인적자원을 연구하는 한국행동과학연구소(KIRBS), 에스에이치알(SHR), 한국사회적성개발원(KSAD), 한국인재개발진흥원(KPDI) 등 전문기관에 인성검사를 의뢰하고 있다.

이 기관들의 인성검사 개발 목적은 비슷하지만 기관마다 검사 유형이나 평가 척도는 약간의 차이가 있다. 또 지원하는 기업이 어느 기관에서 개발한 검사지로 인성검사를 시행하는지는 사전에 알 수 없다. 그렇지만 공통으로 적용하는 척도와 기준에 따라 구성된 여러 형태의 인성검사지로 사전 테스트를 해 보고 자신의 인성이 어떻게 평가되는가를 미리 알아보는 것은 가능하다.

인성검사는 필기시험 당일 직무능력평가와 함께 실시하는 경우와 직무능력평가 합격자에 한하여 면접과 함께 실시하는 경우가 있다. 인성검사의 문항은 100문항 내외에서부터 최대 500문항까지 다양하다. 인성검사에 주어지는 시간은 문항 수에 비례하여 30 ~ 100분 정도가 된다.

문항 자체는 단순한 질문으로 어려울 것은 없지만 제시된 상황에서 본인의 행동을 정하는 것이 쉽지만은 않다. 문항 수가 많을 경우 이에 비례하여 시간도 길게 주어지지만 단순하고 유사하며 반복되는 질문에 방심하여 집중하지 못하고 실수하는 경우가 있으므로 컨디션 관리와 집중력 유지에 노력하여야 한다. 특히 같거나 유사한 물음에 다른 답을 하는 경우가 가장 위험하다.

3 인성검사 척도 및 구성

1 미네소타 다면적 인성검사(MMPI)

MMPI(Minnesota Multiphasic Personality Inventory)는 1943년 미국 미네소타 대학교수인 해서웨이와 매킨리가 개발한 대표적인 자기 보고형 성향 검사로서 오늘날 가장 대표적으로 사용되는 객관적 심리검사 중 하나이다. MMPI는 약 550여 개의 문항으로 구성되며 각 문항을 읽고 '예(YES)' 또는 '아니오(NO)'로 대답하게 되어 있다.

MMPI는 4개의 타당도 척도와 10개의 임상척도로 구분된다. 500개가 넘는 문항들 중 중복되는 문항들이 포함되어 있는데 내용이 똑같은 문항도 10문항 이상 포함되어 있다. 이 반복 문항들은 응시자가 얼마나 일관성 있게 검사에 임했는지를 판단하는 지표로 사용된다.

구분	척도명	약자	주요 내용
타당도 척도 (바른 태도로 임했는지, 신뢰할 수 있는 결론인지 등을 판단)	무응답 척도 (Can not say)	?	응답하지 않은 문항과 복수로 답한 문항들의 총합으로 빠진 문항을 최소한으로 줄이는 것이 중요하다.
	허구 척도 (Lie)	L	자신을 좋은 사람으로 보이게 하려고 고의적으로 정직하지 못한 답을 판단하는 척도이다. 허구 척도가 높으면 장점까지 인정받지 못하는 결과가 발생한다.
	신뢰 척도 (Frequency)	F	검사 문항에 빗나간 답을 한 경향을 평가하는 척도로 정상적인 집단의 10% 이하의 응답을 기준으로 일반적인 경향과 다른 정도를 측정한다.
	교정 척도 (Defensiveness)	K	정신적 장애가 있음에도 다른 척도에서 정상적인 면을 보이는 사람을 구별하는 척도로 허구 척도보다 높은 고차원으로 거짓 응답을 하는 경향이 나타난다.
임상척도 (정상적 행동과 그렇지 않은 행동의 종류를 구분하는 척도로, 척도마다 다른 기준으로 점수가 매겨짐)	건강염려증 (Hypochondriasis)	Hs	신체에 대한 지나친 집착이나 신경질적 혹은 병적 불안을 측정하는 척도로 이러한 건강염려증이 타인에게 어떤 영향을 미치는지도 측정한다.
	우울증 (Depression)	D	슬픔 · 비관 정도를 측정하는 척도로 타인과의 관계 또는 본인 상태에 대한 주관적 감정을 나타낸다.
	히스테리 (Hysteria)	Hy	갈등을 부정하는 정도를 측정하는 척도로 신체 증상을 호소하는 경우와 적대감을 부인하며 우회적인 방식으로 드러내는 경우 등이 있다.
	반사회성 (Psychopathic Deviate)	Pd	가정 및 사회에 대한 불신과 불만을 측정하는 척도로 비도덕적 혹은 반사회적 성향 등을 판단한다.
	남성-여성특성 (Masculinity-Feminity)	Mf	남녀가 보이는 흥미와 취향, 적극성과 수동성 등을 측정하는 척도로 성에 따른 유연한 사고와 융통성 등을 평가한다.

	편집증 (Paranoia)	Pa	과대 망상, 피해 망상, 의심 등 편집증에 대한 정도를 측정하는 척도로 열등감, 비사교적 행동, 타인에 대한 불만과 같은 내용을 질문한다.
	강박증 (Psychasthenia)	Pt	과대 근심, 강박관념, 죄책감, 공포, 불안감, 정리정돈 등을 측정하는 척도로 만성 불안 등을 나타낸다.
	정신분열증 (Schizophrenia)	Sc	정신적 혼란을 측정하는 척도로 자폐적 성향이나 타인과의 감정 교류, 충동 억제불능, 성적 관심, 사회적 고립 등을 평가한다.
	경조증 (Hypomania)	Ma	정신적 에너지를 측정하는 척도로 생각의 다양성 및 과장성, 행동의 불안정성, 흥분성 등을 나타낸다.
	사회적 내향성 (Social introversion)	Si	대인관계 기피, 사회적 접촉 회피, 비사회성 등의 요인을 측정하는 척도로 외향성 및 내향성을 구분한다.

2 캘리포니아 성격검사(CPI)

CPI(California Psychological Inventory)는 캘리포니아 대학의 연구팀이 개발한 성검사로 MMPI와 함께 세계에서 가장 널리 사용되고 있는 인성검사 툴이다. CPI는 다양한 인성 요인을 통해 지원자가 답변한 응답 왜곡 가능성, 조직 역량 등을 측정한다. MMPI가 주로 정서적 측면을 진단하는 특징을 보인다면, CPI는 정상적인 사람의 심리적 특성을 주로 진단한다.

CPI는 약 480개 문항으로 구성되어 있으며 다음과 같은 18개의 척도로 구분된다.

구분	척도명	주요 내용
제1군 척도 (대인관계 적절성 측정)	지배성(Do)	리더십, 통솔력, 대인관계에서의 주도권을 측정한다.
	지위능력성(Cs)	내부에 잠재되어 있는 내적 포부, 자기 확신 등을 측정한다.
	사교성(Sy)	참여 기질이 활달한 사람과 그렇지 않은 사람을 구분한다.
	사회적 자발성(Sp)	사회 안에서의 안정감, 자발성, 사교성 등을 측정한다.
	자기 수용성(Sa)	개인적 가치관, 자기 확신, 자기 수용력 등을 측정한다.
	행복감(Wb)	생활의 만족감, 행복감을 측정하며 긍정적인 사람으로 보이고자 거짓 응답하는 사람을 구분하는 용도로도 사용된다.
제2군 척도 (성격과 사회화, 책임감 측정)	책임감(Re)	법과 질서에 대한 양심, 책임감, 신뢰성 등을 측정한다.
	사회성(So)	가치 내면화 정도, 사회 이탈 행동 가능성 등을 측정한다.
	자기 통제성(Sc)	자기조절, 자기통제의 적절성, 충동 억제력 등을 측정한다.
	관용성(To)	사회적 신념, 편견과 고정관념 등에 대한 태도를 측정한다.
	호감성(Gi)	타인이 자신을 어떻게 보는지에 대한 민감도를 측정하며, 좋은 사람으로 보이고자 거짓 응답하는 사람을 구분한다.
	임의성(Cm)	사회에 보수적 태도를 보이고 생각 없이 적당히 응답한 사람을 판단하는 척도로 사용된다.

제3군 척도 (인지적, 학업적 특성 측정)	순응적 성취(Ac)	성취동기, 내면의 인식, 조직 내 성취 욕구 등을 측정한다.
	독립적 성취(Ai)	독립적 사고, 창의성, 자기실현을 위한 능력 등을 측정한다.
	지적 효율성(Le)	지적 능률, 지능과 연관이 있는 성격 특성 등을 측정한다.
제4군 척도 (제1~3군과 무관한 척도의 혼합)	심리적 예민성(Py)	타인의 감정 및 경험에 대해 공감하는 정도를 측정한다.
	융통성(Fx)	개인적 사고와 사회적 행동에 대한 유연성을 측정한다.
	여향성(Fe)	남녀 비교에 따른 흥미의 남향성 및 여향성을 측정한다.

3 SHL 직업성격검사(OPQ)

OPQ(Occupational Personality Questionnaire)는 세계적으로 많은 외국 기업에서 널리 사용하는 CEB사의 SHL 직무능력검사에 포함된 직업성격검사이다. 4개의 질문이 한 세트로 되어 있고 총 68세트 정도 출제되고 있다. 4개의 질문 안에서 '자기에게 가장 잘 맞는 것'과 '자기에게 가장 맞지 않는 것'을 1개씩 골라 '예', '아니오'로 체크하는 방식이다. 단순하게 모든 척도가 높다고 좋은 것은 아니며, 척도가 낮은 편이 좋은 경우도 있다.

기업에 따라 척도의 평가 기준은 다르다. 희망하는 기업의 특성을 연구하고, 채용 기준을 예측하는 것이 중요하다.

척도	내용	질문 예
설득력	사람을 설득하는 것을 좋아하는 경향	– 새로운 것을 사람에게 권하는 것을 잘한다. – 교섭하는 것에 걱정이 없다. – 기획하고 판매하는 것에 자신이 있다.
지도력	사람을 지도하는 것을 좋아하는 경향	– 사람을 다루는 것을 잘한다. – 팀을 아우르는 것을 잘한다. – 사람에게 지시하는 것을 잘한다.
독자성	다른 사람의 영향을 받지 않고, 스스로 생각해서 행동하는 것을 좋아하는 경향	– 모든 것을 자신의 생각대로 하는 편이다. – 주변의 평가는 신경 쓰지 않는다. – 유혹에 강한 편이다.
외향성	외향적이고 사교적인 경향	– 다른 사람의 주목을 끄는 것을 좋아한다. – 사람들이 모인 곳에서 중심이 되는 편이다. – 담소를 나눌 때 주변을 즐겁게 해 준다.
우호성	친구가 많고, 대세의 사람이 되는 것을 좋아하는 경향	– 친구와 함께 있는 것을 좋아한다. – 무엇이라도 얘기할 수 있는 친구가 많다. – 친구와 함께 무언가를 하는 것이 많다.
사회성	세상 물정에 밝고 사람 앞에서도 낯을 가리지 않는 성격	– 자신감이 있고 유쾌하게 발표할 수 있다. – 공적인 곳에서 인사하는 것을 잘한다. – 사람들 앞에서 발표하는 것이 어렵지 않다.

겸손성	사람에 대해서 겸손하게 행동하고 누구라도 똑같이 사귀는 경향	- 자신의 성과를 그다지 내세우지 않는다. - 절제를 잘하는 편이다. - 사회적인 지위에 무관심하다.
협의성	사람들에게 의견을 물으면서 일을 진행하는 경향	- 사람들의 의견을 구하며 일하는 편이다. - 타인의 의견을 묻고 일을 진행시킨다. - 친구와 상담해서 계획을 세운다.
돌봄	측은해 하는 마음이 있고, 사람을 돌봐 주는 것을 좋아하는 경향	- 개인적인 상담에 친절하게 답해 준다. - 다른 사람의 상담을 진행하는 경우가 많다. - 후배의 어려움을 돌보는 것을 좋아한다.
구체적인 사물에 대한 관심	물건을 고치거나 만드는 것을 좋아하는 경향	- 고장 난 물건을 수리하는 것이 재미있다. - 상태가 안 좋은 기계도 잘 사용한다. - 말하기보다는 행동하기를 좋아한다.
데이터에 대한 관심	데이터를 정리해서 생각하는 것을 좋아하는 경향	- 통계 등의 데이터를 분석하는 것을 좋아한다. - 표를 만들거나 정리하는 것을 좋아한다. - 숫자를 다루는 것을 좋아한다.
미적가치에 대한 관심	미적인 것이나 예술적인 것을 좋아하는 경향	- 디자인에 관심이 있다. - 미술이나 음악을 좋아한다. - 미적인 감각에 자신이 있다.
인간에 대한 관심	사람의 행동에 동기나 배경을 분석하는 것을 좋아하는 경향	- 다른 사람을 분석하는 편이다. - 타인의 행동을 보면 동기를 알 수 있다. - 다른 사람의 행동을 잘 관찰한다.
정통성	이미 있는 가치관을 소중히 여기고, 익숙한 방법으로 사물을 대하는 것을 좋아하는 경향	- 실적이 보장되는 확실한 방법을 취한다. - 낡은 가치관을 존중하는 편이다. - 보수적인 편이다.
변화 지향	변화를 추구하고, 변화를 받아들이는 것을 좋아하는 경향	- 새로운 것을 하는 것을 좋아한다. - 해외여행을 좋아한다. - 경험이 없더라도 시도해 보는 것을 좋아한다.
개념성	지식에 대한 욕구가 있고, 논리적으로 생각하는 것을 좋아하는 경향	- 개념적인 사고가 가능하다. - 분석적인 사고를 좋아한다. - 순서를 만들고 단계에 따라 생각한다.
창조성	새로운 분야에 대한 공부를 하는 것을 좋아하는 경향	- 새로운 것을 추구한다. - 독창성이 있다. - 신선한 아이디어를 낸다.
계획성	앞을 생각해서 사물을 예상하고, 계획적으로 실행하는 것을 좋아하는 경향	- 과거를 돌이켜보며 계획을 세운다. - 앞날을 예상하며 행동한다. - 실수를 돌아보며 대책을 강구하는 편이다.

치밀함	정확한 순서를 세워 진행하는 것을 좋아하는 경향	– 사소한 실수는 거의 하지 않는다. – 정확하게 요구되는 것을 좋아한다. – 사소한 것에도 주의하는 편이다.
꼼꼼함	어떤 일이든 마지막까지 꼼꼼하게 마무리 짓는 경향	– 맡은 일을 마지막까지 해결한다. – 마감 시한은 반드시 지킨다. – 시작한 일은 중간에 그만두지 않는다.
여유	평소에 릴랙스하고, 스트레스에 잘 대처하는 경향	– 감정의 회복이 빠르다. – 분별없이 함부로 행동하지 않는다. – 스트레스에 잘 대처한다.
근심 · 걱정	어떤 일이 잘 진행되지 않으면 불안을 느끼고, 중요한 일을 앞두면 긴장하는 경향	– 예정대로 잘되지 않으면 근심 · 걱정이 많다. – 신경 쓰이는 일이 있으면 불안하다. – 중요한 만남 전에는 기분이 편하지 않다.
호방함	사람들이 자신을 어떻게 생각하는지를 신경 쓰지 않는 경향	– 사람들이 자신을 어떻게 생각하는지 그다지 신경 쓰지 않는다. – 상처받아도 동요하지 않고 아무렇지 않은 태도를 취한다. – 사람들의 비판에 크게 영향받지 않는다.
억제력	감정을 표현하지 않는 경향	– 쉽게 감정적으로 되지 않는다. – 분노를 억누른다. – 격분하지 않는다.
낙관적	사물을 낙관적으로 보는 경향	– 낙관적으로 생각하고 일을 진행시킨다. – 문제가 일어나도 낙관적으로 생각한다.
비판적	비판적으로 사물을 생각하고, 이론 · 문장 등의 오류에 신경 쓰는 경향	– 이론의 모순을 찾아낸다. – 계획이 갖춰지지 않은 것이 신경 쓰인다. – 누구도 신경 쓰지 않는 오류를 찾아낸다.
행동력	운동을 좋아하고, 민첩하게 행동하는 경향	– 동작이 날렵하다. – 여가를 활동적으로 보낸다. – 몸을 움직이는 것을 좋아한다.
경쟁성	지는 것을 싫어하는 경향	– 승부를 겨루게 되면 지는 것을 싫어한다. – 상대를 이기는 것을 좋아한다. – 싸워 보지 않고 포기하는 것을 싫어한다.
출세 지향	출세하는 것을 중요하게 생각하고, 야심적인 목표를 향해 노력하는 경향	– 출세 지향적인 성격이다. – 곤란한 목표도 달성할 수 있다. – 실력으로 평가받는 사회가 좋다.
결단력	빠르게 판단하는 경향	– 답을 빠르게 찾아낸다. – 문제에 대한 빠른 상황 파악이 가능하다. – 위험을 감수하고도 결단을 내리는 편이다.

4 인성검사 합격 전략

1 포장하지 않은 솔직한 답변

"다른 사람을 험담한 적이 한 번도 없다.", "물건을 훔치고 싶다고 생각해 본 적이 없다."

이 질문에 당신은 '그렇다', '아니다' 중 무엇을 선택할 것인가? 채용기업이 인성검사를 실시하는 가장 큰 이유는 '이 사람이 어떤 성향을 가진 사람인가'를 효율적으로 파악하기 위해서이다.

인성검사는 도덕적 가치가 빼어나게 높은 사람을 판별하려는 것도 아니고, 성인군자를 가려내기 위함도 아니다. 인간의 보편적 성향과 상식적 사고를 고려할 때, 도덕적 질문에 지나치게 겸손한 답변을 체크하면 오히려 솔직하지 못한 것으로 간주되거나 인성을 제대로 판단하지 못해 무효 처리가 되기도 한다. 자신의 성격을 포장하여 작위적인 답변을 하지 않도록 솔직하게 임하는 것이 예기치 않은 결과를 피하는 첫 번째 전략이 된다.

2 필터링 함정을 피하고 일관성 유지

앞서 강조한 솔직함은 일관성과 연결된다. 인성검사를 구성하는 많은 척도는 여러 형태의 문장 속에 동일한 요소를 적용해 반복되기도 한다. 예컨대 '나는 매우 활동적인 사람이다'와 '나는 운동을 매우 좋아한다'라는 질문에 '그렇다'고 체크한 사람이 '휴일에는 집에서 조용히 쉬며 독서하는 것이 좋다'에도 '그렇다'고 체크한다면 일관성이 없다고 평가될 수 있다.

그러나 일관성 있는 답변에만 매달리면 '이 사람이 같은 답변만 체크하기 위해 이 부분만 신경 썼구나'하는 필터링 함정에 빠질 수도 있다. 비슷하게 보이는 문장이 무조건 같은 내용이라고 판단하여 똑같이 답하는 것도 주의해야 한다. 일관성보다 중요한 것은 솔직함이다. 솔직함이 전제되지 않은 일관성은 허위 척도 필터링에서 드러나게 되어 있다. 유사한 질문의 응답이 터무니없이 다르거나 양극단에 치우치지 않는 정도라면 약간의 차이는 크게 문제되지 않는다. 중요한 것은 솔직함과 일관성이 하나의 연장선에 있다는 점을 명심하자.

3 지원한 직무와 연관성을 고려

다양한 분야의 많은 계열사와 큰 조직을 통솔하는 대기업은 여러 사람이 조직적으로 움직이는 만큼 각 직무에 걸맞은 능력을 갖춘 인재가 필요하다. 그래서 기업은 매년 신규채용으로 입사한 신입사원들의 젊은 패기와 참신한 능력을 성장 동력으로 활용한다.

기업은 사교성 있고 활달한 사람만을 원하지 않는다. 해당 직군과 직무에 따라 필요로 하는 사원의 능력과 개성이 다르기 때문에, 지원자가 희망하는 계열사나 부서의 직무가 무엇인지 제대로 파악하여 자신의 성향과 맞는지에 대한 고민은 반드시 필요하다. 같은 질문이라도 기업이 원하는 인재상이나 부서의 직무에 따라 판단 척도가 달라질 수 있다.

4 평상심 유지와 컨디션 관리

역시 솔직함과 연결된 내용이다. 한 질문에 오래 고민하고 신경 쓰면 불필요한 생각이 개입될 소지가 크다. 이는 직관을 떠나 이성적 판단에 따라 포장할 위험이 높아진다는 뜻이기도 하다. 긴 시간 생각하지 말고 자신의 평상시 생각과 감정대로 답하는 것이 중요하며, 가능한 건너뛰지 말고 모든 질문에 답하도록 한다. 300 ~ 400개 정도 문항을 출제하는 기업이 많기 때문에, 끝까지 집중하여 임하는 것이 중요하다.

특히 적성검사와 같은 날 실시하는 경우, 적성검사를 마친 후 연이어 보기 때문에 신체적 · 정신적으로 피로한 상태에서 자세가 흐트러질 수도 있다. 따라서 컨디션을 유지하면서 문항당 7 ~ 10초 이상 쓰지 않도록 하고, 문항 수가 많을 때는 답안지에 바로바로 표기하자.

02 인성검사 연습

1 인성검사 출제유형

인성검사는 기업이 추구하는 내부 기준에 따라 적합한 인재를 찾기 위해 가치관과 태도를 측정하는 것이다. 응시자 개인의 사고와 태도 · 행동 특성 및 유사 질문의 반복을 통해 거짓말 척도 등으로 기업의 인재상에 적합한지를 판단하므로 특별하게 정해진 답은 없다.

2 문항군 개별 항목 체크

1 각 문항의 내용을 읽고 자신이 동의하는 정도에 따라 '① 매우 그렇지 않다 ② 그렇지 않다 ③ 보통이다 ④ 그렇다 ⑤ 매우 그렇다' 중 해당되는 것을 표시한다.

2 각 문항의 내용을 읽고 평소 자신의 생각 및 행동과 유사하거나 일치하면 '예', 다르거나 일치하지 않으면 '아니오'에 표시한다.

3 구성된 검사지에 문항 수가 많으면 일관된 답변이 어려울 수도 있으므로 최대한 꾸밈없이 자신의 가치관과 신념을 바탕으로 솔직하게 답하도록 노력한다.

인성검사 Tip

1. 직관적으로 솔직하게 답한다.
2. 모든 문제를 신중하게 풀도록 한다.
3. 비교적 일관성을 유지할 수 있도록 한다.
4. 평소의 경험과 선호도를 자연스럽게 답한다.
5. 각 문항에 너무 골똘히 생각하거나 고민하지 않는다.
6. 지원한 분야와 나의 성격의 연관성을 미리 생각하고 분석해 본다.

3 모의 연습

※ 자신의 모습 그대로 솔직하게 응답하십시오. 솔직하고 성의 있게 응답하지 않을 경우 결과가 무효 처리됩니다.

| 01~100 | 모든 문항에는 옳고 그른 답이 없습니다. 다음 문항을 잘 읽고 ① ~ ⑤ 중 본인에게 해당되는 부분에 표시해 주십시오.

번호	문항	매우 그렇지 않다	그렇지 않다	보통이다	그렇다	매우 그렇다
1	내가 한 행동이 가져올 결과를 잘 알고 있다.	①	②	③	④	⑤
2	다른 사람의 주장이나 의견이 어떤 맥락을 가지고 있는지 생각해 본다.	①	②	③	④	⑤
3	나는 어려운 문제를 보면 반드시 그것을 해결해야 직성이 풀린다.	①	②	③	④	⑤
4	시험시간이 끝나면 곧바로 정답을 확인해 보는 편이다.	①	②	③	④	⑤
5	물건을 구매할 때 가격 정보부터 찾는 편이다.	①	②	③	④	⑤
6	항상 일을 할 때 개선점을 찾으려고 한다.	①	②	③	④	⑤
7	사적인 스트레스로 일을 망치는 일은 없다.	①	②	③	④	⑤
8	일이 어떻게 진행되고 있는지 지속적으로 점검한다.	①	②	③	④	⑤
9	궁극적으로 내가 달성하고자 하는 것을 자주 생각한다.	①	②	③	④	⑤
10	막상 시험기간이 되면 계획대로 되지 않는다.	①	②	③	④	⑤
11	다른 사람에게 궁금한 것이 있어도 참는 편이다.	①	②	③	④	⑤
12	요리하는 TV프로그램을 즐겨 시청한다.	①	②	③	④	⑤
13	후회를 해 본 적이 없다.	①	②	③	④	⑤
14	스스로 계획한 일은 하나도 빠짐없이 실행한다.	①	②	③	④	⑤
15	낮보다 어두운 밤에 집중력이 좋다.	①	②	③	④	⑤
16	인내심을 가지고 일을 한다.	①	②	③	④	⑤
17	많은 생각을 필요로 하는 일에 더 적극적이다.	①	②	③	④	⑤
18	미래는 불확실하기 때문에 결과를 예측하는 것은 무의미하다.	①	②	③	④	⑤
19	매일 긍정적인 감정만 느낀다.	①	②	③	④	⑤
20	쉬는 날 가급적이면 집 밖으로 나가지 않는다.	①	②	③	④	⑤

21	나는 약속 시간을 잘 지킨다.	①	②	③	④	⑤
22	영화보다는 연극을 선호한다.	①	②	③	④	⑤
23	아무리 계획을 잘 세워도 결국 일정에 쫓기게 된다.	①	②	③	④	⑤
24	생소한 문제를 접하면 해결해 보고 싶다는 생각보다 귀찮다는 생각이 먼저 든다.	①	②	③	④	⑤
25	내가 한 일의 결과물을 구체적으로 상상해 본다.	①	②	③	④	⑤
26	새로운 것을 남들보다 빨리 받아들이는 편이다.	①	②	③	④	⑤
27	나는 친구들의 생일선물을 잘 챙겨 준다.	①	②	③	④	⑤
28	나를 알고 있는 모든 사람은 나에게 칭찬을 한다.	①	②	③	④	⑤
29	일을 할 때 필요한 나의 능력에 대해 정확하게 알고 있다.	①	②	③	④	⑤
30	나는 질문을 많이 하는 편이다.	①	②	③	④	⑤
31	가급적 여러 가지 대안을 고민하는 것이 좋다.	①	②	③	④	⑤
32	만일 일을 선택할 수 있다면 어려운 것보다 쉬운 것을 선택할 것이다.	①	②	③	④	⑤
33	나는 즉흥적으로 일을 한다.	①	②	③	④	⑤
34	배가 고픈 것을 잘 참지 못한다.	①	②	③	④	⑤
35	단순한 일보다는 생각을 많이 해야 하는 일을 선호한다.	①	②	③	④	⑤
36	갑작스럽게 힘든 일을 겪어도 스스로를 통제할 수 있다.	①	②	③	④	⑤
37	가능성이 낮다 하더라도 내가 믿는 것이 있으면 그것을 실현시키기 위해 노력할 것이다.	①	②	③	④	⑤
38	내가 잘하는 일과 못하는 일을 정확하게 알고 있다.	①	②	③	④	⑤
39	어떤 목표를 세울 것인가 보다 왜 그런 목표를 세웠는지가 더 중요하다.	①	②	③	④	⑤
40	나는 성인이 된 이후로 하루도 빠짐없이 똑같은 시간에 일어났다.	①	②	③	④	⑤
41	다른 사람들보다 새로운 것을 빠르게 습득하는 편이다.	①	②	③	④	⑤
42	나는 모르는 것이 있으면 수단과 방법을 가리지 않고 알아낸다.	①	②	③	④	⑤
43	내 삶을 향상시키기 위한 방법을 찾는다.	①	②	③	④	⑤

44	내 의견이 옳다는 생각이 들면 다른 사람과 잘 타협하지 못한다.	①	②	③	④	⑤
45	나는 집요한 사람이다.	①	②	③	④	⑤
46	가까운 사람과 사소한 일로 다투었을 때 먼저 화해를 청하는 편이다.	①	②	③	④	⑤
47	무엇인가를 반드시 성취해야 하는 것은 아니다.	①	②	③	④	⑤
48	일을 통해서 얻은 나의 지식과 기술로 후대에 기여하고 싶다.	①	②	③	④	⑤
49	내 의견을 이해하지 못하는 사람은 상대하지 않는다.	①	②	③	④	⑤
50	사회에서 인정받을 수 있는 사람이 되고 싶다.	①	②	③	④	⑤
51	착한 사람은 항상 손해를 보게 되어 있다.	①	②	③	④	⑤
52	내가 잘한 일은 남들이 꼭 알아줬으면 한다.	①	②	③	④	⑤
53	상황이 변해도 유연하게 대처한다.	①	②	③	④	⑤
54	나와 다른 의견도 끝까지 듣는다.	①	②	③	④	⑤
55	상황에 따라서는 거짓말도 필요하다.	①	②	③	④	⑤
56	평범한 사람이라고 생각한다.	①	②	③	④	⑤
57	남들이 실패한 일도 나는 해낼 수 있다.	①	②	③	④	⑤
58	남들보다 특별히 더 우월하다고 생각하지 않는다.	①	②	③	④	⑤
59	시비가 붙더라도 침착하게 대응한다.	①	②	③	④	⑤
60	화가 날수록 상대방에게 침착해지는 편이다.	①	②	③	④	⑤
61	세상은 착한 사람들에게 불리하다.	①	②	③	④	⑤
62	여러 사람과 이야기하는 것이 즐겁다.	①	②	③	④	⑤
63	다른 사람의 감정을 내 것처럼 느낀다.	①	②	③	④	⑤
64	내게 모욕을 준 사람들을 절대 잊지 않는다.	①	②	③	④	⑤
65	우리가 사는 세상은 살 만한 곳이라고 생각한다.	①	②	③	④	⑤
66	속이 거북할 정도로 많이 먹을 때가 있다.	①	②	③	④	⑤
67	마음속에 있는 것을 솔직하게 털어놓는 편이다.	①	②	③	④	⑤
68	일은 내 삶의 중심에 있다.	①	②	③	④	⑤
69	내가 열심히 노력한다고 해서 나의 주변 환경에 어떤 바람직한 변화가 일어나는 것은 아니다.	①	②	③	④	⑤
70	웬만한 일을 겪어도 마음의 평정을 유지하는 편이다.	①	②	③	④	⑤
71	사람들 앞에 서면 실수를 할까 걱정된다.	①	②	③	④	⑤

72	점이나 사주를 믿는 편이다.	①	②	③	④	⑤
73	화가 나면 언성이 높아진다.	①	②	③	④	⑤
74	차근차근 하나씩 일을 마무리한다.	①	②	③	④	⑤
75	어려운 목표라도 어떻게 해서든 실현 가능한 해결책을 만든다.	①	②	③	④	⑤
76	진행하던 일을 홧김에 그만둔 적이 있다.	①	②	③	④	⑤
77	사람을 차별하지 않는다.	①	②	③	④	⑤
78	창이 있는 레스토랑에 가면 창가에 자리를 잡는다.	①	②	③	④	⑤
79	다양한 분야에 관심이 있다.	①	②	③	④	⑤
80	무단횡단을 한 번도 해 본 적이 없다.	①	②	③	④	⑤
81	내 주위에서는 즐거운 일들이 자주 일어난다.	①	②	③	④	⑤
82	다른 사람의 행동을 내가 통제하고 싶다.	①	②	③	④	⑤
83	내 친구들은 은근히 뒤에서 나를 비웃는다.	①	②	③	④	⑤
84	아이디어를 적극적으로 제시한다.	①	②	③	④	⑤
85	규칙을 어기는 것도 필요할 때가 있다.	①	②	③	④	⑤
86	친구를 쉽게 사귄다.	①	②	③	④	⑤
87	내 분야에서 1등이 되어야 한다.	①	②	③	④	⑤
88	스트레스가 쌓이면 몸도 함께 아프다.	①	②	③	④	⑤
89	목표를 달성하기 위해서는 때로 편법이 필요할 때도 있다.	①	②	③	④	⑤
90	나는 보통사람들보다 더 존경받을 만하다고 생각한다.	①	②	③	④	⑤
91	내 주위에는 나보다 잘난 사람들만 있는 것 같다.	①	②	③	④	⑤
92	나는 따뜻하고 부드러운 마음을 가지고 있다.	①	②	③	④	⑤
93	어떤 일에 실패했어도 반드시 다시 도전한다.	①	②	③	④	⑤
94	회의에 적극 참여한다.	①	②	③	④	⑤
95	나는 적응력이 뛰어나다.	①	②	③	④	⑤
96	서두르지 않고 순서대로 일을 마무리한다.	①	②	③	④	⑤
97	나는 실수에 대해 변명한 적이 없다.	①	②	③	④	⑤
98	나는 맡은 일은 책임지고 끝낸다.	①	②	③	④	⑤
99	나는 눈치가 빠르다.	①	②	③	④	⑤
100	나는 본 검사에 성실하게 응답하였다.	①	②	③	④	⑤

※ 자신의 모습 그대로 솔직하게 응답하십시오. 솔직하고 성의 있게 응답하지 않을 경우 결과가 무효 처리됩니다.

[01~50] 모든 문항에는 옳고 그른 답이 없습니다. 문항의 내용을 읽고 평소 자신의 생각 및 행동과 유사하거나 일치하면 '예', 다르거나 일치하지 않으면 '아니오'로 표시해 주십시오.

1	나는 수줍음을 많이 타는 편이다.	○ 예	○ 아니오
2	나는 과거의 실수가 자꾸만 생각나곤 한다.	○ 예	○ 아니오
3	나는 사람들과 서로 일상사에 대해 이야기하는 것이 쑥스럽다.	○ 예	○ 아니오
4	내 주변에는 나를 좋지 않게 평가하는 사람들이 있다.	○ 예	○ 아니오
5	나는 가족들과는 합리적인 대화가 잘 안 된다.	○ 예	○ 아니오
6	나는 내가 하고 싶은 일은 꼭 해야 한다.	○ 예	○ 아니오
7	나는 개인적 사정으로 타인에게 피해를 주는 사람을 이해할 수 없다.	○ 예	○ 아니오
8	나는 많은 것을 성취하고 싶다.	○ 예	○ 아니오
9	나는 변화가 적은 것을 좋아한다.	○ 예	○ 아니오
10	나는 내가 하고 싶은 일과 해야 할 일을 구분할 줄 안다.	○ 예	○ 아니오
11	나는 뜻대로 일이 되지 않으면 화가 많이 난다.	○ 예	○ 아니오
12	내 주변에는 나에 대해 좋게 얘기하는 사람이 있다.	○ 예	○ 아니오
13	요즘 세상에서는 믿을 만한 사람이 없다.	○ 예	○ 아니오
14	나는 할 말은 반드시 하고야 마는 사람이다.	○ 예	○ 아니오
15	나는 변화가 적은 것을 좋아한다.	○ 예	○ 아니오
16	나는 가끔 부당한 대우를 받는다는 생각이 든다.	○ 예	○ 아니오
17	나는 가치관이 달라도 친하게 지내는 친구들이 많다.	○ 예	○ 아니오
18	나는 새로운 아이디어를 내는 것이 쉽지 않다.	○ 예	○ 아니오
19	나는 노력한 만큼 인정받지 못하고 있다.	○ 예	○ 아니오
20	나는 매사에 적극적으로 참여한다.	○ 예	○ 아니오
21	나의 가족들과는 어떤 주제를 놓고도 서로 대화가 잘 통한다.	○ 예	○ 아니오
22	나는 사람들과 어울리는 일에서 삶의 활력을 얻는다.	○ 예	○ 아니오
23	학창시절 마음에 맞는 친구가 없었다.	○ 예	○ 아니오
24	특별한 이유 없이 누군가를 미워한 적이 있다.	○ 예	○ 아니오
25	내가 원하는 대로 일이 되지 않을 때 화가 많이 난다.	○ 예	○ 아니오
26	요즘 같은 세상에서는 누구든 믿을 수 없다.	○ 예	○ 아니오

27	나는 여행할 때 남들보다 짐이 많은 편이다.	○ 예	○ 아니오
28	나는 상대방이 화를 내면 더욱 화가 난다.	○ 예	○ 아니오
29	나는 반대 의견을 말하더라도 상대방을 무시하는 말을 하지 않으려고 한다.	○ 예	○ 아니오
30	나는 학창시절 내가 속한 동아리에서 누구보다 충성도가 높은 사람이었다.	○ 예	○ 아니오
31	나는 새로운 집단에서 친구를 쉽게 사귀는 편이다.	○ 예	○ 아니오
32	나는 다른 사람을 챙기는 태도가 몸에 배여 있다.	○ 예	○ 아니오
33	나는 항상 겸손하여 노력한다.	○ 예	○ 아니오
34	내 주변에는 나에 대해 좋지 않은 이야기를 하는 사람이 있다.	○ 예	○ 아니오
35	나는 가족들과는 합리적인 대화가 잘 안 된다.	○ 예	○ 아니오
36	나는 내가 하고 싶은 일은 꼭 해야 한다.	○ 예	○ 아니오
37	나는 스트레스를 받으면 몸에 이상이 온다.	○ 예	○ 아니오
38	나는 재치가 있다는 말을 많이 듣는 편이다.	○ 예	○ 아니오
39	나는 사람들에게 잘 보이기 위해 마음에 없는 거짓말을 한다.	○ 예	○ 아니오
40	다른 사람을 위협적으로 대한 적이 있다.	○ 예	○ 아니오
41	나는 부지런하다는 말을 자주 들었다.	○ 예	○ 아니오
42	나는 쉽게 화가 났다가 쉽게 풀리기도 한다.	○ 예	○ 아니오
43	나는 할 말은 반드시 하고 사는 사람이다.	○ 예	○ 아니오
44	나는 터질 듯한 분노를 종종 느낀다.	○ 예	○ 아니오
45	나도 남들처럼 든든한 배경이 있었다면 지금보다 훨씬 나은 위치에 있었을 것이다.	○ 예	○ 아니오
46	나는 종종 싸움에 휘말린다.	○ 예	○ 아니오
47	나는 능력과 무관하게 불이익을 받은 적이 있다.	○ 예	○ 아니오
48	누군가 내 의견을 반박하면 물러서지 않고 논쟁을 벌인다.	○ 예	○ 아니오
49	남이 나에게 피해를 입힌다면 나도 가만히 있지 않을 것이다.	○ 예	○ 아니오
50	내가 인정받기 위해서 규칙을 위반한 행위를 한 적이 있다.	○ 예	○ 아니오

한국가스공사

파트 3 면접가이드

NCS 면접의 이해

※ 능력중심 채용에서는 타당도가 높은 구조화 면접을 적용한다.

1 면접이란?

일을 하는 데 필요한 능력(직무역량, 직무지식, 인재상 등)을 지원자가 보유하고 있는지를 다양한 면접기법을 활용하여 확인하는 절차이다. 자신의 환경, 성취, 관심사, 경험 등에 대해 이야기하여 본인이 적합하다는 것을 보여 줄 기회를 제공하고, 면접관은 평가에 필요한 정보를 수집하고 평가하는 것이다.

- 지원자의 태도, 적성, 능력에 대한 정보를 심층적으로 파악하기 위한 선발 방법
- 선발의 최종 의사결정에 주로 사용되는 선발 방법
- 전 세계적으로 선발에서 가장 많이 사용되는 핵심적이고 중요한 방법

2 면접의 특징

서류전형이나 인적성검사에서 드러나지 않는 것들을 볼 수 있는 기회를 제공한다.

- 직무수행과 관련된 다양한 지원자 행동에 대한 관찰이 가능하다.
- 면접관이 알고자 하는 정보를 심층적으로 파악할 수 있다.
- 서류상의 미비한 사항과 의심스러운 부분을 확인할 수 있다.
- 커뮤니케이션, 대인관계행동 등 행동 · 언어적 정보도 얻을 수 있다.

3 면접의 평가요소

1 인재적합도

해당 기관이나 기업별 인재상에 대한 인성 평가

2 조직적합도

조직에 대한 이해와 관련 상황에 대한 평가

3 직무적합도

직무에 대한 지식과 기술, 태도에 대한 평가

4 면접의 유형

구조화된 정도에 따른 분류

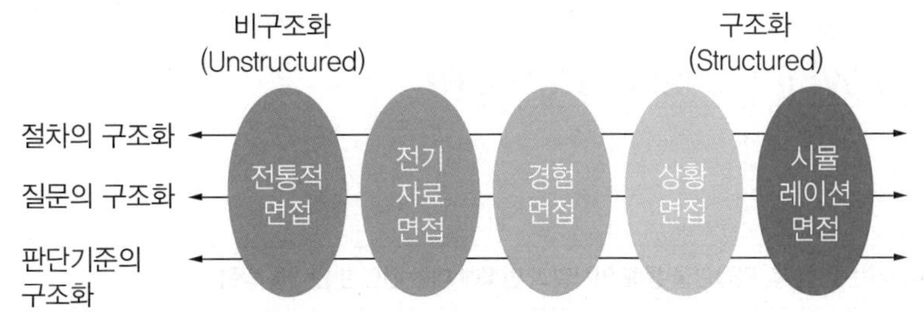

1 구조화 면접(Structured Interview)

사전에 계획을 세워 질문의 내용과 방법, 지원자의 답변 유형에 따른 추가 질문과 그에 대한 평가역량이 정해져 있는 면접 방식(표준화 면접)

- 표준화된 질문이나 평가요소가 면접 전 확정되며, 지원자는 편성된 조나 면접관에 영향을 받지 않고 동일한 질문과 시간을 부여받을 수 있음.
- 조직 또는 직무별로 주요하게 도출된 역량을 기반으로 평가요소가 구성되어, 조직 또는 직무에서 필요한 역량을 가진 지원자를 선발할 수 있음.
- 표준화된 형식을 사용하는 특성 때문에 비구조화 면접에 비해 신뢰성과 타당성, 객관성이 높음.

2 비구조화 면접(Unstructured Interview)

면접 계획을 세울 때 면접 목적만 명시하고 내용이나 방법은 면접관에게 전적으로 일임하는 방식(비표준화 면접)

- 표준화된 질문이나 평가요소 없이 면접이 진행되며, 편성된 조나 면접관에 따라 지원자에게 주어지는 질문이나 시간이 다름.
- 면접관의 주관적인 판단에 따라 평가가 이루어져 평가 오류가 빈번히 일어남.
- 상황 대처나 언변이 뛰어난 지원자에게 유리한 면접이 될 수 있음.

NCS 구조화 면접 기법

※ 능력중심 채용에서는 타당도가 높은 구조화 면접을 적용한다.

1 경험면접(Behavioral Event Interview)

면접 프로세스

안내	지원자는 입실 후, 면접관을 통해 인사말과 면접에 대한 간단한 안내를 받음.
질문	지원자는 면접관에게 평가요소(직업기초능력, 직무수행능력 등)와 관련된 주요 질문을 받게 되며, 질문에서 의도하는 평가요소를 고려하여 응답할 수 있도록 함.
세부질문	•지원자가 응답한 내용을 토대로 해당 평가기준들을 충족시키는지 파악하기 위한 세부질문이 이루어짐. •구체적인 행동·생각 등에 대해 응답할수록 높은 점수를 얻을 수 있음.

- 방식
  해당 역량의 발휘가 요구되는 일반적인 상황을 제시하고, 그러한 상황에서 어떻게 행동했었는지(과거경험)를 이야기하도록 함.
- 판단기준
  해당 역량의 수준, 경험 자체의 구체성, 진실성 등
- 특징
  추상적인 생각이나 의견 제시가 아닌 과거 경험 및 행동 중심의 질의가 이루어지므로 지원자는 사전에 본인의 과거 경험 및 사례를 정리하여 면접에 대비할 수 있음.
- 예시

지원분야		지원자		면접관	(인)
경영자원관리 조직이 보유한 인적자원을 효율적으로 활용하여, 조직 내 유·무형 자산 및 재무자원을 효율적으로 관리한다.					
주질문					
A. 어떤 과제를 처리할 때 기존에 팀이 사용했던 방식의 문제점을 찾아내 이를 보완하여 과제를 더욱 효율적으로 처리했던 경험에 대해 이야기해 주시기 바랍니다.					
세부질문					
[상황 및 과제] 사례와 관련해 당시 상황에 대해 이야기해 주시기 바랍니다. [역할] 당시 지원자께서 맡았던 역할은 무엇이었습니까? [행동] 사례와 관련해 구성원들의 설득을 이끌어 내기 위해 어떤 노력을 하였습니까? [결과] 결과는 어땠습니까?					

기대행동	평점
업무진행에 있어 한정된 자원을 효율적으로 활용한다.	① - ② - ③ - ④ - ⑤
구성원들의 능력과 성향을 파악해 효율적으로 업무를 배분한다.	① - ② - ③ - ④ - ⑤
효과적 인적/물적 자원관리를 통해 맡은 일을 무리 없이 잘 마무리한다.	① - ② - ③ - ④ - ⑤

척도해설

1 : 행동증거가 거의 드러나지 않음	2 : 행동증거가 미약하게 드러남	3 : 행동증거가 어느 정도 드러남	4 : 행동증거가 명확하게 드러남	5 : 뛰어난 수준의 행동증거가 드러남
관찰기록 : 총평 :				

※ 실제 적용되는 평가지는 기업/기관마다 다름.

2 상황면접(Situational Interview)

면접 프로세스

안내 : 지원자는 입실 후, 면접관을 통해 인사말과 면접에 대한 간단한 안내를 받음.

질문
- 지원자는 상황질문지를 검토하거나 면접관을 통해 상황 및 질문을 제공받음.
- 면접관의 질문이나 질문지의 의도를 파악하여 응답할 수 있도록 함.

세부질문
- 지원자가 응답한 내용을 토대로 해당 평가기준들을 충족시키는지 파악하기 위한 세부질문이 이루어짐.
- 구체적인 행동·생각 등에 대해 응답할수록 높은 점수를 얻을 수 있음.

- 방식

  직무 수행 시 접할 수 있는 상황들을 제시하고, 그러한 상황에서 어떻게 행동할 것인지(행동의도)를 이야기하도록 함.
- 판단기준

  해당 상황에 맞는 해당 역량의 구체적 행동지표
- 특징

  지원자의 가치관, 태도, 사고방식 등의 요소를 평가하는 데 용이함.

• 예시

지원분야		지원자		면접관	(인)
유관부서협업 타 부서의 업무협조요청 등에 적극적으로 협력하고 갈등 상황이 발생하지 않도록 이해관계를 조율하며 관련 부서의 협업을 효과적으로 이끌어 낸다.					
주질문					
당신은 생산관리팀의 팀원으로, 2개월 뒤에 제품 A를 출시하기 위해 생산팀의 생산 계획을 수립한 상황입니다. 그러나 원가가 곧 실적으로 이어지는 구매팀에서는 최대한 원가를 줄여 전반적 단가를 낮추려고 원가절감을 위한 제안을 하였으나, 연구개발팀에서는 구매팀이 제안한 방식으로 제품을 생산할 경우 대부분이 구매팀의 실적으로 산정될 것이므로 제대로 확인도 해보지 않은 채 적합하지 않은 방식이라고 판단하고 있습니다. 당신은 어떻게 하겠습니까?					
세부질문					
[상황 및 과제] 이 상황의 핵심적인 이슈는 무엇이라고 생각합니까? [역할] 당신의 역할을 더 잘 수행하기 위해서는 어떤 점을 고려해야 하겠습니까? 왜 그렇게 생각합니까? [행동] 당면한 과제를 해결하기 위해서 구체적으로 어떤 조치를 취하겠습니까? 그 이유는 무엇입니까? [결과] 그 결과는 어떻게 될 것이라고 생각합니까? 그 이유는 무엇입니까?					

척도해설

1 : 행동증거가 거의 드러나지 않음	2 : 행동증거가 미약하게 드러남	3 : 행동증거가 어느 정도 드러남	4 : 행동증거가 명확하게 드러남	5 : 뛰어난 수준의 행동증거가 드러남
관찰기록 : 총평 :				

※ 실제 적용되는 평가지는 기업/기관마다 다름.

3 발표면접(Presentation)

면접 프로세스

안내
- 입실 후 지원자는 면접관으로부터 인사말과 발표면접에 대해 간략히 안내받음.
- 면접 전 지원자는 과제 검토 및 발표 준비시간을 가짐.

발표
- 지원자들이 과제 주제와 관련하여 정해진 시간 동안 발표를 실시함.
- 면접관은 발표내용 중 평가요소와 관련해 나타난 가점 및 감점요소들을 평가하게 됨.

질문응답
- 발표 종료 후 면접관은 정해진 시간 동안 지원자의 발표내용과 관련해 구체적인 내용을 확인하기 위한 질문을 함.
- 지원자는 면접관의 질문의도를 정확히 파악하여 적절히 응답할 수 있도록 함.
- 응답 시 명확하고 자신있게 전달할 수 있도록 함.

- 방식
  지원자가 특정 주제와 관련된 자료(신문기사, 그래프 등)를 검토하고, 그에 대한 자신의 생각을 면접관 앞에서 발표하며, 추가 질의응답이 이루어짐.
- 판단기준
  지원자의 사고력, 논리력, 문제해결능력 등
- 특징
  과제를 부여한 후, 지원자들이 과제를 수행하는 과정과 결과를 관찰 · 평가함. 과제수행의 결과뿐 아니라 과제수행 과정에서의 행동을 모두 평가함.

4 토론면접(Group Discussion)

면접 프로세스

안내
- 입실 후, 지원자들은 면접관으로부터 토론 면접의 전반적인 과정에 대해 안내받음.
- 지원자는 정해진 자리에 착석함.

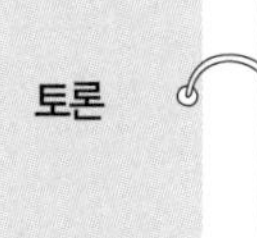

토론
- 지원자들이 과제 주제와 관련하여 정해진 시간 동안 토론을 실시함(시간은 기관별 상이).
- 지원자들은 면접 전 과제 검토 및 토론 준비시간을 가짐.
- 토론이 진행되는 동안, 지원자들은 다른 토론자들의 발언을 경청하여 적절히 본인의 의사를 전달할 수 있도록 함. 더불어 적극적인 태도로 토론면접에 임하는 것도 중요함.

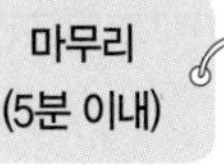

마무리 (5분 이내)
- 면접 종료 전, 지원자들은 토론을 통해 도출한 결론에 대해 첨언하고 적절히 마무리 지음.
- 본인의 의견을 전달하는 것과 동시에 다른 토론자를 배려하는 모습도 중요함.

- 방식
  상호갈등적 요소를 가진 과제 또는 공통의 과제를 해결하는 내용의 토론 과제(신문기사, 그래프 등)를 제시하고, 그 과정에서의 개인 간의 상호작용 행동을 관찰함.
- 판단기준
  팀워크, 갈등 조정, 의사소통능력 등
- 특징
  면접에서 최종안을 도출하는 것도 중요하나 주장의 옳고 그름이 아닌 결론을 도출하는 과정과 말하는 자세 등도 중요함.

5 역할연기면접(Role Play Interview)

- 방식
  기업 내 발생 가능한 상황에서 부딪히게 되는 문제와 역할을 가상적으로 설정하여 특정 역할을 맡은 사람과 상호작용하고 문제를 해결해 나가도록 함.
- 판단기준
  대처능력, 대인관계능력, 의사소통능력 등
- 특징
  실제 상황과 유사한 가상 상황에서 지원자의 성격이나 대처 행동 등을 관찰할 수 있음.

6 집단면접(Group Activity)

- 방식
  지원자들이 팀(집단)으로 협력하여 정해진 시간 안에 활동 또는 게임을 하며 면접관들은 지원자들의 행동을 관찰함.
- 판단기준
  대인관계능력, 팀워크, 창의성 등
- 특징
  기존 면접보다 오랜 시간 관찰을 하여 지원자들의 평소 습관이나 행동들을 관찰하려는 데 목적이 있음.

면접 최신 기출 주제

1 직무PT면접 최신 실제 기출 주제

– 개별 발표로 진행(실무진으로 구성된 면접관 3 ~ 4명)

1. 한국가스공사의 마케팅 방안을 고안해 보시오.
2. 유량계 종류별 하나를 선택하여 자료를 정리한 후 발표해 보시오.
3. 안전과 관련한 주제를 한 가지 정하여 발표해 보시오.
4. 한국가스공사의 사업과 ICT기술의 융합 방안을 보고서로 작성해 보시오.
5. 뉴튼, 비뉴튼 유체에 대해 설명해 보시오.
6. 반응기의 종류와 각각의 특징에 대해 설명해 보시오.
7. Friction Factor 관련 길이에 대한 ΔP를 도출해 보시오.
8. 유량계에서 고점도 유체를 사용하지 못하는 이유에 대해 설명해 보시오.
9. 열기관과 냉동기관이 카르노기관과 같음을 티에스선도를 사용하여 해석해 보시오.
10. 드론 관로 순찰에 대해 설명해 보시오.
11. AMI에 대해 설명해 보시오.
12. 한국가스공사가 빅데이터를 활용할 수 있는 방안에 대하여 발표해 보시오.
13. 베르누이 정리에 대하여 설명해 보시오.
14. 열역학 제1, 2 법칙을 설명해 보시오.
15. 레이놀즈수와 층류, 난류에 대하여 설명해 보시오.
16. 수격현상의 발생원인과 이에 대한 대책을 발표해 보시오.
17. 공동화현상의 발생원인과 이에 대한 대책을 발표해 보시오.
18. 원유의 정제 과정을 설명해 보시오.
19. R–C 회로의 특징과 전압과 전류의 위상관계를 설명해 보시오.
20. 정현파, 삼각파 등의 실효값과 평균값을 계산해 보시오.
21. 용접의 종류에 대해 설명해 보시오.
22. 변압기의 원리와 결선방식에 대해 설명해 보시오.
23. 건조수축에 대해 설명해 보시오.

24. 현금주의 회계와 발생주의 회계의 특징을 비교하여 설명해 보시오.
25. 프와송비에 대해 설명해 보시오.
26. 유효응력에 대해 설명해 보시오.
27. 응력변형률선도에 대해 설명해 보시오.
28. 2방향 슬래브에 대해 설명해 보시오.

2 직업기초면접 최신 실제 기출 주제

– 인성면접
– 개별 면접으로 진행(임원진으로 구성된 면접관 3 ~ 4명)

1. 만약 상사가 부당한 요구를 한다면 어떻게 행동할 것인가?
2. 한국가스공사에 대하여 얼마나 알고 있는지 말해 보시오.
3. 입사 후 어떤 방향으로 발전할 계획인지 말해 보시오.
4. 담당하고 있는 직무에서 본인이 할 수 있는 일은 무엇인가?
5. 지원한 분야와 관련하여 가장 열정적으로 일을 해 본 경험은 무엇인가?
6. 공백기에 무엇을 했는지 말해 보시오.
7. 한국가스공사, 한국가스기술공사, 한국가스안전공사의 차이점을 설명해 보시오.
8. 전공 역량을 키우기 위해 어떠한 노력을 하였는가?
9. 요즘 관심을 가지고 있는 것은 무엇인가?
10. 새로운 사람과 만날 때 어떤 식으로 노력하는지 말해 보시오.
11. 살면서 불합리한 일을 개선한 적이 있는가? 있다면 말해 보시오.
12. 자기주도적으로 일을 한 경험이 있는가? 있다면 말해 보시오.
13. 면접자가 시각장애인에게 노란색에 대하여 설명해야 한다면 어떻게 하겠는가?
14. 회사에 대해 얼마나 많이 알고 있는가?
15. 회사의 인재상 중 어떤 부분과 부합한다고 생각하는가?
16. 인턴 경험이 있다면 소개해 보시오.
17. 비연고지에서 근무할 수 있는가?

18. 인생에서 가장 중요하게 여기는 가치관을 말해 보시오.

19. 살면서 힘들었던 경험을 말해 보시오.

20. 자신의 장점은 무엇인가?

21. 자신의 단점은 무엇인가?

22. 아르바이트 경험이 있다면 말해 보시오.

23. 봉사활동 경험이 있다면 말해 보시오.

24. 자신의 대인관계에 대해 짧게 설명해 보시오.

25. 자신의 취미활동에 대해 소개해 보시오.

26. 동아리 경험이 있다면, 경험 중 기억나는 일을 하나 설명해 보시오.

27. 전공이 직무와 맞지 않음에도 불구하고 지원한 이유는 무엇인가?

28. 자신의 전공에 대하여 설명해 보시오.

29. 입사 후 포부에 대해 말해 보시오.

30. 최근 가장 감명 깊게 읽은 책에 대해 소개해 보시오.

31. 영어로 자기소개를 해 보시오.

32. 주인의식을 가지고 일해 본 경험이 있다면 말해 보시오.

33. 공부를 제외하고 성취한 것이 있다면 말해 보시오.

34. 조직 간의 갈등을 해결하기 위해 가장 중요한 것은 무엇이라고 생각하는가?

35. 회사 생활에 있어서 가장 중요한 것은 무엇이라고 생각하는가?

36. 고객들을 위해 한국가스공사가 개선했으면 하는 점을 말해 보시오.

37. 공기업 방만 경영에 대해 어떻게 생각하는가?

38. 어려운 일이 있다면 누구와 함께 해결하겠는가?

39. 공기업 민영화에 대해 어떻게 생각하는가?

40. 동료와의 갈등을 해결하는 자신만의 방법이 있다면 소개해 보시오.

41. 입사한다면 어떤 일을 하고 싶은지 구체적으로 말해 보시오.

42. 말이 안 통하는 사람과 대화하는 경우 어떻게 하는가?

43. 남을 위해 손해를 본 경험을 말해 보시오.

44. 한국가스공사에 지원한 동기를 말해 보시오.

45. 남들에게 자신을 어떠한 사람이라고 소개하겠는가?

46. 자신에게 인상 깊은 해외 경험에 관해 말해 보시오.

Memo

미래를 창조하기에 꿈만큼 좋은 것은 없다.
오늘의 유토피아가 내일 현실이 될 수 있다.

There is nothing like dream to create the future.
Utopia today, flesh and blood tomorrow.
빅토르 위고 Victor Hugo

한국가스공사

감독관 확인란	

1회 기출예상문제

성명표기란

수험번호

(주민등록 앞자리 생년제외) 월일

수험생 유의사항

※ 답안은 반드시 컴퓨터용 사인펜으로 보기와 같이 바르게 표기해야 합니다.
〈보기〉 ① ② ③ ❹ ⑤

※ 성명표기란 위 칸에는 성명을 한글로 쓰고 아래 칸에는 성명을 정확하게 표기하십시오. (맨 왼쪽 칸부터 성과 이름은 붙여 씁니다)

※ 수험번호/월일 위 칸에는 아라비아 숫자로 쓰고 아래 칸에는 숫자와 일치하게 표기하십시오.

※ 월일은 반드시 본인 주민등록번호의 생년을 제외한 월 두 자리, 일 두 자리를 표기하십시오.
〈예〉 1994년 1월 12일 → 0112

※ 검사문항 : 1～50

문번	답란	문번	답란	문번	답란	문번	답란
1	① ② ③ ④ ⑤	16	① ② ③ ④ ⑤	31	① ② ③ ④ ⑤	46	① ② ③ ④ ⑤
2	① ② ③ ④ ⑤	17	① ② ③ ④ ⑤	32	① ② ③ ④ ⑤	47	① ② ③ ④ ⑤
3	① ② ③ ④ ⑤	18	① ② ③ ④ ⑤	33	① ② ③ ④ ⑤	48	① ② ③ ④ ⑤
4	① ② ③ ④ ⑤	19	① ② ③ ④ ⑤	34	① ② ③ ④ ⑤	49	① ② ③ ④ ⑤
5	① ② ③ ④ ⑤	20	① ② ③ ④ ⑤	35	① ② ③ ④ ⑤	50	① ② ③ ④ ⑤
6	① ② ③ ④ ⑤	21	① ② ③ ④ ⑤	36	① ② ③ ④ ⑤		
7	① ② ③ ④ ⑤	22	① ② ③ ④ ⑤	37	① ② ③ ④ ⑤		
8	① ② ③ ④ ⑤	23	① ② ③ ④ ⑤	38	① ② ③ ④ ⑤		
9	① ② ③ ④ ⑤	24	① ② ③ ④ ⑤	39	① ② ③ ④ ⑤		
10	① ② ③ ④ ⑤	25	① ② ③ ④ ⑤	40	① ② ③ ④ ⑤		
11	① ② ③ ④ ⑤	26	① ② ③ ④ ⑤	41	① ② ③ ④ ⑤		
12	① ② ③ ④ ⑤	27	① ② ③ ④ ⑤	42	① ② ③ ④ ⑤		
13	① ② ③ ④ ⑤	28	① ② ③ ④ ⑤	43	① ② ③ ④ ⑤		
14	① ② ③ ④ ⑤	29	① ② ③ ④ ⑤	44	① ② ③ ④ ⑤		
15	① ② ③ ④ ⑤	30	① ② ③ ④ ⑤	45	① ② ③ ④ ⑤		

절취선 잘라서 활용하세요.

gosinet (주)고시넷

한국가스공사

감독관 확인란	

2회 기출예상문제

성명표기란

수험번호

⓪ ① ② ③ ④ ⑤ ⑥ ⑦ ⑧ ⑨	⓪ ① ② ③ ④ ⑤ ⑥ ⑦ ⑧ ⑨	⓪ ① ② ③ ④ ⑤ ⑥ ⑦ ⑧ ⑨	⓪ ① ② ③ ④ ⑤ ⑥ ⑦ ⑧ ⑨	⓪ ① ② ③ ④ ⑤ ⑥ ⑦ ⑧ ⑨	⓪ ① ② ③ ④ ⑤ ⑥ ⑦ ⑧ ⑨

(주민등록 앞자리 생년제외) 월일

⓪ ① ② ③ ④ ⑤ ⑥ ⑦ ⑧ ⑨	⓪ ① ② ③ ④ ⑤ ⑥ ⑦ ⑧ ⑨	⓪ ① ② ③ ④ ⑤ ⑥ ⑦ ⑧ ⑨	⓪ ① ② ③ ④ ⑤ ⑥ ⑦ ⑧ ⑨

수험생 유의사항

※ 답안은 반드시 컴퓨터용 사인펜으로 보기와 같이 바르게 표기해야 합니다.
〈보기〉 ① ② ③ ❹ ⑤

※ 성명표기란 위 칸에는 성명을 한글로 쓰고 아래 칸에는 성명을 정확하게 표기하십시오. (맨 왼쪽 칸부터 성과 이름은 붙여 씁니다)

※ 수험번호/월일 위 칸에는 아라비아 숫자로 쓰고 아래 칸에는 숫자와 일치하게 표기하십시오.

※ 월일은 반드시 본인 주민등록번호의 생년을 제외한 월 두 자리, 일 두 자리를 표기하십시오.
〈예〉 1994년 1월 12일 → 0112

※ 검사문항 : 1～50

문번	답란	문번	답란	문번	답란	문번	답란
1	① ② ③ ④ ⑤	16	① ② ③ ④ ⑤	31	① ② ③ ④ ⑤	46	① ② ③ ④ ⑤
2	① ② ③ ④ ⑤	17	① ② ③ ④ ⑤	32	① ② ③ ④ ⑤	47	① ② ③ ④ ⑤
3	① ② ③ ④ ⑤	18	① ② ③ ④ ⑤	33	① ② ③ ④ ⑤	48	① ② ③ ④ ⑤
4	① ② ③ ④ ⑤	19	① ② ③ ④ ⑤	34	① ② ③ ④ ⑤	49	① ② ③ ④ ⑤
5	① ② ③ ④ ⑤	20	① ② ③ ④ ⑤	35	① ② ③ ④ ⑤	50	① ② ③ ④ ⑤
6	① ② ③ ④ ⑤	21	① ② ③ ④ ⑤	36	① ② ③ ④ ⑤		
7	① ② ③ ④ ⑤	22	① ② ③ ④ ⑤	37	① ② ③ ④ ⑤		
8	① ② ③ ④ ⑤	23	① ② ③ ④ ⑤	38	① ② ③ ④ ⑤		
9	① ② ③ ④ ⑤	24	① ② ③ ④ ⑤	39	① ② ③ ④ ⑤		
10	① ② ③ ④ ⑤	25	① ② ③ ④ ⑤	40	① ② ③ ④ ⑤		
11	① ② ③ ④ ⑤	26	① ② ③ ④ ⑤	41	① ② ③ ④ ⑤		
12	① ② ③ ④ ⑤	27	① ② ③ ④ ⑤	42	① ② ③ ④ ⑤		
13	① ② ③ ④ ⑤	28	① ② ③ ④ ⑤	43	① ② ③ ④ ⑤		
14	① ② ③ ④ ⑤	29	① ② ③ ④ ⑤	44	① ② ③ ④ ⑤		
15	① ② ③ ④ ⑤	30	① ② ③ ④ ⑤	45	① ② ③ ④ ⑤		

gosinet (주)고시넷

한국가스공사

감독관 확인란	

3회 기출예상문제

성명표기란

수험번호

(주민등록 앞자리 생년제외) 월일

수험생 유의사항

※ 답안은 반드시 컴퓨터용 사인펜으로 보기와 같이 바르게 표기해야 합니다.
〈보기〉 ① ② ③ ❹ ⑤

※ 성명표기란 위 칸에는 성명을 한글로 쓰고 아래 칸에는 성명을 정확하게 표기하십시오. (맨 왼쪽 칸부터 성과 이름은 붙여 씁니다)

※ 수험번호/월일 위 칸에는 아라비아 숫자로 쓰고 아래 칸에는 숫자와 일치하게 표기하십시오.

※ 월일은 반드시 본인 주민등록번호의 생년을 제외한 월 두 자리, 일 두 자리를 표기하십시오.
〈예〉 1994년 1월 12일 → 0112

※ 검사문항 : 1～50

문번	답란	문번	답란	문번	답란	문번	답란
1	① ② ③ ④ ⑤	16	① ② ③ ④ ⑤	31	① ② ③ ④ ⑤	46	① ② ③ ④ ⑤
2	① ② ③ ④ ⑤	17	① ② ③ ④ ⑤	32	① ② ③ ④ ⑤	47	① ② ③ ④ ⑤
3	① ② ③ ④ ⑤	18	① ② ③ ④ ⑤	33	① ② ③ ④ ⑤	48	① ② ③ ④ ⑤
4	① ② ③ ④ ⑤	19	① ② ③ ④ ⑤	34	① ② ③ ④ ⑤	49	① ② ③ ④ ⑤
5	① ② ③ ④ ⑤	20	① ② ③ ④ ⑤	35	① ② ③ ④ ⑤	50	① ② ③ ④ ⑤
6	① ② ③ ④ ⑤	21	① ② ③ ④ ⑤	36	① ② ③ ④ ⑤		
7	① ② ③ ④ ⑤	22	① ② ③ ④ ⑤	37	① ② ③ ④ ⑤		
8	① ② ③ ④ ⑤	23	① ② ③ ④ ⑤	38	① ② ③ ④ ⑤		
9	① ② ③ ④ ⑤	24	① ② ③ ④ ⑤	39	① ② ③ ④ ⑤		
10	① ② ③ ④ ⑤	25	① ② ③ ④ ⑤	40	① ② ③ ④ ⑤		
11	① ② ③ ④ ⑤	26	① ② ③ ④ ⑤	41	① ② ③ ④ ⑤		
12	① ② ③ ④ ⑤	27	① ② ③ ④ ⑤	42	① ② ③ ④ ⑤		
13	① ② ③ ④ ⑤	28	① ② ③ ④ ⑤	43	① ② ③ ④ ⑤		
14	① ② ③ ④ ⑤	29	① ② ③ ④ ⑤	44	① ② ③ ④ ⑤		
15	① ② ③ ④ ⑤	30	① ② ③ ④ ⑤	45	① ② ③ ④ ⑤		

잘라서 활용하세요.

한국가스공사

감독관 확인란	

4회 기출예상문제

성명표기란

ㄱ ㄴ ㄷ ㄹ ㅁ ㅂ ㅅ ㅇ ㅈ ㅊ ㅋ ㅌ ㅍ ㅎ ㄲ ㄸ ㅃ ㅆ ㅉ ㄺ ㄻ

ㅏ ㅑ ㅓ ㅕ ㅗ ㅛ ㅜ ㅠ ㅡ ㅣ ㅐ ㅒ ㅔ ㅖ ㅘ ㅙ ㅚ ㅝ ㅞ ㅟ ㅢ

수험번호

⓪ ① ② ③ ④ ⑤ ⑥ ⑦ ⑧ ⑨

(주민등록 앞자리 생년제외) 월일

⓪ ① ② ③ ④ ⑤ ⑥ ⑦ ⑧ ⑨

수험생 유의사항

※ 답안은 반드시 컴퓨터용 사인펜으로 보기와 같이 바르게 표기해야 합니다.
〈보기〉 ① ② ③ ❹ ⑤

※ 성명표기란 위 칸에는 성명을 한글로 쓰고 아래 칸에는 성명을 정확하게 표기하십시오. (맨 왼쪽 칸부터 성과 이름은 붙여 씁니다)

※ 수험번호/월일 위 칸에는 아라비아 숫자로 쓰고 아래 칸에는 숫자와 일치하게 표기하십시오.

※ 월일은 반드시 본인 주민등록번호의 생년을 제외한 월 두 자리, 일 두 자리를 표기하십시오.
〈예〉 1994년 1월 12일 → 0112

※ 검사문항 : 1～50

문번	답란	문번	답란	문번	답란	문번	답란
1	① ② ③ ④ ⑤	16	① ② ③ ④ ⑤	31	① ② ③ ④ ⑤	46	① ② ③ ④ ⑤
2	① ② ③ ④ ⑤	17	① ② ③ ④ ⑤	32	① ② ③ ④ ⑤	47	① ② ③ ④ ⑤
3	① ② ③ ④ ⑤	18	① ② ③ ④ ⑤	33	① ② ③ ④ ⑤	48	① ② ③ ④ ⑤
4	① ② ③ ④ ⑤	19	① ② ③ ④ ⑤	34	① ② ③ ④ ⑤	49	① ② ③ ④ ⑤
5	① ② ③ ④ ⑤	20	① ② ③ ④ ⑤	35	① ② ③ ④ ⑤	50	① ② ③ ④ ⑤
6	① ② ③ ④ ⑤	21	① ② ③ ④ ⑤	36	① ② ③ ④ ⑤		
7	① ② ③ ④ ⑤	22	① ② ③ ④ ⑤	37	① ② ③ ④ ⑤		
8	① ② ③ ④ ⑤	23	① ② ③ ④ ⑤	38	① ② ③ ④ ⑤		
9	① ② ③ ④ ⑤	24	① ② ③ ④ ⑤	39	① ② ③ ④ ⑤		
10	① ② ③ ④ ⑤	25	① ② ③ ④ ⑤	40	① ② ③ ④ ⑤		
11	① ② ③ ④ ⑤	26	① ② ③ ④ ⑤	41	① ② ③ ④ ⑤		
12	① ② ③ ④ ⑤	27	① ② ③ ④ ⑤	42	① ② ③ ④ ⑤		
13	① ② ③ ④ ⑤	28	① ② ③ ④ ⑤	43	① ② ③ ④ ⑤		
14	① ② ③ ④ ⑤	29	① ② ③ ④ ⑤	44	① ② ③ ④ ⑤		
15	① ② ③ ④ ⑤	30	① ② ③ ④ ⑤	45	① ② ③ ④ ⑤		

한국가스공사

감독관 확인란	

5회 기출예상문제

성명표기란

㉠	㉯	㉠	㉠	㉯	㉠	㉠	㉯	㉠	㉠	㉯	㉠

(Each name column: 초성 ㄱ ㄴ ㄷ ㄹ ㅁ ㅂ ㅅ ㅇ ㅈ ㅊ ㅋ ㅌ ㅍ ㅎ ㄲ ㄸ ㅃ ㅆ ㅉ / 중성 ㅏ ㅑ ㅓ ㅕ ㅗ ㅛ ㅜ ㅠ ㅡ ㅣ ㅐ ㅒ ㅔ ㅖ ㅘ ㅙ ㅚ ㅝ ㅞ ㅟ ㅢ / 종성 ㄱ ㄴ ㄷ ㄹ ㅁ ㅂ ㅅ ㅇ ㅈ ㅊ ㅋ ㅌ ㅍ ㅎ ㄲ ㄸ ㅃ ㅆ ㅉ ㄺ ㄻ)

수험번호

⓪	⓪	⓪	⓪	⓪	⓪
①	①	①	①	①	①
②	②	②	②	②	②
③	③	③	③	③	③
④	④	④	④	④	④
⑤	⑤	⑤	⑤	⑤	⑤
⑥	⑥	⑥	⑥	⑥	⑥
⑦	⑦	⑦	⑦	⑦	⑦
⑧	⑧	⑧	⑧	⑧	⑧
⑨	⑨	⑨	⑨	⑨	⑨

(주민등록 앞자리 생년제외) 월일

⓪	⓪	⓪	⓪
①	①	①	①
②	②	②	②
③	③	③	③
④	④	④	④
⑤	⑤	⑤	⑤
⑥	⑥	⑥	⑥
⑦	⑦	⑦	⑦
⑧	⑧	⑧	⑧
⑨	⑨	⑨	⑨

수험생 유의사항

※ 답안은 반드시 컴퓨터용 사인펜으로 보기와 같이 바르게 표기해야 합니다.
〈보기〉 ① ② ③ ❹ ⑤

※ 성명표기란 위 칸에는 성명을 한글로 쓰고 아래 칸에는 성명을 정확하게 표기하십시오. (맨 왼쪽 칸부터 성과 이름은 붙여 씁니다)

※ 수험번호/월일 위 칸에는 아라비아 숫자로 쓰고 아래 칸에는 숫자와 일치하게 표기하십시오.

※ 월일은 반드시 본인 주민등록번호의 생년을 제외한 월 두 자리, 일 두 자리를 표기하십시오.
〈예〉 1994년 1월 12일 → 0112

※ 검사문항 : 1～50

문번	답란	문번	답란	문번	답란	문번	답란
1	① ② ③ ④ ⑤	16	① ② ③ ④ ⑤	31	① ② ③ ④ ⑤	46	① ② ③ ④ ⑤
2	① ② ③ ④ ⑤	17	① ② ③ ④ ⑤	32	① ② ③ ④ ⑤	47	① ② ③ ④ ⑤
3	① ② ③ ④ ⑤	18	① ② ③ ④ ⑤	33	① ② ③ ④ ⑤	48	① ② ③ ④ ⑤
4	① ② ③ ④ ⑤	19	① ② ③ ④ ⑤	34	① ② ③ ④ ⑤	49	① ② ③ ④ ⑤
5	① ② ③ ④ ⑤	20	① ② ③ ④ ⑤	35	① ② ③ ④ ⑤	50	① ② ③ ④ ⑤
6	① ② ③ ④ ⑤	21	① ② ③ ④ ⑤	36	① ② ③ ④ ⑤		
7	① ② ③ ④ ⑤	22	① ② ③ ④ ⑤	37	① ② ③ ④ ⑤		
8	① ② ③ ④ ⑤	23	① ② ③ ④ ⑤	38	① ② ③ ④ ⑤		
9	① ② ③ ④ ⑤	24	① ② ③ ④ ⑤	39	① ② ③ ④ ⑤		
10	① ② ③ ④ ⑤	25	① ② ③ ④ ⑤	40	① ② ③ ④ ⑤		
11	① ② ③ ④ ⑤	26	① ② ③ ④ ⑤	41	① ② ③ ④ ⑤		
12	① ② ③ ④ ⑤	27	① ② ③ ④ ⑤	42	① ② ③ ④ ⑤		
13	① ② ③ ④ ⑤	28	① ② ③ ④ ⑤	43	① ② ③ ④ ⑤		
14	① ② ③ ④ ⑤	29	① ② ③ ④ ⑤	44	① ② ③ ④ ⑤		
15	① ② ③ ④ ⑤	30	① ② ③ ④ ⑤	45	① ② ③ ④ ⑤		

잘라서 활용하세요.

한국가스공사

감독관 확인란	

6회 기출예상문제

성명표기란

(초성) ㄱ ㄴ ㄷ ㄹ ㅁ ㅂ ㅅ ㅇ ㅈ ㅊ ㅋ ㅌ ㅍ ㅎ ㄲ ㄸ ㅃ ㅆ ㅉ

(중성) ㅏ ㅑ ㅓ ㅕ ㅗ ㅛ ㅜ ㅠ ㅡ ㅣ ㅐ ㅒ ㅔ ㅖ ㅘ ㅙ ㅚ ㅝ ㅞ ㅟ ㅢ

(종성) ㄱ ㄴ ㄷ ㄹ ㅁ ㅂ ㅅ ㅇ ㅈ ㅊ ㅋ ㅌ ㅍ ㅎ ㄲ ㄸ ㅃ ㅆ ㅉ ㄺ ㄻ

수험번호

⓪ ① ② ③ ④ ⑤ ⑥ ⑦ ⑧ ⑨	⓪ ① ② ③ ④ ⑤ ⑥ ⑦ ⑧ ⑨	⓪ ① ② ③ ④ ⑤ ⑥ ⑦ ⑧ ⑨	⓪ ① ② ③ ④ ⑤ ⑥ ⑦ ⑧ ⑨	⓪ ① ② ③ ④ ⑤ ⑥ ⑦ ⑧ ⑨	⓪ ① ② ③ ④ ⑤ ⑥ ⑦ ⑧ ⑨

(주민등록 앞자리 생년제외) 월일

⓪ ① ② ③ ④ ⑤ ⑥ ⑦ ⑧ ⑨	⓪ ① ② ③ ④ ⑤ ⑥ ⑦ ⑧ ⑨	⓪ ① ② ③ ④ ⑤ ⑥ ⑦ ⑧ ⑨	⓪ ① ② ③ ④ ⑤ ⑥ ⑦ ⑧ ⑨

수험생 유의사항

※ 답안은 반드시 컴퓨터용 사인펜으로 보기와 같이 바르게 표기해야 합니다.
〈보기〉 ① ② ③ ❹ ⑤

※ 성명표기란 위 칸에는 성명을 한글로 쓰고 아래 칸에는 성명을 정확하게 표기하십시오. (맨 왼쪽 칸부터 성과 이름은 붙여 씁니다)

※ 수험번호/월일 위 칸에는 아라비아 숫자로 쓰고 아래 칸에는 숫자와 일치하게 표기하십시오.

※ 월일은 반드시 본인 주민등록번호의 생년을 제외한 월 두 자리, 일 두 자리를 표기하십시오.
〈예〉 1994년 1월 12일 → 0112

※ 검사문항 : 1～50

문번	답란	문번	답란	문번	답란	문번	답란
1	① ② ③ ④ ⑤	16	① ② ③ ④ ⑤	31	① ② ③ ④ ⑤	46	① ② ③ ④ ⑤
2	① ② ③ ④ ⑤	17	① ② ③ ④ ⑤	32	① ② ③ ④ ⑤	47	① ② ③ ④ ⑤
3	① ② ③ ④ ⑤	18	① ② ③ ④ ⑤	33	① ② ③ ④ ⑤	48	① ② ③ ④ ⑤
4	① ② ③ ④ ⑤	19	① ② ③ ④ ⑤	34	① ② ③ ④ ⑤	49	① ② ③ ④ ⑤
5	① ② ③ ④ ⑤	20	① ② ③ ④ ⑤	35	① ② ③ ④ ⑤	50	① ② ③ ④ ⑤
6	① ② ③ ④ ⑤	21	① ② ③ ④ ⑤	36	① ② ③ ④ ⑤		
7	① ② ③ ④ ⑤	22	① ② ③ ④ ⑤	37	① ② ③ ④ ⑤		
8	① ② ③ ④ ⑤	23	① ② ③ ④ ⑤	38	① ② ③ ④ ⑤		
9	① ② ③ ④ ⑤	24	① ② ③ ④ ⑤	39	① ② ③ ④ ⑤		
10	① ② ③ ④ ⑤	25	① ② ③ ④ ⑤	40	① ② ③ ④ ⑤		
11	① ② ③ ④ ⑤	26	① ② ③ ④ ⑤	41	① ② ③ ④ ⑤		
12	① ② ③ ④ ⑤	27	① ② ③ ④ ⑤	42	① ② ③ ④ ⑤		
13	① ② ③ ④ ⑤	28	① ② ③ ④ ⑤	43	① ② ③ ④ ⑤		
14	① ② ③ ④ ⑤	29	① ② ③ ④ ⑤	44	① ② ③ ④ ⑤		
15	① ② ③ ④ ⑤	30	① ② ③ ④ ⑤	45	① ② ③ ④ ⑤		

한국가스공사

감독관 확인란	

기출예상문제_연습용

성명표기란

수험번호

(주민등록 앞자리 생년제외) 월일

수험생 유의사항

※ 답안은 반드시 컴퓨터용 사인펜으로 보기와 같이 바르게 표기해야 합니다.
〈보기〉 ① ② ③ ❹ ⑤

※ 성명표기란 위 칸에는 성명을 한글로 쓰고 아래 칸에는 성명을 정확하게 표기하십시오. (맨 왼쪽 칸부터 성과 이름은 붙여 씁니다)

※ 수험번호/월일 위 칸에는 아라비아 숫자로 쓰고 아래 칸에는 숫자와 일치하게 표기하십시오.

※ 월일은 반드시 본인 주민등록번호의 생년을 제외한 월 두 자리, 일 두 자리를 표기하십시오.
〈예〉 1994년 1월 12일 → 0112

※ 검사문항 : 1～50

문번	답란	문번	답란	문번	답란	문번	답란
1	① ② ③ ④ ⑤	16	① ② ③ ④ ⑤	31	① ② ③ ④ ⑤	46	① ② ③ ④ ⑤
2	① ② ③ ④ ⑤	17	① ② ③ ④ ⑤	32	① ② ③ ④ ⑤	47	① ② ③ ④ ⑤
3	① ② ③ ④ ⑤	18	① ② ③ ④ ⑤	33	① ② ③ ④ ⑤	48	① ② ③ ④ ⑤
4	① ② ③ ④ ⑤	19	① ② ③ ④ ⑤	34	① ② ③ ④ ⑤	49	① ② ③ ④ ⑤
5	① ② ③ ④ ⑤	20	① ② ③ ④ ⑤	35	① ② ③ ④ ⑤	50	① ② ③ ④ ⑤
6	① ② ③ ④ ⑤	21	① ② ③ ④ ⑤	36	① ② ③ ④ ⑤		
7	① ② ③ ④ ⑤	22	① ② ③ ④ ⑤	37	① ② ③ ④ ⑤		
8	① ② ③ ④ ⑤	23	① ② ③ ④ ⑤	38	① ② ③ ④ ⑤		
9	① ② ③ ④ ⑤	24	① ② ③ ④ ⑤	39	① ② ③ ④ ⑤		
10	① ② ③ ④ ⑤	25	① ② ③ ④ ⑤	40	① ② ③ ④ ⑤		
11	① ② ③ ④ ⑤	26	① ② ③ ④ ⑤	41	① ② ③ ④ ⑤		
12	① ② ③ ④ ⑤	27	① ② ③ ④ ⑤	42	① ② ③ ④ ⑤		
13	① ② ③ ④ ⑤	28	① ② ③ ④ ⑤	43	① ② ③ ④ ⑤		
14	① ② ③ ④ ⑤	29	① ② ③ ④ ⑤	44	① ② ③ ④ ⑤		
15	① ② ③ ④ ⑤	30	① ② ③ ④ ⑤	45	① ② ③ ④ ⑤		

잘라서 활용하세요.

한국가스공사

감독관 확인란	

기출예상문제_연습용

성명표기란

㉠	㉮	㉠	㉠	㉮	㉠	㉠	㉮	㉠	㉠	㉮	㉠

수험번호

⓪	⓪	⓪	⓪	⓪	⓪
①	①	①	①	①	①
②	②	②	②	②	②
③	③	③	③	③	③
④	④	④	④	④	④
⑤	⑤	⑤	⑤	⑤	⑤
⑥	⑥	⑥	⑥	⑥	⑥
⑦	⑦	⑦	⑦	⑦	⑦
⑧	⑧	⑧	⑧	⑧	⑧
⑨	⑨	⑨	⑨	⑨	⑨

(주민등록 앞자리 생년제외) 월일

⓪	⓪	⓪	⓪
①	①	①	①
②	②	②	②
③	③	③	③
④	④	④	④
⑤	⑤	⑤	⑤
⑥	⑥	⑥	⑥
⑦	⑦	⑦	⑦
⑧	⑧	⑧	⑧
⑨	⑨	⑨	⑨

수험생 유의사항

※ 답안은 반드시 컴퓨터용 사인펜으로 보기와 같이 바르게 표기해야 합니다.
〈보기〉 ① ② ③ ❹ ⑤

※ 성명표기란 위 칸에는 성명을 한글로 쓰고 아래 칸에는 성명을 정확하게 표기하십시오. (맨 왼쪽 칸부터 성과 이름은 붙여 씁니다)

※ 수험번호/월일 위 칸에는 아라비아 숫자로 쓰고 아래 칸에는 숫자와 일치하게 표기하십시오.

※ 월일은 반드시 본인 주민등록번호의 생년을 제외한 월 두 자리, 일 두 자리를 표기하십시오.
〈예〉 1994년 1월 12일 → 0112

※ 검사문항 : 1～50

문번	답란	문번	답란	문번	답란	문번	답란
1	① ② ③ ④ ⑤	16	① ② ③ ④ ⑤	31	① ② ③ ④ ⑤	46	① ② ③ ④ ⑤
2	① ② ③ ④ ⑤	17	① ② ③ ④ ⑤	32	① ② ③ ④ ⑤	47	① ② ③ ④ ⑤
3	① ② ③ ④ ⑤	18	① ② ③ ④ ⑤	33	① ② ③ ④ ⑤	48	① ② ③ ④ ⑤
4	① ② ③ ④ ⑤	19	① ② ③ ④ ⑤	34	① ② ③ ④ ⑤	49	① ② ③ ④ ⑤
5	① ② ③ ④ ⑤	20	① ② ③ ④ ⑤	35	① ② ③ ④ ⑤	50	① ② ③ ④ ⑤
6	① ② ③ ④ ⑤	21	① ② ③ ④ ⑤	36	① ② ③ ④ ⑤		
7	① ② ③ ④ ⑤	22	① ② ③ ④ ⑤	37	① ② ③ ④ ⑤		
8	① ② ③ ④ ⑤	23	① ② ③ ④ ⑤	38	① ② ③ ④ ⑤		
9	① ② ③ ④ ⑤	24	① ② ③ ④ ⑤	39	① ② ③ ④ ⑤		
10	① ② ③ ④ ⑤	25	① ② ③ ④ ⑤	40	① ② ③ ④ ⑤		
11	① ② ③ ④ ⑤	26	① ② ③ ④ ⑤	41	① ② ③ ④ ⑤		
12	① ② ③ ④ ⑤	27	① ② ③ ④ ⑤	42	① ② ③ ④ ⑤		
13	① ② ③ ④ ⑤	28	① ② ③ ④ ⑤	43	① ② ③ ④ ⑤		
14	① ② ③ ④ ⑤	29	① ② ③ ④ ⑤	44	① ② ③ ④ ⑤		
15	① ② ③ ④ ⑤	30	① ② ③ ④ ⑤	45	① ② ③ ④ ⑤		

gosinet
(주)고시넷

대기업 · 금융

20대기업 인적성검사 통합 기본서
LG그룹 온라인 인적성검사 최신기출유형 모의고사
SK그룹 종합역량검사 온라인 SKCT 최신기출유형 모의고사 4회
현대자동차 모빌리티 기술인력 생산직 최신기출유형 모의고사
KT그룹 온라인 인적성검사 종합인적성검사 최신기출유형 모의고사 5회

포스코그룹 온라인 인적성검사 최신 기출유형 모의고사
포스코 생산기술직 온라인 인적성검사 최신기출유형 모의고사 4회
삼성 고졸채용 온라인 GSAT 5급 최신기출유형 모의고사
이랜드그룹 인적성검사 최신 기출유형 모의고사
KCC 온라인 인적성검사 최신 기출유형 모의고사

효성그룹 인적성검사 최신 기출유형 모의고사
샘표식품 인적성검사 최신 기출유형 모의고사
삼양그룹 온라인 인적성검사 최신 기출유형 모의고사
S-OIL 에쓰오일 온라인 인적성검사 최신 기출유형 모의고사
S-OIL 생산직 온라인 필기시험 최신기출유형 모의고사 4회

MG새마을금고 NCS 기출예상모의고사
지역신협 인적성검사 최신 기출유형 모의고사
지역수협 인적성검사 최신 기출유형 모의고사
SK하이닉스 Maintenance/Operator 필기시험 SKCT

NH농협은행 온라인 필기시험 최신기출유형 모의고사 6급
금융상식 경제상식 은행 필기시험 (경영상식 포함)
지역농협 6급 통합기본서
지역농협 6급 NCS 오픈봉투모의고사 5회

저마다의 일생에는,

특히 그 일생이 동터 오르는 여명기에는

모든 것을 결정짓는 한 순간이 있다.

그 순간을 다시 찾아내는 것은 어렵다.

그것은 다른 수많은 순간들의 퇴적 속에

깊이 묻혀있다.

- 장 그르니에, 섬 LES ILES

2024 | 한국가스공사 | NCS

고시넷
공기업

한국가스공사 NCS
기출예상모의고사

6회

정답과 해설

2024 | 한국가스공사 | NCS

고시넷
공기업

한국가스공사 NCS

기출예상모의고사

6회

정답과 해설

정답과 해설

1회 기출예상문제

문제 16쪽

번호	정답	번호	정답	번호	정답	번호	정답	번호	정답
01	⑤	02	①	03	①	04	②	05	③
06	④	07	③	08	③	09	④	10	①
11	⑤	12	②	13	⑤	14	①	15	③
16	⑤	17	①	18	④	19	①	20	③
21	④	22	⑤	23	①	24	④	25	②
26	①	27	③	28	②	29	④	30	②
31	②	32	④	33	⑤	34	⑤	35	④
36	③	37	②	38	②	39	④	40	⑤
41	②	42	③	43	④	44	③	45	④
46	②	47	⑤	48	⑤	49	④	50	④

01 문서이해능력 세부 내용 이해하기

| 정답 | ⑤

| 해설 | 먼 곳에서 재배된 과일을 구매하는 것은 가까운 곳에서 재배된 과일보다 제품을 수송하는 과정에서 더 많은 온실가스를 발생시킨다.

| 오답풀이 |

① 미국산 바나나보다 제주산 바나나의 맛과 품질을 비교하는 내용은 언급되어 있지 않다.

② 탄소 발자국은 온실가스 중 가장 큰 비중을 차지하는 이산화탄소 배출량을 표기하는 것이라는 내용을 통해 온실가스에서 가장 큰 비중을 차지하는 것은 이산화탄소임을 알 수 있다.

③ 우리나라에서는 2009년부터 탄소성적표시제도가 시행되어 한국환경산업기술원에서 인증마크를 부여하는 인증마크 제도를 시행하고 있다.

④ 탄소 발자국은 제품이 유통 과정을 거쳐 소비자에게 도착한 이후 소비되어 버려지는 과정까지 배출되는 탄소의 총량을 수치화한 것을 의미한다.

02 문서이해능력 내용을 바탕으로 주론하기

| 정답 | ①

| 해설 | ㄱ. 해외에서 생산된 제품을 소비할 경우 우리나라로 수입하기 위해 제품을 수송하는 과정에서 온실가스를 발생시킨다는 점에서 국산 제품을 선택하는 것이 온실가스 배출을 줄이는 방안이 될 수 있다.

ㄴ. 우리나라에서는 2009년부터 탄소성적표시제도를 시행하여 제품에 부착된 탄소 라벨을 통해 해당 제품의 탄소 발자국을 확인하여, 온실가스 배출량이 더 적은 제품을 선택하여 소비할 수 있다.

| 오답풀이 |

ㄷ. 제품의 가격은 제품이 발생하는 온실가스량과 관련이 없다.

ㄹ. 열대과일과 온대과일의 온실가스 발생량을 비교하는 내용은 제시된 글을 통해서 알 수 없다.

03 문서이해능력 세부 내용 이해하기

| 정답 | ①

| 해설 | 메타버스라는 단어는 코로나로 인한 비대면 생활이 일상화되기 전인 1992년 닐 스티븐슨의 소설 〈스노 크래시〉에서 등장하였다.

| 오답풀이 |

② 현실의 이미지와 3차원의 가상 이미지를 겹쳐 보여주는 기술인 증강현실(AR)은 메타버스의 개념에 포함된다.

③ 자신의 일상을 디지털 데이터로 구축하는 기술인 라이프로깅은 메타버스의 개념에 포함된다.

④ 가상현실과 증강현실을 아우르는 혼합현실 기술을 망라하는 초실감형 기술과 서비스인 확장현실이 메타버스에 몰입감과 실재감 있는 경험을 제공하여 메타버스가 진화하고 있다고 설명하고 있다.

⑤ 정부가 발표한 '디지털 뉴딜 2.0'을 발표하고 메타버스, 블록체인 등 초연결 신산업 육성 분야에 약 2.6조 원 규모의 예산을 투자할 계획이라는 내용이 제시되어 있다.

04 문서이해능력 내용을 바탕으로 추론하기

| 정답 | ②

| 해설 | 제시된 글은 현실과 유사하거나 현실에서 제공하지 못하는 경험을 제공하는 3차원 디지털 가상공간인 메타버스에 대한 내용이다. 앱을 통해 비대면으로 의사를 진료를 받는 원격진료는 원격 통화 기술을 이용한 것이며 가상공간을 이용한 것이 아니므로 메타버스의 예시로 적절하지 않다.

| 오답풀이 |

① 가상의 업무공간인 메타폴리스를 제작하고 그 안에서 업무를 하는 것은 메타버스의 활용 예시에 해당한다.

③ 게임 마인크래프트를 통해 청와대의 모습을 재현한 가상공간을 만들고 이를 활용한 콘텐츠를 제작하는 것은 메타버스의 활용 예시에 해당한다.

④ VR 헤드셋을 착용하여 가상의 회의공간에서 의견을 나누는 것은 메타버스의 활용 예시에 해당한다.

⑤ 게임 포트나이트를 통해 뮤직비디오를 공개하고 게임 사용자들이 게임 내 가상공간에서 파티를 즐기는 것은 메타버스의 활용 예시에 해당한다.

05 문서이해능력 내용에 맞는 사자성어 파악하기

| 정답 | ③

| 해설 | 우공이산(愚公移山)은 우공이라는 노인이 대대로 산의 흙을 파내어 집 앞의 산을 옮기는 이야기에서 비롯한 사자성어로, 한 가지 일을 끊임없이 노력하면 이루어진다는 의미이다.

| 오답풀이 |

① 화룡점정(畵龍點睛)은 일을 하는 데 있어서 가장 중요한 부분을 완성하면서 일을 마치는 것을 용 그림에서 마지막으로 눈동자를 그려 넣는 모습에 비유한 사자성어이다.

② 반포지효(反哺之孝)는 자식이 부모를 공양하는 효성을 까마귀가 늙은 어미의 먹이를 물어주는 모습에 비유한 사자성어이다.

④ 맥수지탄(麥秀之歎)은 고국의 멸망을 탄식한다는 의미의 사자성어이다.

⑤ 상전벽해(桑田碧海)는 세상이 크게 변한 모습을 뽕나무밭이 푸른 바다로 바뀐 것에 비유한 사자성어이다.

06 문서이해능력 세부 내용 이해하기

| 정답 | ④

| 해설 | ㄱ. 도쿄대에서 가상현실 기반의 여행 서비스를 개발 중인 연구원의 일화를 소개하면서 내용을 전개하고 있다.

ㄷ. 평면 사진으로 동네 사진을 찍어서 보여주는 것에서 360도 카메라로 촬영한 동네의 모습을 헤드셋으로 감상하는 기술을 통해 거동이 불편한 노인들에게 동네 모습에 대한 공간기억을 되살리는 이야기를 제시하고 있다.

ㄹ. 연구원의 일화를 통해 기술의 깊이보다 중요한 것은 대상을 향하는 따뜻한 마음이며, 사람의 마음을 움직이는 것이 기술의 역할이라고 설명하고 있다.

| 오답풀이 |

ㄴ. 도쿄대에서 가상현실 기반의 여행 서비스를 개발 중인 연구원과 노인들의 일화는 고령화 사회의 폐해가 아닌 고령화 사회에서 기술의 역할을 강조하고 있다.

07 문서이해능력 글의 중심 내용 이해하기

| 정답 | ③

| 해설 | 제시된 글은 계획서 중에서 특히 원자력발전소의 성능검증 계획서의 작성 목적과 작성 기준을 구매 사양서와 비교하여 설명하고 있다.

08 문서작성능력 글의 흐름에 맞는 내용 추가하기

| 정답 | ③

| 해설 | 제시된 글에서 성능검증 계획서는 성능검증 기관이 정확하고 충분한 정보를 바탕으로 원자력발전소의 운전 조건과 산업 표준에 맞는 검증 프로그램의 요소, 검증 방법 및 절차를 자세하게 정의하여 기기 성능을 입증해야 한다고 설명하고 있다. 따라서 (가)에는 이러한 성능검증 계획서의 작성 기준에 따라 구체적으로 성능검증 계획서에 어떤 내용이 포함되어야 하는 지를 설명하는 내용이 이어지는 것이 가장 적절하다.

09 문서이해능력 세부 내용 이해하기

| 정답 | ④

| 해설 | 제시된 글에서 OECD 자료에 따르면 2021년 프랑스, 미국, 영국, 호주의 물가수준이 한국에 비해 높다고 설명하고 있는 한편, 2020년의 물가수준에 관해서는 제시되어 있지 않다.

| 오답풀이 |

① 물가상승은 경제활동을 위축시키는 부정적인 영향을 주지만, 안정적인 물가상승은 국가의 지속적인 발전과 개인의 경제활동 유지에 필요한 긍정적인 영향을 줄 수 있다고 설명하고 있다.

② 급격한 물가상승은 경제활동을 위축시킨다고 설명하고 있으며, 한국의 물가는 1998년 외환위기 시기에 7.5%, 2008년 국제 원유가격 급등이 있던 시기에 4.7%의 물가상승을 기록하였다는 점을 통해 해당 시기에 물가 상승으로 인해 한국의 경제활동이 위축되었음을 추론할 수 있다.

③ 한국의 물가는 2015년부터 2021년까지 0 ~ 2%대 물가상승으로 안정적인 물가상승을 기록하였다.

⑤ 급격한 물가상승은 화폐의 구매력을 감소시킨다고 설명하고 있으며, 2022년에 식료품 및 비주류 음료 등 7개 품목에서 3% 이상의 물가상승을 기록하였다는 점을 통해 해당 품목에 대한 화폐 구매력이 감소하였음을 추론할 수 있다.

10 문서이해능력 올바른 한글맞춤법 적용하기

| 정답 | ①

| 해설 | '떨어트리다'와 '떨어뜨리다' 모두 위에 있던 것을 아래로 내려가게 하다는 의미의 복수표준어이다.

| 오답풀이 |

② 위촉(委囑)은 어느 일을 남에게 부탁하여 맡게 하다는 의미로, ㉡에는 문맥상 힘에 눌려 기를 펴지 못한다는 의미의 '위축'이 들어가는 것이 적절하다.

③ ㉢에는 문맥상 일정한 상태를 유지하다의 의미인 '안정적으로'가 들어가는 것이 적절하다.

④ '나뉘다'는 '나누다'의 피동사인 '나누이다'의 준말로, ㉣의 문장에서는 피동사가 아닌 '나누다'를 사용하여 '나누어'가 되는 것이 적절하다.

⑤ 모음이나 'ㄴ' 받침 다음의 률(率)은 '율'로 표기하고, 그 외의 경우는 본음대로 '률'로 표기한다. 이에 따라 상승+률은 원음대로 '상승률'이 적절한 표기이다.

11 문서이해능력 글의 구조 파악하기

| 정답 | ⑤

| 해설 | 우선 서론에 해당하는 (가)는 소나무재선충병으로 인한 산림 피해 규모를 수치로 제시하면서 그 원인으로 사유림 소유주의 방역 비협조 등의 방역 체계의 한계를 지적하고 있다.

다음으로 본론 1에 해당하는 (나)는 춘천, 홍천, 원주 등 지역별 피해상황, 치료가 불가능한 소나무재선충병의 특성과 향후 평균기온의 상승으로 소나무재선충이 증가할 것이 예상된다는 내용 등 소나무재선충병의 향후 전망 등을 설명하고 있다.

이어 본론 2에 해당하는 (다)에서는 소나무재선충병의 방제책에 대해 중장기적인 방제책으로 소나무류 집중화를 막는 방법을 제시하면서, 지속적인 예산 지원과 공동 예찰 방제, 대국민 홍보 등의 다양한 방제 활동 방법을 제시하고 있다.

결론에 해당하는 (라)에서는 완전 방제의 각오로 국민 모두가 힘을 합쳐 소나무재선충병 방제 선진국으로 산림 보호의 기적을 이루자는 주장으로 글을 마무리하고 있다.

12 문서작성능력 글의 내용 수정하기

| 정답 | ②

| 해설 | (가)에서는 소나무재선충병의 피해 규모를 구체적인 수치로 제시하여 현행 사유림 내 소나무재선충병 방제의 한계로 인해 방제 상황이 좋지 않은 상황에 있음을 나타내고 있다.

| 오답풀이 |

① 소나무재선충병 방제에 지방자치단체의 협력이 수반되어야 한다는 내용은 (다)의 일부 내용만을 반영하고 있으므로, 글의 제목으로는 글의 전체 내용인 소나무재선충병 피해 현황과 방제책의 필요성을 모두 포함하는 내용이 되는 것이 적절하다.

③ ㉡의 내용은 소나무재선충병에 의한 피해 규모와 전망

을 설명하는 (나)의 내용과 관련 없는 소나무재선충병의 증상에 대한 내용이므로 삭제하는 것이 적절하다.

④ ㉢의 내용은 소나무재선충병의 방제 방법을 설명하는 (다)보다 소나무재선충병의 완전 방제의 의지를 강조하는 (라)의 서두에 들어가는 것이 더 자연스럽다.

⑤ ㉣의 내용에서 '산림 보호의 기적'에 대한 의미를 구체적으로 제시하면 독자들에게 소나무재선충병 방제 협력을 호소하는 의도를 더욱 효과적으로 전달할 수 있다.

13 사고력 순서 추론하기

| 정답 | ⑤

| 해설 | C가 가장 마지막에 출근했고, F는 바로 앞에 출근한 직원이 마신 음료와 다른 종류를 마셨으므로 음료의 종류가 달라지는 네 번째로 출근했다는 것을 알 수 있다. A와 B는 연이어 출근했으므로 먼저 출근한 3명에 속하며 B가 E보다 나중에 출근했으므로 E－A－B 혹은 E－B－A 순이 된다. 그러므로 E－A－B－F－D－C 혹은 E－B－A－F－D－C의 순으로 출근하였다.

따라서 B가 A보다 먼저 출근했다면 E－B－A－F－D－C 순인데, 이 경우 A는 세 번째로 출근한 것이 된다.

14 사고력 비판적 사고 이해하기

| 정답 | ①

| 해설 | 제시된 내용은 비판적 사고에 대한 설명이다. 비판적 사고는 어떤 주제나 주장 등에 대하여 적극적으로 분석하고 종합하며 평가하는 능동적인 사고로, 논증, 추론, 증거, 가치를 표현한 사례를 수용할지 아니면 거절할지에 대한 결정에 필요한 사고이다. 비판적 사고를 개발하기 위해서는 지적 호기심, 객관성, 개방성, 융통성, 지적 회의성, 지적 정직성, 체계성, 지속성, 결단성, 다른 관점에 대한 존중과 같은 합리적인 태도가 요구된다.

15 사고력 조건을 바탕으로 추론하기

| 정답 | ③

| 해설 | 우선 A와 C가 기계팀 업무를 수행하는 데 4시간이 걸렸으므로 A와 C는 모두 기계 전공이다. 이때 전공 분야당 전공자는 2명이므로 A, C 이외의 사람은 모두 기계 전공이 아니다.

다음으로 B와 C가 전자팀 업무를 수행하는 데 9시간이 걸렸으므로 B는 전자 전공이 아니다. 따라서 B는 전기 전공이다. 또한 C와 E가 전기팀 업무를 수행하는 데 9시간이 걸렸으므로 E는 전기 전공이 아니다. 따라서 E는 전자 전공이다.

다음으로 D와 E가 전기팀 업무를 수행하는 데 7시간이 걸렸는데, 이때 E는 전기 전공이 아니므로 D는 전기 전공이다. 이에 따라 전기 전공은 B, D가 되므로 F는 E와 함께 전자 전공이 된다. 이를 표로 정리하면 다음과 같다.

A	B	C	D	E	F
기계	전기	기계	전기	전자	전자

따라서 A와 F가 전기팀 업무를 수행할 경우 A와 F 모두 전기 전공이 아니므로 9시간이 걸린다.

| 오답풀이 |

① B는 전기 전공이다.

② F는 전자 전공이다.

④ B와 E가 전자팀 업무를 수행하면 E만 전자 전공이므로 7시간이 소요된다.

⑤ C와 D가 전자팀 업무를 수행하면 C와 D 모두 전자 전공이 아니므로 9시간이 소요된다.

16 사고력 조건에 따라 문제 해결하기

| 정답 | ⑤

| 해설 | G가 A로부터 선물을 받은 후 다시 다른 동기생에게 선물을 주는 상황에서, 〈규칙〉의 내용을 종합하면 어떠한 경우에도 먼저 선물을 받은 동기생이 자신보다 낮은 등급의 성과급을 받은 동기생에게 다시 선물을 주는 경우는 발생하지 않는다는 것을 알 수 있다. 따라서 G가 선물을 할 수 없는 사람은 G보다 성과급의 등급이 낮은 동기생이 된다.

이때 C로부터 선물을 받은 F가 D와 E에게 모두 선물을 준 세 번째 상황의 경우, 〈규칙〉 중 유일하게 선물을 받은 사람이 두 명 이상의 동기생에게 다시 선물을 하는 두 번째 규칙에 해당한다. 즉, D, E, F는 모두 같은 등급의 성과급을 받았으며, F에게 선물을 준 C는 이들보다 한 등급 높은 성과급을 받았음을 알 수 있다.

G와 C가 동급의 성과급을 받았다고 하였으므로, D, E, F는 G보다 한 등급 낮은 성과급을 받았음을 알 수 있다. 따라서 A로부터 선물을 받은 G가 다시 선물할 수 없는 동기생은 D, E, F이다.

17 사고력 조건에 따라 문제 해결하기

| 정답 | ①

| 해설 | 〈규칙〉의 내용을 종합하면 먼저 선물을 받은 동기생은 어떠한 경우에도 자신보다 낮은 등급의 성과급을 받은 동기생에게 다시 선물을 줄 수 없다. 첫 번째 상황에서 G가 C에게 선물하고 C가 다시 B에게 선물을 하였으므로, B는 C와 같거나 더 높은 성과급을 받았음을 추론할 수 있다. 또한, 세 번째 상황과 두 번째 규칙을 통해 D, E, F는 모두 같은 등급의 성과를 받았고, C는 이들보다 한 등급 높은 성과급을 받았음을 알 수 있다. B는 D보다 한 등급 높은 성과급을 받았다고 하였으므로, 두 번째 상황을 통해서 B가 D, E, F보다는 한 등급 높고 A보다는 한 등급 낮은 성과급을 받았음을 알 수 있다. 그러므로 C와 B의 성과급 등급은 같게 되며, C에게 선물을 주어 C가 같은 등급의 성과급을 받은 B에게 다시 선물하게 한 G 또한 C, B와 성과급의 등급이 같다.

따라서 A와 B는 같은 등급의 성과급을 받지 않은 동기생이다.

| 오답풀이 |

②, ③ B, C, G는 모두 같은 등급의 성과급을 받았다.

④, ⑤ 세 번째 상황에 따라 D, E, F는 모두 같은 등급의 성과급을 받았음을 알 수 있다.

18 사고력 조건에 따라 문제 해결하기

| 정답 | ④

| 해설 | 추종전략 Ⓐ는 20X2년 말의 고용수준을 유지하는 방법이므로 20X2년 말의 근로자 45명을 유지한다. 각 근로자는 분기당 500시간의 정규근로시간을 가진다고 하였으므로 45×500=22,500(시간)이 정규근로시간이고, 20X3년 2분기의 인력수요시간은 26,000시간이므로 수요를 만족시키기 위해 더 일해야 하는 시간은 26,000−22,500=3,500(시간)이다.

19 사고력 조건에 따라 문제 해결하기

| 정답 | ①

| 해설 | 추종전략 Ⓑ는 고용수준을 수요에 맞게 변경하는 방법이다. 20X3년 4분기 인력수요는 18,000시간이고 **18**에서 45명의 정규근로시간은 22,500시간이었으므로 22,500−18,000=4,500(시간)만큼의 인력을 해고해야 한다. 따라서 각 근로자의 정규근로시간이 500시간이므로 9명을 해고하여야 한다.

20 사고력 조건에 따라 추론하기

| 정답 | ③

| 해설 | 면담 결과를 종합하면 재무팀장과 경영팀장, 기획팀장의 한 그룹이 서로 관계가 좋으며, 교육팀장과 홍보팀장의 한 그룹이 서로 관계가 좋다. 따라서 ④와 같이 면담 결과 다른 팀장들과의 관계가 좋지도 나쁘지도 않은 인사팀장을 중심으로 기획팀장과 재무팀장, 경영팀장으로 구성된 그룹과 교육팀장과 홍보팀장으로 구성된 그룹을 좌우로 나누어 배치하는 것이 가장 적절하다.

| 오답풀이 |

① 서로 관계가 나쁜 홍보팀장과 재무팀장이 이웃하여 배치되어 있다.

② 서로 관계가 나쁜 교육팀장과 경영팀장이 이웃하여 배치되어 있다.

④ 서로 관계가 나쁜 교육팀장과 경영팀장이 이웃하여 배치되어 있다.

⑤ 서로 관계가 나쁜 홍보팀장과 기획팀장이 이웃하여 배치되어 있다.

21 문제처리능력 자료를 바탕으로 문제 해결하기

| 정답 | ④

| 해설 | 제시된 조건을 바탕으로 외국어 성적, 학점, 컴퓨터 자격증의 점수를 계산한 다음 가중치를 적용하여 총점을 구하면 다음과 같다.

(단위 : 점)

지원자	필기성적	외국어 성적	학점	컴퓨터 자격증	가중치 총점
갑	80	30	0	50	48
을	90	0	30	30	48
병	70	50	30	50	54
정	75	30	50	30	52
무	80	0	50	50	52
기	65	50	30	0	42
경	70	50	30	50	54
신	85	30	50	30	56
임	100	30	0	30	52
계	80	50	30	30	54

총 1명 선발에 5배수를 선발한다고 하였으므로 지원자 중 총점이 가장 높은 상위 5명을 선발한다. 이에 따라 총점이 56점으로 가장 높은 신, 총점이 54점으로 그 다음으로 높은 병, 경, 계가 선발된다. 5배수에서 동점자가 있는 경우 모두 합격으로 처리한다고 하였으므로 총점이 52점으로 그 다음으로 높은 정, 무, 임도 모두 선발된다. 따라서 조건에 따라 선발된 지원자는 총 7명이다.

22 문제처리능력 자료를 바탕으로 추론하기

| 정답 | ⑤

| 해설 | 제로에너지빌딩 인증을 받은 건축물은 용적률과 층수제한 완화 등의 건축기준 완화, 설치보조금 지원, 소득세 감면 등 정부의 지원혜택을 받을 수 있다고 설명하고 있으나, 이에 따라 기업들이 경쟁적으로 제로에너지빌딩을 건설하고 있다는 내용은 제시되어 있지 않다.

| 오답풀이 |

① 2050 탄소중립을 위해 줄여야 하는 온실가스 배출량의 87%가 에너지소비에 의한 것이며, 이 중 건물 부문이 약 18 ~ 20%를 차지한다는 자료를 제시하면서, 건물 부문에 대한 에너지 효율화 정책인 제로에너지빌딩 정책을 통한 건물 부문의 탄소 중립이 중요하다고 설명하고 있다.

② 정부에서 건물 부문의 온실가스 감축과 에너지 절약을 위해 2030년까지의 신축 건물의 제로에너지화를 목표로 하는 로드맵인 제로에너지빌딩 의무화 로드맵을 수립하고 단계적으로 추진하고 있다고 설명하고 있다.

③ 제로에너지빌딩 인증제도는 에너지 사용량을 최소화하는 설비들을 설치하여 에너지를 자급자족하는 건축물에 대해 정부가 그 사실을 인증하는 제도이다.

④ 우리나라는 ICT 강국으로서 건축물에 기술을 융합하여 시너지를 창출할 수 있다고 설명하면서 그에 관한 예시로 가전제품에 센서를 부착하여 에너지 사용량과 소비패턴을 수집한 에너지데이터를 활용하여 전력수요관리, 통합모니터링 등의 새로운 에너지신산업의 창출을 제시하고 있다.

23 문제처리능력 자료를 바탕으로 추론하기

| 정답 | ①

| 해설 | ㄱ. 과불화화합물은 탄화수소의 기본 골격에서 수소가 불소로 치환된 형태의 물질을 의미한다.

ㄴ. 과불화화합물은 열에 강하고 오염을 방지하는 특성이 있어 아웃도어 제품, 종이컵, 코팅제, 살충제, 표면처리제 등에 사용되며, 표면에 보호막을 형성하는 성질이 있어 기초 화장품에도 사용된다.

ㄷ. 과불화화합물 중 과불화옥탄산은 발암물질로 분류되어 있으며, 환경 및 생태 내에서 쉽게 분해되지 않아 환경을 오염시키고 면역계질환의 유발 가능성을 높인다.

| 오답풀이 |

ㄹ. 제시된 자료에는 불소수지(PTFE)에 대한 내용은 제시되어 있지 않다.

ㅁ. 제시된 자료에는 과불화화합물 자체의 위험성에 대한 내용은 제시되어 있으나, 이를 사용한 제품에 대한 주의사항은 제시되어 있지 않다.

ㅂ. 프라이팬 코팅제에 과불화화합물이 활용되어 있다는 내용은 제시되어 있으나, 프라이팬 코팅제를 포함하여 다른 제품에 있어서 과불화화합물로 인한 문제 제기가 있었다는 사례는 제시되어 있지 않다.

24 문제해결능력 자료를 바탕으로 추론하기

| 정답 | ④

| 해설 | ④를 제외한 나머지 선택지는 과불화화합물의 위험성을 강조하면서 과불화화합물의 사용을 피하고 그에 관한

규제를 마련해야 한다는 해결법을 제시하고 있다. 그에 반해 ④는 과불화화합물의 유해성을 인정하는 한편, 그 활용성에 주목하여 과불화화합물의 유해성 중 하나인 난분해성 문제를 해결해서 과불화화합물을 이용하는 접근법을 제시하고 있다.

25 기초연산능력 비율 계산하기

|정답| ②

|해설| 천연가스 총 판매량 15,400kt 중 55%를 차지하는 도시가스용의 총 판매량은 15,400×0.55=8,470(kt), 도시가스용 판매량 중 60%를 차지하는 주택/업무난방용 도시가스의 총 판매량은 8,470×0.6=5,082(kt)이다.

26 기초연산능력 일률 계산하기

|정답| ①

|해설| 전체 업무의 양을 1이라고 할 때, 하루에 처리하는 업무의 양은 A 과장은 $\frac{1}{10}$, B 대리는 $\frac{1}{20}$이다. 따라서 A 과장과 B 대리가 함께 업무를 처리하는 기간을 x일이라고 하면, 다음과 같은 식이 성립한다.

$$\frac{4}{10}+(\frac{1}{10}+\frac{1}{20})x=1$$

$$\frac{4}{10}+\frac{3}{20}x=1$$

$$\frac{3}{20}x=\frac{6}{10}$$

$$\therefore x=4$$

따라서 업무를 완료하는 데 소요되는 총 기간은 A 과장이 혼자 업무를 수행한 4일을 포함하여 4+4=8(일)이다.

27 도표분석능력 자료의 수치 분석하기

|정답| ③

|해설| 제시된 교육 실적 자료에는 교육 성적 관련 내용이 없기 때문에 상위 10%가 어떤 교육 수료생인지 확인할 수 없다.

|오답풀이| ①, ②, ④, ⑤ 모두 〈○○연구원 교육 실적〉 자료의 수치로 확인할 수 있는 내용이다.

28 도표작성능력 빈칸에 들어갈 알맞은 수치 계산하기

|정답| ②

|해설| Ⓐ 20X2년 집합교육의 수료 인원은 집합교육을 수료한 기관 내부 인원과 기관 외부 인원의 합이므로 Ⓐ의 값은 8,025−1,963=6,062(명)이다. 혹은 20X2년 교육을 수료한 기관 외부 인원의 총합은 집합교육과 이러닝을 수료한 기관 외부 인원의 총합이므로 Ⓐ의 값은 90,859−84,797=6,062(명)이다.

Ⓑ 20X1년 이러닝 수료인원은 20X1년 전체 수료인원에서 집합교육을 수료한 인원의 차이므로 Ⓑ의 값은 170,000−8,500=161,500(명)이다. 혹은 20X1년 이러닝 수료인원은 20X1년 이러닝을 수료한 기관 내부 인원과 기관 외부 인원의 합이면서, 20X1년 이러닝을 수료한 남성과 여성의 합과 같으므로 Ⓑ의 값은 68,738+92,762=70,693+90,807=161,500(명)이다.

29 도표분석능력 자료의 수치 분석하기

|정답| ④

|해설| ㉡ 지역 내 이사 건수가 가장 적은 지역은 15건인 C이고 전입 건수도 170건으로 가장 적다.

㉢ A의 전입 건수 중 지역 내 이사 건수의 비중은 $\frac{34}{446}\times100=7.62(\%)$로 가장 작다.

㉣ 지역별로 지역 내 이사를 제외한 전입 건수와 전출 건수의 합은 다음과 같다.

- A : 446+185−34×2=563(건)
- B : 437+368−76×2=653(건)
- C : 170+175−15×2=315(건)
- D : 215+166−19×2=343(건)
- E : 408+512−94×2=732(건)
- F : 338+525−94×2=675(건)

- G : 593+676−180×2=909(건)

따라서 G가 가장 크다.

따라서 옳은 설명은 총 3개이다.

| 오답풀이 |

㉠ 전출 건수보다 전입 건수가 많은 지역은 A, B, D로 3개이다.

30 도표분석능력 자료의 수치 분석하기

| 정답 | ②

| 해설 | 〈자료 1〉에서 2024년의 전체 스트레스 인지율과 2022년 대비 증감률을 통해 2022년의 스트레스 인지율을 확인할 수 있으나, 그 이전인 2020년의 전체 스트레스 인지율은 제시된 그래프만으로는 확인할 수 없다.

| 오답풀이 |

① 2022년의 전체 스트레스 인지율은 〈자료 1〉에 제시된 2024년 전체 스트레스 인지율과 2022년 대비 증감률을 통해 확인할 수 있다. 따라서 2022년 스트레스 인지율은 $\frac{44.9}{1-0.111} \fallingdotseq 50.5(\%)$이다.

③ 〈자료 2〉에서 직접 제시하고 있다.

④, ⑤ 2022년 연령대별 스트레스 인지율은 〈자료 1〉에 제시된 2024년 연령대별 스트레스 인지율과 2022년 대비 증감률을 통해 확인할 수 있다.

31 도표분석능력 자료의 수치 계산하기

| 정답 | ②

| 해설 | 2024년 60세 이상의 스트레스 인지율인 38.1%는 2022년 60세 이상 스트레스 인지율 대비 16.1%가 감소한 수치이다. 따라서 2022년 60세 이상 스트레스 인지율은 $\frac{38.1}{1-0.161} \fallingdotseq 45.4(\%)$이다.

32 도표분석능력 자료의 수치 계산하기

| 정답 | ④

| 해설 | A 지역의 20X3년 제조업 및 건설업 분야의 비중이 $\frac{125}{498} \times 100 \fallingdotseq 25(\%)$이므로 20X5년 B 지역의 제조업 및 건설업 분야의 CO_2 배출량은 $1,230 \times 0.25 \fallingdotseq 308$(백만 tCO_2eq)이다.

33 도표작성능력 자료를 그래프로 변환하기

| 정답 | ⑤

| 해설 | 20X1년 대비 20X5년 산업분야별 CO_2 배출량의 증감률을 구하면 다음과 같다.

- 에너지 산업 : $\frac{288-253}{253} \times 100 \fallingdotseq 13.8(\%)$
- 제조업 및 건설업 : $\frac{120-160}{160} \times 100 = -25(\%)$
- 수송 : $\frac{86-102}{102} \times 100 \fallingdotseq -15.7(\%)$
- 기타 : $\frac{26-36}{100} \times 100 \fallingdotseq -27.8(\%)$

따라서 수치가 제대로 표기된 ⑤가 적절한 그래프이다.

34 도표분석능력 자료의 수치 분석하기

| 정답 | ⑤

| 해설 | 20X2년 회사 경영상의 이유로 퇴직한 전문대졸 학력을 가진 남성의 비율은 16.5%이다. 한편 20X2년 전문대졸 학력을 가진 퇴직자 중 남성의 비율은 $\frac{3,345}{3,345+3,369} \times 100 \fallingdotseq 49.8(\%)$이다. 따라서 20X2년 회사 경영상의 이유로 퇴직한 전문대졸 학력을 가진 남성의 비율은 전문대졸 학력을 가진 퇴직자의 $0.498 \times 0.165 \times 100 \fallingdotseq 8.2(\%)$이다.

| 오답풀이 |

① 20X1년부터 20X3년까지 직장 내 갈등 문제로 퇴직한 남성의 수를 구하면 다음과 같다.
   - 20X1년 : $2,953 \times 0.084 + 3,223 \times 0.111 + 3,078 \times 0.064 \fallingdotseq 248 + 358 + 197 = 803$(명)
   - 20X2년 : $3,457 \times 0.094 + 3,345 \times 0.059 + 4,236 \times 0.07 \fallingdotseq 325 + 197 + 297 = 819$(명)
   - 20X3년 : $3,769 \times 0.085 + 3,591 \times 0.071 + 3,195 \times 0.074 \fallingdotseq 320 + 255 + 236 = 811$(명)

따라서 총 813+819+811=2,443(명)으로 2,500명 미만이다.

② 20X3년 창업을 이유로 퇴직자의 수를 구하면 다음과 같다.

- 4년 대졸 이상 : 3,769×0.08+3,541×0.03≒302+106=407(명)
- 전문대졸 : 3,591×0.098+3,674×0.07≒352+257=609(명)
- 고졸 이하 : 3,195×0.112+2,779×0.021≒358+158=416(명)

따라서 창업을 이유로 퇴직한 퇴직자 중 고졸 이하의 학력을 가진 남성의 비율은 $\frac{358}{407+609+416}$=25(%)이다.

③ 전문대졸 여성 중 육아를 이유로 퇴직한 여성은 20X1년 3,456×0.31≒1,071(명), 20X2년 3,369×0.326≒1,098(명)으로 그 차이는 약 27명이다.

④ 20X1년에 타 회사로 이직하기 위해 퇴사한 4년 대졸 이상 학력의 여성은 3,157×0.328≒1,035(명)이다. 20X1년 전체 퇴직자 수는 2,953+3,157+3,223+3,456+3,078+2,790=18,657(명)이므로, 그 10%는 1,865.7(명)이다. 따라서 10% 이상이 아니다.

35 기초연산능력 수의 규칙 찾기

| 정답 | ④

| 해설 | 각각의 규칙을 찾아 A, B, C의 값을 구하면 다음과 같다.

- (가) 규칙 : 숫자가 3^0, 3^1, 3^2, 3^3,…씩 증가하므로, A의 값은 365+3^6=1,094이다.
- (나) 규칙 : 숫자가 3, 4, 5,…로 증가폭이 1씩 증가하므로, B의 값은 50+6=56이다.
- (다) 규칙 : 150−130=20, 130−20=110, 110−(−90)=200,…이므로 세 번째 숫자부터는 그 앞 두 숫자의 차가 된다. 따라서 C의 값은 −90−200=−290이다.

따라서 (A+B−C)×2=(1,094+56+290)×2=2,880이다.

36 기초연산능력 거리 · 속력 · 시간으로 횟수 구하기

| 정답 | ③

| 해설 | A, B, C는 출발 후 6분마다 출발 지점에 동시에 도착한다. 6분 동안 분 단위로 A ~ C가 이동하는 과정을 정리하여 C가 A, B와 마주친 경우를 구하면 다음과 같다(단, 화살표는 이동 방향을 나타낸다). 이때, A, B, C명이 동시에 마주치는 경우는 제외한다.

1분							
0/600m	100/500m	200/400m	300m	400/200m	500/100m	600/0m	마주친 사람
→	A						
→	→	B					–
			C	←	←	←	

2분							
0/600m	100/500m	200/400m	300m	400/200m	500/100m	600/0m	마주친 사람
	→	A					
		→	→	B			A, B
C	←	←	←			C	

3분							
0/600m	100/500m	200/400m	300m	400/200m	500/100m	600/0m	마주친 사람
		→	A				
B				→	→	B	A, B
			C	←	←	←	

4분							
0/600m	100/500m	200/400m	300m	400/200m	500/100m	600/0m	마주친 사람
			→	A			
→	→	B					B
C	←	←	←			C	

5분							
0/600m	100/500m	200/400m	300m	400/200m	500/100m	600/0m	마주친 사람
				→	A		
		→	→	B			A, B
			C	←	←	←	

6분							
0/ 600m	100/ 500m	200/ 400m	300m	400/ 200m	500/ 100m	600/ 0m	마주친 사람
A					→	A	횟수 포함 X
B				→	→	B	
C	←	←	←			C	

즉, A, B, C는 매 6분마다 출발지점으로 돌아오며, 그 과정에서 C는 A와는 3회, B와는 4회 마주치게 된다. 따라서 30분 동안 C는 A와는 15회, B와는 20회 마주치므로 그 합은 35회가 된다.

37 자원관리능력 효과적인 자원관리방법 이해하기

| 정답 | ②

| 해설 | A 사업장은 현재 보유하고 있는 물적자원에서의 문제는 발생하고 있지 않으므로 추가적인 지원은 필요하지 않다고 설명하고 있다.

| 오답풀이 |

① AI, 로봇 사업 중심의 급격한 성장으로 기존의 예산으로는 사업을 진행하기 어려운 일이 발생하고 있다고 하였으므로, 사업예산을 전사적으로 재점검하고 A 사업장의 급격한 성장을 반영하여 예산의 추가 배정을 검토하는 것이 적절하다.

③ 인력 부문에서 당장 AI, 로봇 분야의 경력직 인력이 3명이 필요하나 재교육을 통한 인력 배치에 최소 6개월 이상이 소요된다고 하였으므로 재교육을 통한 재배치보다 우선 경력직 채용을 고려하는 것이 적절하다.

④ AI, 로봇 분야에 대한 인력 수요는 매년 5명 수준으로 지속적으로 발생할 것이 예상되므로 필요한 인력 규모를 예측하고 이에 대응하는 신규채용과 함께 재교육을 통한 인력 재배치 등을 실시하는 것이 적절하다.

⑤ A 사업장 직원들에게는 예상하지 못한 초과근무가 많아지면서 초과근무에 대한 추가적인 보상안에 관한 대책을 요구하고 있다고 설명하고 있다. 따라서 A 사업장의 초과근무 실태를 파악하여 초과근무에 대한 보상안, 초과근무를 해소하는 방안을 마련하는 것이 적절하다.

38 인적자원관리능력 360도 다면평가 이해하기

| 정답 | ②

| 해설 | K사가 시행하는 인사평가는 본인이 작성하는 개인평가와 동료들이 작성하는 360도 다면평가, 리더 평가 등으로 구성된다고 설명하고 있으나, 부하직원이 평가자로 참여한다는 내용은 제시되어 있지 않다.

39 예산관리능력 수익액 합 구하기

| 정답 | ④

| 해설 | M사가 소형차, 중형차, 대형차를 판매했을 때의 M사와 B사의 수익액 합을 각각 구해본다.

먼저 M사가 소형차를 판매했을 때 M사의 수익은 4억 원, B사의 수익은 −2억 원이므로 수익액 합은 2억 원이다. M사가 중형차를 판매했을 때 M사의 수익은 −3억 원, B사의 수익은 7억 원이므로 수익액 합은 4억 원이고, M사가 대형차를 판매했을 때 M사의 수익은 3억원, B사의 수익은 −2억 원이므로 수익액 합은 1억 원이다.

따라서 양사의 수익액 합이 최대가 되는 M사의 판매 차종은 중형차이고 수익액 합은 4억 원이다.

40 시간관리능력 최단경로 계산하기

| 정답 | ⑤

| 해설 | 우선 방문일정 첫 날에는 튀니지, 마지막 날에는 프랑스를 방문해야 하므로 비행시간과 상관없이 첫 이동은 한국에서 튀니지로, 마지막은 프랑스에 도착하는 방문일정을 계획한다. 따라서 그 사이에 모로코와 알제리를 방문하는 일정을 계획할 경우, 튀니지에서 두 국가를 거쳐 프랑스까지 이동하는 일정의 비행시간은 다음과 같다.

- 튀니지 → 모로코 → 알제리 → 프랑스 : 2시간+5시간+2시간으로 총 7시간
- 튀니지 → 알제리 → 모로코 → 프랑스 : 2시간+5시간+6시간으로 총 13시간

따라서 방문일정을 반영하여 최단 비행시간이 소요되도록 하는 방문국 순서는 한국 → 튀니지 → 모로코 → 알제리 → 프랑스이다.

41 시간관리능력 최단경로 계산하기

| 정답 | ②

| 해설 | 제시된 이동거리와 이동수단을 참고하여 숙소와 각 출장지별로 이동하는 데 소요되는 시간을 구하면 아래 그림과 같다.

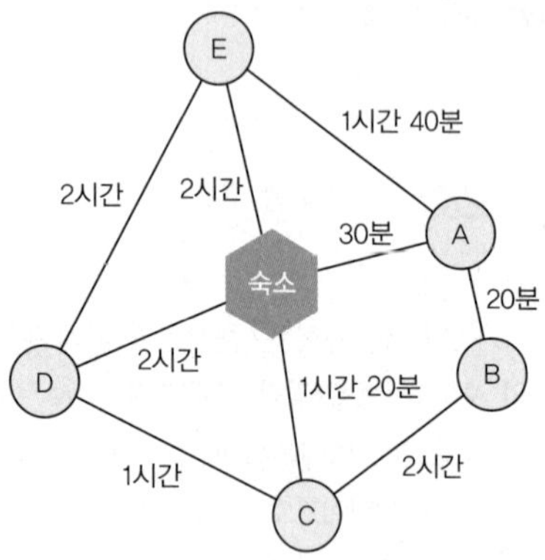

이를 기준으로 숙소에서 A ~ E 출장지를 모두 방문하고 숙소로 돌아오는 경로와 이동시간을 구하면 다음과 같다.

- A–B–C–D–E 혹은 E–D–C–B–A : 30분+20분+2시간+1시간+2시간+2시간으로 총 7시간 50분이 소요된다.
- D–E–A–B–C 혹은 C–B–A–E–D : 2시간+2시간+1시간 40분+20분+2시간+1시간 20분으로 총 9시간 20분이 소요된다.
- E–A–B–C–D 혹은 D–C–B–A–E : 2시간+1시간 40분+20분+2시간+1시간+2시간으로 총 9시간이 소요된다.

따라서 직원 P의 최단 이동시간은 7시간 50분이다.

42 물적자원관리능력 적하보험 이해하기

| 정답 | ③

| 해설 | CIF(운임, 보험료 포함 인도조건)는 판매자의 책임은 물품이 선적에 실릴 때까지로 하면서, 수입항까지 물품을 운송하는 비용과 그 보험료를 판매자가 부담하는 인도조건을 의미한다. 이때의 화물보험은 화물이 출고될 때부터 최종 목적지까지 도착할 때까지를 보험기간으로 하면서, 판매자는 그중 목적항에 도착할 때까지의 보험료를 부담한다.

따라서 문제의 경우 화물보험의 보험 가입 기간은 출고가 진행되는 9월 4일부터 베를린 물류창고에 물품이 도착하는 9월 22일까지이다.

보충 플러스+

인코텀즈(Incoterms) 2020의 정형거래조건

- EXW(Ex–Works, 공장인도조건) : 판매자는 상품의 판매와 포장까지만 책임지고, 구매자가 물품 거래의 모든 비용과 위험을 책임지는 조건
- FCA(Free Carrier, 운송인 인도조건) : 판매자가 수출 통관과 판매국 내의 구매 당사자가 지정한 운송대리인(포워더)에게 물품을 전달할 때까지의 비용과 위험을 책임지는 조건
- FAS(Free Alongside Ship, 선측 인도조건) : 판매자가 물품을 선적항 본선의 선측(Alongside)까지 전달할 때까지의 비용과 위험을 책임지고, 수출 통관의 의무와 비용을 부담하는 조건
- FOB(Free on Board, 본선 인도조건) : 판매자가 물품이 선박에 실릴 때까지의 비용과 위험을 책임지고, 수출 통관의 의무와 비용을 부담하는 조건
- CFR(Cost and Freight, 운임 포함 인도조건) : 판매자는 물품이 선박에 실릴 때까지의 위험을 책임지고, 비용은 구매자의 수입항까지의 운송비용까지를 부담하는 조건
- CIF(Cost, Insurance and Freight, 운임 및 보험료 포함 인도조건) : CFR에 판매자가 구매자를 위한 운송보험료까지를 부담하는 조건
- CPT(Carriage Paid to, 운송비 지급 인도조건) : 판매자가 구매 당사자가 지정한 수입국 내 운송대리인(포워더)에게 전달하는 비용과 위험을 부담하는 조건
- CIP(Carriage and Insurance Paid to, 운송비 및 보험료 지급 인도조건) : CPT에 판매자가 구매자를 위한 운송보험료까지를 부담하는 조건
- DAP(Delivered at Place, 목적지 인도조건) : 판매자가 목적지로 물품을 운송하는 데 드는 비용과 위험을 부담하는 조건으로, 물품을 하역하는 것은 제외
- DPU(Delivered at Place Unloaded, 도착지 인도조건) : 판매자가 목적지로 물품을 운송하고 해당 물품을 하역할 때까지의 비용과 위험을 부담하는 조건
- DDP(Delivered Duty Paid, 관세 지급 인도조건) : 판매자가 관세를 포함하여 물품을 구매자에게 운송하는 과정의 모든 비용과 위험을 부담하는 조건

43 예산관리능력 직접비와 간접비 이해하기

| 정답 | ④

| 해설 | 제시된 비용 내역 중 직접비 항목은 원재료 구입비, 직원급여, 상여금, 출장여비로 총 4가지이다.

| 오답풀이 |

① 광고비는 통신비, 사무실 관리비, 소모품비, 보험료와 함께 간접비에 해당한다.

② 제시된 비용 내역 중 직접비의 합은 2,000+1,000+250+350=3,600(만 원), 간접비는 50+70+300+30+60=510(만 원)으로, 직접비의 $\frac{510}{3,600} \times 100 \fallingdotseq 14(\%)$이다.

③ 상여금은 250만 원으로 직접비 중 가장 작은 금액을 기록한 항목이다.

⑤ 상여금을 제외한 직접비의 총합은 3,350만 원으로 간접비의 7배인 3,570만 원을 초과하지 않는다.

44 컴퓨터활용능력 파워포인트 기능 활용하기

| 정답 | ③

| 해설 | 제시된 이미지는 사진과 텍스트를 교차 병합하여 텍스트 모양으로 편집된 사진 이미지를 만드는 파워포인트의 도형 병합 기능이다. 우선 배경으로 사용할 사진을 삽입하고 텍스트 상자에 글자를 입력한 다음, 사진과 텍스트 상자를 Shift 키를 누른 상태에서 차례대로 클릭하면 [그리기 도구 서식] 기능을 사용할 수 있다. 여기에서 도형 병합을 선택하면 사진과 텍스트가 병합된 형태의 이미지를 만들 수 있다.

45 컴퓨터활용능력 워드프로세서 기능 이해하기

| 정답 | ④

| 해설 | '찾기'와 '찾아 바꾸기' 기능에서 '^n'은 문단의 끝부분을 의미하는 특수 문자이다. 따라서 '찾아 바꾸기' 기능에서 '찾을 내용'에는 '^n'을, '바꿀 내용'에는 띄어쓰기 한 칸을 입력하고 '모두 바꾸기'를 클릭하면 문서 내의 모든 줄바꿈이 띄어쓰기로 일괄 변경된다.

| 오답풀이 |

② '찾기'와 '찾아 바꾸기' 기능에서 '^t'는 탭, '^l'은 강제 줄 나눔을 의미하는 특수 문자이다. 따라서 '찾을 내용'에는 '^t'를, '바꿀 내용'에는 '^l'를 입력하고 '모두 바꾸기'를 클릭하면 문서 내의 모든 탭이 강제 줄 나눔으로 바뀐다.

⑤ '편집' 메뉴에서 '조판 부호 지우기'를 클릭하면 화면에 표시된 조판 부호 표시를 비활성화한다.

46 컴퓨터활용능력 워드프로세서 기능 이해하기

| 정답 | ②

| 해설 | 워드프로세서의 '수식 편집기' 기능을 통해 함수식을 포함한 다양한 유형의 수식을 스크립트 수식 방법으로 입력할 수 있다.

47 컴퓨터활용능력 소프트웨어의 종류 이해하기

| 정답 | ⑤

| 해설 | ㉠ 워드프로세서는 문서를 작성하고 편집하는 용도의 소프트웨어로 한글, MS워드 등이 여기에 해당한다.

㉡ 스프레드시트는 표 형식으로 데이터를 입력하고 관리하는 소프트웨어로 엑셀 등이 해당된다.

㉢ 데이터베이스 관리 시스템(DBMS)은 데이터베이스의 구축과 접근, 데이터베이스를 이용하여 자료를 생성하는 용도의 소프트웨어로 MySQL, 오라클 데이터베이스 등이 해당된다.

㉣ 프레젠테이션은 슬라이드 쇼 형식으로 정보를 보여주기 위한 파일을 작성하는 소프트웨어로, 파워포인트 등이 해당된다.

48 컴퓨터활용능력 디스크 관리하기

| 정답 | ⑤

| 해설 | 디스크 조각 모음 기능은 D 드라이브의 속성에서 도구 탭 안에 위치해 있다.

| 오답풀이 |

① D 드라이브의 용량이 부족해 발생한 문제인 경우 디스크 관리 프로그램으로 디스크 내의 할당되지 않은 부분을 D 드라이브에 할당하여 볼륨을 확장하면 D 드라이브에 더 많은 용량의 파일을 저장할 수 있다.

② CHKDSK는 하드디스크 내 배드 섹터 등의 디스크 오류가 있는지를 검사하고 이를 수정할 수 있는 명령어이다.

③ 실행 프로세스 중 우선순위가 높은 프로세스를 제거하면 D 드라이브에 파일을 옮기기 위해 필요한 처리 속도를 확보할 수 있다.

④ D 드라이브에 설치된 프로그램을 삭제하면 D 드라이브의 용량을 확보할 수 있다.

49 컴퓨터활용능력 엑셀 기능 활용하기

| 정답 | ④

| 해설 | 〈표 1〉에서 [5월] 시트 탭을 클릭한 후 Ctrl 키를 누른 상태에서 오른쪽으로 드래그 하면 [5월] 시트 탭의 오른쪽에 [5월] 시트의 내용이 복사된 [5월 (2)] 시트가 생성되며, 해당 시트 이름을 [6월]로 바꾸면 〈표 2〉와 같아진다.

| 오답풀이 |

② [5월] 시트 탭을 마우스 오른쪽 클릭 후 [삽입]을 선택하면 [5월] 시트 옆에 지정된 서식으로 구성된 새로운 시트를 생성할 수 있다.

③ [5월] 시트 탭을 마우스 오른쪽 클릭 후 [이동/복사]를 선택하고 '복사본 만들기'를 체크하지 않은 상태에서 위치를 임의로 지정하면 [5월] 시트 탭이 임의의 위치로 이동하게 된다.

⑤ 시트를 클릭한 상태에서 그대로 드래그를 하면 시트의 위치를 드래그한 방향으로 옮길 수 있다.

50 컴퓨터활용능력 엑셀 함수 활용하기

| 정답 | ④

| 해설 | [C3 : C15] 영역에 있는 데이터 중 [F3]셀의 '서울 영역' 중 왼쪽에서 두 번째 글자까지인 '서울'과 일치한다면 1, 그렇지 않으면 0을 반환하는 함수를 구성하고 그 값의 합을 구하는 배열 수식을 작성해야 한다.

우선 [C3 : C15] 영역에 있는 데이터 중 [F3]셀의 왼쪽에서 두 번째 글자까지의 데이터와 일치한다면 1, 그렇지 않다면 0을 반환하는 IF 함수를 구성한다. 이때 [G3]셀부터 [G7]셀까지 모두 동일한 [C3 : C15] 영역을 참조하므로, 채우기 핸들을 사용하더라도 참조영역의 값을 고정시켜야 하며, F3의 왼쪽에서 두 번째 글자까지를 지정하는 것은 LEFT 함수를 이용한다.

=IF($C$3 : $C$15=LEFT(F3,2),1,0)

다음으로 IF 함수의 값의 합을 구하는 배열 수식을 구성해야 하므로, 우선 IF 함수를 다음과 같이 SUM 함수에 포함시킨다.

=SUM(=IF($C$3 : $C$15=LEFT(F3,2),1,0))

마지막으로 이를 배열 수식으로 만들기 위해 해당 수식을 중괄호 안에 포함시킨다. 이때 수식 입력줄에 Ctrl+Shift+Enter를 입력하면 바로 해당 수식을 배열 수식으로 계산할 수 있으며, 그 결과는 다음과 같다.

{=SUM(=IF($C$3 : $C$15=LEFT(F3,2),1,0))}

2회 기출예상문제 문제 56쪽

01	②	02	⑤	03	③	04	①	05	③
06	⑤	07	②	08	④	09	③	10	①
11	④	12	②	13	②	14	④	15	①
16	③	17	①	18	②	19	②	20	④
21	⑤	22	⑤	23	②	24	④	25	③
26	②	27	④	28	①	29	④	30	①
31	⑤	32	②	33	①	34	⑤	35	③
36	③	37	③	38	④	39	⑤	40	②
41	⑤	42	③	43	④	44	②	45	④
46	⑤	47	③	48	①	49	④	50	③

01 문서작성능력 글의 흐름에 맞게 문장 수정하기

| 정답 | ②

| 해설 | ㉡ 의료보험 적용 대상의 범위가 확대되어야 대부분의 국민이 혜택을 볼 수 있으므로 '1989년에는 도시 자영업자까지 적용 범위가 확대되면서'로 수정해야 한다.

| 오답풀이 |

㉠, ㉢ 기존의 문장과 비슷한 의미이므로 수정할 필요가 없다.

㉣ 비급여 항목을 급여 항목으로 전환해야 의료 보험 혜택이 늘어나므로 수정할 필요가 없다.

㉤ 급여 항목이 늘어나 비급여 항목으로 발생하는 수익이 줄면서 의원급 병원에서 비급여 항목을 늘린 것이므로 수정할 필요가 없다.

02 문서작성능력 올바른 맞춤법 적용하기

| 정답 | ⑤

| 해설 | ㉠ '날라가고'는 '날아가고'의 방언이다. 따라서 '날아가고'로 수정해야 한다.

㉡ '꽂봉우리'는 '꽃봉오리'의 방언이다. 따라서 '꽃봉오리'로 수정해야 한다.

㉣ '산봉오리'는 '산봉우리'의 방언이다. 따라서 '산봉우리'로 수정해야 한다.

㉥ 수컷을 이르는 접두사는 '수-'로 통일하므로 '숫놈'이 아닌 '수놈'으로 수정해야 한다.

㉦ 'ㄷ' 불규칙활용에 따라 '싣-' 뒤에 모음어미가 올 경우 '실-'이 되고 자음 어미가 올 경우 '싣-'이 된다. ㉦은 '싣-' 뒤에 모음 어미인 '-는'이 온 경우이므로 '싣는'이 옳은 표현이다.

| 오답풀이 |

㉢ '피우면서'는 '피우다'를 활용형이므로 옳은 표현이다.

㉤ '뒷심'은 어떤 일을 끝까지 견디어 내거나 끌고 나가는 힘을 의미하는 단어로 ㉤은 옳은 표현이다.

03 문서이해능력 세부 내용 이해하기

| 정답 | ③

| 해설 | 무색무취의 가스는 기계적인 방법을 동원하여 감지할 수 있고, 가스에 부취제를 첨가하여 냄새로 가스 유출을 파악할 수도 있다.

| 오답풀이 |

① 가스 사업자는 관련 법규에 따라 부취제 종류별로 적정 유지 농도를 정하여 가스에 첨가해야 한다고 하였다.

② 사람의 후각으로 연료가스 누출 여부를 인지할 수 있게 연료가스에 혼합하는 것이 부취제라고 하였다.

④ 부취제는 ppm 단위의 미량의 농도로 주입하여 배관 및 용기에 흡착될 수 있다고 하였다.

⑤ 가스분석기 등의 시험 장비로 부취제의 농도를 확인할 수 있다고 하였다.

04 문서이해능력 세부 내용 이해하기

| 정답 | ①

| 해설 | ㉠ 첫 번째 문단을 통해 배달음식의 주간 평균 주문 횟수가 1인당 2.8회임을 알 수 있다.

㉡ 첫 번째 문단을 통해 국민 1인이 사용하는 연간 플라스틱의 중량이 88kg임을 알 수 있다.

| 오답풀이 |

㉢, ㉣ 제시된 글을 통해서 찾을 수 없는 내용이다.

05 문서이해능력 제시된 방안 파악하기

| 정답 | ③

| 해설 | 배달음식 주문 횟수를 제안하자는 방안은 제시된 글에서 찾을 수 없는 내용이다.

| 오답풀이 |

① 네 번째 문단을 통해 환경부에서 플라스틱 배달용기의 재질을 제한하기 위해 노력하고 있음을 알 수 있다.

② 다섯 번째 문단에서 배달앱 옵션 활용하기, 본인 그릇 사용하기와 같은 캠페인을 통해 소비자들의 친환경 소비를 적극 권장하는 것을 알 수 있다.

④ 네 번째 문단을 통해 각 지자체에서 플라스틱 줄이기를 실천하는 외식 사업자들을 적극 지원할 것을 알 수 있다.

⑤ 네 번째 문단을 통해 환경부에서 플라스틱 용기 표준화 방안을 마련하고 있음을 알 수 있다.

06 문서이해능력 글의 특징 이해하기

| 정답 | ⑤

| 해설 | 제시된 글은 돈이 아닌 물건을 선물하는 행위를 통해 선물을 사온 상대방의 시간과 마음에서 따뜻함을 느낄 수 있다는 내용의 경험이 담긴 칼럼으로 전문적인 지식과는 관련이 없다.

| 오답풀이 |

① 자신의 사례를 공유하며 그를 통해 느낌 감정을 진술하게 작성한 글이다.

② 여섯 번째 문단에서 선물을 비유적인 표현을 사용해서 설명했음을 알 수 있다.

③ 전체적으로 완곡한 표현을 사용하여 선물을 주고받는 행위에 대한 의미를 설명한다.

④ 선물을 주고 받는 것에 대한 필자의 견해를 양식기 세트를 받은 자신의 경험과 '안개바다 위의 방랑자', '설중방우도'를 통해 설명한다.

07 문서작성능력 문맥에 따른 단어의 쓰임 알기

| 정답 | ②

| 해설 | ㉡의 증여자는 '재산이나 물품 따위를 다른 사람이나 단체 및 기관에 무상으로 주는 사람'을 의미하는데 일반적으로 동산이나 부동산과 같은 재산을 무상으로 내어 줄 때 사용하는 단어이다. ②의 경우 자선 사업을 위해 성금을 낸 것이므로 증여자 보다는 '자선 사업이나 공공사업을 돕기 위하여 돈이나 물건 따위를 대가 없이 내놓는 사람'을 의미하는 '기부자'가 쓰이는 것이 더 적절하다.

08 문서이해능력 세부 내용 이해하기

| 정답 | ④

| 해설 | 엘리베이터와 같은 공동주택의 공용공간에서는 반려견을 안거나 목줄의 목덜미 부분을 잡아야 하는데 이를 이행하지 않았으므로 개 주인에게 사고의 책임이 있다.

09 문서작성능력 글의 서술방식 파악하기

| 정답 | ③

| 해설 | 네 번째 문단을 통해 사회민주주의가 아니라 '새로운 사회민주주의'를 실천해야 한다고 주장한 것을 알 수 있다. 새로운 사회민주주의는 사회적 약자가 노동 시장에서 활동할 수 있도록 돕는 복지의 일환으로 기존의 사회민주주의와는 그 개념이 다르다.

| 오답풀이 |

① 첫 번째 문단에서 노동의 우울한 전망을 이야기했던 제러미 리프킨, 울리히 백, 앤서니 기든스에 대해 소개하고 있다.

② 두 번째 문단을 통해 리프킨이 대규모 실업사태를 해결하기 위한 방안으로 제3부문의 필요성을 주장하고 있음을 알 수 있다.

④ 세 번째 문단을 통해 시민노동이 취업노동의 대체물임을 알 수 있다.

⑤ 두 번째 문단, 세 번째 문단, 네 번째 문단을 통해 각 학자별 노동의 전망에 대한 의견과 이에 대한 방안을 알 수 있다.

10 문서이해능력 세부 내용 이해하기

| 정답 | ①

| 해설 | A는 ESG 경영 계획이 아닌 고도화된 ESG 경영을 통해 얻은 성과를 발표하자는 의견을 제시했다.

| 오답풀이 |

② ESG 경영은 탄소 중립을 실천해 환경을 살리기 위한 경영이므로 B가 국내 여건에 맞게 탄소중립 속도 조절을 주문한다는 내용은 적절하다.

③ C는 현재 기업들이 ESG 위원회와 전담 부서를 설치하고 평가 시스템을 정비하고 있다는 추진 현황을 공유하며 기업 주도의 ESG 자율 경영이 자리 잡아야 한다고 주장하고 있다.

⑤ E는 조선업의 상황을 예시로 들며 업종 상황에 맞는 유연한 정책을 추진할 것을 주장하고 있다.

11 문서작성능력 공문서 결재하기

| 정답 | ④

| 해설 | 출장신청서의 전결권자는 차장이므로 제3조 제4항 제2호에 따라 차장의 서명란에 '전결' 표시를 하고 서명을 한 후, 본부장의 결재란에 상향 대각선 표시를 해야 한다. 또한, 이하 직책자의 결재도 모두 필요하므로 과장, 대리의 서명도 필요하다.

12 문서이해능력 내용 추론하기

| 정답 | ②

| 해설 | 제시된 글은 질병 예방을 위해 마스크를 포함한 플라스틱의 생산과 사용이 증가하여 발생하고 있는 여러 환경 문제들에 대해 설명하고 있다. 하지만 환경보호를 위한 마스크 반대운동을 주장하고 있지는 않다.

| 오답풀이 |

① 두 번째 문단에서 코로나19 예방을 위해 생산량이 폭발적으로 증가한 마스크는 주로 폴리프로필렌이라는 플라스틱으로 구성되고, 플라스틱은 미세 플라스틱을 발생시킨다고 하였다.

③ 마지막 문단에서 미세 플라스틱 오염 농도가 어느 정도를 넘어서면 생명이나 자연환경을 유지하는 데 위협이 되는 '생태적 위협 한계선'을 넘게 될 것이라고 하였으므로 적절한 추론이다.

④ 네 번째 문단에서 바다에 유입된 플라스틱 쓰레기는 회수가 어렵다고 하였으므로, 그러한 플라스틱 쓰레기가 바다에서 미세 플라스틱으로 작아질 것임을 추론할 수 있다.

⑤ 첫 번째 문단에서 플라스틱 병과 달리 재활용 지침이 없는 마스크는 고체 폐기물로 처리될 가능성이 높다고 하였으므로 적절한 추론이다.

13 문서이해능력 세부 내용 이해하기

| 정답 | ②

| 해설 | (나)에서는 쌀 소비 감소 현상의 원인이 환경의 변화가 아니라 사회적 변화라고 설명한다.

14 문서작성능력 올바른 단어 찾기

| 정답 | ④

| 해설 | ㉣ 맡은 바 직책이나 임무를 뜻하는 단어인 '소임'의 한자 표기는 제시된 '所任'이 옳은 표기이다.

| 오답풀이 |

㉠ 쌀, 보리, 밀 따위와 같이 식생활에서 주가 되는 음식물을 뜻하는 단어인 '주식'의 올바른 한자 표기는 '主食'이다.

㉡ 여럿 가운데서 특별히 가려서 좋아한다는 뜻의 단어인 '선호'의 올바른 한자 표기는 '選好'이다.

㉢ 사상이나 감정, 세력 따위가 한창 무르익거나 높아진 그런 상태를 뜻하는 단어인 '고조'의 올바른 한자 표기는 '高調'이다

㉤ 시작하여 벌린다는 뜻을 가진 단어인 '전개'의 올바른 한자 표기는 '展開'이다.

15 기초연산능력 증감률 계산하기

| 정답 | ①

| 해설 | 20X1년 전체 에너지 발전량을 a라고 할 때 문제의 내용을 정리하면 다음과 같다.

- 20X1년 신재생 에너지 발전량 : $0.35a$
- 20X2년 신재생 에너지 발전량 : $1.35\times0.35a$
- 20X2년 전체 에너지 발전량 : $\frac{1.35\times0.35}{0.378}a=1.25a$

즉 20X2년 전체 에너지 발전량의 전년 대비 증가율은 25%이다. 또한 20X1년과 20X2년 전체 에너지 발전량의 차이 $133,500(\text{GWh})=(1.25-1)a=0.25a$이므로, 20X1년 전체 에너지 발전량 $a=\frac{133,500}{0.25}=534,000(\text{GWh})$이다.

따라서 20X1년 전체 에너지 발전량과 20X2년 전체 에너지 발전량의 전년 대비 증가율의 합은 534,000+25=534,025이다.

16 기초통계능력 평균 구하기

| 정답 | ③

| 해설 | 현재 A 업체와 B 업체의 가짓수를 각각 a, b라고 할 때, 다음 달 새로운 제품 출시에 따른 평균 원가 상승에 대하여 다음과 같은 식이 성립한다.

- A 업체

$$\frac{20,000a+28,000+26,000}{a+2}=20,000+2,000$$

$$20,000a+54,000=22,000(a+2)$$

$$54,000-44,000=(22,000-20,000)a$$

$$10,000=2,000a$$

$$a=5$$

- B 업체

$$\frac{20,000b+32,000+28,000+24,000}{b+3}=20,000+4,000$$

$$20,000b+84,000=24,000(b+3)$$

$$84,000-72,000=(24,000-20,000)b$$

$$12,000=4,000b$$

$$b=3$$

따라서 현재 A 업체와 B 업체의 제품 가짓수 차이는 5−3=2(개)이다.

17 도표분석능력 자료의 수치 분석하기

| 정답 | ①

| 해설 | A ~ D 지역 전체의 전기 사용량은 36,723+39,302+42,722+38,864=157,611이므로 B 지역의 전기 사용량이 차지하는 비중은 $\frac{39,302}{157,611}\times100\fallingdotseq24.9(\%)$로 30% 이하이다.

| 오답풀이 |

② 총 에너지 사용량이 두 번째로 많은 지역은 B 지역, 지역난방 사용량이 두 번째로 많은 지역은 D 지역이다.

③ B 지역의 전기와 도시가스 사용량은 D 지역의 전기와 도시가스 사용량보다 더 크나, 지역난방 사용량은 B 지역보다 D 지역이 더 크다.

④ A ~ D 지역의 총 에너지 사용량의 50%는 순서대로 36,722, 39,619, 41,781.5, 38,470.5로 모두 각 지역의 도시가스 사용량보다 높다. 즉 A ~ D 지역 모두 총 에너지 사용량 중 도시가스 사용량 비중은 50% 미만이다.

⑤ A ~ D 지역 전체의 지역난방 사용량은 4,214+4,300+4,593+4,312=17,419이며, A ~ D 지역 전체의 총 에너지 사용량은 73,444+79,238+83,563+76,941=313,186이다. 따라서 A ~ D 지역 전체의 지역난방 사용량은 A ~ D 지역 전체의 총 에너지의 $\frac{17,419}{313,816}\fallingdotseq5.56(\%)$로 10% 미만이다.

18 도표분석능력 자료의 수치 분석하기

| 정답 | ②

| 해설 | 제시된 내용을 바탕으로 (가) ~ (마)에 해당하는 에너지원을 추론하면 다음과 같다.

- 20X2년부터 에너지 생산량의 증감패턴이 '감소−증가−감소−증가'의 형태를 나타내는 것은 (나)이므로, (나)는 수력이다.
- 태양광은 20X2년부터 전년대비 생산량이 계속 증가하는 패턴을 나타내며, 이와 동일한 형태를 나타내는 (가)와 (마)는 풍력 혹은 연료전지이다. 이때 (가)는 재생에너지, (마)는 신에너지에 해당하는데, 풍력은 재생에너지이므로 (가)는 풍력에 (마)가 연료전지에 해당한다.

• 20X4년까지 가장 높은 비중을 차지하다가 20X5년에 생산량이 급감하는 증감패턴을 보이는 것은 (라)이므로, (라)는 폐기물이다.

• 20X3년까지 증가하다가 이후 감소하는 패턴을 나타내는 것은 (다)이므로, (다)는 바이오이다.

따라서 (가) ~ (마)에 해당하는 에너지원은 순서대로 풍력, 수력, 바이오, 폐기물, 연료전지이다.

19 도표분석능력 자료의 수치 분석하기

| 정답 | ②

| 해설 | 20X1년부터 20X3년까지 A 지역의 신고업체 수 대비 C 지역의 신고업체 수는 20X1년 $\frac{369}{624} \fallingdotseq 0.59$(개), 20X2년 $\frac{380}{607} \fallingdotseq 0.63$(개), 20X3년 $\frac{397}{610} \fallingdotseq 0.65$(개)로 20X3년이 가장 많다.

| 오답풀이 |

① 20X1년 A 지역이 차지하는 비중은 $\frac{624}{1,795} \fallingdotseq 34.76(\%)$로 40% 미만이다.

③ 20X1년부터 20X3년까지 D 지역의 비중이 가장 낮은 해는 20X3년, B 지역 비중이 가장 높은 해는 20X1년이다.

④ E 지역이 차지하는 비중은 20X1년 $\frac{108}{1,795} \fallingdotseq 6.02(\%)$에서 20X3년 $\frac{131}{1,785} \fallingdotseq 7.34(\%)$로 증가하였다.

⑤ 20X3년 C 지역의 신고업체 수가 D 지역보다 더 많으므로 지역별 비중 역시 C 지역이 D 지역보다 더 높다. 즉 20X3년 신고업체 수의 지역별 비중은 A>C>D>B>E 순이다.

20 도표분석능력 자료의 수치 분석하기

| 정답 | ④

| 해설 | 5월의 부가가치세는 1,018.8−(768.9+114.3+16.3+26.7)=92.6(원)이므로 94원 미만이다.

| 오답풀이 |

① 제시된 자료에서 판매가격은 2월 1,051.8원부터 6월 1125.1원까지 계속해서 상승하였다.

② 4월의 유가보조금은 전달 대비 195.8−175.8=20(원) 하락하여 제시된 자료 내에서 가장 큰 유가보조금 증감액을 기록하였다.

③ 4월의 세전가격은 996.2−(114.3+19.4+26.7+90.6)=745.2(원)이므로 740원 이상이다.

⑤ 3월의 구입가격은 1,067.9−195.8=872.1(원)이다. 따라서 제시된 자료에서 구입가격이 가장 낮은 달은 862.2원을 기록한 2월이며, 해당 해의 공장도가격은 979.2원, 판매가격은 1051.8원으로 모두 각각 가장 낮은 수치를 기록하였다.

21 기초연산능력 연면적과 건축면적 구하기

| 정답 | ⑤

| 해설 | 대지면적 9,900m^{2}에서 용적률을 900%로 설정하였다고 하였으므로 연면적은 $\frac{900 \times 9,900}{100} = 89,100(m^2)$, 건폐율을 60%로 설정하였다고 하였으므로 건축면적은 $\frac{60 \times 9,900}{100} = 5,940(m^2)$이다. 이때 건축면적은 1층의 바닥면적, 연면적은 각 층의 바닥면적의 합계이며, 모든 층의 바닥면적이 1층과 동일하다고 하였으므로, 1층부터 건축하는 해당 상업시설의 건물층수는 연면적을 건축면적으로 나눈 값과 같다.

따라서 상업시설의 건물층수는 $\frac{89,100}{5,940} = 15$(층)이다.

22 기초연산능력 자료의 수치 분석하기

| 정답 | ⑤

| 해설 | ㄴ. 20X1년 대비 20X3년 원유 가격의 증가율은

A 국가 $\frac{1,050-840}{840} \times 100 = 25(\%)$,

B 국가 $\frac{690-420}{420} \times 100 \fallingdotseq 64.3(\%)$,

C 국가 $\frac{730-570}{570} \times 100 \fallingdotseq 28.1(\%)$로 B 국가가 가장 크다.

ㄷ. B 국가와 C 국가의 리터당 원유 가격 차이는 20X1년 150원/L, 20X2년 80원/L, 2013년 40원/L로 20X1년이 가장 크다.

ㄹ. 20X2년 C 국가의 리터당 원유 가격은 650원이므로, C 국가에서 원유 10L를 구매할 수 있는 금액은 6,500원이다. 이때 A 국가의 리터당 원유 가격은 980원이므로, 6,500원으로 $\frac{6,500}{980} \fallingdotseq 6.6$(L)을 구매할 수 있다. 이때 원유는 리터 단위로만 구매할 수 있으므로 최대 6리터까지 구매할 수 있다.

| 오답풀이 |

ㄱ. 20X2년 A 국가의 원유 가격은 980원, C 국가의 원유 가격의 1.5배는 650×1.5=975(원)이므로, 20X2년 A 국가의 원유 가격은 C 국가의 1.5배 이상이다.

23 도표분석능력 자료의 수치 분석하기

| 정답 | ②

| 해설 | ㉡ A 국가의 국내 총 수입액의 전년 대비 증가율이 가장 큰 해는 $\frac{605,412-556,980}{556,980}\times 100 \fallingdotseq 8.70(\%)$를 기록한 20X5년이다. 에너지 총 수입액의 증가율을 구하기 위해 연도별 에너지 총 수입액을 구하면 다음과 같다.

(단위 : 백만 달러)

20X1년	20X2년	20X3년	20X4년	20X5년
136,692.2	165,703.2	226,756.5	256,210.8	286,359.9

따라서 에너지 총 수입액의 전년 대비 증가율이 가장 큰 해는 20X5년이 아닌 $\frac{226,756.5-165,703.2}{165,703.2}\times 100 \fallingdotseq 36.84(\%)$ 증가를 기록한 20X3년이다.

| 오답풀이 |

㉠ A 국가의 국내 총 수입액은 20X1년 468,124백만 달러에서 20X5년 605,412백만 달러로 매해 증가하였고, 에너지 총 수입액 역시 20X1년 136,692.2백만 달러에서 286,359.9백만 달러로 매해 증가하였다.

㉢ 20X5년 에너지 총 수입액은 20X1년 에너지 총 수입액의 약 $\frac{286,359.9}{136,692.2} \fallingdotseq 2.1$(배)이다.

㉣ 천연가스의 비중은 20X1년 25.3%에서 20X5년 11.4%로 해마다 감소하였다.

24 도표분석능력 자료의 수치 분석하기

| 정답 | ④

| 해설 | 농가수의 전년 대비 증감률을 바탕으로 20X1년부터 20X4년까지의 농가수를 구하면 다음과 같다.

(단위 : 가구, %)

구분	전체 농가		전업 농가	
	농가 수	증감률	농가수	증감률
20X1년	29,182		15,674	
20X2년	30,962.1	6.1	17,366.8	10.8
20X3년	30,466.7	−1.6	16,811.1	−3.2
20X4년	32,812.6	7.7	18,626.6	10.8
구분	1종 겸업		2종 겸업	
	농가수	증감률	농가수	증감률
20X1년	5,967		7,541	
20X2년	5,710.4	−4.3	7,895.4	4.7
20X3년	6,098.7	6.8	7,563.8	−4.2
20X4년	6,385.4	4.7	7,798.3	3.1

따라서 1종 겸업 농가수가 가장 많았던 해는 20X4년으로, 이때의 전업 농가수는 18,626.6(가구)로 18,200가구 이상이다.

| 오답풀이 |

① 20X2년 전체 농가수는 30,962.1가구, 겸업 농가수는 5,710.4+7,895.4=13,605.8(가구)이므로, 20X2년 겸업 농가수는 20X2년 전체 농가수의 $\frac{13,605.8}{30,962.1}\times 100 \fallingdotseq 44.0(\%)$로 47% 이하이다.

② 20X2년과 20X3년 2종 겸업 농가수의 차이는 7,895.4−7,563.8=331.6(가구)로 310가구 이상이다.

③ 20X3년 1종 겸업 농가수 대비 2종 겸업 농가수의 비중은 $\frac{7,563.8}{6,098.7}\times 100 \fallingdotseq 124.0(\%)$로 120% 이상이다.

⑤ 20X1 ~ 20X4년까지 전체 농가수에서 전업 농가수 비중이 가장 높았던 해는 $\frac{18,626.6}{32,812.6}\times 100 \fallingdotseq 56.8(\%)$를 기록한 20X4년이다.

25 기초연산능력 연립방정식 계산하기

| 정답 | ③

| 해설 | 1일 휴가를 신청한 직원 수를 a, 2일 휴가를 신청한 직원 수를 b, 3일 휴가를 신청한 직원 수를 c라고 했을 때, 문제의 내용에 따라 다음의 식이 성립한다.

$a+b+c=48$ ······ ㉠

$a+2b+3c=88$ ······ ㉡

$b=2c+4$ ······ ㉢

㉢을 ㉠에 대입하면

$a+2c+4+c=48$

$a+3c=44$ ······ ㉣

㉢을 ㉡에 대입하면

$a+2(2c+4)+3c=88$

$a+7c=80$ ······ ㉤

따라서 ㉤에서 ㉣를 빼면 $4c=36$, $c=9$가 되며 이를 ㉢에 대입하면 $b=18+4=22$가 되므로 1일 휴가를 신청한 직원의 수 $a=48-22-9=17$(명)이다.

26 기초통계능력 평균과 분산 구하기

| 정답 | ②

| 해설 | 생산본부와 공급본부의 경우로 나누어 각각의 평균과 분산을 구하면 다음과 같다.

• 생산본부

생산본부 인사고과 점수의 평균은 $\frac{80+100+85+90+70+85}{6}=85$(점)이므로, A ~ F 직원의 인사고과 점수의 편차는 순서대로 −5, 15, 0, 5, −15, 0이다. 따라서 생산본부 인사고과 점수의 분산은 $\frac{(-5)^2+15^2+0+5^2+(-15)^2+0}{6} \fallingdotseq 83.3$이다.

• 공급본부

공급본부 인사고과 점수의 평균은 $\frac{95+70+80+65+90+80}{6}=80$(점)이므로, 가 ~ 바 직원의 인사점수 점수의 편차는 순서대로 15, −10, 0, −15, 10, 0이다. 따라서 공급본부 인사고과 점수의 분산은 $\frac{15^2+(-10)^2+0+(-15)^2+10^2+0}{6} \fallingdotseq 108.3$이다.

27 문제해결능력 문제의 유형 파악하기

| 정답 | ④

| 해설 | ㉠, ㉢, ㉤ 모두 이미 발생하여 해결이 필요한 발생형 문제에 해당한다.

| 오답풀이 |

㉡ 미래의 새 목표를 설정하였으므로 설정형 문제에 해당한다.

㉣ 후에 일어날 물가 상승에 대비하기 위해 현재의 상황을 개선하려는 것이므로 탐색형 문제 중 예측문제에 해당한다.

㉥ 잠재되어 있는 원인을 파악해야 하는 문제로 조사 및 분석이 필요한 탐색형 문제 중 잠재문제에 해당한다.

보충 플러스+

문제의 유형

- 발생형 문제(보이는 문제) : 이미 발생하여 해결해야 하는 문제로 원인지향적 문제라고도 한다.
  - 이탈형 문제 : 기준을 이탈하여 발생하는 문제
  - 미달형 문제 : 기준에 미달하여 발생하는 문제
- 탐색형 문제(찾는 문제) : 현재 상황을 개선하거나 효율을 높이기 위한 문제로 방치하면 손실이 발생하고 해결할 수 없는 문제로 나타난다.
  - 잠재문제 : 잠재되어 있다가 결국 확대되어 해결이 어려운 문제로 조사 및 분석을 통해 찾아야 하는 문제
  - 예측문제 : 현재는 문제가 아니지만 후에 일어날 수 있는 문제
  - 발견문제 : 유사한 타기업이나 선진 기업의 업무 방식 등의 정보를 얻어 보다 나은 제도나 기술 등을 발견하여 개선 및 향상할 수 있는 문제
- 설정형 문제(미래 문제) : 기존과 관계없이 미래지향적인 새 과제 및 목표를 설정함에 따라 발생하는 문제로 목표지향적 문제, 창조적 문제라고도 한다.

28 사고력 조건을 바탕으로 추론하기

| 정답 | ①

| 해설 | 먼저 〈보기〉의 첫 번째 조건에 따라 다음과 같이 두 가지 경우로 나눌 수 있다.

• A>B>C인 경우

두 번째 조건에 따라 A>B>C>E 또는 A>B>E>C가 가능하다. 다음으로 세 번째 조건에 따르면 C>F, G이므로 3등은 C 또는 E가 되고, 네 번째 조건에 따르면 E>D, F이므로 각 경우의 3등인 사원은 바뀌지 않는다.

• A>C>B인 경우

두 번째 조건에 따라 A>C>B>E가 된다. 세 번째 조건에 따르면 C>F, G이므로 3등은 B, F, G가 가능하다. 그런데 네 번째 조건에 따르면 E>D, F이므로 F는 E보다 점수가 낮아 3등이 될 수 없다.

따라서 3등이 될 수 있는 사원은 B, C, E, G이고 A, D, F는 3등이 될 수 없으므로 ①이 적절하다.

29 문제처리능력 자료를 읽고 내용 추론하기

| 정답 | ④

| 해설 | 세 번째 문단에서 1830년대 이후 첫 번째 지구적 시스템이 형성되었고 1890년대 제국주의에 이르러 시스템의 평형 상태가 깨어지게 되었으며 1900년대 1, 2차 세계대전으로 혼돈의 이행기에 들어섰으므로, 평형의 정상 상태는 1900년대 이전에 나타났음을 추론할 수 있다.

| 오답풀이 |

① 두 번째 문단에서 지금의 물가 상승은 코로나19의 연속된 사건으로 지구적 시스템의 혼돈 초입이기 때문에 코비드플레이션으로 불러야 한다고 하였다.

② 마지막 문단에서 결과였던 우크라이나 전쟁이 그 원인인 가치 사슬망 교란과 국제 정치 질서의 혼란을 더욱 강화하며 첫 순환고리를 이루었다고 하였고, 이 순환고리는 네 번째 문단에서 설명하는 되먹임의 고리를 의미한다.

③ 첫 번째 문단을 참고할 때 물가 상승의 원인은 첫 번째 되먹임 고리와 관련된 국제 위기로 인한 것으로, 첫 번째 되먹임 고리에서 결과로 인해 증폭된 원인 때문에 물가 상승이라는 결과가 초래된 것이다. 따라서 현재의 물가 상승이 두 번째 되먹임 고리의 중간 단계라고 추론할 수 있다.

⑤ 세 번째 문단에서 피터 포가니는 2013년과 2030년 사이에 혼돈의 이행기로 다시 들어갈 것이라고 예측했음을 알 수 있다.

30 문제처리능력 자료를 읽고 내용 추론하기

| 정답 | ①

| 해설 | 〈보기〉의 글은 순탄소 배출량 소멸을 위해서는 에너지 전환을 필두로 여러 나라들의 협조가 필요한데, 우크라이나 전쟁으로 인해 되먹임 고리의 본래 원인인 사회적 · 정치적 혼란이 극심해질 것으로 예상하고 있다. 그리고 이로 인해 두 번째 순환고리를 매개로 전체적인 되먹임 고리가 강화될 것으로 예측하면서 세 번째 되먹임 고리에 대한 우려를 나타내고 있으므로 적절하다.

| 오답풀이 |

② 우크라이나 전쟁으로 여러 나라에서 에너지 가격이 인상되고 생활 물가도 상승하여 두 번째 되먹임 고리가 강화되고 있다.

③ 사회적 · 정치적 불안으로 화석연료의 생산과 소비가 급증할 조짐이 보인다고 하였으므로 기후 위기와 사회적 · 정치적 혼란이 현재에 서로 관련이 없다는 설명은 적절하지 않다.

④ 넷제로는 국제적인 협조가 필요한데 오히려 사회적 · 정치적 불안으로 화석연료 사용이 급증할 조짐이 보인다고 하였다.

⑤ 우크라이나 전쟁으로 에너지 전환 과정이 강대국의 지정학적 경쟁 논리와 뒤섞이고 있고 이는 되먹임 고리를 강화할 것으로 예측되고 있다.

31 문제처리능력 국제동향에 따라 업무 수행하기

| 정답 | ⑤

| 해설 | 관심 국가의 통화정책과 환율을 확인하는 것은 국제금융 및 석유 회사의 ESG 추진 동향을 파악하는 것과 직접적인 연관이 없다.

| 오답풀이 |

① 자산운용사는 ESG를 판단 기준으로 하여 석유 회사들에 대한 투자 여부를 판단하고 있으므로, 자산운용사의 애널리스트의 보고서를 분석하여 금융 회사와 석유 회사의 ESG 추진 동향을 파악할 수 있다.

② 국내 노동 인권 영역과 ESG 국제 동향을 살피기 위해 ESG 경영에 대한 이해가 필요하므로 관련 연구논문을 읽는 것은 적절하다.

③ ESG 분야에 대해 검색하여 여러 이슈와 자료를 다방면으로 확인하는 것은 ESG 경영에 대한 이해와 국제동향 파악에 도움이 된다.

④ 지속적으로 업무 관련 국제잡지를 구독하고 관련 사이트를 방문하여 국제동향을 파악하여 ESG 추진 국제동향에 대한 이해를 높일 수 있다.

32 문제처리능력 국제동향에 따라 업무 수행하기

| 정답 | ②

| 해설 | ESG 경영에 대한 국제동향을 고려한 것이 아니라 우리나라 정부의 관련 규제에 발맞추려는 것이므로 국제 석유 회사 관련 ESG 추진 동향을 이해하여 업무에 적용한 예로 적절하지 않다.

| 오답풀이 |

① ESG를 기준으로 석유 회사의 투자 여부 결정과 기업 평가를 수행하려는 국제동향을 파악하여 업무에 적절히 적용한 예이다.

③ 탄소 가격과 각종 규제가 전 세계적으로 확산될 때를 대비하여 ESG의 중요성이 강화되고 있으므로, 이에 선제적으로 대비하는 것은 적절하다.

④ 국제 석유 회사들이 ESG 실행을 위해 장기적인 노력을 기울이고 있는 동향에 따라 장기적인 관점에서 ESG 관련 사업 포트폴리오를 구상하는 것은 적절하다.

⑤ 세계 금융 회사들은 자금 지원과 회수 및 수익률 확보를 위해 기업들이 ESG를 적극적으로 추진하도록 유도하고 있으므로, 기업의 리스크 경감과 원활한 자금 조달을 위해 금융 기관들의 동향을 확인하는 것은 적절하다.

33 문제처리능력 이용요금 계산하기

| 정답 | ①

| 해설 | 최 부장이 1개월 동안 레슨과 연습을 할 때의 기준으로 각 골프연습장의 이용금액을 구하면 다음과 같다.

• A 골프클럽
 - 레슨비용 : 4주간 주 3회, 총 12회를 이용하므로 15% 할인을 적용하여 50,000×2×0.85=85,000(원)
 - 연습장 : 1개월 90,000원
 - 개인 보관함 : 1개월 30,000원
 ∴ 총 85,000+90,000+30,000=205,000(원)

• B 골프연습장
 - 레슨비용 : 1개월 150,000원
 - 연습장 : 4주간 주 5회, 총 20회를 이용하므로 3,000×20=60,000(원)
 - 개인 보관함 : 1개월 20,000원으로
 ∴ 총 150,000+60,000+20,000=230,000(원)

• C 골프파크
 - 레슨비용 : 1개월 100,000원
 - 연습장 : 4주간 주 5회, 총 20회를 이용하므로 20% 할인을 적용하여 60,000×2×0.8=96,000원
 - 개인 보관함 : 1개월 20,000원
 ∴ 총 100,000+96,000+20,000=216,000(원)

• D 골프월드
 - 레슨비용 : 1개월 100,000원에 주 1회 추가로 총 4회를 추가하므로 20,000원을 더하여 120,000원
 - 연습장 : 1개월 100,000원
 - 개인 보관함 : 무료
 ∴ 총 120,000+100,000=220,000(원)

• E 골프아일랜드
 - 레슨비용 : 4주간 주 3회, 총 12회를 이용하므로 7,000×12=84,000(원)
 - 연습장 : 1개월 130,000원
 - 개인 보관함 : 무료
 ∴ 총 84,000+130,000=214,000(원)

따라서 가장 저렴하게 등록할 수 있는 곳은 A 골프클럽이다.

34 문제처리능력 자료 읽고 추론하기

| 정답 | ⑤

| 해설 | 제시된 분야별 구분과 주제를 통해 각각의 세부내용을 추론하면 다음과 같다.

㉠ 건강한 노후, 어르신의 몸과 마음을 돌봄을 주제로 하는 계획안으로는 노인성 질환자를 위한 요양재가 서비스, 치매노인 데이케어센터, 독거어르신 정신건강 체크 서비스와 같은 신체적, 정신적 케어 서비스에 관한 내용이 들어가는 것이 적절하다.

㉡ 살기 편한 환경, 어르신들이 살기 편한 도시환경 조성을 주제로 하는 계획안으로는 공공 노인요양 시설 신축 및 확대나 실버카페 조성 등 노인들을 위한 도시 내 시설 확충에 관한 내용이 들어가는 것이 적절하다.

㉢ 활기찬 여가문화, 세대 간 소통과 지역주민과의 소통을 주제로 하는 계획안으로는 경로당 내 여가 프로그램 기획, 주민 개방형 경로당 활성화 등 커뮤니티 조성에 관한 내용이 들어가는 것이 적절하다.

35 사고력 비판적 사고 이해하기

| 정답 | ③

| 해설 | 〈보기〉는 다른 국가의 신문을 통해 유럽의 관점이 아닌 다른 관점으로 바꿔서 중국과 EU를 바라보는 능력을 가지고 이를 실천하는 사례에 대한 내용이다. 따라서 자기 관점의 한계를 인식하고 관점을 바꿔볼 수 있는 능력에 관한 내용인 세 번째 문단의 (다)에 들어가는 것이 적절하다.

36 사고력 비판적 사고 이해하기

| 정답 | ③

| 해설 | ㄱ, ㄷ. 제시된 글의 내용 전반에서 본인이 가진 관점에서 벗어나 다른 관점으로 바라보는 것의 중요성을 강조하며, 현재 본인이 가진 관점이 편견일 수 있다는 것을 예시를 통해 설명하고 있다.

ㅁ. 관점을 바꾸어 볼 기회가 없었으면 자기 관점의 중요성과 그 한계를 모르고 지나치기 쉽다는 내용을 통해 관점의 다양성을 위해 가지고 있는 관점을 바꾸어 볼 기회를 가져봐야 함을 알 수 있다.

| 오답풀이 |

ㄴ. 관점을 바꾸어볼 기회를 통해 자기 관점의 한계뿐만 아니라 자기 관점의 중요성도 함께 알 수 있다고 설명하고 있다. 또한 관점을 바꾸기 위해 자신의 공고한 위치와 확신을 버리는 자세를 가질 것을 요구하고 있으나, 이와 동시에 자기를 잃어버리지 않기 위해서는 생각의 초석이 필요하다고 설명하고 있다.

ㄹ. 중요한 문제든 작고 사소한 문제든 관점을 바꾸어 볼 수 있는 능력이 있음에도 이를 이용하기 위해 자신의 위치를 버리는 것은 쉽지 않다고 설명하고 있다.

37 예산관리능력 이용요금 계산하기

| 정답 | ③

| 해설 | 이용시간이 19시부터 익일 06시까지이므로 야간 이용시간의 분기별 거주자 이용요금인 60,000원이 적용된다. 여기에 경차 이용 시 50%, 2자녀 다둥이 행복카드 소지자 30% 할인 중 할인율이 더 높은 50% 할인을 적용하여, 분기별 이용요금은 총 30,000원이 된다.

38 예산관리능력 요금 규정 이해하기

| 정답 | ④

| 해설 | 납부기한까지 주차요금을 납부하지 않은 경우 주차구획 사용을 포기한 것으로 간주하여 주차구획이 다른 사람에게 배정되므로, 납부기한이 경과한 이후에는 가상계좌로 요금을 입금하기 전에 주차구획 배정부터 다시 받아야 한다.

| 오답풀이 |

① 거주자우선주차 전용구획 주차요금은 분기별 선납으로, 장애인 차량의 전일 주차 시 거주자는 120,000×0.2=24,000(원), 업무자는 150,000×0.2=30,000(원)이 부과된다.

② ○○구 자원봉사자 카드 소지자는 20%, 3자녀 이상 다둥이행복카드 소지자는 50% 할인이 적용되며, 할인적용이 중복될 경우 가장 할인율이 높은 항목 하나가 적용된다.

③ 요금납부 방법으로는 지로, 가상계좌, 신용카드 혹은 데이콤계좌이체를 통한 인터넷결제가 있다.

⑤ 이용기간 중 사용취소를 할 경우 잔여 주차요금을 일할 계산하여 환불받을 수 있으며, 이를 위해 구비서류를 지참하여 공단에 방문하여야 한다.

39 인적자원관리능력 인적자원관리의 개념 이해하기

| 정답 | ⑤

| 해설 | 빈칸에 들어갈 용어는 '인적자원'이다. 개인차원에서의 인적자원인 인맥은 자신과 직접적인 연관을 가지는 가족, 친구, 직장동료 등의 핵심인맥뿐만 아니라 이들로부터 알게 되거나 우연히 알게 된 사람인 파생인맥의 개념을 포함하며, 이들에 대한 관리를 개인차원의 인적자원관리로 볼 수 있다.

40 예산관리능력 수량 구하기

| 정답 | ②

| 해설 | (가) 비고에 따르면 숙소는 4인실, 교육에 참여하는 인원은 총 100명이므로 숙소의 수량은 100÷4=25이다. 또한 단가는 200,000원, 금액은 5,000,000원이므로 5,000,000÷200,000=25로 역시 같은 결과를 얻을 수 있다.

(나) 100(수량)×660,000(단가, 원)×0.95(1인당 5%씩 할인)=62,700,000(원)이다.

41 예산관리능력 운영 계획안 이해하기

| 정답 | ⑤

| 해설 | • 갑 : 효과적인 예산 수립을 위해서는 우선적으로 예산이 필요한 모든 활동과 소요될 것으로 예상되는 예산을 정리해야 하므로 갑의 조언은 적절하다.

• 을 : 효과적인 예산 수립을 위해서는 예상외의 비용이 발생할 경우를 대비하기 위한 항목을 마련해야하므로 을의 조언은 적절하다.

• 병 : 예산 계획의 목표는 한정된 예산을 효율적으로 사용하여 최대 성과를 달성하는 것이므로 병의 조언은 적절하다.

• 정 : 예산관리는 예산계획과 실제 지출을 비교하여 성과를 평가하는 과정을 포함하므로 정의 조언은 적절하다.

따라서 갑, 을, 병, 정 모두 적절한 조언을 하였다.

42 예산관리능력 출장비 구하기

| 정답 | ③

| 해설 | • 최○○ : 마산에서 1박을 하였으므로 숙박비는 13만 원이고, 개인차량을 이용하였으므로 교통비는 7만 원이다. 식비는 8+13=21만 원이므로, 총 출장비 13+7+21=41(만 원)을 지급한다.

• 박○○ : 오송에서 2박을 하였으므로 숙박비는 20×2=40(만 원)이고, 고속버스를 이용하였으므로 교통비는 6만 원이다. 식비는 2일차의 경우 영수증을 미제출하였으므로 5만 원만 지급하여 총 3+5+5=13(만 원)이다. 출장비는 총 40+6+13=59(만 원)을 지급한다.

따라서 최 씨와 박 씨의 출장비의 합계는 41+59=100(만 원)이다.

43 예산관리능력 생산단가 계산하기

| 정답 | ④

| 해설 | 내용연수 5년을 기준으로 제품 A ~ D의 생산단가, 즉 개당 생산비용을 구하면 다음과 같다.

• 제품 A : 소모품을 3개월에 3회씩, 5년 동안 총 60회 교체하므로 소모품 비용은 60×10=600(만 원)이다. 따라서 소모품 비용에 제품 가격 300만 원을 합하여 총 900만 원의 비용으로 700 × 0.96 × 5 = 3,360(개)를 생산하므로, 개당 생산단가는 $\frac{9,000,000}{3,360} ≒ 2,678$(원)이다.

• 제품 B : 소모품을 3개월에 1회씩, 5년 동안 총 20회 교체하므로 소모품 비용은 20×15=300(만 원)이다. 따라서 소모품 비용에 제품 가격 450만 원을 합하여 총 750만 원의 비용으로 800 × 0.93 × 5 = 3,720(개)를 생산하므로, 개당 생산단가는 $\frac{7,500,000}{3,720} ≒ 2,016$(원)이다.

• 제품 C : 소모품을 3개월에 2회씩, 5년 동안 총 40회 교체하므로 소모품 비용은 40×5=200(만 원)이다. 따라서 소모품 비용에 제품 가격 250만 원을 합하여 총 450만 원의 비용으로 600 × 0.97 × 5 = 2,910(개)를 생산하므로, 개당 생산단가는 $\frac{4,500,000}{2,910} ≒ 1,546$(원)이다.

• 제품 D : 소모품을 3개월에 1회씩, 5년 동안 총 20회 교체하므로 소모품 비용은 20×5=100(만 원)이다. 따라서 소모품 비용에 제품 가격 500만 원을 합하여 총 600만 원의 비용으로 800 × 0.94 × 5 = 3,760(개)를 생산하므로, 개당 생산단가는 $\frac{6,000,000}{3,760} ≒ 1,595$(원)이다.

따라서 생산단가가 가장 낮은 제품 C를 선정한다.

44 컴퓨터활용능력 운영체제 업데이트 문제 해결하기

| 정답 | ②

| 해설 | 부팅 USB를 이용하여 윈도우를 설치하는 경우 BIOS에 들어가 부팅옵션에서 부팅순서 1순위를 USB로 변경해

주어야만 한다. 그렇지 않을 경우 부팅 USB를 부팅 장치로 인식하지 못하여 〈보기〉와 같은 문제가 생긴다.

| 오답풀이 |

① Windows 운영 체제의 기능 중 하나인 '시스템 복원 기능'을 수행하는 방법이다. 시스템 복원 기능은 Windows를 특정 시점으로 복원하는 기능으로서, 〈보기〉에서의 적절한 해결책이 아니다.

③ C드라이브에 위치한 Windows 폴더는 Windows와 관련된 핵심 파일들이 저장된 폴더로서, Setup 폴더를 삭제하는 것은 〈보기〉에서의 적절한 해결책이 아니다.

④ 시작 메뉴의 '다시 시작' 기능은 〈보기〉에서의 적절한 해결책이 아니다.

⑤ 명령 프롬프트 명령어 'start'는 프로그램이나 명령을 별도의 창에서 시작하는 것으로, 〈보기〉에서의 적절한 해결책이 아니다.

45 컴퓨터활용능력 엑셀을 활용해 데이터 추출하기

| 정답 | ④

| 해설 | ㉠ 엑셀의 고급필터 기능은 특정 조건을 충족하는 데이터만 추출하여 지정 영역에 복사할 수 있는 기능이다. 따라서 김 사원의 상황에 적절하게 이용될 수 있는 기능이다.

㉡ 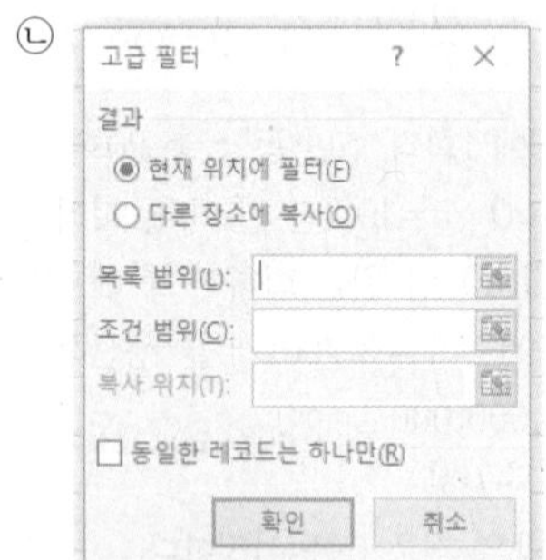

고급 필터에서 '현재 위치에 필터'는 조건에 맞지 않는 행을 숨기는 것이고, '다른 장소에 복사'는 조건에 맞는 행을 워크시트의 다른 영역에 복사하는 것이다. 〈그림(나)〉의 경우 전자에 해당한다.

㉢ 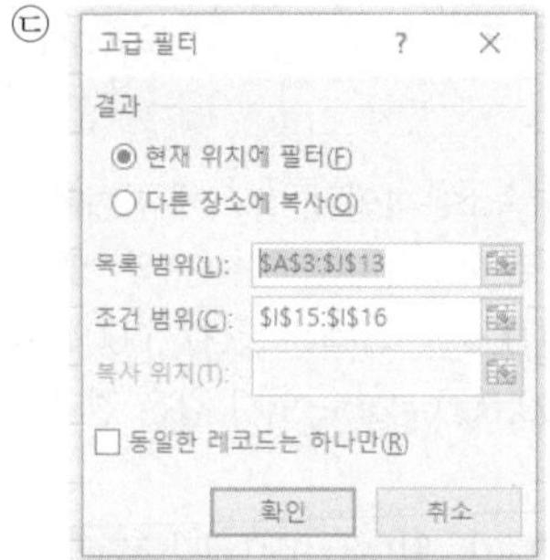

'목록 범위'는 데이터를 추출할 원본 데이터의 범위를 지정하는 것이다. 따라서 제시된 그림을 참고할 때, $A$3:$J$13이 되도록 지정해야 한다.

| 오답풀이 |

㉣ 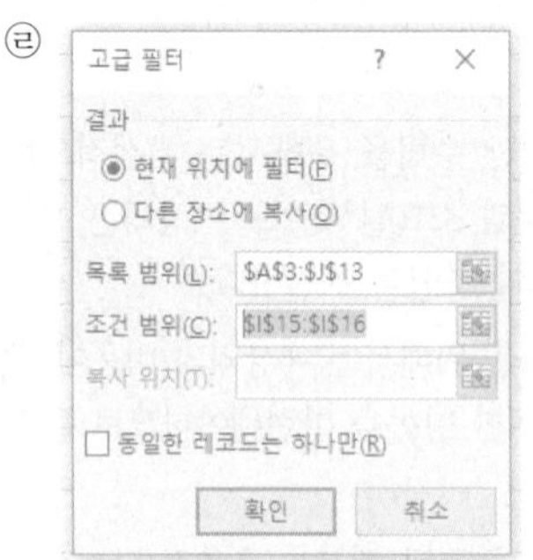

'조건 범위'는 데이터를 추출할 조건 영역의 범위를 지정하는 것이다. 따라서 〈그림(가)〉에서 조건이 입력되어 있는 부분인 $I$15:$I$16이 되도록 지정한다.

46 정보처리능력 개인정보제공동의서 이해하기

| 정답 | ⑤

| 해설 | 개인정보 보호위원회의 가이드라인(2022. 03)에 따라 개인정보제공동의서 양식에 기재되어야 하는 내용은 다음과 같다.

- 동의서 제목
- 수집하려는 개인정보의 항목
- 수집의 목적, 보유 · 이용기간
- 개인정보 제3자 제공 내용(필요시)
- 민감정보 · 고유식별정보 처리 내용(필요시)
- 정보주체의 동의 없이 처리하는 개인정보내역
- 개인정보처리주체

• 동의 거부권 및 동의 거부에 따른 불이익 등

따라서 개인정보 피해 시 처리 절차는 개인정보제공동의서 항목에 포함되지 않는다.

47 컴퓨터활용능력 엑셀 함수 활용하기

| 정답 | ③

| 해설 | • RANK 함수의 수식 형태 : =RANK(순위를 구하고자 하는 셀, 범위, 0 또는 1)

RANK 함수는 지정 범위에서 특정 데이터의 순위를 구해주는 함수이다. 순위를 구하고자 하는 셀은 B3이고, 범위는 $B$3:$B$11이다. 그리고 0 입력 시 내림차순, 1 입력 시 오름차순, 생략할 경우 내림차순 정렬이므로, 내림차순 정렬에 해당하는 0을 입력하거나 생략해야 한다.

• COUNTIFS 함수의 수식 형태 : =COUNTIFS(첫 번째 조건 범위, 첫 번째 조건, 두 번째 조건 범위, 두 번째 조건, …)

COUNTIFS 함수는 지정된 범위에서 여러 조건에 맞는 셀의 수를 계산하는 함수이다. 첫 번째 조건 범위는 $B$3:$B$11이고, 첫 번째 조건은 B3, 두 번째 조건 범위는 $C$3:$C$11이고, 두 번째 조건은 "<"&C3이다. 이때 두 번째 조건의 입력 시 큰따옴표("")는 비교연산자(<)를 텍스트 형식으로 변환하기 위함이고, &는 참조(C3)와 텍스트를 연결하는 연산자이다.

따라서 [D3]셀에 입력할 수식은 =RANK(B3,$B$3:$B$11,0)+COUNTIFS($B$3:$B$11,B3,$C$3:$C$11,"<"&C3)이다.

| 오답풀이 |

①, ② <&C3 → "<"&C3로 수정되어야 한다.

④ =RANK(B3,$B$3:$B$11,1)
→ =RANK(B3,$B$3:$B$11,0)
또는 =RANK(B3,$B$3:$B$11)로 수정되어야 한다. 또한 <&C3 → "<"&C3로 수정되어야 한다.

⑤ =RANK(B3,$B$3:$B$11,1)
→ =RANK(B3,$B$3:$B$11,0)
또는 =RANK(B3,$B$3:$B$11)로 수정되어야 한다.

48 컴퓨터활용능력 외장하드 문제 해결하기

| 정답 | ①

| 해설 | CHKDSK(check disc)는 명령 프롬프트의 명령어로서, 하드디스크의 논리적 · 물리적 오류를 확인하여 문제를 해결하는 데 도움을 준다. 따라서 〈보기〉의 상황에 대한 해결책으로서 적절하다. 명령어의 형태는 다음과 같다.

chkdsk [드라이브]: [매개변수]

〈보기〉의 경우 [드라이브]에는 'F', [매개변수]에는 오류를 수정(Fix)하는 '/f'를 입력함으로써 문제를 해결할 수 있다.

| 오답풀이 |

② 파일 탐색기는 파일 검색에 유용한 Windows의 프로그램이다.

③ 드라이브 최적화는 단편화 제거 과정을 통해 접근 속도를 빠르게 해 주는 Windows의 프로그램이다.

④ 디스크 정리는 불필요한 파일을 정리함으로써 저장 공간을 늘려주는 Windows의 프로그램이다.

⑤ 불필요한 프로그램들을 제거하는 것은 저장 공간 확보에 필요하지만 〈보기〉에서의 적절한 해결책은 아니다.

49 컴퓨터활용능력 오픈 소스 이해하기

| 정답 | ④

| 해설 | 오픈 데이터는 누구나 사용, 배포 등을 할 수 있는 무상으로 공개된 데이터를 말한다.

| 오답풀이 |

① 오픈 소스는 소프트웨어의 설계 과정을 알 수 있도록 무상으로 공개된 소스코드를 말한다.

②, ③ 오픈 소스는 일반적으로 누구나 사용, 복제, 배포, 수정할 수 있다.

⑤ 오픈 소스에서 기능을 개선하여 이를 상용화할 수 있다. 그러나 오픈 소스마다 다른 라이선스의 요구 사항이 있으며, 이를 어기지 않는 조건하에 이루어져야 한다.

50 컴퓨터활용능력 엑셀 함수 활용하기

| 정답 | ③

| 해설 | FREQUENCY 함수의 수식 형태 :
=FREQUENCY(빈도를 구할 데이터, 구간 값)

FREQUENCY 함수는 각 구간에 속하는 값의 빈도수를 구하는 함수이다. 제시된 자료에서 빈도를 구할 데이터(Data_array)는 [C3:C14]에 해당한다. 그리고 구간 값(Bins_array)은 [F4:F8]에 해당하고, FREQUENCY 함수의 경우 배열수식으로 입력해야 하므로, Ctrl+Shift+Enter↵를 눌러야 한다.

| 오답풀이 |

① Enter↵ → Ctrl+Shift+Enter↵로 수정되어야 한다. 또한 FREQUENCY 함수는 절대 참조를 하지 않아도 된다.

② E4:E8,F4:F8 → F4:F8로 수정되어야 한다. 또한, Enter↵ → Ctrl+Shift+Enter↵로 수정되어야 하며, FREQUENCY 함수는 절대 참조를 하지 않아도 된다.

④ E4:E8 → F4:F8로 수정되어야 한다.

⑤ Bins_array는 F4:F8로 입력되어야 한다.

3회 기출예상문제

문제 100쪽

01	⑤	02	②	03	④	04	③	05	①
06	④	07	②	08	④	09	③	10	①
11	①	12	③	13	⑤	14	①	15	①
16	③	17	④	18	④	19	②	20	④
21	④	22	④	23	②	24	①	25	④
26	③	27	③	28	④	29	⑤	30	④
31	③	32	④	33	①	34	③	35	②
36	⑤	37	④	38	④	39	③	40	③
41	④	42	②	43	⑤	44	④	45	①
46	③	47	①	48	②	49	①	50	⑤

01 문서작성능력 소제목 작성하기

| 정답 | ⑤

| 해설 | (가)는 한국가스공사가 코로나19 사태에 대응하기 위해 전 직원 재택근무를 실시하고 업무연속성을 유지하기 위해 비상대응체제계획을 세우는 등 코로나19에 대한 방역 관리체제를 중심으로 내용을 서술하고 있으므로 제목으로 '코로나 선제적 대응 및 방역'이 가장 적절하다.

(나)는 가스공사 측에서 코로나19 확진자가 집중적으로 발생한 대구지역의 사회적 취약계층을 지원하는 모습이 주로 나와 있으므로 제목으로 '사회적 책임 역할 수행'이 가장 적절하다.

(다)는 가스공사의 천연가스 주요 수입국이자 고객인 카타르 국영 석유회사 QP에 코로나19 진단키트 수출을 지원했다는 내용을 다루고 있으므로 제목으로 '진단키트 수출 지원을 통한 고객관리'가 가장 적절하다.

02 문서작성능력 적절한 사자성어 찾기

| 정답 | ②

| 해설 | 제시된 글은 지속되는 코로나 사태에 대비해서 불황을 겪고 있는 항공업계가 이에 버티기 위해 여러 가지 콘셉트의 상품을 출시하고 있다는 내용이다. 따라서 어려운 상태를 벗어나기 위해 어쩔 수 없이 꾸며내는 계책을 이르는 말인 '고육지책'이 적절하다.

| 오답풀이 |

① '난공불락'은 공격하기가 어려워 쉽사리 함락되지 아니함을 의미한다.

③ '결초보은'은 죽은 뒤에라도 은혜를 잊지 않고 갚음을 의미한다.

④ '괄목상대'는 눈을 비비고 상대편을 본다는 뜻으로, 남의 학식이나 재주가 놀랄 만큼 부쩍 늘어남을 의미한다.

⑤ '감탄고토'는 달면 삼키고 쓰면 뱉는다는 뜻으로, 자신의 비위에 따라 사리의 옳고 그름을 판단함을 의미한다.

03 문서작성능력 문단 배치하기

| 정답 | ④

| 해설 | 기사문은 전체적으로 LNG 사업에 대해 다루고 있으므로 LNG 에너지에 대해 설명하면서 정부의 주도로 이루어지는 국내 LNG 사업계획 등을 제시하고 있는 (라) 문단이 처음 오는 것이 가장 적절하다. 이어 국내의 민간 발전회사들의 LNG 터미널 역량확대사업을 구체적으로 설명하고 있는 (다) 문단이 오는 것이 자연스럽다. 그 다음 (가) 문단에서 민간 기업들의 LNG 직수입 증가에 대해 설명하고, 마지막으로 (나)에서는 전문가의 말을 인용하여 이를 부연하고 있다. 따라서 글의 순서는 (라)－(다)－(가)－(나)가 적절하다.

04 문서이해능력 세부 내용 이해하기

| 정답 | ③

| 해설 | P 기업이 2024년 준공 예정인 광양 LNG 터미널의 증설 후 저장용량은 93만 kℓ이며, S 기업과 G 기업이 2023년 상업운전을 목표로 하는 보령 LNG 터미널의 저장용량은 140만 kℓ이다. 따라서 민간 발전사들의 LNG 터미널 증설 계획에 따르면, 2024년 이후 보령 LNG 터미널은 광양 LNG 터미널보다 더 많은 저장능력을 갖게 된다고 볼 수 있다.

| 오답풀이 |

① 2040년까지 LNG 관련 추가 설비가 1,365GW 정도 필요할 것으로 예상되는 것은 우리나라가 아닌 전 세계에 해당하는 내용이다.

② LNG는 석탄보다 탄소 배출량이 적고, 계절이나 날씨에 따라 발전량이 들쭉날쭉한 태양광 · 풍력보다 안정적으로 전력을 공급할 수 있다고 하였으므로, 계절과 날씨에 따라 활용도가 낮다고 말할 수 없다.

④ 천연가스는 상온에서 기체 상태이기 때문에 섭씨 －162도에서 냉각한 뒤 액화상태로 운송해 국내로 들여오며, 이렇게 수입한 LNG를 국내 터미널에서 다시 기체 상태로 변환한다.

⑤ P 기업의 광양 LNG 터미널은 20만 kℓ 용량의 6탱크를 증설할 계획이며, 이 경우 현재 1～5탱크 73만 kℓ에서 93만 kℓ로 저장 용량이 확대된다고 하였으므로, 현재 1탱크당 평균 73÷5=14.6(만 kℓ)의 저장 용량을 보유하고 있다.

05 문서작성능력 대체할 수 있는 단어 찾기

| 정답 | ①

| 해설 | '충당'은 모자라는 것을 채워 메움을 의미한다. 따라서 부족한 것을 보태어 채움을 의미하는 '보충'으로 바꾸어 쓸 수 있다.

| 오답풀이 |

② '철거'는 건물, 시설 따위를 무너뜨려 없애거나 걷어치움을 뜻한다.

③ '촉구'는 급하게 재촉하여 요구함을 뜻한다.

④ '주시'는 어떤 목표물에 주의를 집중하여 봄을 뜻한다.

⑤ '생산'은 인간이 생활하는 데 필요한 각종 물건을 만들어 냄을 뜻한다.

06 문서이해능력 세부 내용 이해하기

| 정답 | ④

| 해설 | 전 세계적 에너지 소비 가운데 전력의 비율은 20%로 80%를 차지하는 화석연료보다 낮은 비율이지만, 화석연료에 포함되는 천연가스의 비율보다 낮은지는 알 수 없다.

07 문서이해능력 글의 주제 추론하기

| 정답 | ②

| 해설 | 제시된 글의 필자는 저탄소, 탈원전 정책을 긍정적으로 바라보는 시각을 보여 주고 있으나, 이에 대한 맹목

적인 찬양보다는 이러한 정책을 받아들이기 위해 우리 사회에 필요한 자세와 정책이 성공하기 위한 조건을 제시하여 에너지 소비 생활에 대한 올바른 체질 개선 방향을 핵심 주제로 설정하고 있다. 따라서 ②가 주제로 가장 적절하다.

08 문서작성능력 문맥에 따라 문장 배치하기

| 정답 | ④

| 해설 | 우선 ㉣에서 우리 경제의 문제점과 그 원인을 제시하며 ㉢에서는 이에 이어 또 다른 문제점을 제시하고 있다. ㉠은 접속사 '또한'으로 시작하여 ㉢의 설명을 부연하고 있다. 마지막으로 이러한 문제들이 불러올 결과를 제시하는 ㉡이 마지막으로 이어진다. 따라서 ㉣-㉢-㉠-㉡ 순이 적절하다.

09 문서이해능력 단락 구분하기

| 정답 | ③

| 해설 | 우선 첫 단락에서는 에너지 자원의 소비행태를 분석해 온실가스 배출량을 조절할 필요성을 제시하고 있다. (가)에서는 이를 부연해 기후변화가 초래하는 에너지 수요의 변동을 설명한다. (나)에서는 에너지의 안정적 수급의 중요성을 제시하여 새로운 중심소재인 에너지 빈곤층을 소개하고 있다. 다음으로 (다), (라), (마)에서는 지속가능한 발전을 위한 온실가스 배출 저감방식의 필요성이라는 새로운 소재를 설명하고 있다. 따라서 단락은 (가)/(나)/(다), (라), (마)로 구분할 수 있다.

10 문서이해능력 빈칸에 들어갈 단어 찾기

| 정답 | ①

| 해설 | 제시된 글에서는 에너지의 안정적인 수급을 강조하며, 이를 실행하는 방안으로 에너지 빈곤층에 대한 차별 없는 정책의 필요성을 주장한다. 따라서 에너지 공급은 에너지 빈곤층도 에너지의 권리를 모두 누릴 수 있어야 한다는 의미로 빈칸 ㉠에 들어갈 단어는 '형평성'이 적절하다.

11 기초연산능력 이동한 거리 계산하기

| 정답 | ①

| 해설 | 강아지의 총 이동거리를 구하기 위해서는 강아지가 달린 시간을 알아야 하고, 이는 A와 B가 만나는 데 걸린 시간과 같다.

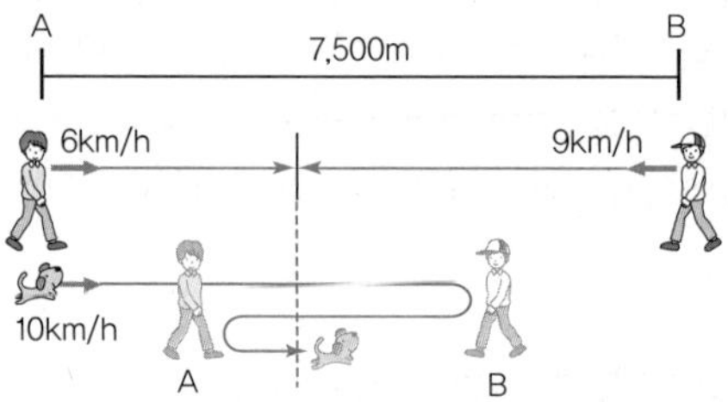

A와 B가 만나는 데 걸린 시간은 $\frac{7.5}{6+9}=\frac{1}{2}$(h)이므로 강아지가 이동한 거리는 10(km/h)$\times\frac{1}{2}$(h)=5(km)이다.

12 기초연산능력 할인율 계산하기

| 정답 | ③

| 해설 | 원가 할인율을 알기 위해서는 기존의 원가를 알아야 한다. 원가를 x원이라고 하면 정가는 원가와 이익을 더한 값이므로 다음과 같은 식이 성립한다.

$x+\left(x\times\frac{20}{100}\right)=96,000$

$1.2x=96,000$

$\therefore x=80,000$(원)

원가가 80,000원에서 60,000원으로 20,000원 낮아졌으므로 원가 할인율은 $\frac{20,000}{80,000}\times100=25$(%)이다.

13 기초연산능력 도형의 넓이 계산하기

| 정답 | ⑤

| 해설 | 아래의 〈그림 1〉에서 빗금 친 부분의 넓이는 색칠된 부분의 넓이와 같으므로 제시된 그림의 색칠된 부분은 〈그림 2〉의 색칠된 사각형의 넓이와 같다.

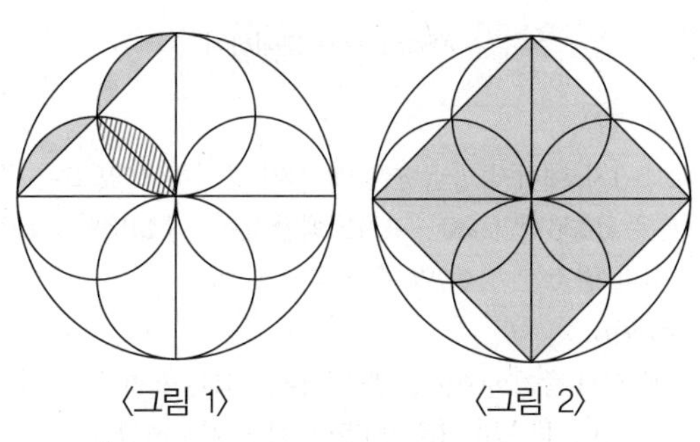
〈그림 1〉 〈그림 2〉

따라서 $\frac{1}{2}\times28\times28=392(\text{cm}^2)$이다.

14 기초통계능력 경우의 수 계산하기

| 정답 | ①

| 해설 | • 입사하는 신입사원이 3명일 경우 : 각 팀에 1명씩 배정하면 되므로 1가지이다.

• 입사하는 신입사원이 4명일 경우 : 각 팀에 1명씩 배정하고 남은 1명을 배정하는 경우의 수를 구하면 된다.
$_3H_1={}_{3+1-1}C_1={}_3C_1=3$(가지)

• 입사하는 신입사원이 5명일 경우 : 각 팀에 1명씩 배정하고 남은 2명을 배정하는 경우의 수를 구하면 된다.
$_3H_2={}_{3+2-1}C_2={}_4C_2=6$(가지)

이와 같은 방법으로 계산하면 $1+{}_3H_1+{}_3H_2+\cdots+{}_3H_7=1+{}_3C_1+{}_4C_2+\cdots+{}_9C_7=120$(가지)이다.

15 기초통계능력 확률 계산하기

| 정답 | ①

| 해설 | 김 대리가 정각에 출근하거나 지각할 확률은 $\frac{1}{4}+\frac{2}{5}=\frac{13}{20}$이므로, 정해진 출근 시간보다 일찍 출근할 확률은 $1-\frac{13}{20}=\frac{7}{20}$이다. 따라서 이틀 연속 제시간보다 일찍 출근할 확률은 $\frac{7}{20}\times\frac{7}{20}=\frac{49}{400}$가 된다.

16 도표분석능력 자료의 수치 분석하기

| 정답 | ③

| 해설 | 등유는 전기, 도시가스에 이어 매년 세 번째로 많은 연료비 비중을 차지하는 에너지원이며, 2014년에는 기타와 함께 공동 3위이므로 이 역시 세 번째로 많다고 말할 수 있다.

| 오답풀이 |

① 2013년에는 전기 연료비 비중이 44.7%에서 46.7%로 증가하였으나, 도시가스의 연료비 비중은 전년도와 동일하게 32.2%를 유지하였다.

② 도시가스 연료비 비중은 2013년에만 전년도와 동일하였고 나머지 해에는 모두 증가하였다.

④ 2014 ~ 2019년 전기 연료비 비중은 LPG의 10배 이하이며, 나머지 해에는 10배 이상의 연료비 비중을 보였다.

⑤ LPG는 2014년, 2015년, 2017년에 전년보다 연료비 비중이 증가하였고, 기타는 2019년에 전년보다 연료비 비중이 증가하였다.

17 도표분석능력 자료의 수치 분석하기

| 정답 | ④

| 해설 | (나) 90% 이상의 전기 생산에 해당하는 OECD 국가 평균의 에너지원은 천연가스, 석탄, 원자력, 수력, 신재생의 다섯 가지인데 반해, 우리나라는 천연가스, 석탄, 원자력의 세 가지에 의존하고 있음을 알 수 있다.

(라) 46.2−27.2=19(%p)의 차이를 보이는 석탄이 가장 큰 비중 차이가 나는 에너지원이다.

| 오답풀이 |

(가) 제시된 자료는 각 지역별 해당 지역의 전기 생산량 비중을 의미하는 자료이므로 특정 에너지원을 이용한 전기 생산량이 상대 지역보다 더 많고 적은지를 판단할 수는 없다.

(다) 석탄과 원자력의 비중이 우리나라는 46.2+26.0=72.2(%)에 달하고 있으나, OECD 국가 평균은 27.2+17.8=45(%)로 절반에 미치지 못하고 있음을 알 수 있다.

18 도표분석능력 자료의 수치 분석하기

| 정답 | ④

| 해설 | 1인당 재활용폐기물 배출량과 생활폐기물의 배출량과는 비례 또는 반비례의 상관관계가 없음을 알 수 있다.

| 오답풀이 |

① 20X3년에 비해 20X8년에 기타 생활폐기물은 5,167톤이 증가하였고, 생활쓰레기는 8,776톤이 감소하였다.

② $\frac{42,384-43,757}{43,757}\times 100 ≒ -3.14(\%)$에 이르고 있다.

③ 20X8년 A 국의 전체 생활폐기물 1인당 1일 평균 발생량은 0.92kg인 데 반해, 가정 부문의 평균이 0.246kg이므로 비가정 부문은 가정 부문보다 발생량이 더 많다고 판단할 수 있다.

⑤ 가정 부문은 $\frac{0.143}{0.246} ≒ 0.58$, A 국 전체는 $\frac{0.28}{0.92} ≒ 0.30$으로 가정 부문의 비중이 더 크다.

19 도표분석능력 자료로 추론하기

| 정답 | ②

| 해설 | (가) ~ (라) 지역의 2017년 대비 2021년의 에너지공급량 증가율과 2007년 대비 2021년의 에너지공급량 증가율을 계산하면 다음과 같다.

	2007년 대비	2017년 대비
(가)	$\frac{2,216-2,273}{2,273}\times 100$ ≒ −2.51(%)	$\frac{2,216-2,215}{2,215}\times 100$ ≒ 0.05(%)
(나)	$\frac{3,066-1,149}{1,149}\times 100$ ≒ 166.84(%)	$\frac{3,066-2,629}{2,629}\times 100$ ≒ 16.62(%)
(다)	$\frac{1,741-1,038}{1,038}\times 100$ ≒ 67.73(%)	$\frac{1,741-1,526}{1,526}\times 100$ ≒ 14.09(%)
(라)	$\frac{721-354}{354}\times 100$ ≒ 103.67(%)	$\frac{721-623}{623}\times 100$ ≒ 15.73(%)

두 번째 조건에 따라 (나)는 중국이고, 세 번째 조건에 따라 중동은 (다) 또는 (라)가 될 수 있다. 네 번째 조건에 따라 미국은 $\frac{4,277-4,139}{4,139}\times 100 ≒ 3.33(\%)$보다 작은 (가)이므로 중동이 (라), 중국 외 아시아가 (다)임을 알 수 있다.

20 도표분석능력 자료의 수치 분석하기

| 정답 | ④

| 해설 | 1차 에너지 공급량은 매 시기 증가하고 있으나, 증가분은 1,496백만 toe → 1,419백만 toe → 744백만 toe로 매 시기 감소한 것을 알 수 있다.

| 오답풀이 |

① 매 시기 증가한 에너지원은 석유, 석탄, 천연가스, 신재생 등이며, 원자력은 2012년 이후 감소하였다.

② '그 외 국가'를 제외하면 2007년과 2012년은 미국이, 2017년과 2021년은 중국이 가장 많은 공급량을 나타내고 있다.

③ 중국 외 아시아와 중동의 1차 에너지 공급량 증가분 합은 (1,741−1,038)+(721−354)=703+367=1,070(백만 toe)이며, 중국의 증가분은 이보다 큰 3,066−1,149=1,917(백만 toe)이다.

⑤ (가)가 미국이므로 미국은 유럽보다 1차 에너지 공급량이 매 시기 더 많다.

21 문제해결능력 자료 읽고 추론하기

| 정답 | ④

| 해설 | 역할 분담 항목에서 사업계획서 작성 및 신청서 접수를 3월 29일까지 실시할 것을 명시하고 있고, 사업에 지원하기 위해서는 지능형전력망 사업자로 등록되어 있어야 하므로 접수일자인 3월 29일 이전까지는 사업자 등록이 진행되어야 한다.

| 오답풀이 |

① 3월 21일부터 실시하는 부서 워크숍에 참석하는 부서원이 10명이라 제시되어 있으므로 에너지사업부의 직원 수는 최소 10명 이상이다.

② 월간 회의록에서는 승진자 교육에 참석해야 하는 승진대상자가 누군지를 특정하지 않았고, 같은 날에 출발하는 부서 워크숍에 에너지사업부 전원이 참석하는 것인지 역시 알 수 없어, 에너지사업부의 승진대상자 유무는 알 수 없다.

③ 에너지사업부 월간 회의가 개최된 3월 4일은 월요일이므로 16시 퇴근을 실시하는 날짜는 수요일인 3월 6일부터 7일까지이다.

⑤ 월간 회의록의 신재생에너지 보급 확대를 위한 신규 콘텐츠 제작 건에서 관련 국내 사업 및 시설 운영관리 현황 정리에 대한 내용이 포함되어 있으나, 해당 건의 구체적인 진행 내용은 알 수 없다.

22 문제처리능력 적절한 은행 추천하기

| 정답 | ④

| 해설 | 정은 주로 현금을 사용하므로 카드 사용실적을 세워야 하는 Y 은행을 사용할 경우 받을 수 있는 혜택이 없다. ATM 출금 수수료를 면제받을 수 있는 W나 X 은행을 추천해 주는 것이 적절하다.

| 오답풀이 |

① 갑은 연봉이 3,000만 원이므로 월 급여 이체 금액이 100만 원 이상이며, 곧 출산 예정이다. 따라서 육아, 출산 휴직 기간에도 수수료 혜택을 제공하는 X 은행을 추천해 주는 것이 적절하다.

② 을은 해외 출장이 잦은 무역 사업을 시작했으며, 최근 해외 출장 스케줄을 혼자 수행 중이므로 해외여행 시 데이터 로밍을 무료 제공받을 수 있는 Y 은행을 추천해 주는 것이 적절하다.

③ 병은 인터넷 쇼핑과 영화 관람을 즐겨하며 자취 중이므로 공과금, 자동이체 시 수수료 면제 혜택과 쇼핑, 영화관 청구 할인을 제공받을 수 있는 Z 은행을 추천해 주는 것이 적절하다.

⑤ 무는 대중교통으로 출 · 퇴근하며 학자금 대출 상환으로 통장 잔액이 불안정하므로 대중교통 할인 혜택과 연 3%의 예금 금리를 제공받을 수 있는 W 은행을 추천해 주는 것이 적절하다.

23 문제처리능력 제안서 작성요령 이해하기

| 정답 | ②

| 해설 | 제안내용 중 기술적 판단이 필요한 부분은 증빙자료가 제시되어야 하지만 모든 내용에 포함해야 하는 것은 아니다.

24 문제처리능력 제안서 작성하기

| 정답 | ①

| 해설 | 기타 항목에는 제안요청서에 없는 내용 중 제안기관의 아이디어를 기재할 수 있으므로 별도의 세부 항목을 추가로 설정할 수 있다.

25 문제처리능력 수행해야 할 업무 파악하기

| 정답 | ④

| 해설 | ㄱ. 모집 인원이 충원되지 않은 충북, 대전, 경남의 경우만 재공모를 실시한다.

ㄷ. 심사위원 섭외는 대외홍보팀 내부 협의를 거쳐 진행한다고 나와 있다.

ㅁ. 지원자가 모집 인원보다 적을 경우 재공모는 심사위원회 개최 날짜인 20XX. 03. 27. 이후 진행한다고 나와 있다.

26 문제처리능력 조건 적용하기

| 정답 | ③

| 해설 | 〈조건〉을 충족하는 조직도는 ③이다.

| 오답풀이 |

① 직위－성명－전공분야 순으로 기재되지 않았고, 부문별 책임자가 될 수 없는 대리가 영업부문 책임자로 기재되어 있다.

② 부문별 책임자가 될 수 없는 대리가 영업부문 책임자로 기재되어 있다.

④ 위쪽과 왼쪽부터 직위가 높은 순으로 기재되어야 하는데 부장보다 차장이 먼저 기재되어 있다.

⑤ 직위－성명－전공분야 순으로 기재되지 않았고, 부문별 책임자가 될 수 없는 대리가 영업부문 책임자로 기재되어 있다.

27 문제처리능력 안내문 이해하기

| 정답 | ③

| 해설 | '자가격리 통보 직원과 접촉한 동료직원의 경우 자가격리 통보 직원이 확진검사 및 결과 통보일까지 공가 부여'라는 설명에 해당하는 경우이므로 공가를 부여받을 수 있다.

| 오답풀이 |

① 직원 본인이 보건기관 등에서 자가격리 대상으로 통보받은 경우 확진검사 및 결과 통보일까지 공가가 부여되나, 음성판정인 경우 다음날 업무복귀를 해야 하므로 올바르지 않은 설명이다.

② 확진자 발생시설 방문직원은 보건기관으로부터 별도의 자가격리 통보가 없는 경우 공가부여가 불가하다고 하였으므로 올바르지 않은 설명이다.

④ 자가격리 대상 직원이 음성판정 통보를 받은 경우 다음날 업무복귀해야 하므로 올바르지 않은 설명이다.

⑤ 동거인 또는 동거가족 중에 코로나19 격리자가 있는 경우 격리가 결정된 날을 기준으로 14일간 출근하지 않도록 하고 재택근무 또는 공가 처리하며, 격리자인 동거인 또는 동거가족이 격리 해제될 경우, 격리 해제된 다음날부터 출근해야 하므로 올바르지 않은 설명이다.

28 문제처리능력 자료 이해하기

| 정답 | ④

| 해설 | 당해 자치단체가 아닌 다른 지역구의 국회의원 보궐선거에 출마할 경우는 선거일 전(前) 90일까지 사임해야 하며, 사임은 사망과 함께 궐위에 해당된다.

| 오답풀이 |

① 부단체장이 지방자치단체의 장의 권한을 대행하는 제도가 권한대행이다.

② 사임의 경우 궐위된 것이므로 궐위 시점부터 권한대행이 개시된다.

③ 공소제기 및 구금의 두 조건이 모두 충족이 되어야 권한대행이 개시되며 둘 중 하나라도 소멸되거나 충족되지 않으면 권한대행이 종료되거나 개시되지 않는다.

⑤ 당해 자치단체가 아닌 다른 자치단체의 장 또는 지방의원 선거 입후보시 선거일 전(前) 90일까지 사임해야 하므로 6월 13일 지방선거 입후보를 위해서는 3월 13일경 이전까지 사임해야 한다.

29 문제처리능력 지침 이해하기

| 정답 | ⑤

| 해설 | 블라인드 채용에서는 기본적으로 신체 조건이나 외모 등을 판단 기준으로 삼지 않아야 하나, 보안이나 경비 등의 특수한 직무의 경우 이에 합당한 자격 보유 여부를 확인하는 것은 적절한 행위이다. E 씨의 경우는 경비직을 수행하기 위하여 필요한 신체 요건에 해당되므로 직무와 관련된 자격, 훈련, 경험 등으로 판단할 수 있어 응시 서류에 기재가 가능한 경우에 해당된다.

| 오답풀이 |

① 나이는 채용 기준에서 기재가 금지되어 있는 인적사항에 해당된다.

② 신체장애 여부뿐만 아니라 외모가 드러난 사진 역시 부착이 금지되어 있다.

③ 출신 학교뿐만 아니라 출신 지역 또한 편견을 불러올 수 있으므로 기재할 수 없다.

④ 직무와 직접적인 관련이 있는 경력 사항이므로 기재 금지 사항에서 제외되며, 자신의 장점을 정당하게 드러낼 수 있는 방법이므로 적절한 사례라고 볼 수 없다.

30 문제처리능력 요금 관련 규정 이해하기

| 정답 | ④

| 해설 | 3자녀 다둥이 행복카드 소지자와 저공해 차량은 모두 50%의 감면 혜택이 있으나, 중복 혜택은 적용되지 않는다.

| 오답풀이 |

① 같은 시간 단위로 환산해 보면 1회<1일<1개월 순으로 주차 요금이 더 경제적이다.

② 1급지인 상업지역과 2급지인 외곽지역은 1회 최초 30분과 월 주야간 정기 주차 요금을 제외하고 모두 2배 차이가 난다.

③ 장애인 등과 승용차 요일제에서 감면율의 차이를 확인할 수 있다.

⑤ 첫 1시간은 2,200원이며 이후 7시간은 매시간 2,400원이므로 8시간 총 19,000원에 최초 1시간 면제 및 나머지 50% 감면을 적용하면 8,400원이다.

31 시간관리능력 행사장 대관 안내문 이해하기

| 정답 | ③

| 해설 | 기본대관료 대비 리허설 추가 비용은 16.6 ~ 16.7%로 모두 동일한 수준이라고 볼 수 있다.

| 오답풀이 |

① 오후 2회 공연이며 공연 시간은 2시간이므로 A 홀에서 1회, B 홀이나 C 홀에서 1회의 공연을 해야 한다. A 홀을 반드시 이용하면서 2회 공연의 대관료가 85만 원을 넘지 않기 위해서는 B 홀이 아닌 C 홀을 이용해야 한다. 따라서 A 홀과 C 홀이 예약되어 있지 않은 날을 선택해야 하며, 10월 셋째 주 이전에 가능한 날짜는 4일과 18일로 이틀이 된다.

② 계약금을 지불하고 남은 잔금 지불 시점은 티켓 판매 전이다.

④ 계약금 지불 후 3일 이내에 방문하여 계약을 체결하며, 티켓 판매일 전에 잔금을 지불하는 과정으로 되어 있으므로 올바른 설명이다.

⑤ 18일까지는 모두 1개 또는 2개 홀만 예약이 되어 있는 상태이다.

32 시간관리능력 강좌 일정 이해하기

| 정답 | ④

| 해설 | 정은 출장으로 10월에는 강좌를 수강할 수 없으나, 매월 개강하는 무역실무A와 매 홀수 달에 개강하는 법무실무B를 모두 신청할 수 있다.

| 오답풀이 |

① 갑은 7월에는 세미나로 강좌를 수강할 수 없고, 매월 개강하는 영어A를 신청할 경우 매 홀수 달에 개강하는 법무실무B는 신청할 수 없다.

② 을은 8월에는 여름휴가로 강좌를 수강할 수 없고, 매 홀수 달에 개강하는 컴퓨터B와 무역실무B를 동시에 신청할 수 없다.

③ 병은 6월에는 야근으로 강좌를 수강할 수 없고, 매 홀수 달에 개강하는 영어C를 신청할 경우 매 짝수 달에 개강하는 컴퓨터C를 신청할 수 없다.

⑤ 무는 10월에 미팅으로 강좌를 수강할 수 없고, 매 짝수 달에 개강하는 영어B를 신청할 경우 매 홀수 달에 개강하는 무역실무C를 신청할 수 없다.

33 예산관리능력 출장비 규정 이해하기

| 정답 | ①

| 해설 | 철도운임이 적용되는 구간에 전철요금이 따로 책정되어 있는 때에는 철도운임에 갈음하여 전철요금을 지급한다는 규정에 의해 18,000원을 신청하여야 한다.

| 오답풀이 |

② 숙박비를 지출하지 않은 인원에 대해 1일 숙박당 20,000원을 지급 할 수 있다는 규정에 따라 출장자가 숙박비를 지불하지 않은 경우에도 일정 금액은 숙박비로 지급될 수 있다.

③ 차장인 경우 도착 다음날부터 15일까지는 40,000원의 일비가 적용되며, 16 ~ 30일까지는 36,000원, 31 ~ 35일까지는 32,000원의 일비가 적용된다. 따라서 총 일비는 (40,000×15)+(36,000×15)+(32,000×5)=600,000+540,000+160,000=1,300,000(원)이 된다.

④ 과장인 경우 숙박비 상한액이 40,000원이며, 부득이한 사유로 이를 초과할 경우 최대 상한액의 10분의 3을 추가로 지급받을 수 있으므로 12,000원을 추가 지급받을 경우 60,000−52,000=8,000(원)의 자비 부담액이 발생하게 된다.

⑤ 회사 차량을 이용할 경우 교통비가 지급되지 않으나 도로사용료와 유류대, 주차료는 귀임 후 정산 받을 수 있다고 규정되어 있다.

34 예산관리능력 지급액 계산하기

| 정답 | ③

| 해설 | 2박 3일의 일정이므로 세 명에게 지급될 일비는 3일분이 되며, 지사에서 차량이 지원되므로 세 명 모두에게 일비의 2분의 1만 지급하면 된다. 따라서 일비의 총 지급액은 다음과 같다.

- A 본부장 : 50,000×3×0.5=75,000(원)
- B 부장 : 40,000×3×0.5=60,000(원)
- C 대리 : 35,000×3×0.5=52,500(원)

따라서 총 187,500원이다.

35 예산관리능력 안내 사항 이해하기

| 정답 | ②

| 해설 | 7세 이하 미취학 아동은 보호자 동반 시 무료입장이 가능하나, 좌석은 제공되지 않는다고 언급되어 있다. 또한 외야는 어린이 회원이 무료이며, 미취학 아동의 경우 지정된 좌석이 제공되지 않으므로 어느 구역에서도 경기를 관람할 수 있다.

| 오답풀이 |

① 익일 취소 시 수수료가 발생하며, 예매일과 취소일이 같을 경우 수수료가 청구되지 않는다고 규정되어 있다.

③ 금, 토, 일, 월요일 4일간 주말 요금이 적용된다.

④ 주중 성인회원 레드석 입장료는 8,000원이나, K 팀 L 카드 3,000원 할인이 적용되어 5,000원이 되며 할인은 결제 시에 바로 반영된다.

⑤ 블루석 이하의 경우, 주중과 주말 가격이 모두 일반 입장권보다 2,000원씩 싼 것을 알 수 있다.

36 예산관리능력 지불 방법에 따른 사용료 계산하기

| 정답 | ⑤

| 해설 | 금요일이므로 주말 가격이 적용되며, 블루석 기준 각 인원의 입장료를 지불 방법에 따라 구분하여 정리하면 다음과 같다.

〈K 팀 L 카드로 결제〉

- 김 과장 : 13,000－3,000＝10,000(원)
- 아내 : 15,000－3,000＝12,000(원)
- 아버지 : 15,000－3,000＝12,000(원)(경로우대자이나, 외야석이 아니므로 할인 대상에서 제외됨)
- 큰 아들 : 15,000－3,000＝12,000(원)
- 작은 아들 : 7,500－3,000＝4,500(원)
- 총 : 50,500원

〈S 카드로 결제〉

- 작은 아들 친구 2명 : 7,500×2＝15,000(원)(청구 시에 할인 반영되므로, 결제 시에는 할인 없이 1인당 7,500원을 결제하게 됨)

따라서 7명의 총 입장료는 50,500＋15,000＝65,500(원)이 된다.

37 예산관리능력 사용료 계산하기

| 정답 | ④

| 해설 | 부대시설 중 별도의 사용에 소요되는 비용은 사용자가 부담하여야 한다고 제시되어 있으므로 피아노 조율이나 드라이아이스기 운영인력 비용은 사용자가 별도로 부담한다.

| 오답풀이 |

① 어떤 행사나 공연을 하느냐에 따라 대관료가 다르며, 3시간 이후부터는 초과시간 사용료가 발생한다.

② 오후 6시부터 1시간은 식사 시간이 되므로 추가시간 없이 오후 4시～8시까지 기본 사용료인 400,000원으로 사용이 가능하다.

③ 흥행성 공연이므로 1,000,000원의 기본 사용료와 행사 준비 사용료 500,000원, 주말 사용료 가산분인 200,000원까지 총 1,700,000원의 기본시설 사용료가 발생한다.

⑤ 사내 음악 밴드 공연이므로 대공연장 음악 공연에 해당되며, 평일이므로 주말 가산료는 없다. 또한 4시간 사용 예정이나 저녁 식사시간 1시간을 제외하면 3시간의 사용이 되어 기본 사용료는 400,000원이 된다. 여기에 스모그기와 드라이아이스기를 사용하게 되므로 각각 10,000원씩의 부대시설 사용료가 발생하여 총 420,000원의 사용료를 지불해야 한다.

38 시간관리능력 이동 경로 구하기

| 정답 | ④

| 해설 | A사를 먼저 방문하고 중간에 회사로 한 번 돌아와야 하며, 거래처에서 바로 퇴근하는 경우의 수와 그에 따른 이동 거리는 다음과 같다.

- 회사－A－회사－C－B : 20＋20＋14＋16＝70(km)
- 회사－A－회사－B－C : 20＋20＋26＋16＝82(km)
- 회사－A－C－회사－B : 20＋8＋14＋26＝68(km)
- 회사－A－B－회사－C : 20＋12＋26＋14＝72(km)

따라서 68km가 최단 거리 이동 경로가 된다.

39 시간관리능력 이동 경로 구하기

| 정답 | ③

| 해설 | **38**번 해설에 따라 최장 거리 이동 경로는 회사－A－회사－B－C이며, 최단 거리 이동 경로는 회사－A－C－회사－B이므로 각각의 연료비를 계산하면, 3,000+3,000+3,900+3,000=12,900(원)과 3,000+600+2,100+3,900=9,600(원)이다.

따라서 두 연료비의 차이는 12,900－9,600=3,300(원)이 된다.

40 예산관리능력 예산에 맞게 인건비 계산하기

| 정답 | ③

| 해설 | 변경사항에 따라 달라지는 비용을 정리하면 다음과 같다.

• 내부인 답례품 : (200+200)×1.5=600(천 원) 증가
• 외부인 답례품 : 8×100=800(천 원) 증가
• 보고서 인쇄비 : 18.2×25=455(천 원) 감소

따라서 기존의 예산에서 총 600+800－455=945(천 원)을 더 사용해야 하므로 인건비에서 945천 원만큼을 감액해야 한다.

① 연구원 10% 감액, 연구보조원 5% 감액 시 (1,800×0.10×2)+(900×0.05×3)=495(천 원)을 감액할 수 있다.
② 연구원 10% 증액, 연구보조원 5% 증액 시 기존의 예산에서 더 사용하게 된다.
③ 연구원 15% 감액, 연구보조원 15% 감액 시 (1,800×0.15×2)+(900×0.15×3)=945(천 원)을 감액할 수 있다.
④ 연구원 15% 증액, 연구보조원 20% 증액 시 기존의 예산에서 더 사용하게 된다.
⑤ 연구원 15% 감액, 연구보조원 20% 감액 시 (1,800×0.15×2)+(900×0.20×3)=1,080(천 원)을 감액할 수 있다.

따라서 연구원 인건비를 15% 감액하고 연구보조원 인건비를 15% 감액하는 것이 가장 적절하다.

41 정보처리능력 비디오테이프 시스템 이해하기

| 정답 | ④

| 해설 | VHS보다 1년 먼저 출시된 베타맥스는 비교적 화질이 우수했으며, 테이프 카세트의 크기도 작아 휴대도 간편했다고 언급되어 있다. 따라서 VHS는 출시 시점부터가 아닌, 소니의 품질 정책 등에 기인해 시간이 지나면서 경쟁에서 승리할 수 있었던 것이다.

| 오답풀이 |

① 베타맥스는 VHS보다 1년 먼저 출시되어 시장을 선점하였으며, 화질도 더 우수하였으므로 녹화 시간을 제외하면 VHS보다 우수했다고 판단할 수 있다.
② 베타맥스 규격을 이용한 콘텐츠를 출시하려면 소니의 품질 정책을 준수해야 했으며, 소니의 품질 정책에는 폭력적이거나 외설적인 콘텐츠를 제약하는 내용이 포함되었다. 따라서 폭력적이거나 외설적인 콘텐츠의 제작자들은 베타맥스를 외면할 수밖에 없었으며 이것이 VHS의 경쟁 승리에 결정적인 원인이 되었다고 설명되어 있다.
③ 베타맥스가 경쟁에서 패배한 원인 중 하나가 짧은 녹화 시간 때문에 영화 한 편을 담는 것이 어려웠다는 점이므로 만일 영화 재생 시간이 짧았다면 두 기술의 경쟁 결과는 달라졌을 것으로 판단할 수 있다.
⑤ S－VHS는 Y와 C를 분리해 저장 및 전송하는 특징 덕분에 기존의 320×240 수준의 해상력보다 뛰어난 640×480 수준의 해상력을 가지고 있다고 언급되어 있다.

42 정보처리능력 정보 처리 기술 이해하기

| 정답 | ②

| 해설 | 수많은 코로나 검사 비용 및 검사 시간에 대한 자료를 분석하여 특정 의료장비의 정확도와 검사 시간에 대한 정보를 구축하는 것은 대량의 데이터에서 유용한 정보를 추출하여 얻은 결과이므로 이는 텍스트 마이닝이 아닌 데이터 마이닝이 적용된 기술 사례이다.

| 오답풀이 |

① 데이터 마이닝의 발달이 가속화된 가장 중요한 계기는 데이터 증가이다. 바코드, POS 장치, 마우스 클릭 기록 정보 및 GPS 데이터 등이 발달의 결과이다.

③ 데이터 마이닝은 방대한 양의 전체 데이터베이스에서 특정 패턴과 규칙을 찾아내는 기술이며, 텍스트 마이닝은 텍스트를 분석하여 각 텍스트 간에 존재하는 의미 있는 규칙을 찾아내는 기술이다.

④ 중요한 문서 파일이 스팸 메일로 자동 분류되어 스팸함에 보관되어 있는 현상은 스팸 메일의 일부 내용에 대한 패턴 인식의 결과이므로 보다 정교하고 정확도 높은 텍스트 마이닝 기술을 통해 보완되어야 할 점이다.

⑤ 데이터 마이닝은 데이터로부터 지식이나 패턴을 찾아내는 일련의 과정이므로 주어진 사례와 같은 정보는 데이터에 의한 일종의 패턴인 것이다.

43 컴퓨터활용능력 프레젠테이션 활용하기

| 정답 | ⑤

| 해설 | 제시된 설명과 같이 두 조직 사이에 직할 조직을 삽입하고자 할 경우, '보조자 추가'를 선택해야 한다. 주어진 그림에서 '아래에 도형 추가'를 누를 경우 또 하나의 팀 조직이 생기게 된다.

| 오답풀이 |

① 조직도는 SmartArt 그래픽을 선택하여 작성하게 된다.

② 전체 조직 단위의 색을 동일하게 원하는 색으로 지정할 수도 있으며, 도형 서식을 통하여 각 조직 단위별로 다른 색을 지정할 수도 있다.

③ 조직 단위를 위, 아래 조직으로 변경할 때에는 '수준 올리기'와 '수준 내리기' 기능을 적용하여 간단하게 바꿀 수 있다.

④ 서열을 그대로 유지한 채 조직도의 형태만 바꿀 때 조직도 레이아웃을 사용한다.

44 컴퓨터활용능력 워드프로세서 활용하기

| 정답 | ④

| 해설 | 아래한글의 계산 기능은 계산하고자 하는 셀에 커서를 놓고 Ctrl+N+F를 눌러 다음과 같은 계산식 창을 열 수 있다.

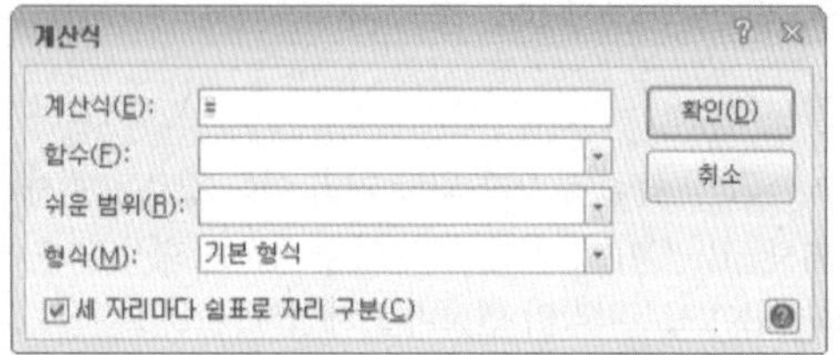

함수 란에서 원하는 함수를 선택하여 계산식 란에 엑셀과 같은 방식으로 계산식을 입력할 수 있다. 따라서 설비용량의 합계인 '=SUM(C2:C6)'와 발전량의 합계인 '=D2+D3+D4+D5+D6' 모두 입력 가능하다. 또한 창의 하단에서와 같이 합계 결과에 대하여 세 자리마다 쉼표로 자리를 구분할 수 있다.

그러나 '쉬운 범위'를 눌러 '현재 셀의 위쪽 모두'를 선택하면 ABOVE를 입력할 수 있으며, 이때의 계산식은 '=ABOVE'가 아닌 '=SUM(ABOVE)'로 입력해야 한다.

45 정보처리능력 정보 용어 이해하기

| 정답 | ①

| 해설 | 파밍(Pharming)은 악성프로그램을 통해 피해자가 가짜 금융사이트에 접속하도록 하여 금융정보를 조작, 피해자의 돈을 부당하게 탈취하는 수법으로, 사용자 PC가 악성코드에 감염 → 정상 홈페이지에 접속하여도 피싱(가짜) 사이트로 유도 → 금융정보 탈취 → 범행계좌로 이체의 방식으로 진행된다.

큐싱(Qshing)은 QR 코드(Quick Response Code)를 통해 악성 앱을 내려 받도록 유도하는 금융사기 방식이며, QR 코드를 사용해 보안카드 정보를 사진 형태로 빼내는 것이 특징이다. QR 코드와 개인정보나 금융정보를 낚는다는 뜻의 'Fishing'이 결합된 단어이다.

46 컴퓨터활용능력 엑셀 함수 활용하기

| 정답 | ③

| 해설 | [F3]셀의 값은 [A3], [B3] 또는 [C3], [D3]의 텍스트를 모두 합친 것이므로 CONCATENATE 함수를 사용할 수 있다. 또한 [B3]과 [C3]의 값 중 점수가 더 큰 것이 해당 텍스트로 지정되어야 하므로 IF 함수를 사용할 수 있다.

CONCATENATE 함수는 '=CONCATENATE(텍스트1, 텍스트2,…)'의 형식이며, IF 함수는 '=IF(조건,참의 값, 거짓의 값)'의 형식이다. 따라서 'IF(B3>C3,B3,C3)'와 'IF(B3<C3,C3,B3)'의 경우에 모두 각각 95, 93, 92를 선택하게 되어 주어진 [F3]의 결과값을 나타내게 된다. 따라서 (가)와 (다) 모두 입력 가능한 수식이 된다.

47 컴퓨터활용능력 엑셀 함수 활용하기

|정답| ①

|해설| COUNT 함수는 설정한 범위에서 숫자로 된 셀의 개수를 구하는 것이므로 설정한 범위 [B2:C7]에서 숫자로 된 셀의 개수를 구하면 3이다. COUNTA 함수는 설정한 범위에서 비어 있지 않은 셀의 개수를 구하는 것이므로 설정한 범위 [B2:C7]에서 빈 셀을 제외한 셀의 개수를 구하면 7이다.

48 컴퓨터활용능력 엑셀 기능 파악하기

|정답| ②

|해설| '빠른 채우기' 기능은 연속된 데이터의 패턴만 분석할 수 있기 때문에 이를 사용하려면 선택 영역 옆에 있는 열에 원하는 출력물의 예제가 몇 개 입력되어 있어야 한다. [A6:A10]과 같이 입력하기 위해서는 [A6]을 입력하고 우클릭 상태로 [A10]까지 채우기 핸들을 드래그 한 후 '연속 데이터 채우기'를 수행하면 된다.

49 컴퓨터활용능력 확장자 이해하기

|정답| ①

|해설| ㉠ PNG 파일은 GIF를 대체하기 위해 만들어진 자유, 오픈소스 파일 포맷이다. JPEG과 비교해서 PNG는 이미지 안에 비슷한 색이 넓게 사용될 때 유리하다. JPEG이 용량이 더 작아서 최종 배포에 많이 사용되긴 하지만 PNG는 무손실 압축 덕분에 편집 과정에서 쓰이기에 적합한 포맷이다.

㉡ MP4 파일은 MPEG-4의 일부로 규정된 멀티미디어 컨테이너 포맷 표준이다. 디지털 비디오와 디지털 오디오 스트림을 저장하는 데 사용하는 것이 일반적이며, 자막과 스틸 이미지 따위의 기타 데이터를 저장하는 데 사용할 수도 있다.

㉢ MOV 파일은 애플에서 만든 동영상 형식으로 '퀵타임(Quick Time) 동영상 형식'이라고도 한다. 확장자가 '.mov'인 동영상은 iOS 계열의 퀵타임 플레이어에서 가장 원활하게 재생되므로, 영상을 재생하기 위해서는 iOS 계열의 퀵타임 플레이어 소프트웨어를 사용하는 것이 바람직하다.

50 정보처리능력 정보 용어 이해하기

|정답| ⑤

|해설| 디도스(DDoS) 공격이란 대상 시스템의 정상적인 서비스를 방해하는 사이버 공격을 뜻하는 말로서, 다수의 PC를 이용하여 특정 시스템으로 대량의 유해 트래픽을 전송함으로써 해당 시스템을 공격하는 형태이다. DDoS의 공격 유형은 두 가지로 나뉘는데, 해커는 다양한 방법으로 일반사용자 PC에 악성 바이러스를 심어 감염된 PC에 공격명령을 하달하여 DDoS 공격을 수행하게 한다. 다른 한 가지 유형은 신종 악성코드를 이용한 공격으로, 공격자는 신종 악성코드를 제작하여 배포하고, 홈페이지에 은닉 등 다양한 방법으로 악성코드를 이용자 PC에 감염시키게 된다. 이어서 동시다발로 악성코드가 동작하여 특정 사이트를 공격하는 순서로 이루어진다.

|오답풀이|

① 피싱(Phishing) : 유명 기업이나 금융기관을 사칭한 가짜 웹 사이트나 이메일 등으로 개인의 금융정보와 비밀번호를 입력하도록 유도하여 예금 인출 및 다른 범죄에 이용하는 수법

② 스푸핑(Spoofing) : 악의적인 목적으로 임의로 웹 사이트를 구축해 일반 사용자의 방문을 유도한 후 시스템 권한을 획득하여 정보를 빼가거나 암호와 기타 정보를 입력하도록 속이는 해킹 수법

③ 스니핑(Sniffing) : 네트워크 주변을 지나다니는 패킷을 엿보면서 아이디와 패스워드를 알아내는 행위

④ 백 도어(Back Door) : 시스템의 보안 예방책을 침입하여 무단 접근하기 위해 사용되는 일종의 비상구

4회 기출예상문제

문제 150쪽

01	③	02	①	03	④	04	⑤	05	③
06	②	07	③	08	③	09	①	10	①
11	④	12	⑤	13	③	14	④	15	②
16	④	17	⑤	18	⑤	19	③	20	③
21	⑤	22	③	23	③	24	④	25	①
26	③	27	②	28	②	29	④	30	⑤
31	①	32	②	33	⑤	34	④	35	②
36	④	37	③	38	⑤	39	④	40	①
41	①	42	⑤	43	③	44	①	45	⑤
46	①	47	⑤	48	③	49	③	50	④

01 문서작성능력 올바른 띄어쓰기 알기

| 정답 | ③

| 해설 | '거'는 '것'을 구어적으로 표현하는 의존 명사로 '좋을 거 같다'와 같이 띄어 써야 한다.

| 오답풀이 |

① '해보니까'는 본용언과 보조 용언 구성으로 '해 보니까'로 띄어 쓰는 것이 원칙이나 붙여 쓰는 것도 허용된다.

② 접사 '-들'은 명사의 뒤에 붙어 '복수'의 뜻을 나타내는 것으로 앞말과 붙여 쓰며, 의존 명사 '들'은 열거한 사물 모두를 가리키는 것으로 앞말과 띄어 쓴다.

④ 의존 명사 '등'은 앞말과 띄어 써야 한다.

⑤ '보란 듯이'의 '듯'은 의존 명사이므로 앞말과 띄어 써야 한다.

02 의사표현능력 의사소통 방법의 문제점 파악하기

| 정답 | ①

| 해설 | 민수는 영화를 보지 않았다는 정호의 반응과 입장을 고려하거나 생각하지 않고 자신이 하고 싶은 이야기만을 일방적으로 전달하고 있다. 따라서 ①이 적절하다.

03 문서이해능력 세부 내용 이해하기

| 정답 | ④

| 해설 | ㄱ, ㄴ. 첫 번째 문단을 보면 천연가스도 결국 화석 연료라는 태생적 한계 때문에 이에 대한 반감과 우려가 기후변화 가속화와 맞물려 고조되면서 천연가스 산업이 자금 공여 대상에서 점점 제외되고 있음을 알 수 있다.

ㄷ. 마지막 문단을 보면 기후정책 추진이 본격화된다면 천연가스 수요의 감소가 예상되므로 이에 대한 천연가스 산업의 향후 적절한 대응이 필요하다고 판단하고 있다.

| 오답풀이 |

ㄹ. 세 번째 문단을 보면 세계 각국의 에너지전환 정책이 본격 추진되어 천연가스 산업에 영향을 미친다면, 이는 천연가스 산업의 투자비용을 증가시키는 요인으로 작용, 곧 천연가스 산업 규모 축소로 이어질 수 있다고 나와 있다.

04 문서작성능력 자료 분석하여 문서 작성하기

| 정답 | ⑤

| 해설 | 도 단위의 광역자치단체에서 CNG 버스 보급률이 낮은 이유가 공통적인 공간지리적 여건 때문인지는 제시된 자료를 통해서 알 수 없다.

05 문제처리능력 자료를 바탕으로 추론하기

| 정답 | ③

| 해설 | 직원 명단 일부를 보면 각 팀별로 사원번호 중 4 ~ 5번째 숫자가 통일되어 있음을 알 수 있다. 따라서 4 ~ 5번째 숫자는 소속팀을 가리키는 번호임을 추론할 수 있다. 두 번째 설명에 따르면 홍보기획팀 직원들은 모두 신입직으로 입사했는데, 이들은 사원번호 중 맨 앞자리가 'N'으로 통일되어 있다. 따라서 'N'은 신입직을, 'C'는 경력직을 뜻하는 문자임을 추론할 수 있다. 첫 번째와 세 번째 설명에 따르면 연구팀 팀장과 경영지원팀 팀장은 입사동기이며, 전산팀 황○○ 사원은 제일 최근에 입사한 사원이다. 사원번호 중 2 ~ 3번째 자리를 보면 연구팀 팀장과 경영지원팀 팀장은 '09'로 동일하며, 황○○ 사원은 '19'로 직원 명단

중 가장 숫자가 크다. 따라서 2 ~ 3번째 숫자는 입사연도를 뜻함을 알 수 있다.

2 ~ 3번째 숫자가 '13'인 직원 중 홍보기획팀 손○○ 대리는 맨 앞자리가 'N'이므로, 신입직으로 채용되었음을 알 수 있다. 따라서 2013년에는 경력직 채용만 진행되었다는 추론은 적절하지 않다.

| 오답풀이 |

② 직원 명단 일부를 보면 2 ~ 3번째 숫자가 '18'인 직원은 총 3명이다. 따라서 2018년에 입사한 직원은 최소 3명이다.

④ 소속팀을 가리키는 4 ~ 5번째 숫자가 '02'이므로 노○○ 사원은 연구팀 소속임을 알 수 있다.

⑤ 사원번호 중 6 ~ 8번째 숫자가 직급이 높은 순서대로 순차 생성된다면, 홍보기획팀은 총 7명이고 윤○○ 사원의 6 ~ 8번째 숫자가 '003'이므로 홍보기획팀에서 직급이 사원인 사람은 003 ~ 007로 총 5명임을 알 수 있다.

06 문서이해능력 중심내용 이해하기

| 정답 | ②

| 해설 | 지구온난화로 인한 가뭄 때문에 생활용수 부족 현상이 발생하고 있고, 해수면 상승으로 인해 투발루인들이 아침 주식으로 먹는 식물이 죽고 있어 그들의 식생활마저 바뀌었다. 따라서 식생활을 바꾸는 것은 가뭄이 아닌 해수면 상승이다.

07 문서이해능력 세부 내용 이해하기

| 정답 | ③

| 해설 | 제시된 글은 지구온난화의 심각성에 대한 내용이다. 따라서 기후변화를 과거부터 있던 자연스러운 현상이라고 주장하는 ③은 지구온난화의 심각성과 관련된 자료로 적절하지 않다.

08 문서이해능력 세부 내용 이해하기

| 정답 | ③

| 해설 | 세 번째 문단을 보면 품질이 낮은 석유는 밀도와 점성이 높고 황의 함유량이 높고, 온갖 불순물이 함유되어 있다고 하였다. 따라서 품질이 높은 석유일수록 밀도와 점성이 낮다.

| 오답풀이 |

① 첫 번째 문단의 첫 번째 문장에 나와 있다.

② 세 번째 문단을 보면 중질원유를 정제하기 위해서는 세계에서 가장 발달한 산업시설을 갖춰야 하는데, 미국의 정유시설은 최고의 기술력을 갖추고 있기 때문에 가장 무거운 원유까지도 휘발유로 변모시킨다고 나와 있다.

④ 다섯 번째 문단을 보면 미국인들은 담배에 불을 붙이거나 뒷마당에서 바비큐를 할 때 프로판, 부탄, 펜탄 등을 가장 많이 쓴다고 하였다.

⑤ 마지막 문단을 보면 천연가스라고 불리는 메탄과 에탄은 담아 두기가 매우 어려우며 기체이기 때문에 이것을 다루는 기간시설이 필요하다고 하였다.

09 문서이해능력 정보 수집 목적 이해하기

| 정답 | ①

| 해설 | 수집한 정보들은 모두 LPG 차량과 관련된 내용으로, LPG 차량은 친환경성이 우수하여 대기오염 완화에 기여하는 차량임을 알 수 있다. 또한 택시와 렌터카 등에만 제한적으로 사용할 수 있었던 LPG 차량은 앞으로 일반인들도 구입할 수 있을 것으로 전망된다고 하였다. 따라서 P 사원은 LPG 차량을 구입하기 위하여 정보를 수집하였다고 보는 것이 가장 적절하다.

10 문서이해능력 보도자료 이해하기

| 정답 | ①

| 해설 | ㄱ. 개정된 법률의 내용이 정리되어 있을 뿐 개정되기 전 법률의 구체적인 내용은 해당 보도자료에 제시되어 있지 않다.

ㄴ. 해당 제 · 개정안은 역사문화권 정비 등에 관한 조성 · 예방 행정으로의 전환을 목표로 하고 있다.

| 오답풀이 |

ㄷ. 기존의 문화재 관련 보호법은 비지정 역사문화자원을 포함하지 않고 지정문화재를 위주로 보존하고 있었다.

ㄹ. 해당 제 · 개정안 6건은 지난달 20일에 의결되어 9일에 공포되었다.

11 문제처리능력 일정 문의에 답변하기

| 정답 | ④

| 해설 | P사는 둘째 주나 셋째 주 중 이틀간 세미나실을 사용할 예정으로 첫날 10시에 입실하기를 원하고 있다. 호텔 규정에 따르면 13시가 입실 시간이지만 선예약이 없을 경우에는 우선 입실이 가능하다. 또한 토요일과 일요일에는 세미나실을 개방하지 않으므로, P사가 입실할 수 있는 날은 10일뿐이다. 따라서 ④가 가장 적절한 답변이다.

12 문서이해능력 세부 내용 파악하기

| 정답 | ⑤

| 해설 | 자유주의 윤리학에 대한 반론으로써 공동체주의 윤리학이 발전해 왔다고 나와 있다.

| 오답풀이 |

② 제시된 글의 내용상 공동체주의는 공동체와 공동선을 지향함으로써 개인이 소외될 가능성이 있음을 알 수 있다.

④ '공동체주의는 공동선이 옳기 때문에 정의의 자격이 부여되는 것이 아니라, 그것을 사람들이 좋아하고 그로 인해 행복할 수 있기 때문에 정의로서 자격을 갖춘다는 것이다'라는 내용을 통해서 알 수 있다.

13 문서이해능력 유추 가능한 내용 선택하기

| 정답 | ③

| 해설 | 단순히 환자 개인의 결정이 아니라 사회적인 영향을 고려하는 것이 공동체주의적 입장이다.

| 오답풀이 |

① 환자의 자율적인 의사결정권을 중시하는 입장이다. 이는 자유주의 윤리관과 연관이 깊다.

② 자율성을 중시하는 입장의 세부적인 내용이다. 환자의 결정이 변했는가 그렇지 않은가를 따지는 것은 자유주의 윤리관과 통한다.

④ 자율성의 요소 중에서 당사자가 스스로를 통제하고 있는 상황에서의 결정인가에 대한 내용이다. 자율적인 결정인가를 따지는 것은 자유주의의 입장이다.

⑤ 생명의료윤리의 이론 중 해악 금지와 관련된 내용이다. 의사의 입장에서 최선은 어떤 것인가라는 문제의 답을 의사 개인에게서 구하고자 하는 것은 자유주의적 윤리와 통한다.

14 문서이해능력 세부 내용 파악하기

| 정답 | ④

| 해설 | 최△△ 사무차장은 "○○2리 마을회관 인근에서 대기질, 악취, 지하수질, 소음진동 등을 조사했다는데 이를 목격한 바가 없다"라며 이의를 제기했고, 이에 대해 환경영향평가기관 정 씨는 "1차 조사 시 사전동의를 구했으나, 반대에 부딪혀 부득이하게 인근 지점으로 장소를 변경하여 조사를 실시했다"라고 답했다. 하지만 유 씨는 "발전소에서 남은 열을 이용한 팜스마트 영농단지 조성 및 지역민에 열난방 제공 등이 가능한가"라는 새로운 의견을 제시하고 있으므로 정 씨의 말에 보충설명하고 있다는 설명은 적절하지 않다.

15 문제처리능력 시험 결과 분석하기

| 정답 | ②

| 해설 | 지원자 A ~ F의 필기시험 점수 총합을 구하면 다음과 같다.

(단위 : 점)

지원자	성별	실무능력 점수	정보처리 점수	외국어 점수	점수 총합
A	남	12	16	6	34
B	여	17	18	7	42
C	여	14	12	17	43
D	여	7	17	12	36
E	남	14	13	13	40
F	남	16	9	11	36

실무능력 점수, 정보처리 점수, 외국어 점수가 각각 8점 이상이고 점수의 총합이 36점 이상인 지원자는 C, E, F이다. 점수 총합이 가장 높은 지원자는 43점을 받은 C로, 합격하였다.

| 오답풀이 |

① 남자인 A는 필기시험에 불합격하였다.

③ D와 F의 점수 총합은 36점으로 같지만, D는 불합격하고 F는 합격하였다.

④ 정보처리 점수가 가장 높은 지원자 B는 불합격하였다.

⑤ 외국어 점수가 세 번째로 높은 지원자 D는 불합격하였다.

16 문서작성능력 로마자 표기법 파악하기

| 정답 | ④

| 해설 | ㉠ 선릉은 [설릉]으로 발음되기 때문에 제2장의 제2항 [붙임 2]에 따라서 'Seolleung'로 적어야 한다.

㉣ 오죽헌은 체언이고 제3장 표기상의 유의점 제1항의 4의 '다만'에 따라서 'ㅎ'을 밝혀 적어야 한다. 따라서 'Ojukheon'으로 적어야 한다.

㉤ 압록강은 [암녹깡]으로 발음되므로 제3장 제1항의 1에 따라 'Amnokgang'으로 적어야 한다.

17 문서작성능력 로마자표기법 이해하기

| 정답 | ⑤

| 해설 | 제2장 제2항의 [붙임 1]을 보면 'ㄱ, ㄷ, ㅂ'은 그것의 위치에 따라 다르게 적는 것을 알 수 있다. 즉, 모음 앞에서는 'g, d, b'로, 자음 앞이나 어말에서는 'k, t, p'로 적는다. 따라서 '하나의 자음은 하나의 로마자로 적는 것이 원칙이므로 'ㄱ, ㄷ, ㅂ'은 'k, t, p'로 적는 것이 원칙이지만 'g, d, b'로 적는 것도 허용한다'라는 설명은 적절하지 않다.

18 문제처리능력 문제해결단계 이해하기

| 정답 | ⑤

| 해설 | 제시된 사례에 의하면 A사는 성공적인 고객관계관리를 위해 만들어진 전산시스템을 실제 상황에 적용하여 신속한 고객대응이 가능하도록 하였다. 이는 해결안 개발을 통해 만들어진 실행 계획을 실제 상황에 적용하여 당초 장애가 되는 문제의 원인들을 제거하는 '문제해결안 실행 및 평가' 단계에 해당한다.

19 기초연산능력 최소 인원수 구하기

| 정답 | ③

| 해설 | 각 팀에 최소 인원수가 속하기 위해서는 팀의 수를 최대로 만들어야 한다. 최대로 만들 수 있는 팀은 남자 사원 225명과 여자 사원 180명의 최대공약수를 활용해 $5\times3^2=45$(팀)임을 알 수 있다. 이때 각 팀에 속한 남자 사원은 $\frac{225}{45}=5$(명), 여자 사원은 $\frac{180}{45}=4$(명)이다. 따라서 만들어지는 각 팀의 최소 인원수는 $5+4=9$(명)이다.

20 기초연산능력 체감 온도 계산하기

| 정답 | ③

| 해설 | $T=3$, $V=25$이므로 주어진 식에 대입하면 다음과 같다.

$$\text{체감 온도(℃)}=33-\frac{(10+5.3\sqrt{25}-0.3\times25)(30-3)}{20}$$

$$=33-39.15=-6.15\fallingdotseq-6.1(℃)$$

21 기초연산능력 방 배정하기

| 정답 | ⑤

| 해설 | 방의 개수를 x개, 직원의 수를 y명이라 하면 다음과 같은 식이 성립한다.

$y=4x+4$

$y=6(x-4)+r$ (단, r은 1 이상 6 이하의 자연수)

위의 두 식을 정리하면 $2x=28-r$이고 $1\le r\le6$이므로 $22\le 2x\le 27$, $11\le x\le 13.5$이다. 따라서 x는 자연수이므로 숙소의 방은 최대 13개이다.

22 의사표현능력 말하기 방법 파악하기

| 정답 | ③

| 해설 | 김 교수는 판옥선을 사례로 들어 설명하며, 진행자가 던지는 물음에 대한 답변으로 이야기를 전개해 나가고 있다. 따라서 진행자의 의견에 동조하여 견해를 수정한다는 설명은 적절하지 않다.

| 오답풀이 |

① 진행자는 마지막에 '더 설명해 주실 수 있습니까?'라는 말을 통해 추가 설명을 부탁하고 있다.

② 김 교수는 '혹시 판옥선에 대해 들어 보셨나요?'라고 질문을 하며 진행자의 배경지식을 활성화하고 있다.

④ 진행자가 '구체적인 사례 제시'를 부탁하고 김 교수는 그에 맞는 사례를 들어 소개할 내용을 말하고 있다.

⑤ 진행자는 '결국 섬이 많고 ~ 적합한 구조라는 말씀이시군요?'를 통하여 자신이 제대로 이해했는지 확인하고 있다.

23 도표분석능력 자료의 수치 분석하기

| 정답 | ③

| 해설 | ㄷ. 20X9년 12월의 사무종사자와 판매종사자의 취업자 수는 전년 동월 대비 각각 2천 명, 50천 명 감소하였다.

ㄹ. 20X9년 12월의 전년 동월 대비 취업자 수의 증감을 살펴보면 서비스종사자, 단순노무종사자, 농림어업숙련종사자는 각각 238천 명, 196천 명, 70천 명 증가하였다.

| 오답풀이 |

ㄱ. 20X9년 12월의 취업자 수는 농림어업숙련종사자가 1,178천 명, 단순노무종사자가 3,546천 명으로 단순노무종사자가 더 많다.

ㄴ. 판매종사자 수가 급감한 이유는 자료를 통해 알 수 없는 내용이다.

24 기초연산능력 이익률 계산하기

| 정답 | ④

| 해설 | 계산기의 정가를 x원이라 하면 다음과 같은 식이 성립한다.

$(1-0.2)x = 4{,}500 \times (1+0.12)$

$0.8x = 5{,}040$

$\therefore x = 6{,}300$

따라서 원가에 $\dfrac{6{,}300-4{,}500}{4{,}500} \times 100 = 40(\%)$의 이익을 붙여 정가로 정해야 한다.

25 문제처리능력 시장성 분석 절차 이해하기

| 정답 | ①

| 해설 | 2단계는 '고객수요 예측' 단계이다. 이 단계에서는 시장규모 및 시장점유율 등을 추정하고 시장 세분화를 통한 목표시장 및 목표고객을 선정하여 목표고객의 구매력, 경제력, 잠재력 등을 분석한다. 따라서 ㉠에 해당하는 내용은 ㄱ, ㄴ이다.

| 오답풀이 |

ㄷ. 마케팅 및 홍보방안을 검토하는 것은 '판매전략 수립' 단계에 해당한다.

ㄹ. 아이템에 대한 평가 및 반응조사 등을 실시하는 것은 '시장조사 실시' 단계에 해당한다.

26 문제해결능력 논리적 오류 파악하기

| 정답 | ③

| 해설 | 성급한 일반화의 오류란 특수하고 부족한 양의 사례를 근거로 일반화하여 그들이 속한 집단에 대해 섣부른 판단을 내리는 것이다. 제시된 글에서 A는 세 명의 경영학과 학생과 싸운 사례를 근거로 하여 경영학을 전공한 모든 사람들에 대한 판단을 내리고 있다. 따라서 ③이 가장 적절하다.

| 오답풀이 |

① 무지의 오류는 어떤 주장이 거짓이라는 것을 밝힐 수 없음을 근거로 참임을 주장하는 오류이다.

② 원천봉쇄의 오류는 어떤 특정 주장에 대한 반론이 일어날 수 있는 유일한 원천을 비판하면서 반박 자체를 막아 자신의 주장을 옹호하고자 하는 오류이다.

④ 선결문제의 오류는 어떤 주장을 함에 있어 그 주장을 근거로 사용하는 오류이며, 순환논리의 오류라고도 한다.

⑤ 사개명사의 오류는 개념이 네 개가 되어 공통된 매개념이 없어 삼단논법의 추리가 성립될 수 없는 오류이다.

27 기초연산능력 부등식 활용하기

| 정답 | ②

| 해설 | 30℃의 건구온도는 30×1.8+32=86(℉)이므로 습구온도를 x℉라 하면 다음과 같은 식이 성립한다.

불쾌지수=0.4×(86+x)+15

불쾌지수가 보통 단계이려면 68 이상 75 미만의 범위 내에 포함되어야 하므로,

$68 \le 0.4 \times (86+x)+15 < 75$

$46.5 \le x < 64$가 성립한다.

이때 ℉를 ℃로 전환하면 다음과 같다.

$(46.5-32) \div 1.8 \le x < (64-32) \div 1.8$

$8.1 \le x < 17.8$

따라서 습구온도는 8.1℃ 이상 17.8℃ 미만의 범위 안에 있어야 한다.

28 기초연산능력 연면적 계산하기

| 정답 | ②

| 해설 | 건물 M의 연면적이 $a\text{m}^2$, 대지면적이 $b\text{m}^2$, 용적률이 120%이므로 다음과 같은 식이 성립한다.

$\frac{a}{b} \times 100 = 120 \qquad a = 1.2b$ ··············· ㉠

또한, 두 건물 모두 용적률이 120%이므로 다음과 같은 비례식이 성립한다.

$a : b = 300-a : b+70$ ···················· ㉡

㉠을 ㉡에 대입하면,

$1.2b : b = 300-1.2b : b+70$

비례식에서 외항의 곱과 내항의 곱은 항상 같으므로,

$b(300-1.2b) = 1.2b(b+70)$

$300-1.2b = 1.2b+84$

$2.4b = 216$

$\therefore b = 90, \ a = 108$

따라서 a의 값은 108m^2이다.

29 기초연산능력 최대 개수 구하기

| 정답 | ④

| 해설 | 의자를 가로 한 줄에 x개씩, 세로 한 줄에 y개씩 배치한다고 하면 다음과 같은 식이 성립한다.

$2x+2(y-2) = 56$ ································ ㉠

$xy \ge 200$ ·· ㉡

㉠을 정리하여 좌변에 y만 남기면 $y = 30-x$이다. 이를 ㉡에 대입하면,

$x(30-x) \ge 200$

$x^2-30x+200 \le 0$

$(x-10)(x-20) \le 0$

$\therefore 10 \le x \le 20$

따라서 가로 한 줄에 배치할 수 있는 의자의 최대 개수는 20개이다.

30 기초통계능력 취업률 계산하기

| 정답 | ⑤

| 해설 | 취업률(%)=$\frac{\text{취업자 수}}{\text{졸업자 수}}$×100이므로 계산하면 다음과 같다.

- 20X5년 : $\frac{19}{70} \times 100 ≒ 27.1(\%)$
- 20X6년 : $\frac{20}{74} \times 100 ≒ 27.0(\%)$
- 20X7년 : $\frac{17}{65} \times 100 ≒ 26.2(\%)$
- 20X8년 : $\frac{23}{82} \times 100 ≒ 28.0(\%)$
- 20X9년 : $\frac{22}{77} \times 100 ≒ 28.6(\%)$

따라서 졸업 당시 취업률이 가장 높았던 해는 20X9년이다.

31 기초연산능력 버스 운임 계산하기

| 정답 | ①

| 해설 | 버스 운임을 계산하면 다음과 같다.

- 회사→A 역(11km) : 1,250+100=1,350(원)

• A 역→B 역(16km) : 1,250+200=1,450(원)
• B 역→C 역(5km) : 1,250원
• C 역→회사(32km) : 1,250+500=1,750(원)

따라서 버스 운임은 총 1,350+1,450+1,250+1,750=5,800(원)이다.

32 문제처리능력 자료를 바탕으로 문제해결하기

| 정답 | ②

| 해설 | 주어진 내용을 토대로 각 라운드별 가위바위보 상황을 표로 나타내면 다음과 같다.

라운드	1	2	3	4	5
A	가위	바위	보	가위	바위
B	바위	가위	바위	가위	가위
C	바위	보	바위	가위	바위

이에 따른 승패 및 음식값 부담 금액을 정리하면 다음과 같다.

라운드	1	2	3	4	5
A	(패) 10,000원	(비김) 15,000원			
B			(패) 10,000원	(비김) 12,500원	(패) 30,000원
C			(패) 10,000원	(비김) 12,500원	

A는 25,000원, B는 52,500원, C는 22,500원을 부담했으므로 B가 52,500원으로 가장 많은 금액을 부담하였다.

33 사고력 좌석 배치하기

| 정답 | ⑤

| 해설 | 첫 번째 조건에 따라 여자 박 씨가 맨 끝자리에 앉는 경우와 남자 이 씨가 맨 끝자리에 앉는 경우를 나누어 생각하면 다음과 같다.

• 여자 박 씨가 맨 끝자리에 앉는 경우

박(여)	이(여)	김(남)	이(남)	김(여)	박(남)

맨 끝자리가 왼쪽인지 오른쪽인지 명시되어 있지 않으므로, 좌우를 반전한 경우도 이와 동일하다. 모든 조건에 부합하므로 적절한 배치이다.

• 남자 이 씨가 맨 끝자리에 앉는 경우

이(남)	김(남)	이(여)	박(여)	박(남)	김(여)

맨 끝자리가 왼쪽인지 오른쪽인지 명시되어 있지 않으므로, 좌우를 반전한 경우도 이와 동일하다. 남매끼리는 서로 옆에 앉지 않아야 하는데, 박 씨 남매는 서로 옆에 앉게 되므로 배치가 적절하지 않다.

따라서 ㉠, ㉡, ㉢, ㉣ 모두 항상 참이다.

34 문제처리능력 장학금 지원 제도 이해하기

| 정답 | ④

| 해설 | 〈자녀 장학금 신청자 정보〉에 따라 득점표를 만들어 보면 다음과 같다.

구분	A	B	C	D	E	F
재직기간	15년 (20점)	11년 (16점)	12년 (20점)	4년 (4점)	7년 (8점)	3년 (4점)
업무 기여도	골드 (16점)	로얄 (12점)	그린 (8점)	로얄 (12점)	탑 (20점)	탑 (20점)
학업성적	4.1 (16점)	3.95 (12점)	3.92 (12점)	3.75 (8점)	4.01 (16점)	4.23 (20점)
이용 고배당 점수	230% (12점)	?	300% (16점)	?	230% (12점)	?
납입 출자금	1,000 만 원 (20점)	460 만 원 (16점)	340 만 원 (12점)	540 만 원 (20점)	320 만 원 (12점)	650 만 원 (20점)
연체채무 및 신용불량 등록여부	Y (−5점)	N (0점)	Y (−5점)	Y (−5점)	N (0점)	N (0점)
총점	79		63		68	

B가 이용고배당 점수로 20점을 받으면 총점은 76점, F가 이용고배당 점수로 16점을 받으면 총점은 80점으로 B는 F보다 순위가 낮다.

| 오답풀이 |

① D가 이용고배당 점수로 20점을 받아도 총점은 4+12+8+20+20−5=59(점)이므로 C와 E보다 낮다.

② F는 업무기여도 '탑'으로 20점, 학업성적 4.23으로 두 항목 모두 20점을 받았다.

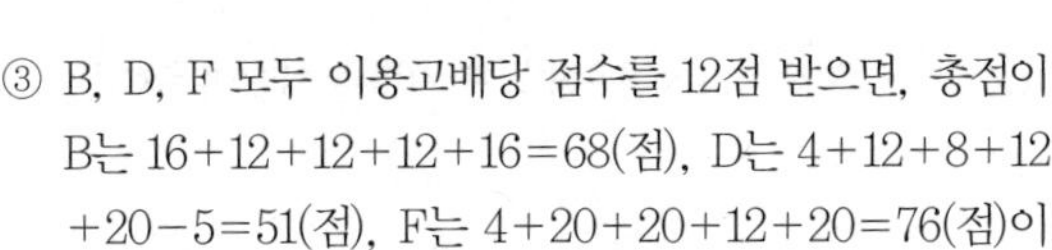

③ B, D, F 모두 이용고배당 점수를 12점 받으면, 총점이 B는 16+12+12+12+16=68(점), D는 4+12+8+12+20−5=51(점), F는 4+20+20+12+20=76(점)이다. 따라서 동점자는 B와 E 2명이다.

⑤ B와 D의 이용고배당 점수가 20점이라 하면 총점이 A는 79점, B는 16+12+12+20+16=76(점), C는 63점, D는 4+12+8+20+20−5=59(점), E는 68점이므로 F의 이용고배당 점수가 15점 이상이면 평가점수 1위를 차지할 수 있다(15점일 경우 A와 공동 1위).

35 문제처리능력 총점 계산하기

| 정답 | ②

| 해설 | 주어진 경우에 따라 B의 총점은 16+12+12+12+16=68(점), D의 총점은 4+12+8+12+20−5=51(점), F의 총점은 4+20+20+20+20=84(점)이 된다. 따라서 총점은 A ~ F 순서대로 각각 79점, 68점, 63점, 51점, 68점, 84점이 되므로 장학금을 받게 될 총점 상위 4명은 A, B, E, F이다.

36 시간관리능력 시간관리의 이점 이해하기

| 정답 | ④

| 해설 | 시간관리를 통해 시간을 지배하는 사람이 될 수 있다. 따라서 하윤의 발언은 적절하지 않다.

37 예산관리능력 최대 이익 구하기

| 정답 | ③

| 해설 | 완성공정과 조립공정에 공급가능한 시간을 고려하여 식을 세우면 다음과 같다.

$4x+2y \leq 600$, $2x+4y \leq 480$

두 식을 연립하여 각각 x와 y를 구하면 $x \leq 120$, $y \leq 60$이다. 책장과 탁자의 단위당 이익은 각각 4만 원과 3만 원이므로 책장을 120개 만들고 탁자를 60개 만들면 한강가구의 최대 이익은 4×120+3×60=660(만 원)이 된다.

38 자원관리능력 자원의 낭비 요인 파악하기

| 정답 | ⑤

| 해설 | 김 대리는 자원의 낭비 요인으로 비계획적인 행동, 노하우 부족을 보이고 있으며, 강 사원은 자원에 대한 인식 부재, 비계획적인 행동, 노하우 부족을 보이고 있다. 문 사원은 편리성 추구, 자원에 대한 인식 부재를 보이며, 한 본부장은 노하우 부족을 보이고 있다. 따라서 제시된 사례에서 '개개인의 인식 차이'는 확인할 수 없다.

39 도표분석능력 자료의 수치 분석하기

| 정답 | ④

| 해설 | 해외 부동산펀드 지역 분포에서 미국 44.2%, 유럽 26.5%, 아시아 등 기타 29.3%로 가장 많은 비중을 차지하는 것은 미국이다.

| 오답풀이 |

① 해외 부동산펀드 투자 대상에서 오피스는 53%로 절반 이상을 차지한다.

② 해외 부동산펀드 투자 대상 중 그 항목을 명확히 알 수 없는 '기타 및 복수 대상 투자'는 24%로 약 4분의 1을 차지한다.

③ 해외 부동산펀드 투자 대상 가운데 주택은 2%로 5%인 창고물류센터보다 그 비중이 작다.

⑤ 해외 부동산펀드 분포 지역은 미국을 제외하면 26.5+29.3=55.8(%), 즉 약 55%를 차지한다.

40 시간관리능력 출발 시간 계산하기

| 정답 | ①

| 해설 | 집에서 김포공항 국내선 청사까지 이동하는 데 걸리는 시간은 10+20+40+5=75(분)이므로 각 항공기를 타기 위해 집에서 나와야 하는 시간은 다음과 같다.

- A 항공 : 8시 20분까지 공항에 도착해야 하므로 7시 5분에 출발해야 하는데 30분 일찍 나온다고 했으므로 6시 35분에 집에서 나와야 한다.
  ➡ 금릉역에서 오전 7시 20분에 지하철의 첫차가 출발하므로 불가능

• B 항공 : 9시 5분까지 공항에 도착해야 하므로 7시 50분에 출발해야 하는데 30분 일찍 나온다고 했으므로 7시 20분에 집에서 나와야 한다.

7시 20분(출발) → 7시 30분(금릉역) → 8시 35분(김포공항) → 10시 5분(김포 출발) → 11시 15분(제주 도착) → 11시 22분(셔틀버스 탑승 장소 도착) → 12시(셔틀버스 출발) → 13시 10분(도착)

• C 항공 : 9시 45분까지 공항에 도착해야 하므로 8시 30분에 출발해야 하는데 30분 일찍 나온다고 했으므로 8시에 집에서 나와야 한다.

8시(출발) → 8시 10분(금릉역) → 9시 15분(김포공항) → 10시 45분(김포 출발) → 11시 55분(제주 도착) → 12시 2분(셔틀버스 탑승 장소 도착) → 14시(셔틀버스 출발) → 15시 10분(도착)

➡ 세미나에 늦으므로 불가능

• D 항공 : 9시 55분까지 공항에 도착해야 하므로 8시 40분에 출발해야 하는데 30분 일찍 나온다고 했으므로 8시 10분에 집에서 나와야 한다.

8시 10분(출발) → 8시 20분(금릉역) → 9시 25분(김포공항) → 10시 55분(김포 출발) → 12시 5분(제주 도착) → 12시 12분(셔틀버스 탑승 장소 도착) → 14시(셔틀버스 출발) → 15시 10분(도착)

➡ 세미나에 늦으므로 불가능

따라서 B 항공기를 타기 위해 07:20에 집에서 나와야 한다.

41 예산관리능력 추가 비용 계산하기

| 정답 | ①

| 해설 | 김포공항까지 교통편은 동일하게 이동하므로, 김포공항에서 △△리조트까지 이동하는 데 추가로 드는 비용을 계산하면 된다.

• 항공권 가격 : 항공권 가격은 A, B 항공편 모두 124,900원이므로 수수료 5,000원만 추가로 지불하면 된다.

• 제주공항에서 △△리조트까지의 대중교통비 : 3,000원

따라서 추가로 드는 비용은 5,000+3,000=8,000(원)이다.

42 인적자원관리능력 직무분석 방법의 특징 파악하기

| 정답 | ⑤

| 해설 | ㄱ. 관찰법은 직무가 어떤 환경 속에서 어떻게 행해지는지를 파악하는 데 탁월한 방법이다. 직무행동의 원인을 파악하기 위해서는 면접 등의 다른 방법이 적절하다.

43 자원관리능력 자원관리과정 파악하기

| 정답 | ③

| 해설 | 자원관리의 기본과정은 (나) 필요한 자원의 종류와 수량 파악 → (라) 자원 확보 → (가) 활용계획 수립 → (다) 계획에 따라 수행 순으로 이루어진다.

44 정보처리능력 바코드 생성 방식 이해하기

| 정답 | ①

| 해설 | • 바코드 짝수 자리 숫자의 합 : 0+2+4+6+8+0 =20

• 바코드 홀수 자리 숫자의 합 : 5+1+3+5+7+9=30

20×3+30=90이므로 90에 더해져 10의 배수를 만드는 최소 숫자는 0이다.

45 기술선택능력 지식재산권의 체계 이해하기

| 정답 | ⑤

| 해설 | 컴퓨터 프로그램 개발은 신지식재산권의 산업저작권에 해당한다. 신지식재산권은 산업저작권, 첨단산업재산권, 정보재산권 등으로 분류할 수 있는데, 이 중 산업저작권은 기존보다 더 넓은 범위의 새로운 보호 객체의 제작이나 투자 노력을 보호하기 위한 신지식재산권을 말한다. 즉, 컴퓨터 프로그램, 소프트웨어, 인공지능 등과 같이 예술적 측면이 아닌 산업적 측면의 저작물에 관한 권리를 말한다.

46 정보처리능력 쇼루밍 이해하기

| 정답 | ①

| 해설 | 쇼루밍은 소비자들이 오프라인 매장에서 제품을 살펴본 후 실제 구입은 온라인 사이트를 통하는 쇼핑 행태를 말한다.

| 오답풀이 |

② O2O(Online to Offline) : 온라인과 오프라인을 연결한 마케팅을 말한다.

③ 웹루밍 : 스마트폰 등장 이후 나타난 현상으로, 온라인으로 제품을 확인하고 오프라인에서 구매하는 현상을 말한다.

④ 옴니채널 : 소비자가 온라인, 오프라인, 모바일 등 다양한 경로를 넘나들며 상품을 검색하고 구매할 수 있도록 한 서비스를 말한다.

⑤ IoT(사물인터넷) : 세상에 존재하는 유형 혹은 무형의 객체들이 다양한 방식으로 서로 연결되어 개별 객체들이 제공하지 못했던 새로운 서비스를 제공하는 것을 말한다.

47 컴퓨터활용능력 엑셀 기능 사용하기

| 정답 | ⑤

| 해설 | 데이터를 통합할 시 통합 결과가 표시되는 영역을 블록으로 지정한 후 [데이터]－[통합]을 선택해야 한다. 제시된 엑셀의 경우, [B11:D16] 영역이 이에 해당한다.

| 오답풀이 |

①, ② [통합] 대화상자에서 사용할 함수로 '합계'를 선택해야 한다.

③ 사용할 레이블에 모두 체크해야 한다.

48 컴퓨터활용능력 프레젠테이션 활용하기

| 정답 | ③

| 해설 | 제시된 도해를 만들기 위해서는 [삽입]－[SmartArt]에 들어가 'SmartArt 그래픽 선택' 대화상자에서 [계층구조형]을 클릭해야 한다.

49 기술선택능력 기술선택절차 파악하기

| 정답 | ③

| 해설 | 사업전략 수립은 사업영역을 결정하고 경쟁사와의 경쟁에서 우위를 확보하는 방안을 수립하는 과정을 의미하는 것으로, 주어진 기술선택절차에는 제시되어 있지 않다.

| 오답풀이 |

① 외부환경 분석은 수요 변화 및 경쟁자의 변화, 기술 변화 등을 분석하는 과정으로, (가)에 대응한다.

② 내부역량 분석은 현재 보유하고 있는 기술능력, 생산능력 등을 분석하는 과정으로, (라)에 대응한다.

④ 요구기술 분석이란 제품 설계 및 디자인 기술, 생산 공정, 원재료 및 부품 제조기술을 분석하는 절차로, (마)에 대응한다.

⑤ 사업목표 설정은 기업의 매출목표와 이익목표를 설정하는 중장기 사업목표 설정 절차로, (나)에 대응한다.

50 정보처리능력 코드 분석하기

| 정답 | ④

| 해설 | D 그룹 두 번째 코드의 '품목' 부분 코드가 003이므로, 가방이 아닌 구두/신발 제품임을 알 수 있다.

| 오답풀이 |

① A 그룹은 코드가 18로 시작하여 0A0001로 끝나므로 2018년에 각국의 1공장에서 생산된 제품들로 나열되어 있다.

② B 그룹은 '품목생산국' 부분 코드가 모두 00501K로, 한국에서 생산된 섬유잡화들로 나열되어 있다.

③ C 그룹은 베트남, 중국, 인도네시아, 태국 4개 국가의 2공장(0A0002)에서 생산된 제품들을 나열한 것이다.

⑤ E 그룹은 코드가 1911로 시작하여 01V－0A0001 또는 01V－0A0002로 끝나므로 2019년 11월에 베트남 1, 2 공장에서 생산된 제품들을 나열한 것이다.

5회 기출예상문제

문제 188쪽

01	⑤	02	⑤	03	②	04	⑤	05	③
06	③	07	⑤	08	①	09	③	10	③
11	④	12	②	13	③	14	③	15	④
16	④	17	④	18	③	19	⑤	20	④
21	②	22	②	23	⑤	24	③	25	③
26	①	27	⑤	28	⑤	29	③	30	①
31	②	32	②	33	④	34	③	35	③
36	④	37	③	38	②	39	②	40	④
41	⑤	42	④	43	②	44	②	45	④
46	⑤	47	④	48	③	49	④	50	①

01 문서작성능력 띄어쓰기 확인하기

| 정답 | ⑤

| 해설 | 단위를 나타내는 명사는 띄어 쓴다. 특히 수 관형사와 함께 사용하는 경우를 흔히 보는데 이때 뒤에 오는 의존 명사(단위 명사)와 띄어 쓴다. 따라서 '20여 년 전'은 맞는 표현이다.

| 오답풀이 |

① '따위'는 '앞에 나온 것과 같은 종류의 것들이 나열되었음을 나타내는 말'을 뜻하는 의존 명사로서 앞말과 띄어 쓴다. 또한 '시간내지'에서 '내지'는 동사 앞의 명사가 조사가 생략된 채로 쓰였으므로 '시간 내지'로 띄어 쓰는 것이 옳다.

② 짐작이나 추측의 뜻을 나타내는 '듯이'는 의존 명사이며 앞말과 띄어 쓴다.

③ '데'가 곳이나 장소, 일이나 것, 경우의 뜻을 나타내는 의존 명사일 경우 앞말과 띄어 쓴다. 연결 어미로 쓰일 때는 붙여 써야 한다.

④ '부터'는 조사이므로 앞말과 붙여 쓴다. 또한 서술격 조사 '이다' 역시 앞말과 붙여 써야 한다.

02 문서이해능력 글에 대한 적절한 반응 찾기

| 정답 | ⑤

| 해설 | '물 복지를 개선하는 등 물 취약지역에 대한 투자를 강화하고'를 통해 물 취약지역에 대한 투자를 강화하는 것은 물 복지를 개선하기 위함임을 알 수 있다.

| 오답풀이 |

① '기존에 있던 댐과 저수지 등의 시설을 연계 활용하거나'를 통해 새로운 댐과 저수지가 아닌 기존의 댐과 저수지의 활용을 목적으로 둠을 알 수 있다.

② '기존의 수원을 활용한 수도시설 설치, 수도시설 안전성 투자 등을 강화하고 있습니다'를 통해 기존의 수원을 활용함을 알 수 있다.

③ '신규 지방의 위탁은 신중하게 다루며'를 통해 신규 지방의 위탁에 대한 결정은 신중하게 이뤄짐을 알 수 있다.

④ '지방상수도를 통합하는 등 유역단위공급 체계를 구축해 물 공급의 안전성과 효율성을 강화하고'를 통해 지방상수도를 통합하는 것은 물 공급의 안전성과 효율성을 강화하기 위해서임을 알 수 있다.

03 문서이해능력 주제 파악하기

| 정답 | ②

| 해설 | 제시된 글은 언어 기호와 의미의 관계를 설명하고 있는데, 2문단에서 언어와 다른 언어와의 '차이'라는 개념을 제시하여 실체적 사고가 아니라 관계적 사고가 중요함을 설명하고 있다. 즉 기호의 의미를 결정하는 것은 실체가 아니라 다른 기호들과의 관계라는 것이 이 글의 주제라고 할 수 있다.

04 사고력 논리적 오류 파악하기

| 정답 | ⑤

| 해설 | 자가당착의 오류는 모순이 내포된 전제를 바탕으로 결론을 도출해 내는 오류로, 목이 떨어진 이차돈이 이빨로 자신의 목을 물고 걸었다는 부분을 통해 자가당착의 오류를 확인할 수 있다.

| 오답풀이 |

① 결합의 오류는 개별적으로는 참이나 그 부분의 결합인

전체로는 거짓인 것을 참인 것으로 주장함으로써 일어나는 오류이다.

② 전건 부정의 오류는 전건 부정 추리에서 후건 부정을 타당한 결론으로 받아들이는 오류이다.

③ 순환논증의 오류는 결론이 되어야 할 것이 전제되기 때문에 결론이 되풀이하여 전제되며 순환하는 오류이다.

④ 인신공격의 오류는 상대방의 말에 대하여 반박할 때, 그 말에 반대하여 말하는 것이 아니라 상대방의 신상에 관한 일을 들어 비난함으로써 생기는 오류이다.

05 문서이해능력 세부 내용 파악하기

| 정답 | ③

| 해설 | ㉢ '공간의 가변성을 특징으로 하는 한옥에서 창호는 핵심적인 역할을 한다'고 하였으므로 공간의 가변성과는 관련이 없다는 설명은 적절하지 않다.

㉤ '창호지가 얇기 때문에 창호가 닫혀 있더라도 외부와 소통이 가능하다는 장점도 있다'라고 하였으므로 외부의 소음을 차단한다는 설명은 적절하지 않다.

| 오답풀이 |

㉠ '한국전통 건축, 곧 한옥에서 창과 문은 그 크기와 형태가 비슷해서 구별하지 않는 경우가 많다. 그리하여 창과 문을 합쳐서 창호라고 부른다'를 통해 알 수 있다.

㉡ '머름은 창 아래 설치된 낮은 창턱으로, 팔을 얹고 기대어 앉기에 편안한 높이로 하였다'를 통해 알 수 있다.

㉣ '한옥의 실내 공간은 자연과 하나 된 심미적인 공간으로 탈바꿈한다. 열린 창호가 안과 밖, 사람과 자연 사이의 경계를 없앤 것이다'를 통해 알 수 있다.

06 문서이해능력 글을 읽고 내용 파악하기

| 정답 | ③

| 해설 | ㄷ. '철도차량산업은 2만여 개 부품으로 구성된 장치·시스템산업으로'를 통해 알 수 있다.

ㄹ. '완성차업체를 중심으로 주요장치와 그에 필요한 부품을 제작하는 수많은 중소기업으로 구성되어 있어'를 통해 알 수 있다.

| 오답풀이 |

ㄱ. '27일 한국철도기술연구원(의왕시 소재)'를 통해 경기도, 즉 수도권에 위치해 있음을 알 수 있다.

ㄴ. '본 행사는 김△△ 장관이 직접 주재하고'를 통해 다수가 아닌 한 명의 사람이 주재하고 있음을 알 수 있다.

07 기초연산능력 거리·속력·시간 활용하기

| 정답 | ⑤

| 해설 | 각자 위치의 중간 지점에서 만나기로 했으므로 현우와 진희가 이동한 거리는 $x$km로 같다. 따라서 다음과 같은 식이 성립한다.

$$\frac{x}{120}+\frac{35}{60}=\frac{x}{80}$$

양변에 240을 곱하면,

$$2x+140=3x$$

$$x=140$$

따라서 현재 두 사람 사이의 거리는 140×2=280(km)이다.

08 문제처리능력 직원 명단 분석하기

| 정답 | ①

| 해설 | 직원 명단과 설명에 따라 추론한 사원번호의 규칙은 다음과 같다.

S	09	001
팀	입사연도	부여받은 번호

재무팀의 직원 수인 7명보다 많은 직원을 가진 팀은 영업팀이며 2018년도에 입사한 재무팀 이 사원과 입사동기인 영업팀의 직원은 2018년도에 입사한 민 사원이다.

09 문서이해능력 보도 자료 이해하기

| 정답 | ③

| 해설 | ㄷ. 2주 이내 A형간염 환자와 접촉한 사람은 고위험군으로 분류되므로 A형간염은 전염성을 지닌 질병이다.

ㄹ. 조개류는 익혀 먹는 것을 권장하지만 안전성이 확인된 조개젓의 섭취 또한 예방수칙에서 권고하고 있다.

| 오답풀이 |

ㄱ. 이 비상방역체계는 2020년 여름철 수인성 감염병 증가에 대비해 운영될 것이다.

ㄴ. A형간염을 예방하기 위해서는 채소나 과일을 깨끗하게 씻어 껍질을 벗겨 먹는 것이 좋다.

10 문서이해능력 유의사항 이해하기

| 정답 | ③

| 해설 | '유의사항 2.'를 보면 해외 고사장의 경우에만 컴퓨터용 사인펜 지참이 어려운 응시자들에게 사인펜을 제공한다고 나와 있다.

11 문서이해능력 보도 자료 이해하기

| 정답 | ④

| 해설 | ㄱ. 보도 자료 제공일과 보도일시가 3월 22일로 동일하므로 즉시 배포될 것임을 알 수 있다.

ㄴ, ㄹ. 제목에 따라 봄철 불청객 '황사'에 대한 대처 방법이 보도 자료의 핵심 내용임을 알 수 있다. 하지만 정작 필요한 황사 대비에 대한 정보는 마지막 문단 내용과 같이 첨부 자료로만 제공하고 있으며, 황사 발생 통계를 지나치게 많이 제공하고 있다.

| 오답풀이 |

ㄷ. 보도 자료에 따르면 △△시는 황사 발생 전이 아닌 후, 도로변과 대규모 공사장에 물을 뿌리고 진공청소차를 활용한 청소 등을 실시할 계획이다.

12 문서작성능력 문단 배열하기

| 정답 | ②

| 해설 | 먼저 (라)에서 '@'를 부르는 다양한 방법에 대한 화제를 제시하고 있으며, 이후 (나)에서 '원숭이 꼬리', '고양이 꼬리', '개'를 거쳐 (가)의 '쥐'로 연결되며 각국의 사례를 제시하고 있다. 이어 (마)에서 앞의 사례들에 대해 전체적으로 평가하고 마지막으로 '결국'이라는 말로 시작하는 (다)가 이어져 우리나라의 경우를 제시하면서 문장을 끝맺는 것이 가장 자연스럽다. 따라서 순서는 (라)－(나)－(가)－(마)－(다)가 가장 적절하다.

13 기초연산능력 일률 활용하기

| 정답 | ③

| 해설 | 수영장에 가득 채운 물의 양을 1이라 하면 시간당 P 호스는 $\frac{1}{18}$, Q 호스는 $\frac{1}{12}$만큼의 물을 채우고 R 배수구는 $\frac{1}{9}$만큼의 물을 빼낸다. 따라서 P, Q 호스로 물을 채우면서 R 배수구로 물을 빼낸다면 시간당 $\frac{1}{18}+\frac{1}{12}-\frac{1}{9}=\frac{2+3-4}{36}=\frac{1}{36}$만큼의 물을 채울 수 있다. 현재 수영장의 $\frac{1}{4}$만큼 물이 차 있으므로 수영장에 물을 가득 채우는데 걸리는 시간은 $\left(1-\frac{1}{4}\right)\div\frac{1}{36}=27$(시간)이다.

14 문제처리능력 예약 가능 날짜 파악하기

| 정답 | ③

| 해설 | 선예약이 없어 오전 9시에 입실하여 1박 2일 일정의 연수가 가능한 날은 18～19일이다.

15 문서이해능력 글의 제목 파악하기

| 정답 | ④

| 해설 | 제시된 글을 보면 오존은 태양으로부터 오는 강력한 자외선을 막아 주어 생명체가 살 수 있도록 해 주는 등 적절히만 사용하면 우리에게 유익한 물질이라고 제시되어 있다. 하지만 대기오염의 부산물로 발생하는 오존은 생명체에 치명적인 손상을 입힘을 알려 주고 있다. 따라서 이 글의 제목으로는 '오존의 두 얼굴'이 가장 적절하다.

16 문서작성능력 빈칸에 들어갈 단어 찾기

| 정답 | ④

| 해설 | 일환은 '서로 밀접한 관계로 연결되어 있는 여러 것 가운데 한 부분'이라는 뜻으로 ㉠에 들어가는 것이 적절하다. 구축은 '체제, 체계 따위의 기초를 닦아 세움'의 뜻으로 ㉡에 들어가는 것이 적절하다. 전반은 '어떤 일이나 부문에 대하여 그것에 관계되는 전체. 또는 통틀어서 모두'를 말하며 ㉢에 들어가기 적절하다. 전환은 '다른 방향이나 상태로 바뀌거나 바꿈'의 뜻으로 ㉣에 들어가기에 적절하다. 구현은 '어떤 내용이 구체적인 사실로 나타나게 함'을 의미하므로 ㉤에 들어가기에 적절하다.

17 기초연산능력 체감온도 계산하기

| 정답 | ④

| 해설 | $t=-10$, $v=5$를 식에 대입하면 다음과 같다.

$$T=33-0.045(10.45+10\sqrt{5}-5)\{33-(-10)\}$$
$$=33-0.045\times(5.45+10\times2.236)\times43$$
$$=33-53.81235≒-20.8(℃)$$

따라서 체감온도는 약 −20.8℃이다.

18 기초연산능력 부등식 활용하기

| 정답 | ③

| 해설 | 하루 판매액은 (연필 한 자루의 가격)×(하루 판매량)으로 구할 수 있다. 따라서 다음과 같은 식이 성립한다.

$$(100+x)(1{,}000-4x)\geq120{,}000$$
$$-4x^2+600x+100{,}000\geq120{,}000$$
$$x^2-150x+5{,}000\leq0$$
$$(x-50)(x-100)\leq0$$
$$\therefore\ 50\leq x\leq100$$

따라서 하루 판매액이 12만 원 이상이 되게 하는 연필 한 자루의 가격 범위는 150원 이상 200원 이하이므로 $3A-2B=450-400=50$이다.

19 도표분석능력 자료의 수치 분석하기

| 정답 | ⑤

| 해설 | 20X1년의 비취업여성 중 경력단절여성의 비중이 부산광역시, 인천광역시 순으로 낮으므로 경력단절여성이 아닌 사람의 비중은 부산광역시, 인천광역시 순으로 높다.

| 오답풀이 |

① 비취업여성 대비 경력단절여성 비중이 20X0년 대비 20X1년에 증가한 도시는 서울특별시, 대구광역시, 광주광역시, 울산광역시 4곳이다.

② 15 ~ 54세 기혼여성 대비 비취업여성 비중은 광주광역시가 20X0년 대비 20X1년에 가장 크게 감소하였다.

③ 20X1년의 세 가지 지표 모두에서 가장 큰 비중을 나타내는 도시는 울산광역시이다.

④ 20X1년의 15 ~ 54세 기혼여성 대비 경력단절여성 비중이 전년 대비 1%p 이상 변동된 도시는 부산광역시, 인천광역시, 광주광역시, 울산광역시 4곳이다.

20 문서작성능력 문단 배열하기

| 정답 | ④

| 해설 | 먼저 (라) 문단에서 4차 산업혁명의 핵심 기술로는 사물인터넷, 인공지능, 빅 데이터, 초연결 기술 등이 있다고 나열한 후 이를 홀로그램과 접목하여 순차적으로 설명한 뒤, (다)에서 홀로그램 기술과 사물인터넷의 연결을 설명하는 것이 자연스럽다. 이후 (마) 문단에서 인공지능 기술과 홀로그램 기술을 접목시키는 것에 대해 설명하고, (나)가 이어져 빅 데이터를 활용해 예술가의 작품을 새로운 방식으로 이해하는 방법을 제시하는 것이 적절하다. 마지막으로 (가)가 이어져 홀로그램 기술 융합에 이어 사회 융합까지 이끌어내어 초연결사회로의 확장을 기대하고 있음을 제시하는 것이 적절하다.

따라서 글의 순서는 (라)−(다)−(마)−(나)−(가)가 가장 적절하다.

21 문서이해능력 빈칸에 들어갈 내용 찾기

| 정답 | ②

| 해설 | (라)에서 3차원 공간에서 표시되는 콘텐츠에 관한 내용을 다루고 있지만, 이러한 수준의 홀로그램 서비스는

아직 먼 미래의 일이라는 점을 제시하고 있다. 또한 공유되는 정보가 다차원적인지도 알 수 없다.

22 문서이해능력 중심내용 파악하기

| 정답 | ②

| 해설 | (나)는 최근 정시를 확대함에 따라 과거의 '서열화된 중학교 입시경쟁'이 떠오르고 있음을 언급하고 있다. 따라서 (나)의 중심내용은 '대입제도개편안을 통해 바라보는 과거의 입시경쟁'이 가장 적절하다.

23 문서작성능력 글에 보충 자료 추가하기

| 정답 | ⑤

| 해설 | 제시된 글은 정시의 비중이 확대됨에 따라 일부 학생들만 이득을 보고 있음에 대해 지적하고 있다. ⑤는 정시 확대를 찬성하는 이유에 대한 설문 결과이므로 보충 자료로 적절하지 않다.

24 사고력 Logic tree를 활용한 사고력 배양하기

| 정답 | ③

| 해설 | (A)에는 중국어 가능자와 국제감각 보유자를 확인하고자 하는 하위 개념이 도출된 것으로 보아 인력 확보에 관한 상위 개념이 담긴 문제가 적절할 것이며, (B)에는 현지의 투자 여건에 따른 하위 개념으로서의 문제가 도출된 것이어야 하므로 현지인들의 반한 감정 등 현지의 사정에 관해 해결해야 할 문제점을 기재하는 것이 적절하다고 볼 수 있다. 따라서 차례대로 '파견인력 확보', '현지인들의 반한 감정 확인'이 들어가야 한다.

25 기초연산능력 부등식 활용하기

| 정답 | ③

| 해설 | 구매하는 초콜릿의 개수를 x개라 하면 다음과 같은 식이 성립한다.

$1,700x > 1,300x + (1,250 \times 2)$

$1,700x > 1,300x + 2,500$

$400x > 2,500$

$x > 6.25$

따라서 초콜릿을 최소 7개 이상 구매할 때 대형 마트에서 구매하는 것이 더 저렴하다.

26 사고력 자리 추론하기

| 정답 | ①

| 해설 | 1, 2, 3학년을 첫 번째부터 여섯 번째 줄에 배치해야 한다. 세 번째 정보를 통해 첫 번째 줄과 다섯 번째 줄은 항상 3학년 자리로 고정된다. 다섯 번째 정보를 통해 3학년 줄은 세 줄이고 1학년, 2학년 줄의 수는 각각 한 줄 또는 두 줄임을 추론할 수 있다. 네 번째 정보에 따라 같은 학년끼리는 연속하여 배치될 수 없고 첫 번째 줄과 다섯 번째 줄은 3학년 자리이므로 세 번째 줄도 3학년 자리가 된다. 따라서 ㉠은 항상 참이다.

| 오답풀이 |

㉡ 2학년 줄과 1학년 줄의 수는 경우에 따라 각각 한 줄 또는 두 줄이 될 수 있다. 따라서 항상 같지 않다.

㉢ 두 번째 줄이 1학년 줄이면 네 번째 줄에 2학년이 배치될 때 여섯 번째 줄에 1학년이 배치될 수 있다.

27 기초연산능력 주차비 계산하기

| 정답 | ⑤

| 해설 | 3시간 10분을 주차했으므로 요금표에 따라 3시간 30분에 해당하는 요금을 지불하면 되고 차가 경차이므로 50% 감면을 받게 된다. 이를 정리하면 다음과 같다.

- 1시간 $500 \times 2 = 1,000$(원)
- 1시간 초과 ~ 3시간 이내 $1,000 \times 4 = 4,000$(원)
- 3시간 초과 ~ 3시간 30분 2,000원

따라서 총 요금은 $7,000 \times \frac{1}{2} = 3,500$(원)이 된다.

28 도표분석능력 자료의 수치 분석하기

| 정답 | ⑤

| 해설 | 여자 연상 부부의 연령차별 20X0년 대비 20X7년의 구성비 증가폭을 구하면 다음과 같다.

- 1 ~ 2세 : 11.7－10.8＝0.9(%p)
- 3 ~ 5세 : 4.0－3.2＝0.8(%p)
- 6 ~ 9세 : 1.0－0.7＝0.3(%p)

따라서 구성비 증가폭이 가장 큰 연령차는 1 ~ 2세이다.

29 문제처리능력 실적 자료 분석하기

| 정답 | ③

| 해설 | 평가대상기관 A의 내진성능평가지수와 내진보강공사지수는 다음과 같다.

- 내진성능평가지수＝$\frac{88}{100}$×100＝88
- 내진보강공사지수＝$\frac{87}{100}$×100＝87

같은 방법으로 A ~ E에 대한 내진성능평가지수와 내진보강공사지수를 계산하면 다음과 같다.

구분	A	B	C	D	E
내진성능평가지수	88	86	91	90	83
내진보강공사지수	87	96	93	89	95
내진성능평가점수	3	2	5	4	1
내진보강공사점수	1	5	3	2	4
합계	4	7	8	6	5
최종 순위	5	2	1	3	4

따라서 최종 순위 최상위기관은 합계 8점을 받은 C이다.

30 문제처리능력 실적 자료 분석하기

| 정답 | ①

| 해설 | **29**의 표를 바탕으로 볼 때 최종 순위 최하위기관은 합계 4점을 받은 A이다.

31 도표분석능력 자료의 수치 분석하기

| 정답 | ②

| 해설 | 20X2년 한국 섬유산업 수출액은 전년 대비 15,802－15,696＝106(백만 달러) 감소했다.

| 오답풀이 |

③ 20X5년 한국 섬유산업 수입액은 20X2년 대비 14,305－11,730＝2,575(백만 달러) 증가했다.

④ 20X6년 이탈리아의 섬유 수출액은 33,400백만 달러로 한국 섬유 수출액인 13,607백만 달러의 약 2.45배이다. 따라서 한국의 섬유 수출액보다 약 145% 더 많다.

⑤ 20X3년 한국의 섬유 수출액은 16,072백만 달러로 20X6년 프랑스의 섬유 수출액인 15,000백만 달러보다 더 많다.

32 도표작성능력 자료를 그래프로 변환하기

| 정답 | ②

| 해설 | ㉣ $\frac{2,629}{7,263}$ × 100 ≒ 36.2(%)

| 오답풀이 |

㉠ 20X3년 : $\frac{13,281-11,730}{11,730}$×100≒13.2(%)

20X4년 : $\frac{14,356-13,281}{13,281}$×100≒8.1(%)

㉡ $\frac{260}{7,263}$×100≒3.6(%)

㉢ 20X5년 : $\frac{14,490}{14,305}$×100≒101.3(%)

20X6년 : $\frac{13,607}{14,507}$×100≒93.8(%)

33 문제처리능력 글의 내용을 근거로 추론하기

| 정답 | ④

| 해설 | 압전소자는 진동 에너지 하베스팅에서 진동과 압력을 통해 전기 에너지를 얻는 것으로, 압전소자에 가해지는 물리적 힘을 이용하여 전기 에너지를 만드는 것이다. 그러나 이러한 압전소자가 진동 에너지 하베스팅 이외에 열 에너지나 전자파 에너지에도 다양하게 활용할 수 있다는 내용은 언급되지 않았다.

34 문제처리능력 자료를 바탕으로 내용 추론하기

|정답| ③

|해설| ㉢ 압전소자에 압력을 가하면 양전하와 음전하가 나뉘는 '유전분극'이 발생한다고 하였으므로 〈그림 2〉에서의 양전하와 음전하가 분리된 현상은 유전분극이다.

㉣ 네 번째 문단을 보면 양파 껍질에 들어있는 셀룰로오스 섬유질은 유리판을 쌓은 모양으로 되어 있고 이러한 양파 껍질에 물리적인 힘이 전해지면 나란히 배열되어 있던 양전하와 음전하가 이동하면서 전기가 발생하게 된다고 하였으므로 양파 껍질의 셀룰로오스 섬유질 내부에서는 양전하와 음전하가 쉽게 이동할 수 있음을 알 수 있다.

|오답풀이|

㉠ 〈그림 1〉은 압력을 가하지 않는 상태이므로 유전분극이 일어나지 않아 전기를 생산하지 않는 상태이며, 〈그림 2〉는 압력을 가한 후 유전분극이 일어난 상태이므로 전기를 생산하는 상태를 나타낸다.

㉡ 압전소자에 압력을 가하면 양전하와 음전하가 나뉘는 '유전분극'이 발생하며 이러한 전하 밀도의 변화로 인해 전기가 흐르는 '압전효과'가 발생한다고 하였으므로, 다른 전해질로의 변화를 쉽게 일으켜 전기가 발생한다는 설명은 적절하지 않다.

35 도표분석능력 자료의 수치 분석하기

|정답| ③

|해설| 학교 성적으로 나눈 그룹에서 초등학교와 중학교 사교육 참여시간이 같은 그룹은 상위 11 ~ 30%와 상위 31 ~ 60% 두 개이다.

|오답풀이|

① 학교 성적이 높을수록 사교육 참여시간은 더욱 많으므로 비례한다.

② 중학교 성적 상위 10% 이내 학생들의 사교육 참여시간은 8.9시간으로 상위 61 ~ 80%와 하위 20% 이내 학생들의 사교육 참여시간의 합 5.8+3.7=9.5(시간)보다 적다.

④ 아버지의 학력이 대학원 졸업일 경우보다 대학교 졸업일 경우가 초등학교 사교육 참여시간이 더 많다.

⑤ 어머니의 학력이 대학원 졸업 이상일 경우 사교육 참여시간은 초등학교 7.5시간 → 중학교 8.6시간 → 고등학교 5.9시간으로 계속 늘어나지는 않았다.

36 인적자원관리능력 평가 오류 파악하기

|정답| ④

|해설| 면담일지에서 '실제보다 높은 점수를 주곤 합니다', '성과를 후하게 평가하게 됩니다' 등을 통해 A 부장은 수행이나 성과를 실제보다 높게 평가하고 있음을 알 수 있다. 따라서 평정자가 자기와 가까운 사람에게 관대한 평점을 주게 되는 경향인 관대화 경향이 나타나고 있다. 이는 평가자와 피평가자 간의 개인적인 친분, 관계적인 측면을 중시하는 특성, 평가 기준에 대한 지식 부족 등이 원인이 된다.

|오답풀이|

① 근접 오류 : 시간적 혹은 공간적으로 근접해 있는 항목들에 대해서는 멀리 떨어져 제시된 항목들보다 비슷하게 평가하는 경향

② 후광효과 : 한 대상의 두드러진 특성이 그 대상의 다른 세부 특성을 평가하는 데에도 영향을 미치는 현상

③ 최근효과 : 정보가 차례대로 제시되는 경우, 앞의 내용들보다는 맨 나중에 제시된 내용을 보다 많이 기억하는 경향

⑤ 대비오류 : 다른 사람을 판단함에 있어서 절대적 기준에 기초하지 않고 다른 대상과의 비교를 통해 평가하는 오류

37 물적자원관리능력 체화료 계산하기

|정답| ③

|해설| 창고의 화물 체화료 요금 면제 기간은 입항 시 5일이다. 따라서 23일에서 5일을 뺀 18일에 대한 요금이 적용된다. 11 ~ 20일의 기간은 하루에 10톤당 100원이 부과되므로 30톤 화물은 100×3×18=5,400(원)의 화물 체화료가 부과된다.

38 기술능력 안전관리체계 이해하기

|정답| ②

|해설| ㉠은 Check(평가) 단계로, 해당하는 업무는 안전모니터링(㉠)과 안전교육평가(㉤)다.

| 오답풀이 |

㉡ Do(실행) 단계에서 할 업무이다.

㉢ Act(개선) 단계에서 할 업무이다.

㉣ Plan(계획) 단계에서 할 업무이다.

39 물적자원관리능력 효과적으로 물적자원 관리하기

| 정답 | ②

| 해설 | 품종과 유사품을 분류한 뒤 개별 물품의 특성을 고려하여 보관 장소를 선정해야 하므로 ㄷ은 옳지 않다.

40 정보처리능력 바코드 생성 방식 이해하기

| 정답 | ④

| 해설 | D 영역을 제외한 태국(501)의 가 회사(1343)에서 생산된 수박(67870)의 바코드는 501134367870이다. (짝수 자리 숫자의 합)×2+(홀수 자리 숫자의 합)×3=(1+4+6+8)×2+(5+1+3+3+7+7)×3=38+78=116이다. 이에 추가로 더해져 10의 배수를 만드는 최소 숫자는 4이다.

41 시간관리능력 회의 시간 정하기

| 정답 | ⑤

| 해설 | '한국=파리+7시간'이므로 시차에 따른 두 국가의 시간을 정리하면 다음과 같다.

구분	한국 시간	파리 시간
B 과장 기준	9 : 00 ~ 18 : 00 (점심시간 : 12 : 00 ~ 13 : 00)	2 : 00 ~ 11 : 00 (점심시간 : 5 : 00 ~ 6 : 00)
협력사 기준	16 : 30 ~ 00 : 30 (점심시간 : 19 : 00 ~ 20 : 00)	9 : 30 ~ 17 : 30 (점심시간 : 12 : 00 ~ 13 : 00)

한국이 오후 5시면 파리는 오전 10시이다. 1시간 동안 회의를 진행하여도 한국은 오후 6시, 파리는 오전 11시이기 때문에 근무시간을 벗어나지 않는다. 또한, 점심시간과 겹치지도 않으므로 화상회의 시간으로 가장 적절하다.

| 오답풀이 |

① 파리가 오전 10시 30분이면 한국은 오후 5시 30분이다. 회의 시간이 1시간이므로 B 과장의 근무시간이 지난 오후 6시 30분에 회의가 끝나게 되어 적절하지 않다.

② 파리가 오전 11시면 한국은 오후 6시이다. 회의 시간이 1시간이므로 B 과장의 근무시간이 지난 오후 7시에 회의가 끝나게 되어 적절하지 않다.

③ 파리가 오후 1시면 한국은 오후 8시이다. B 과장의 근무는 오후 6시에 끝나므로 적절하지 않다.

④ 한국이 오전 9시면 파리는 오전 2시이다. 파리 협력사의 근무시간은 오전 9시 30분부터이므로 적절하지 않다.

42 시간관리능력 도착 시간 계산하기

| 정답 | ④

| 해설 | 한국 시각으로 9월 10일 오전 9시에 출발하는 비행기를 타면 한국 시각으로 9월 10일 오후 9시에 프랑스 파리에 도착한다. 따라서 B 과장이 프랑스에 도착하였을 때의 현지 시각은 9월 10일 오후 2시이다. 파리 공항에서 입국 수속에 1시간, 협력사 이동에 30분이 소요되므로 B 과장은 9월 10일 오후 3시 30분에 파리 협력사에 도착하게 된다.

43 기술이해능력 프로젝트 범위 기술서 이해하기

| 정답 | ②

| 해설 | ㉤ '프로젝트 제약사항'에는 마감 시한, 인력 또는 장비 제한, 재무 또는 예산 제약, 기술적 한계를 서술해야 한다.

44 예산관리능력 휴가지 선정하기

| 정답 | ②

| 해설 | 〈의사결정 기준〉에 따라 총 점수를 구하면 다음과 같다.

구분	베트남 다낭	태국 푸켓	제주도	괌
맛	5	3	4	2
1인 교통비	9.6	9.7	9.8	9.2
분위기	2	5	1	4
거리	4	2	5	1
방문 횟수	3	2	1	4
가산점	+1, +2	+1, +5	+2	+3
총점	26.6	27.7	22.8	23.2

따라서 최종 선택되는 휴가지는 태국 푸켓이다.

45 컴퓨터활용능력 파워포인트 활용하기

| 정답 | ④

| 해설 | 제시된 도해를 만들기 위해서는 [삽입]-[SmartArt]에 들어가 'SmartArt 그래픽 선택' 대화상자에서 [프로세스형]을 클릭해야 한다.

| 오답풀이 |

① 항목 수준을 내리려면 Tab을 누르고, 항목 수준을 올리려면 Shift+Tab을 누른다.

② 텍스트 창에서 Enter를 눌러 새 항목을 추가할 수 있다.

46 기술이해능력 기술시스템 이해하기

| 정답 | ⑤

| 해설 | 기술시스템(Technological System)은 현대 기술의 특성을 이해하는 데 있어서 매우 중요한 개념으로, 개별 기술이 네트워크로 결합해서 기술시스템을 만든다는 점은 과학에서는 볼 수 없는 기술의 독특한 특성이다. 기술시스템은 인공물의 집합체만이 아니라 회사, 투자 회사, 법적 제도, 정치, 과학, 자연자원을 모두 포함하는 것이기 때문에 기술시스템에는 기술적인 것과 사회적인 것이 결합해서 공존하고 있다. 이러한 의미에서 기술시스템은 사회기술시스템이라고 불리기도 한다.

47 예산관리능력 조건에 따라 회사 선택하기

| 정답 | ④

| 해설 | 비용과 기간을 표로 정리하면 다음과 같다.

구분	A 회사 (종로구 소재)	B 회사 (도봉구 소재)	C 회사 (수원시 소재)	D 회사 (제주시 소재)
종이	100,000원	100,000원	120,000원	120,000원
CTP	80,000원	70,000원	80,000원	70,000원
인쇄	80,000원	70,000원	60,000원	50,000원
제본	240,000원	200,000원	240,000원	200,000원
비용 계	500,000원	440,000원	500,000원	440,000원
완료일	월요일	화요일	일요일	월요일

따라서 D 회사에 의뢰하는 것이 가장 저렴하면서 빠르게 제작할 수 있는 방법이 된다.

48 예산관리능력 조건에 따라 견적 구하기

| 정답 | ③

| 해설 | 원래의 견적에서 B 회사는 페이지 수가 증가하였고, D 회사는 부수가 증가하였으므로 다음과 같이 계산한다.

- B 회사 : 네 가지 공정 비용이 모두 100% 상승되므로 총 비용은 440,000×2=880,000(원)이 된다.
- D 회사 : 부수가 2,000부일 때는 단가가 종이 80%, 인쇄 90%, 제본 100% 상승되고, CTP 단가는 그대로이므로 총 비용은 (120,000×1.8)+70,000+(50,000×1.9)+(200,000×2)=781,000(원)이 된다.

49 정보처리능력 관리 코드 이해하기

| 정답 | ④

| 해설 | D 그룹은 4개 국가의 1, 2공장에서 생산된 컴퓨터를 나열한 것이다.

50 기술능력 안전 · 보건표지의 의미 알기

| 정답 | ①

| 해설 | 인화성물질에 대한 설명이며, 인화성물질 경고 표지는 ①이다.

| 오답풀이 |

② 폭발성물질 경고 표지

③ 급성독성물질 경고 표지

④ 고압전기 경고 표지

⑤ 위험장소 경고 표지

6회 기출예상문제

문제 226쪽

01	①	02	②	03	②	04	①	05	④
06	④	07	③	08	①	09	①	10	③
11	⑤	12	②	13	⑤	14	④	15	⑤
16	⑤	17	④	18	②	19	⑤	20	①
21	②	22	⑤	23	⑤	24	④	25	⑤
26	⑤	27	②	28	②	29	⑤	30	①
31	④	32	⑤	33	③	34	③	35	①
36	④	37	③	38	③	39	②	40	③
41	①	42	④	43	④	44	⑤	45	③
46	③	47	②	48	①	49	④	50	②

01 문서작성능력 바른 띄어쓰기 이해하기

| 정답 | ①

| 해설 | ㉠ '-는데'는 뒤 절에서 어떤 일을 설명하거나 묻거나 시키거나 제안하기 위하여 그 대상과 상관되는 상황을 미리 말할 때에 쓰는 연결 어미로 붙여 써야 한다.

㉡ '데'는 '경우'를 나타내는 의존명사이므로 띄어 쓴다.

| 오답풀이 |

㉢ '간'은 한 대상에서 다른 대상까지의 사이, '관계'의 뜻을 가진 의존명사로 앞말과 띄어 쓴다.

㉣ 체언 뒤에 붙은 '뿐'은 조사이므로 앞말과 붙여 쓴다.

02 문서이해능력 글에 대한 적절한 이해 찾기

| 정답 | ②

| 해설 | '□□항은 1883년 개항한 이후 국가 경제 발전에 중추적인 역할을 충실히 수행해 왔습니다'를 통해 □□항의 개항은 1974년이 아닌 1883년임을 알 수 있다.

03 문서이해능력 시험 유의사항 이해하기

| 정답 | ②

| 해설 | '2. 채용절차'를 보면 필기시험 통과자는 체력심사를 보게 되는데 이는 체력심사 대상직무인 차량, 토목, 건축, 전기통신 직렬에 한정된다고 나와 있다.

04 문서이해능력 글을 읽고 내용 파악하기

| 정답 | ①

| 해설 | ㄱ. '주택 공급을 위한 택지 개발로 경기도 내에 신도시가 늘어난 가운데 수도권 거주 근로자 4명 중 2명이 수도권 외곽 신도시에 거주하고 있다'를 통해 50% 이상이 거주하고 있음을 알 수 있다.

ㄴ. '해외의 대도시권에 비해 철도 교통망이 매우 취약한 수준이다'를 통해 해외의 대도시권은 국내의 대도시권에 비해 철도 교통망이 잘 구축되어 있음을 알 수 있다.

| 오답풀이 |

ㄷ. '서울 도심 주요 3개 거점역인 서울역 · 청량리역 · 삼성역을 방사형으로 교차하여'를 통해 서울 도심 주요 3개 거점역은 서울역, 청량리역, 삼성역임을 알 수 있다.

ㄹ. '2015년도부터 착공된 GTX는 50만 명 이상 철도이용객을 수용하여'를 통해 수도권 광역급행철도는 2015년도에 완공된 것이 아니라 착공에 들어간 것임을 알 수 있다.

05 문서이해능력 단어의 품사 파악하기

| 정답 | ④

| 해설 | '어딘가에 머문다'는 동사적 의미를 가지고 있으므로 '동작의 움직임이나 과정을 나타내는 동사'에 해당한다.

| 오답풀이 |

① '누군가에게 아무 일도 일어나지 않은 상태'를 나타내는 형용사이다.

② '실체가 없는 상태'를 나타내는 형용사이다.

③ '어떤 처지나 상황, 단계에 놓이거나 처한 상태'를 가리키는 형용사이다.

⑤ '어떤 일이나 현상 또는 증상 따위가 생겨 나타나지 않은 상태'를 가리키는 형용사이다.

06 사고력 주어진 조건으로 결과 추론하기

| 정답 | ④

| 해설 | 밴의 주장과 데이빗의 주장이 서로 상충하므로, 각각의 사람이 거짓을 말하고 있는 경우를 나누어 생각해 보면 다음과 같다.

i) 밴이 거짓을 말하고 있는 경우

나머지 네 명의 주장은 모두 진실이므로, 가장 늦게 제출한 사람은 앤디가 되며 가장 먼저 제출한 사람은 크리스가 된다. 이때, 데이빗은 앤디와 밴보다 서류를 늦게 제출했다 주장하고 있으므로 앤디의 진술과 상충된다.

ii) 데이빗이 거짓을 말하고 있는 경우

나머지 네 명의 주장은 모두 진실이므로, 가장 늦게 제출한 사람은 앤디가 되며 가장 먼저 제출한 사람은 크리스가 된다. 이때, 밴은 데이빗이 제출한 바로 다음에 서류를 제출했음을 알 수 있으며, 에릭은 밴보다는 먼저 크리스보다는 늦게 제출했음을 알 수 있다. 또한 데이빗은 앤디와 밴보다 서류를 빨리 제출한 것이 된다. 이를 표로 나타내면 다음과 같다.

순서	1등	2등	3등	4등	5등
사람	크리스	에릭	데이빗	밴	앤디

따라서 거짓을 말하고 있는 사람은 데이빗이다.

07 문서이해능력 세부 내용 이해하기

| 정답 | ③

| 해설 | ㉠ 두 번째 문단의 '책 읽기에는 상당량의 정신 에너지와 훈련이 요구되며, 독서의 즐거움을 경험하는 습관 또한 요구된다'를 통해 확인할 수 있다.

㉤ 두 번째 문단의 '모든 사람이 맹목적인 책 예찬자가 될 필요는 없다'를 통해 확인할 수 있다.

| 오답풀이 |

㉡ 첫 번째 문단의 '인간의 뇌는 애초부터 책을 읽으라고 설계된 것이 아니기 때문이다'를 보면 알 수 있다.

㉢, ㉣ 두 번째 문단의 '또한 책을 읽는 문화와 책을 읽지 않는 문화는 기억, 사유, 상상, 표현의 층위에서 상당한 질적 차이를 가진 사회적 주체들을 생산한다'를 통해 확인할 수 있다.

08 문서이해능력 세부 내용 이해하기

| 정답 | ①

| 해설 | 첫 번째 문단에서 그리드패리티는 신재생에너지 발전단가와 기존 화석에너지의 발전단가가 같아지는 균형점을 말하며, 이때 국가보조금은 제외한다고 나와 있다.

09 문서이해능력 논지 전개 방식 파악하기

| 정답 | ①

| 해설 | 제시된 글은 먼저 '휴리스틱'의 개념을 제시하고 반대 개념인 '알고리즘'에 대해 설명한다. 다음으로 '휴리스틱'과 유사한 사이먼의 '만족화'원리, 전형적인 양상 '이용 가능성 휴리스틱' 등을 설명하고 이어서 '이용 가능성 휴리스틱'과 동반되는 '바이어스'와 '사후 바이어스'에 대해 설명한다. 그러므로 이 글은 분석 대상 '휴리스틱'과 관련한 개념을 연쇄적으로 제시하며 정보의 확대를 꾀하고 있다고 볼 수 있다.

10 문서이해능력 글의 내용으로 추론하기

| 정답 | ③

| 해설 | 휴리스틱은 문제를 해결하거나 불확실한 사항에 대해 판단을 내릴 필요가 있지만 명확한 실마리가 없을 경우에 사용하는 편의적, 발견적인 방법이며, 바이어스란 휴리스틱을 사용함에 따라 얻어지는 판단은 객관적이며 올바른 평가와 상당한 차이를 가진다는 의미이다. ③은 통계, 확률에 따라 타율이 높은 선수를 기용했지만 올바른 평가가 아니었음을 나타내는 사례이므로 두 개념의 관계를 가장 잘 보여 주고 있다.

11 문제처리능력 사원번호 추론하기

| 정답 | ⑤

| 해설 | 설명에 따라 사원번호는 다음과 같은 규칙을 확인할 수 있다.

C	09	01	001
입사유형	입사년도	팀	부여받은 번호

이에 경영지원팀은 총 5명인데 제시된 명단에서 4번을 부여받은 최 사원과 이 사원까지 나타나 있으므로 남은 직원도 사원임을 추측할 수 있다. 따라서 사원인 사람은 총 3명이다.

| 오답풀이 |

② 연구팀 박 대리와 김 사원은 모두 2013년도에 입사하였다.

③ 제시된 자료에 나타난 2015년도에 입사한 직원은 홍보기획팀 윤 사원, 전산팀 최 사원으로 최소 두 명이다.

④ 사원번호가 N1702006인 K 씨는 2017년도에 신입으로 채용된 연구팀 소속의 직원이다.

12 문서이해능력 세부 내용 이해하기

| 정답 | ②

| 해설 | ㄱ. 첫 번째 문단을 보면 '신종 코로나바이러스 감염증 사태가 은행권 영업환경도 바꾸고 있다'고 나와 있다.

ㄹ. 마지막 문단을 보면 단말기를 들고 다니면서 고객을 만나 통장을 개설해 주는 '포터블 브랜치' 영업은 고령층 고객으로부터 좋은 호응을 받았으나, 코로나19가 확산된 최근에는 경로당 등에서 오지 말라고 연락이 오는 경우가 많다고 하였다.

| 오답풀이 |

ㄴ. 두 번째 문단을 보면 지난 16일부터 22일까지 5개 시중은행의 비대면 거래 이체 건수는 3,295만 8,643건으로 지난해 같은 기간 3,101만 3,348건과 비교하여 약 200만 건 가까이 늘어났다고 하였다.

ㄷ. 세 번째 문단의 마지막 문장을 보면 코로나19 확진자가 늘어난 시점부터 이체와 같은 기본적인 업무는 거의 비대면으로 처리하는 추세라고 하였다.

13 문서이해능력 보도 자료 이해하기

| 정답 | ⑤

| 해설 | ㄱ. 보도 자료를 보면 보도 내용에 대한 담당 부서는 글로벌협력실이며 해당 보도 자료를 배포한 부서는 홍보실임을 알 수 있다.

ㄷ. 보도 자료의 제목은 핵심 내용을 담고 있어야 한다. 따라서 세계은행과의 협력체계 구축으로 K-건강보험을 세계에 전파하는 것이 핵심 내용임을 알 수 있다.

ㄹ. 보도 자료의 다섯 번째 문단을 보면 '세계은행 온라인 학습 캠퍼스' 옆에 각주 표시가 달려 있으나 이에 대한 어떠한 설명도 나와 있지 않음을 알 수 있다.

| 오답풀이 |

ㄴ. 보도 자료의 세 번째 문단을 보면 세계은행에서 진행하는 '전 국민 건강보장 달성' 연수 프로그램의 자료로 활용될 이번 콘텐츠는 공단과 세계은행이 공동으로 제작한다고 나와 있다.

14 문제처리능력 논리적으로 보고서 작성하기

| 정답 | ④

| 해설 | (가) 대학 진학을 후회하는 이유 중 가장 높은 응답률을 보인 것은 '대학에서 배운 것이 실무(취업)에 도움이 되지 않아서'이고, (나) 현재 공부하고 있는 분야에서 높은 응답률을 보이고 있는 것은 전공학점 공부뿐만 아닌 외국어와 자격증 공부까지임을 알 수 있다. 따라서 대학생들은 취업과 거리를 둔 대학교육뿐만 아니라 외국어와 자격증 공부에 더 많은 시간을 할애하고 있다는 것을 알 수 있다.

| 오답풀이 |

① 요즈음 대학생들은 대학교육이 취업에 도움이 되지 않는다고 여겨, 외국어 및 자격증 공부를 겸하고 있음을 알 수 있다.

② 공무원 시험은 40.0%, 고시는 5.7%로 증가하고 있는 추세인지에 대해서는 알 수 없다.

③ 대기업 및 공기업의 고졸채용이 증가한다면 대학에 진학하고자 하는 인원이 감소할 것이며, 이에 따라 전국의 대학 수도 줄어들 것이다.

⑤ 대학이 갈수록 취업사관학교처럼 변질되고 있기 때문에 대학 진학을 후회한다는 응답이 많았으므로, 순수학문만을 고집한다는 설명은 적절하지 않다.

15 문서이해능력 세부 내용 이해하기

| 정답 | ⑤

| 해설 | ㄱ. 첫 번째 문단을 보면 지구촌 곳곳에서 기상이변

의 발생 빈도가 점점 증가하고 있어 고통받고 있음을 알 수 있다.

ㄴ. 두 번째 문단의 첫 번째 문장에 나와 있다.

ㄷ. 세 번째 문단을 보면 스마트워터그리드 기술은 'ICT를 활용해 실시간으로 물 수요를 분석 · 예측해 물 관리를 효율적으로 하는 토탈 물 관리 시스템'이라고 나와 있다.

ㄹ. 마지막 문단을 보면 드론시스템을 활용한 홍수관리 통합감시체계, 녹조 감시체계를 도입 중에 있음을 알 수 있다.

16 문제처리능력 조건에 맞는 날짜 고르기

| 정답 | ⑤

| 해설 | 토요일, 일요일에는 단체손님에게 세미나실을 개방하지 않으므로 제외된다. 입실을 9시에 하기 위해서는 당일 퇴실하는 기업이 없어야 한다. 하지만 첫째 주와 넷째 주는 모두 선예약이 있으므로 예약 가능한 날짜가 없다.

17 도표분석능력 자료를 바탕으로 수치 계산하기

| 정답 | ④

| 해설 | 먼저 20X2년 11월의 A사 국내여객 수는 1,480−420−480−198−102=280(천 명)이다. 20X2년 11월 기준 A사의 탑승률은 전년 동월 대비 25% 증가하였으므로, 70×1.25=87.5(%)임을 알 수 있다. 두 조건을 이용해 20X2년 11월 A사의 공급석을 x천 석이라 가정하면 다음과 같이 계산할 수 있다.

$$\frac{280}{x}\times 100 = 87.5 \qquad x = 320$$

따라서 20X2년 11월 A사의 공급석은 320천 석이다.

18 문서이해능력 세부 내용 이해하기

| 정답 | ②

| 해설 | 두 번째 문단을 보면 의사, 초등학교 교사, 성직자, 간호사, 정보시스템 설계 및 분석가, 사회복지사, 데이터베이스 개발자 등은 컴퓨터에 대체될 저위험 직업이라고 나와 있다.

| 오답풀이 |

① 첫 번째 문단에 나와 있다.

③ 세 번째 문단을 보면 소프트웨어 정책연구소 소장은 "기업은 사람을 고용하기보다는 인공지능에 투자하게 될 것"이라고 하였다.

④ 세 번째 문단의 마지막 문장에 나와 있다.

⑤ 마지막 문단을 보면 이제는 한국 기업도 서양처럼 직무와 직능에 따라 채용을 해야 할 때가 왔다고 하였다.

19 문서이해능력 정보 수집 목적 이해하기

| 정답 | ⑤

| 해설 | A가 수집한 정보를 보면 ○○기업의 직무에 대해 세세하게 소개되어 있다. 윗글에서 이제 한국 사회도 직무와 직능에 따라 채용을 해야 할 때라고 하였으므로, A는 이를 참고하여 ○○기업 입사를 준비하기 전 직무와 필요한 능력을 정확히 알아보기 위해 정보를 수집했을 것이라고 추측할 수 있다.

20 문서이해능력 글의 내용을 바탕으로 상황 판단하기

| 정답 | ①

| 해설 | 4문단에서 글쓴이는 전통적인 예술 방식과 매체 시대의 새로운 예술 방식이 모두 문화적 동인으로서 수용되어야 한다고 하였으므로, 〈보기〉의 문화 현상에 담긴 두 문화 방식을 모두 존중하기를 주장하는 것이 가장 적절하다.

| 오답풀이 |

②, ⑤ 두 예술 방식이 절충되어야 한다는 견해 또는 자기 반성에 대한 권고는 나타나 있지 않다.

③, ④ 둘 중 어느 특정 방식만을 옹호하는 견해이므로 부적절하다.

21 기초연산능력 날짜 계산하기

| 정답 | ②

| 해설 | 4월 2일부터 4월 13일까지 12일 동안은 매일 480개의 마스크를 나눠 주고, 4월 14일부터는 480+50=530

(개)의 마스크를 나눠 줘야 한다. 530개씩 나눠 주는 날의 수를 x일이라고 하면 다음과 같은 식이 성립한다.

$480\times12+530x=10,000$

$5,760+530x=10,000$

$530x=4,240$

$x=8$

따라서 보유한 마스크를 모두 소진하는 날짜는 14일부터 8일째인 4월 21일이다.

22 기초연산능력 최대 인원 구하기

| 정답 | ⑤

| 해설 | 차량의 수를 x대, 직원의 수를 y명이라 하면 다음과 같은 식이 성립한다.

$y=4x+6$

$y=5(x-3)+r$ (단, r은 1 이상 5 이하의 자연수)

두 식을 정리하면 $x=21-r$이고 $1\leq r\leq5$이므로 $16\leq x\leq20$이다. x가 최대일 때 y도 최대가 되므로 워크숍에 참석하는 최대 인원은 $4\times20+6=86$(명)이다.

23 기초연산능력 소금물의 농도 구하기

| 정답 | ⑤

| 해설 | 처음 소금물의 농도를 x%라 하면 만들어진 소금물의 소금의 양은 $400\times\frac{x}{100}+45=4x+45$(g), 소금물의 양은 $400-120+45=325$(g)이므로 다음과 같은 식이 성립한다.

$\frac{4x+45}{325}\times100=2x$

$400x+4,500=650x$

$250x=4,500$

$x=18$(%)

따라서 만들어진 소금물의 농도는 $18\times2=36$(%)이다.

24 기초통계능력 평균, 최빈값, 중앙값 계산하기

| 정답 | ④

| 해설 | 마스크 가격을 크기순으로 나열하면 1,400, 1,400, 1,500, 1,500, 1,500, 1,500, 1,550, 1,600, 1,600, 1,600, 1,650, 1,700, 1,800, 1,800, 1,900이므로 중앙값은 1,600원이다.

| 오답풀이 |

① 2,250원이 4곳, 2,400원이 3곳, 2,300원과 2,100원이 각각 2곳 순이므로 최빈값은 2,250원이다.

② 소염진통제 가격을 크기순으로 나열하면 1,800, 2,050, 2,100, 2,100, 2,150, 2,250, 2,250, 2,250, 2,250, 2,300, 2,300, 2,400, 2,400, 2,400, 2,450이므로 중앙값은 2,250원이다.

③ 1,500원이 4곳, 1,600원이 3곳, 1,400원과 1,800원이 각각 2곳 순이므로 최빈값은 1,500원이다.

⑤ A ~ O 약국의 소염진통제 평균가격은 2,230원, 마스크 평균가격은 1,600원으로 $\frac{2,230}{1,600}=1.393\cdots$(배)이다.

25 기초연산능력 체감온도를 바탕으로 기온 계산하기

| 정답 | ⑤

| 해설 | $V=2$이므로 $V^{0.16}=2^{0.16}=1$을 산출식에 대입하면 다음과 같다.

$13.12+0.6215T-11.37+0.3965T$

$=1.75+1.018T$

$-25\leq1.75+1.018T<-10$

$-26.75\leq1.018T<-11.75$

따라서 기온의 범위는 $-26\leq T<-11$이다.

26 문제처리능력 업무 계획 세우기

| 정답 | ⑤

| 해설 | ㉠ 하루에 참여할 수 있는 고객의 수는 최대 30명이다. 따라서 C의 신청자 수가 가장 많다고 하더라도 참여할 수 있는 있는 고객은 최대 30명뿐이므로, C 모델의 경우 B, D, E 모델과 같은 차량의 수가 필요할 것이다.

㉢, ㉣ 한 대당 하루 최대 시승 가능 인원수는 15명이기에 최소한 2대 이상은 준비해야 한다. 만약 2대를 준비하는 경우 참여 고객 수는 최대 30명이기에, 1대당 각각 최대 15명이 시승할 수 있다. 고객 모두가 최대 30분을 시승한다 하더라도 그에 소요되는 시간은 15×30=450(분)이기에 이는 시승 행사 시간인 470분 내에 가능하다. 따라서 시승에 참여하는 고객이 최대 시승 시간을 채우지 못하고 내리는 경우는 없다. 또한 하루에 참여할 수 있는 고객은 최대 30명으로 2대의 차량으로 충분하다.

| 오답풀이 |

㉡ 시승 차량에 동승하는 강사에 대한 정보는 인사팀으로 문의 가능하다.

27 문제처리능력 강사 일정표 확인하기

| 정답 | ②

| 해설 | 12일에 김○○ 강사가 반드시 일해야 하고, 나머지 요일에는 최소 2명씩 자유롭게 일하면 된다. 김○○ 강사를 제외한 인력이 매일 2명 이상 존재하므로 무조건 연속 2일 동안 시승행사에 참석할 필요는 없다.

| 오답풀이 |

① A 모델 시승은 하이브리드 운전경험이 있는 김○○, 박○○ 두 강사가 맡아야 한다.

③, ⑤ A 모델을 12일, B 모델을 15일, C 모델을 16일, D 모델을 13일, E 모델을 14일에 진행하는 것이 적절하다.

④ 13일에 B 모델 시승을 신청한 고객은 34명으로 최대 30명까지 시승이 가능하다. 고객 1명당 최소 10분에서 최대 30분까지 시승할 수 있으므로, 한 대당 시승 가능한 고객의 수는 최소 12명에서 최소 15명이다. 따라서 두 강사가 15명씩 태울 경우 2명이서 30명 시승을 완료할 수 있다.

28 문서이해능력 스마트오피스 이해하기

| 정답 | ②

| 해설 | 스마트오피스에서 근로자는 장소에 대한 자율권을 부여받는다. 따라서 필요에 따라 좌석을 예약하여 여러 자리를 옮겨 다닐 수 있다.

| 오답풀이 |

① 대안적인 업무 공간 전략은 사무실 외의 공간을 이용하는 것이며, 근무자들의 자발적인 참여가 요구된다.

③ 사무실 외 공간을 이용하는 스마트워크는 원격관리가 어렵고 근무자들 사이 또는 사무실 간 커뮤니케이션이 어렵다는 단점이 있기 때문에, 비용절감만으로 적극적인 도입이 필요하다고 추론하는 것은 적절하지 않다.

④ 결근율, 지각, 이직률 감소, 생산성 증가 등을 통해 장기적으로 이윤 증가도 기대할 수 있다. 또한 네 번째 문단을 통해 스마트워크는 기업의 이익을 가져올 수 있는 방법임을 알 수 있다.

⑤ 스마트오피스에서는 개인고정 업무공간이 축소되고 협업공간이 중시됨을 알 수 있으나, 직원들 간 일상적 의사소통용 공간에 대해서는 언급이 없다.

29 문서이해능력 스마트오피스 특징 알기

| 정답 | ⑤

| 해설 | 개인 집중 업무공간을 업무특성에 따라 적절한 고정좌석으로 구성하면 업무의 집중도를 높이고 효율적인 업무수행을 할 수 있다. 따라서 타 직원과 교감하는 업무를 수행하지 않을 때를 위한 자리는 칸막이를 설치해 집중력을 제고하고, 고정좌석으로 배치해야 하며 좌석 이용 시간을 제한하지 않는 것이 적절하다.

30 도표분석능력 자료의 수치 분석하기

| 정답 | ①

| 해설 | 각주를 통해 점유율이 전 공무원인력 대비 소방인력이 차지하는 비율임을 알 수 있다. 즉, '전 공무원인력=소방인력×100÷점유율'임을 이용해 2013 ~ 2016년 전 공무원인력을 구하면 다음과 같다(소수점 아래 첫째 자리에서 반올림한다).

(단위 : 명)

구분	2013년	2014년	2015년	2016년
전 공무원인력	895,390	900,619	918,024	940,929

따라서 2013년부터 2016년까지 그 수가 증가하였다.

| 오답풀이 |

② 전년 대비 소방인력이 가장 많이 증가한 해는 2,719명이 증가한 2013년이고, 가장 적게 증가한 해는 731명이 증가한 2015년이다.

③ 구조 1건당 구조인원은 $\frac{구조인원}{구조건수}$이다. 분수는 분모가 작을수록, 분자가 클수록 그 값이 커진다. 2016년에는 2015년에 비해 구조인원은 늘어나고 구조건수는 줄어들었으므로 전년 대비 구조 1건당 구조인원 값이 커지게 된다.

④ 이송 1건당 이송인원은 $\frac{이송인원}{이송건수}$이다. 2014년에는 2013년에 비해 이송인원은 늘어나고 이송건수는 줄어들었으므로 전년 대비 이송 1건당 이송인원 값이 커지게 된다.

⑤ 이송인원의 단위가 천 명임에 유의하여 계산한다. 계산 결과는 다음과 같다.

구분	2013년	2014년	2015년	2016년	2017년	2018년	2019년	2020년
배수	약 16	약 14	약 15	약 14	약 15	약 15	약 13	약 16

따라서 항상 15배 이상이지 않다.

31 도표작성능력 자료를 활용하여 도표 작성하기

| 정답 | ④

| 해설 | 2019년의 전년 대비 이송건수 증가율은

$$\frac{1,748-1,707}{1,707}\times 100 \fallingdotseq 2.4(\%)$$이고

2020년의 전년 대비 이송건수 증가율은

$$\frac{1,777-1,748}{1,748}\times 100 \fallingdotseq 1.7(\%)$$이다.

32 문제처리능력 자료 추론으로 타당성 여부 파악하기

| 정답 | ⑤

| 해설 | 세 번째 문단의 '지질관광은 깊은 지질학적 지식을 요구하고 있어 방문객들이 근본적으로 이해하기 어려운 구조적 문제점을 안고 있다. 이는 지질관광의 일반화를 위해 지질관광의 콘텐츠 개발이 재고되어야 함을 의미한다'를 통해 추론할 수 있다.

| 오답풀이 |

① 세 번째 문단의 '깊은 지질학적 지식을 요구하고 있어 방문객들이 그 내용을 근본적으로 이해하기 어려운 구조적 문제점을 안고 있다'를 통해 추론할 수 있다.

② 두 번째 문단의 '현재 우리사회의 관광 콘텐츠는 주로 역사 중심의 프로그램으로 구성되어 있다', '역사 · 문화 편중의 관광 콘텐츠만으로는 우리의 국토공간을 제대로 즐기기 어렵다'를 통해 추론할 수 있다.

③ 네 번째 문단의 '광범위한 지역의 공간 특성을 관광 대상으로 하는 지리여행은 어떤 지역의 자연은 물론 문화, 역사, 민속 등 인문적 특성 모두를 관광의 관심대상으로 삼는다'를 통해 추론할 수 있다.

④ 첫 번째 문단의 '지리여행은 우리 주변의 산지, 하천, 해안지형 및 물이 빚어낸 자연경관 그리고 이러한 자연경관 위에 펼쳐지고 있는 도시, 농산어촌의 생활양식이 '시공간적으로 결합된 지리콘텐츠(Geographical content)를 현장답사를 통해 이해하는 체험여행인 것이다'를 통해 자연경관뿐만 아니라 도시 및 여러 지역의 생활양식 또한 여행 콘텐츠가 될 수 있음을 추론할 수 있다.

33 문제처리능력 자료 읽고 추론하기

| 정답 | ③

| 해설 | 지리여행은 자연은 물론 문화, 역사, 민속 등 인문적 특성 모두를 관광의 관심대상으로 삼는 여행이다. ㉢의 경우 지질, 지형학적 특징에 대해서만 중점적으로 설명하고, 문화, 역사, 민속 등에 관련된 내용은 담고 있지 않으므로 가장 적절하지 않다.

34 도표분석능력 자료의 수치 분석하기

| 정답 | ③

| 해설 | 각 지역별 오염물질 농도에 따른 대기환경상태는 다음과 같다.

지역＼오염물질	미세먼지 ($\mu g/m^3$)	초미세먼지 ($\mu g/m^3$)	이산화질소 (ppm)
종로구	보통	나쁨	좋음
중구	보통	보통	좋음
용산구	보통	보통	보통
성동구	보통	보통	좋음
광진구	보통	좋음	보통
동대문구	보통	보통	보통
중랑구	보통	보통	보통
성북구	보통	보통	보통
강북구	보통	보통	보통
도봉구	보통	좋음	좋음
평균	보통	보통	보통

따라서 도봉구는 초미세먼지, 이산화질소 두 종류에서 '좋음'을 받았다.

35 도표분석능력 자료의 수치 분석하기

| 정답 | ①

| 해설 | 각 지역별 오염물질 농도에 따른 대기환경상태는 다음과 같다.

지역＼오염물질	미세먼지 ($\mu g/m^3$)	초미세먼지 ($\mu g/m^3$)	이산화질소 (ppm)
종로구	보통	나쁨	좋음
중구	보통	보통	좋음
용산구	보통	보통	보통
성동구	보통	보통	좋음
광진구	보통	좋음	보통
동대문구	보통	보통	보통
중랑구	보통	보통	보통
성북구	보통	보통	보통
강북구	보통	보통	보통
도봉구	보통	좋음	좋음
평균	보통	보통	보통

따라서 종로구는 초미세먼지에서 유일하게 '나쁨'을 받았다.

36 인적자원관리능력 인적자원관리제도 파악하기

| 정답 | ④

| 해설 | 인적자원을 유지 관리하는 제도로는 제안제도, 인사상담제도, 사기조사, 고충처리제도가 있다. 종업원 지주제도는 기업의 민주화와 경영민주주의를 달성할 수 있는 제도이지만 인적자원관리제도와는 거리가 멀다.

37 인적자원관리능력 평가 오류 이해하기

| 정답 | ③

| 해설 | 면담일지에는 평가자인 김○○ 부장이 평가대상에 대한 긍정 혹은 부정의 판단을 기피하고 중간 정도의 점수를 주는 중심화 경향이 나타나고 있다. 이러한 현상은 주로 평가자가 평가대상을 제대로 파악하지 못했거나 평가 기준이 모호한 경우에 자주 발생하며 평정의 타당도와 신뢰도가 낮아진다는 문제점이 있다.

| 오답풀이 |

① 총계적 오류 : 특정한 평정자의 평점기준이 불규칙함으로써 생기는 오류

② 관대화 경향 : 평가자의 수행이나 성과를 실제보다 높게 평가하는 오류

④ 시간적 오류 : 평가 기간 전체의 실적이 아니라, 최초 또는 최근의 실적이나 능력을 중심으로 평가함으로써 발생하는 오류

⑤ 규칙적 오류 : 근무성적평정 등에서 어떤 평정자가 다른 평정자들보다 언제나 후한 점수 또는 나쁜 점수를 줌으로써 나타나는 오류

38 시간관리능력 시간관리 매트릭스 활용하기

| 정답 | ③

| 해설 | 노 이사의 가장 중요한 출장 목적은 파업 사태를 수습하는 것이며, 파업은 공장 라인에 치명타가 될 것이므로 파업 기간을 최대한 줄이는 것이 중요하다. 따라서 '파업 수습'은 중요도와 긴급도 모두에서 우위에 있는 일이다.

'시 정부 미팅'은 자사 외부적인 업무이므로 자사 내부적인 업무인 '생산부장 업무 확인'보다 우선적으로 해야 한다. 마지막 '간부들과의 식사자리'는 긴급도와 중요도 면에서 가장 나중에 처리할 수 있는 사항이다.

39 시간관리능력 시간활용 파악하기

| 정답 | ②

| 해설 | 고성과자는 보통 성과자와 달리 고객/파트너와의 직접 대면 시간에 많은 비중을 두고 있다. 오히려 대면을 위한 준비 시간은 보통 성과자가 더 많지만 고성과자는 그 만큼의 시간을 직접 대면에 할애한 것으로 볼 수 있다.

40 시간관리능력 시간 자원의 특성 알기

| 정답 | ③

| 해설 | ㄱ. 시간의 가치는 시간을 어떻게 활용하느냐에 따라서 다르다. 예를 들어 같은 시간에 많은 일을 한 사람과 적게 한 사람의 시간은 가치가 다르다.

ㄹ. 하루 중 황금시간대가 있는 등 시간은 시절에 따라 그 밀도와 가치가 달라진다.

| 오답풀이 |

ㄴ. 창의적인 일에도 시간관리는 필요하다.

ㄷ. 어떤 일이든 기한을 넘기면 인정을 받기 어려우므로 마감기한을 뒤로 미룰 수 없는 고려 대상이다.

41 정보처리능력 카멜레존 이해하기

| 정답 | ①

| 해설 | 카멜레존은 카멜레온과 zone(영역)의 합성어로, 상황에 맞춰 용도를 변신하는 현대의 소비 공간 트렌드를 일컫는 용어이다.

| 오답풀이 |

② 세포마켓 : 개인이 1인 미디어를 운영하며 소비자의 취향을 파악, 상품을 홍보하고 판매하는 마켓이다.

③ 언택트 : '컨택트(contact)'에 '언(un)'을 붙인 신조어로, 고객과 마주하지 않고 상품이나 서비스를 판매하는 행위를 일컫는 용어이다.

④ 미닝아웃 : 신념을 뜻하는 미닝(meaning)과 벽장에서 나온다는 뜻의 커밍아웃(coming out)의 합성어로, 잘 드러내지 않았던 정치적, 사회적 신념을 소비행위를 통해 적극적으로 표출하는 행위를 일컫는 용어이다.

⑤ 하비슈머 : 취미(hobby)와 소비자(consumer)의 합성어로, 퇴근 후 자신의 삶을 즐기기 위해 다양한 취미활동을 위해 소비하는 사람들을 지칭하는 신조어다.

42 정보처리능력 특허 신청 이해하기

| 정답 | ④

| 해설 | 프렌차이징, 지리적 표시, 캐릭터, 색채상표, 냄새상표 등 타 제품과 구분되는 것에 대한 권리는 신지식재산권에 해당한다. 따라서 프렌차이징의 경우 신지식재산권으로 신청해야 한다.

43 예산관리능력 요금 체계 파악하기

| 정답 | ④

| 해설 | 주말에는 일반인의 운임이 평일보다 인상되므로 평일과 동일 요금이 적용되는 A시 시민의 주말 운임은 일반인에 비해 40%보다 더 높은 할인이 적용되는 것이다.

| 오답풀이 |

① 수하물의 무게와 사이즈에 대한 제한 사항만 언급되어 있다.

② 기본 40% 할인이 적용되며, 단체의 경우 추가 10%가 할인되어 31,620×0.9=28,458(원)의 금액으로 다녀올 수 있다.

③ 출항요금에 터미널 이용료가 포함되어 있다고 언급되어 있다.

44 예산관리능력 운임 계산하기

| 정답 | ⑤

| 해설 | 각 인원의 운임을 계산해 보면 다음과 같다.

- K 씨, 친구 1인 : (52,700+51,200)×2=207,800(원)
- 친구 1인(A시 시민) : 31,620+30,720=62,340(원)
- 중학생 아들 : 47,600+46,100=93,700(원)
- 노부모 2인 : 83,000×2=166,000(원)

따라서 총 운임은 207,800+62,340+93,700+166,000=529,840(원)이 된다.

45 정보이해능력 바코드 생성 규칙 확인하기

| 정답 | ③

| 해설 | D 영역을 제외한 이탈리아(701)의 나 회사(1344)에서 생산된 커피(67850)의 바코드는 701134467850이다. '짝수 자리 숫자의 합+홀수 자리 숫자의 합×3'은 (1+4+6+8)+(7+1+3+4+7+5)×3=19+81=100이다. 따라서 추가로 더해져 10의 배수를 만드는 최소 숫자는 0이다.

46 기술이해능력 미래사회의 변화 이해하기

| 정답 | ③

| 해설 | ㉢ 6시그마가 아닌 도요타 생산방식이다. 도요타 생산방식은 무재고 생산시스템을 실현하고자 '고객이 필요로 하는 제품을 필요로 하는 때에 필요로 하는 양만큼만 만드는 Just in Time(JIT) 사상'과 '기계 · 설비에 인간의 지혜를 짜 넣어 이상이 있을 때 기계 · 설비가 스스로 정지하고 사람에게 알리게 하여 100% 양품생산이 가능하도록 하는 지혜 있는 자동화'의 양축으로 구성되어 있다.

47 시간관리능력 시간관리 매트릭스 활용하기

| 정답 | ②

| 해설 | [인사변동, 고충업무 처리] 업무는 상대적으로 긴급하거나 중요도가 높다고 볼 수 없는 업무이다. 따라서 다른 업무를 먼저 처리해야 한다.

| 오답풀이 |

① [2018년도 인사업무 수행계획서 작성] 업무는 매우 긴급하고 중요한 업무이다. 할애하는 시간을 늘려서 빨리 처리해야 한다.

③, ⑤ [노무관련 업무처리] 업무는 가장 긴급하지 않고 중요도가 낮은 업무이므로, 후순위로 밀어도 좋으며 시간을 축소하고 다른 업무시간을 늘려야 한다.

④ [연장 / 야근 / 휴일 수당 정리 및 관리]는 [신입사원 제출 서류 확인 및 정리] 보다 더 중요하고 긴급한 업무이므로 먼저 처리해야 한다.

48 컴퓨터활용능력 도해 그리기

| 정답 | ①

| 해설 | 텍스트 입력창에서 Enter를 누르면 도형이 추가된다.

49 컴퓨터활용능력 아래한글 활용하기

| 정답 | ④

| 해설 | 제시된 화면처럼 [찾기] 대화상자에서 '여러 단어 찾기'를 선택한 후 쉼표(,)나 세미콜론(;)을 구분자로 하여 검색하면 여러 가지 낱말을 한꺼번에 찾을 수 있다.

50 기술이해능력 인증 방식 이해하기

| 정답 | ②

| 해설 | 키보드의 문자열 위치가 계속 변경되며 대소문자를 구분하여 패스워드를 입력하는 방식은 보안성을 높이는 방법이지만 지식기반 인증 방식에 해당하며 다중요소 인식기술로 볼 수는 없다.

고시넷 공기업

공기업 통합전공

핵심이론 + 문제풀이
사무직 필기시험 대비

- 경영학/경제학/행정학/법학
- 주요 공기업 기출문제
- 테마별 이론 + 대표기출유형 학습
- 비전공자를 위한 상세한 해설

한국가스공사
NCS
기출예상모의고사

고시넷
사람인 NCS 출제유형모의고사

gosinet
(주)고시넷

공기업_NCS

고시넷 공기업
초록이① NCS 통합기본서
고시넷 공기업
초록이② NCS 통합문제집
2023
고시넷 공기업
NCS 피듈형 통합 오픈봉투모의고사
2023
고시넷 공기업
LH 공사 [5급·6급] NCS 기출예상모의고사
고시넷 공기업
LH 한국토지주택공사 업무직 NCS 기출예상모의고사 5회

고시넷 공기업
코레일 한국철도공사 NCS 직업기초능력평가 기출예상모의고사 8회
고시넷 공기업
코레일 한국철도공사 경영학 직무수행능력평가 기출문제집 17회
2023
고시넷 공기업
서울교통공사 NCS 기출예상모의고사
고시넷 공기업
부산교통공사 +부산시 공공기관 통합채용 NCS 기출예상모의고사 6회
고시넷 공기업
경기도 공공기관 통합채용 NCS 기출예상모의고사 6회

2023
고시넷 공기업
한국지역난방공사 NCS 기출예상모의고사
2023
고시넷 공기업
한국산업인력공단 6급 NCS 기출예상모의고사
고시넷 공기업
한국가스공사 NCS 기출예상모의고사 6회
2023
고시넷 공기업
한국중부발전 NCS 기출예상모의고사
2022
고시넷 NCS
5대 발전회사

고시넷 공기업
사람인 NCS 출제유형모의고사
고시넷 공기업
인크루트 NCS 출제유형모의고사
고시넷 공기업
휴노 NCS 출제유형모의고사
고시넷 공기업
매일경제 NCS 출제유형모의고사
고시넷 공기업
한국전력공사 NCS 기출예상모의고사 5회

2023
고시넷 공기업
한국도로공사 NCS 기출예상모의고사
고시넷 공기업
공기업 통합전공 사무직 핵심이론+문제풀이
2023
고시넷 공기업
한국수자원공사 NCS 기출예상모의고사
고시넷 공기업
코레일 한국철도공사 경영학 기본서
고시넷 공기업
한국수력원자력 NCS 기출예상모의고사 4회